CinemAdmin

영화로 보는 행정관람

우윤석 저

박영사

추천의 글

“행정고시 36회 동기 교수님의 평상시 톡톡 튀는 기발함과 사려 깊은 인생에 대한 관조가 드디어 건조하게 생각되던 행정학을 흥미로운 일상으로 끌어내게 됨에 큰 박수를 보낸다.”

- 김명운(한국공항공사 부사장)

“재미있게 보았던 영화에서 단서를 잡아 학문적 논의로 연결시킨 교양서적이자 행정학 교과서. 즐겁게 읽는 동안 독자의 비판적 사고력이 향상되도록 하려는 저자의 번뜩이는 재치와 날카로움이 돋보이는 책이다.”

- 김봉환(제19대 한국정부회계학회 회장, 서울대 교수)

“까다롭고 어려운 행정이 이 책을 통해 감미로운 영화 한 편으로 거듭나고 있음에 경의를 표한다. 행정학도는 물론 정치 지망생들에게도 재미와 정보, 교훈을 곁들인 행정의 ‘멋과 맛’을 제공해 줄 것이라 기대한다.”

- 김은혜(국회의원, 국민의힘 대변인)

“관객에게 답을 주는 영화는 극장에서 끝나지만 관객에게 질문을 던지는 영화는 상영이 끝났을 때 비로소 시작한다. 영화관 외벽에 인용된 아쉬가르 파라디의 말이다. 이 책은 영화가 끝난 후 행정에 관한 질문을 던진다. 다니엘 블레이크의 울분에 찬 낙서를 아파하고 고민하고 생각하는 행정. 일상 속 행정의 아름다움을 꿈꾸는 역작이다.”

- 김진엽(서울대 미학과 교수)

“행정학이 대중 속으로 걸어가다! 진즉에 이런 시도가 있었으면 했는데 우 교수가 첫 테이프를 끊어 주었다. 행정학 전공자는 물론 일반인들도 우리 주변의 행정이슈를 이해하는 데 도움을 줄 것으로 기대한다.”

- 박순애(제56대 한국행정학회 회장, 서울대 교수)

“영화에 대한 미학적 고찰과 함께 영화 속에 숨어 있는 행정 및 정책 관련 이론과 사례, 특히 저자의 경험을 연계함으로써 행정학 담론을 광장으로 끌어내린 점에서 엄지 척! 공기업 임직원들에게도 일독을 권한다.”

- 박은숙(한국지역난방공사 감사실장)

“영화예술을 통한 행정학 이론의 해석이 신선하게 느껴진다. 행정학의 범위를 벗어나 IT기술과 경영학적 내용도 포괄하고 있어 대한민국 행정 리터러시를 높이는 데 크게 기여할 것으로 믿어 의심치 않는다.”

- 신수행(한전KDN 성과관리 처장, 경영학 박사)

“알아야 하지만, 쉽게 공감하고 학습하기 어려운 행정(학)을 일상 속에서 접근하고 이해하여 그 완성도를 높여주는 방향키와 같다. 누구라도 행정을 충분히 이해하고 실천할 수 있는 기본을 제시한다.”

- 신열(제26대 한국정책분석평가학회 회장, 목원대 교수)

“행정학의 전통적 문제 중 하나는 이론과 행정 실제 사이의 격차를 어떻게 줄이느냐에 있다. 그동안 다양한 학습서와 강의방식들이 제안되었지만 ‘영화로 보는 행정관람’만큼 우리의 실제 삶을 통해 행정현상을 생생하게 이해하고 설명하려는 참신한 시도는 찾아보기 어렵다. 행정학에 관심을 갖는 모든 분들에게 망설임 없이 추천하고 싶은 책이다.”

- 오철호(제22대 한국정책학회 회장, 숭실대 교수)

“영화를 통해 과거로부터의 Hindsight, 현재에서의 Insight, 미래에 대한 Foresight를 행정의 시각으로 분석하고 더 나아가 지향해야 할 방향을 제시하는 유쾌한 영화행정(CinemAdministration). 우윤석 교수의 융합적 접근에 찬사를 보낸다.”

- 이립(한국능률협회컨설팅 가치혁신부문 부문장)

“행정학인 듯, 행정학 같은, 행정학 아닌, 대담한 시도를 했다. 영화의 한 장면에서 발상의 단초를 찾아 행정학의 고급 이론으로 연결하면서 ‘시민을 위한 행정학’을 개척하고 있다.”

- 이원희(제55대 한국행정학회 회장, 한경대 교수)

“새롭고 흥미로운 접근에 심오한 통찰이 담긴 보기 드문 행정학 필독서이자 다소 딱딱하게 느껴지는 행정이론을 영화적 상상력으로 쉽게 풀어낸 역작. 저자가 평소 생생하게 보여준 인문학적 재치와 위트를 이론적으로 승화시켜 영화예술과 사회과학을 융합한 교양서로 읽어도 좋을 책.”

- 이창길(제10대 한국조직학회장, 세종대 교수)

“수포자, 즉 수학 포기자가 수학 능력자가 될 수 있다는 카피를 과장된 광고로만 생각했던 내가 이 책을 읽고 행정학 문외한이 행정학 전도사가 될 수도 있겠다는 생각을 하게 되었다.”

- 이택수(리얼미터 대표, 서울환경영화제 집행위원)

“영화적 재미와 리얼리티로 행정학의 현실적합성을 배가시킨 책. 미래 행정가를 꿈꾸는 청년들에게 감히 일독을 권한다.”

- 하동수(청와대 국토교통비서관, 제37회 행정고등고시)

“이 책은 영화를 통한 행정의 이해, 영화 속의 감성적 의미를 행정현상에 투영하여 행정학에 새롭게 접근하고 있어 흥미롭다. 독자들에게 강한 호기심을 유발하고, 이해심과 친숙함으로 더 가까이 다가간다. 생각해 볼 만한 사례와 내용이 풍부하고, 생활현장에서 행정이론의 근거를 제시해 주기도 한다. 이 책을 적극 추천하는 이유이다.”

- 홍형득(제29대 한국정책학회 회장, 강원대 교수)

차례

PART 04
광부의 아들은 발레리노가 되고, 거대 정부는 작은 정부로: 대처리즘과 신공공관리론

PART 05
공무원에게 필요한 것은 공감 능력이다: 감성지능적 정부

PART 06
고령화, 축복인가 재앙인가?

차례

PART 10
디지털 시대, 리터러시는 높이고 거래비용은 낮추고!

PART 11
하고 싶은 일, 할 수 있는 일, 그리고 해야 할 일: 행정가치와 공공성과

영화와 행정
(CinemAdministration)

영 화 로 보 는 행 정 관 람

01

행정학은 재미없는 공시족 과목이다?

행정학은 다른 분야와 달리 현실적합성을 전제로 하는 학문이라고 할 수 있습니다. 고전적 행정학은 물론 정책학의 흐름도 공허한 이념이나 논리가 아니라 우리가 늘 마주하는 행정현실을 설명하려는 노력의 산물이기 때문입니다. 그럼에도 불구하고 (또는 어쩌면 그런 이유로) 다양한 학문 분야 가운데 거의 유일하게 정체성 위기(identity crisis) 문제가 지속적으로 거론[1]되고 있기도 합니다. 이유는 여러 가지가 있을 수 있지만 현실적합성 차원에서 보자면 미국에서 시작된 소위 주류 행정학 이론을 현실상황이 전혀 다른 한국적 맥락에 적용하는 과정에서 생긴 괴리감과 피로감에 기인하는 바가 크다고 봅니다.

더 큰 문제는 우리나라에서는 행정학이 대학원이 아닌 학부과정에서부터 설치된 관계로 학문적 대상이라기보다 공무원이 되기 위한 일종의 전략적 입시과목 형태로 이해된다는 점입니다. 행정학과에 입학한 신입생의 대부분은 학문적 흥미보다는 공무원이나 공기업에 취업하기 위한 수단으로 행정학과를 선택하고 있고, 대학원의 경우에도 일반대학원이 아니라 공무원들의 학위 취득을 위한 행정대학원 위주의 과정이 대부분입니다. 학생들이 행정학 자체에 흥미를 붙이지 못한 채 행정학을 단순 암기과목으로 인식하고 있고, 이론을 배우고도 이를 현실에 적용하기 힘들어 하는 것이 현실인 것입니다. 그러나 행정은 우리가 일상생활에서 늘 접하고 있고 언론보도의 대부분은 행정의 개입 또는 불개입을 문제로 삼고 있습니다. 이런 차원에서 생활공간 속에서 일어나는 행정현상 자체를 체계적으로 연구해야 한다는 '생활행정학'이라는 개념[2]까지 등장한 바 있습니다. 그럼에도 불구하고 거의 모든 학생들이 일상생활에서 접하는 행정현상이 행정학에서 배운 이론의 실험장이라는 것을 인식하지 못하고 있는 것은 정말로 아쉬운 일이 아닐 수 없습니다. 공무원이 되고자 하는 목적으로 행정학과에 진학하고서도 (목적자체가 바람직하고 여부를 차치하고) 행정학 과목에 흥미를 느끼지 못한 결과 오히려 민간부문으로 진로를 변경하는 학생들도 많이 보아왔습니다.

저 스스로도 과거 행정학 비전공자로서 행정고시를 준비하는 과정에서 행정학 과목이 정치학이나 경제학, 행정법 같은 다른 과목에 비해 이해하기도 어렵고 흥미도 유발하지 못했기 때문에 좋은 성적을 거두지 못했던 경험이 있습니다. 돌이켜 보면 그 이유가 다른 과목에 비해 이론이 어렵거나 내용이 많아서라기보다 솔직히 '무슨 소리를 하는 것인지' 모르는 공허한 내용들이 많았기 때문이라고 생각됩니다. 이는 앞서 지적한 것처럼 현실적합성 부재가 중요한 원인으로 작동한 결과라고 판단됩니다.

02

행정학은 일상에 녹아 있는 영화소재이다!

행정학이 아닌 다른 학문 분야의 경우 복잡한 이론과 응용사례를 예술현상에 빗대어 알기 쉽게 소개한 저서가 우리나라에서도 다양하게 발간된 바 있습니다. 학문소개를 일반인과 동떨어진 순수예술에 빗대는 경우 오히려 이해의 난이도를 배가시킬 우려가 있지만, 친숙한 문학이나 미술작품을 통해 은유법적으로 적용할 경우 관련 이론에 대한 호기심과 이해심을 모두 높이는 데 기여할 수 있기 때문이겠지요. 다음은 그러한 노력의 몇 가지 사례에 해당합니다.

▍예술작품을 통한 학문소개 사례

위의 저술들은 경영학, 경제학, 인문학, 법학 같은 이론체계에 대한 흥미와 이해를 배가시킬 뿐 아니라 예술작품과의 접목을 통해 융합적 지식을 키우는 데에도 큰 기여를 할 수 있습니다. 이와 달리 행정학이나 정책학 분야의 경우 아쉽게도 예술작품과의 접목을 통해 학문에 대한 흥미를 유발하고 이해를 높이려는 융합적 노력이 전무한 실정입니다.

앞서 말한 것처럼 행정현상은 우리가 일상 생활에서 매일 접하는 현실입니다. 아울러 디지털화와 민관협력 거버넌스가 이미 대세로 자리 잡은 상황에서 행정에 대한 이해는 비단 공무원과 같은 행정서비스 공급자뿐 아니라 행정서비스의 소비자인 일반 국민 모두가 알아야 할 필수적인 가치재(value goods)에 해당한다고 보아야 합니다. 행정에 대한 이해는 공급자의 경우 공익의 실현과 행정의 효율성 제고에, 수요자의 경우 권익보호와 국민으로서의 주권행사에 필수불가결하기 때문입니다. 사실 행정은 현실을 이해하고 재해석하는 것을 전제로 새로운 정책을 창조하는 점에서 예술적 판단과 유사[3]한 점이 많다고 할 수 있습니다.

예술장르 중에서도 행정학에 대한 이해와 관련이 큰 것은 영화예술 분야라고 할 수 있습니다. 영화예술 작품은 스토리가 존재하고 실제 또는 가상의 '사례'를 다루는 점에서 다른 예술장르와 차별성이 있어서 일상생활에서 접하는 행정현상을 간접적으로 이해하는 데 더 큰 도움을 줄 수 있기 때문입니다. 영화 스토리 속에서 행정학 이론을 경험적으로 이해할 수 있을 뿐 아니라 행정조직이나 공무원의 이미지가 영화에 어떻게 투영되어 있는지를 확인하는 것도 행정학도의 실무감각 제고에 크게 기여할 수 있습니다. 다른 나라에서는 이미 영화를 활용한 행정학 교육과 연구경험을 다양하게 쌓아가고 있는 점에 주목할 필요가 있습니다.

03

영화를 통한 행정학 교육과 연구의 필요성: 이론과 사례

영화를 매개로 한 행정학 교육의 필요성과 효과에 대한 이론적 고찰은 여러 연구자들에 의해 시도된 바 있습니다. McSwite(2001)[4]는 복잡한 거버넌스와 행정적 제약에서 효과적으로 활동하기 위한 역량제고 방안의 하나로 이론 경쟁력(theory competence)에 주목한 바 있습니다. 그는 효과적인 행동이 무엇일까에 대한 질문들을 통해 행정학도들의 사고방식과 태도를 바꾸는 심적, 개념적 구성방식을 이론 경쟁력으로 정의하면서 이론 경쟁력 제고를 위해서는 상호연계에 대한 인식, 구조주의적 태도, 현장 중시노력, 시스템 사고, 능숙한 대화 그리고 통계나 인과관계로 설명할 수 없는 부분에 대한 이해라는 여섯 가지 요소가 중요하다고 보았습니다.

Austin(2012)[5]은 영화를 이용한 행정학 교육과정을 운영한 결과 영화분석 과정에서의 ORID(Objective, Reflective, Interpretive, Decisional) 기법이 행정학도의 이론 경쟁력 제고에 크게 기여할 수 있다고 주장합니다. ORID는 영화를 통한 행정학 교육과정에서 이루어지는 순차적 기법으로 객관화, 반응, 해석, 의사결정으로 이루어집니다. 객관화는 영화에서 나타난 사실들이 무엇이었는지를 구체적으로 분석하는 것이고, 반응은 영화에 대한 호오, 부정이나 긍정, 동의와 거부 등과 같은 주관적 느낌을 의미합니다. 해석은 영화에서 나타난 사실 및 주관적 반응이 행정학 이론과 어떤 연관성이 있는지, 그리고 실제 상황에서 어떤 의미를 갖는지 분석하는 것을 말하며, 마지막으로 의사결정은 그러한 해석에 기반하여 미래에 닥칠 상황에서 어떤 전문적 판단을 내리는 것이 바람직할 것인가에 대한 분석을 의미합니다. 이를 행정학 교육에 접목한다면 행정학도들이 객관화, 반응, 해석, 의사결정의 순차적 흐름을 거치면서 행정현상을 이론과 접목하게 되고, 행정주체나 수요자와 공감할 수 있게 되며, 바람직한 정책방향에 대한 제안할 수 있는 능력을 키우는 데

이바지할 수 있습니다. 다음 표는 각 단계별로 필요한 질문과 그 특징을 요약한 결과를 보여주고 있습니다.

ORID 기법의 단계와 질문

	객관화	반응	해석	의사결정
질문유형	• 무엇을 보고 들었는가? • 이미지와 대화? • 무슨 일이 벌어진 것인가?	• 어떤 기분이 들었는가?	• 어떤 행정이론과 어떤 관련이 있는가?	• 본인의 해석에 기반한 의사결정 대안은 무엇인가?
질문의 초점	• 구체적인 사실과 데이터	• 내적 반응	• 데이터의 의미	• 미래 정책결정 방향
질문의 역할	• 동일한 사실에 대한 공통된 이해	• 내적 반응의 도출	• 의미의 도출	• 실제 적용을 위한 대안 분석
문제점	• 중요한 사실의 무시 • 구체성의 부족	• 긍정적 반응과 부정적 반응의 대립	• 의미의 다양성	• 단일한 해결책의 추구 경향

자료: Stanfield(1997: 26-28 재인용 및 수정)[6)]

Warner(2017)[7)]는 영화작품이 원래는 엔터테인먼트 목적으로 제작된 것이기는 하나 영화를 통한 교육이 관료제, 리더십, PR, 인적 자원관리, 공공조직 관리, 전략기획, 문제해결 등을 이해하는 데 강력한 시각적 도구가 될 수 있다고 하면서 교육과 엔터테인먼트가 강의실에서 효과적으로 연계될 수 있음을 강조한 바 있습니다. 그는 본인의 교육생을 대상으로 한 설문조사에서 98%의 학생들이 영화를 통한 행정학 교육이 이론에 대한 흥미를 유발하였고 이론과 실제를 연계하는 능력을 개발하는 데 기여하였다고 응답했으며, 이 과정에서 이론적 틀이 영화를 통해 바라보는 렌즈가 되도록 하는 지도자(instructor)의 역할이 중요함을 강조하고 있습니다.

Marshall(2012)[8)]은 행정학 연구에 도움을 주는 영화의 효과에 대해 분석하는 과정에서 행정학 이론이 풍부한 사회적 삶의 양식을 충분히 보여주지 못하는 반면, 영화는 특유의 방식으로 이를 느끼고 상상할 수 있게 해 준다고 보았습니다. 예를 들어 찰리 채플린의 Modern Times는 과학적 관리론(Scientific Management)이 갖는 장점과 단점을 저자인 Taylor나 경영학 대가인 Gilbreth가 설명할 수 없는 방식으로 이해할 수 있도록 도와준다는 것이지요. 'Matrix'란 영화는 고도화된 기술변화에 따른 후기 산업사회의 모습을 시각적으로 보여줄 뿐만 아니라, 주인공 중 하나인

Morpheus의 대사("Welcome to the desert of the real")를 통해 전통적인 모습과 다른 사이버 공간에서의 사회적 관계 구조를 드라마틱하게 이해할 수 있다고 합니다.

더 나아가 영화와 행정학 이론을 접목시키려는 융합적 연구[9)]가 해외에서는 무수히 많이 진행되고 있다는 점에 주목할 필요가 있습니다. 이러한 연구는 영화이론의 행정 사례 분석 활용(Chandler & Admas, 1997; Holley & Lutte, 1999; Larkin, 1993; McSwite, 2002; McSwite, 1997), 관료제와 공무원의 역할에 대한 분석(Holzer & Slater, 1995; Marshall, 2007; Lee, 2000; Lee & Paddock, 2001; Pautz, 2014; Shafritz, 1999; Wielde & Schultz, 2007), 공공 PR에의 영화적 기법 활용가능성(Lee, 2001), 대중에게 비친 행정의 이미지 분석(Kass & Catron, 1990; McCurdy, 1995), 행정윤리와 등장인물 성격유형의 관계(Bowman & Menzel, 1998; Hunker, 1992) 등 다양한 분야를 아우르고 있습니다. Journal of Public Voices는 2017년에 특집호를 통해 영화와 행정의 접목을 모색하는 11편의 논문을 집중적으로 출판(Gabrielyan & Holzer, 2017)한 바 있고, 2014년에 개최된 A Symposium on Public Administration in Films에서는 정부가 영웅 또는 장애요인으로 작용하는 여러 영화를 통해 정부역할이 갖는 함의에 대해서 집중 논의하기도 하였습니다(Mastracci, 2014).

반면 앞서 말한 것처럼 우리나라에서는 이러한 교육적 또는 융합적 접목 시도가 전무한 실정입니다. 그러나 국민정서가 법질서에 우선하기 쉬운 한국에서는 공감과 몰입, 창의성 훈련에 영화작품에서 간접체험한 결과를 아날로지로 활용할 수 있고, 영화적 상상력과 입소문(viral marketing)을 통해 다양한 사회마케팅이나 공공 PR에도 적용할 수 있다(우윤석, 2011; 2008)[10)]는 점에서 영화를 통한 행정학 이론 내지 사례에 대한 교육과 훈련의 필요성과 가능성이 매우 크다고 볼 수 있습니다.

04

우리 모두가 알아야 할 행정이론과 사례: 책의 내용은...

이 책에서는 위의 취지를 감안하여 행정이론이나 사례와 연관된 영화를 선정하고 관련된 이론과 사례에 대해 다양하게 소개하고자 합니다. 물론 영화 전체가 행정이론이나 사례와 관련이 있을 수는 없으므로 영화를 통해서 착안할 수 있는 항목이 있는 경우를 관련 영화로 삼았습니다. 기술한 내용은 다음과 같습니다.

우선 객관화 차원에서 영화 줄거리, 주요 배우, 감독 등에 대한 일반적 내용을 간략히 소개합니다.

이어 반응 차원에서 영화가 갖는 감성적 의미를 소개합니다. 영화에 대한 반응은 모든 개인이 주관적으로 상이하기 때문에 이 부분에서는 필자의 반응을 주로 설명하고자 하며, 독자들은 본인만의 다른 반응을 회고하면 될 것입니다. 미학의 주요 이론에 따르면 서로 다른 주관을 가진 감상자 간에도 공통적 감상요소(간주관성, intersubjectivity)가 있고, 배우에 대한 개인적 호오가 아니라 작품의 스토리 자체에 몰입(무관심성, the Interest in Disinterestedness, Interesselosigkeit)할 경우, 공감(empathy)이 가능하기 때문입니다.

해석 차원에서는 작품이 갖는 행정학적 의미와 정책사례와의 연관성을 제시하고, 관련된 행정이론에 대해 소개하고자 합니다. 행정이론 소개에 있어서는 개론적인 내용을 먼저 분석하고 이어 심화적인 내용은 추가학습 과제로 소개하면서 학생들이 흥미를 잃지 않도록 다양한 실제 사례를 제시하고자 합니다. 아울러 각 장의 말미에 참고자료 목록을 첨부하되 요즘 학생들은 원전보다 인터넷을 활용한 자료 검색에 더 익숙한 점을 감안하여 공개된 인터넷 사이트를 가급적 많이 소개하고자 합니다.

마지막으로 의사결정 차원에서 영화 속에서 제시된 상황에 대한 바람직한 정책대안 내지 개선방안이 무엇일지 논의해 보고자 합니다. 다만 일방적인 제언이 아니라 이론적 고찰 부분과 연계성을 갖는 가상적 시나리오를 제시하여 해법을 찾거나 관련 분야의 기존 정책사례를 소개한 후 다른 대안을 모색하는 연습문제를 제시함으로써 학생 스스로의 문제해결 능력을 개발하는 데 기여하고자 합니다.

앞서 살펴본 바와 같이 행정학 분야에 있어서 예술작품, 특히 영화를 매개로 한 융합적인 행정학 교육은 우리나라에서 찾아보기 어려운 것이 현실입니다. 최근 통섭(consilience)이나 하이브리드, 퓨전이라는 이름을 중심으로 융합적 연구의 필요성에 대한 논의가 많았음에도 불구하고 상이한 분야 간의 異種交配가 아니라 융합을 내세운 단순한 同種交配에 그치는 경우가 많았던 것도 사실입니다. 이 책은 영화에 대한 미학(美學, aesthetics)적 고찰과 함께 영화 속에 숨어 있는 행정 및 정책 관련 이론(theory)과 사례(case)를 연계함으로써 인문학과 사회과학의 융합적 성과는 물론, 행정학에 대한 학생들의 관심과 이해를 높이는 데도 기여할 것으로 기대됩니다. 행정학 전공자(혹은 예비 전공자, 타 전공자 포함)들을 대상으로 행정학에 대한 흥미와 이해를 높임으로써, 행정학을 단순히 공무원이 되기 위한 입시수단으로 보는 것이 아니라 행정학이라는 학문 자체에 몰입하는 연구자로 양성하기 위한 기회의 창문(window)을 제공할 수 있으면 하는 바람입니다.

아울러 다른 나라의 사례에서 보듯이 영화를 매개로 관료제, 공공PR, 정부혁신, 갈등관리, 리더십 등에 대한 함의를 도출하는 융합적 연구가 가능할 것으로 기대됩니다. 예를 들어 Marshall(2012)[11]은 행정서비스의 주관적 감성과 사회적 관계 분석에 영화이론 중 라캉 접근법(Lacanian approach)의 거울이론(mirror theory)이나 봉합이론(suture theory)의 적용가능성을 제안하였고, Lee(2001)는 정부의 홍보담당자가 나오는 20개의 영화를 분석한 결과 대부분 중앙정부를 대변하는 남성들이 코믹하거나 정반대로 진지한 역할을 했다고 하면서 이러한 이미지가 민간부문의 홍보담당자와 어떤 차이가 있는지 추가적인 연구가 필요함을 제안한 바 있는데, 우리나라에서도 이와 유사한 함의를 찾을 수 있을 것으로 보입니다. Goodsell & Murray(1995)[12]가 지적한 것처럼 영화예술은 행정학 연구에 있어 이론, 가치, 리더십, 정책, 그리고 교육이라는 다섯 가지 차원에서 시사점을 제공할 수 있기 때문입니다. 행정현상은 비단 행정학 전공자뿐 아니라 주권자이자 행정서비스의 수요자로서 국민 모두가 관심을 갖고 일정 수준의 지식을 갖고 있어야 할 분야입니다.

영화(Cinema)를 통한 행정(Public Adminstration) 이해... 소위 CinemAdminstration의 가능성을 함께 열어봅시다.

미주

1) 박종민. (2008). 행정학의 종언인가?: 정체성 위기의 악순환. 한국행정학회 춘계학술대회 발표논문집(3), 2008.4., pp. 481－496.

2) 조무성. (1998). 생활행정학으로서의 한국행정학: 문제해결역동모형의 탐색. 한국행정학회 동계학술대회 발표논문집, 1998.12., pp. 299－331.

3) 사공영호. (2016). 행정학 학문위기의 기원: 존재와 인식의 부조화. 행정논총, 54(4): 1－38.

4) McSwite, O.C. (2001). Theory Competency for MPA－educated Practitioners. Public Administration Review, 61: 111-114.

5) Austin, E. (2012). Cinema and Public Administration Theory in the Classroom. Administrative Theory & Praxis, 34(1): 114－119.

6) Stanfield, B. (Ed.) (1997). The Art of Focused Conversation: 100 Ways to Access Group Wisdom in the Workplace. Toronto: ICA Canada.

7) Warner, L. (2017). Teaching with Multimedia: Cinema and Television as a Resource for Teaching Public Administration. Public Administration Times, ASPA, Oct. 26, 2017, https://patimes.org/teaching－multimedia－cinema－television－resource－teaching－public－administration/

8) Marshall, G. (2012). Applying Film to Public Administration. Annual Meeting of Western Political Science Association, Univ. of Nebraska at Omaha.

9) 다음 연구 참조. Bowman, J. & Menzel, D. (1998). Teaching Ethics and Values in Public Administration Programs: Innovations, Strategies, and Issues. NY: SUNY Press.
Chandler, R. & Adams, G.B. (1997). Let's Go to the Movies! Using Film to Illustrate Basic Concepts in Public Administration. Public Voices, 3(1): 9－26.
Gabrielyan, V. & Holzer, M. (2017). Introduction of Public Administration at the Movies. Public Voices, 4(2): 1.
Holley, L. & Lutte, R. K. (1999). Public Administration at the Movies. Public Voices, 4: 4－10.
Holzer, M. & Slater, L.G. (1995). Insights into Bureaucracy from Film: Visualizing Stereotypes. In C.T. Goodsell & N. Murray (Eds.) Public Administration Illuminated and Inspired by the Arts. (pp. 75－90). Westport, CT: Praeger.
Hunker, B. (1992). A Rationale and Bibliography: Films for the Teaching of Ethics. Fifteenth National Conference on Teaching Public Administration. Charleston, SC: Institute for Public Affairs and Policy Studies, College of Charleston.
Kass, H.D. & Catron, B. (1990). Images and Identities in Public Administration. Newbury Park, CA: Sage Publications.
Larkin, J. (1993). The Movies: The Good, the Bad and the Public. Public Voices 1(14): 93－98.
Lee, M. (2001). The Image of the Government Flack: Movie Depictions of Public Relations in Public Administration. Public Relations Review, 27: 297－315.
Lee, M. (2000). Bureaucrat Bashing in the Galactic Service: George Lucas and Public Administration. Public Voices, 4(1): 23－30.
Lee, M. & Paddock, S. (2001). Strange but True Tales from Hollywood: The Bureaucrat as Movie Hero. Public Administration and Management: An Interactive Journal, 6(4): 166－194.

Marshall, G.S. (2007). Commanded to Enjoy: The Waning of Paternal Authority and its Implications for Public Administration. Administrative Theory & Praxis, 29: 102-114.

Mastracci, S. (2014). Symposium Introduction. A Symposium on Public Administration in Films, International Journal of Organization Theory and Behavior, 17(2): 193-264.

McCurdy, H.E. (1995). Fiction and Imagination: How They Affect Public Administration. Public Administration Review, 55: 499-506.

McSwite, O.C. (2002). Narrative in Literature, Film, Video & Painting: Theoretical and Practical Considerations of their Relevance to Public Administration. Public Voices, 5: 89-96.

McSwite, O.C. (1997). Jacques Lacan and the Theory of the Human Subject: How Psychoanalysis Can Help Public Administration. American Behavioral Scientist, 41: 43-63.

Pautz, M. (2014). Civil Servants on the Silver Screen: The Depiction of Government in American and Australian Cinema. International Journal of Public Administration, 37(3): 141-154.

Shafritz, J. M. & Foot, P. (1999). Organization Development in Hollywood War Movies: From The Sands of Iwo Jima to G. I. Jane. Public Voices, 4: 14-19.

Wielde, B.A. & Schultz, D. (2007). Wonks and Warriors: Depictions of Government Professionals in Popular Film. Public Voices, 9: 61-82.

10) 우윤석. (2011). 행정학 연구에 있어서 감성적 행태를 고려한 접근방법의 가능성: 감성지능적 사회마케팅의 적용을 중심으로. 한국사회와 행정연구, 22(2), 329-357.

우윤석. (2008). 감성지능적 정부의 개념화와 구현을 위한 모색: 미학적 아날로지와 도구적 활용을 중심으로. 행정논총, 46(2), 99-133.

11) Marshall, G. (2012). Applying Film to Public Administration. Annual Meeting of Western Political Science Association, Univ. of Nebraska at Omaha.

12) Goodsell, C.T. & Murray, N. (1995). Prologue: Building new bridges. In C.T. Goodsell & N. Murray (Eds.). Public Administration Illuminated and Inspired by the Arts. (pp. 75-106). Westport, CT: Praeger.

PART 02

McDonald 햄버거에 숨은 비밀: 과학적 관리론

(Scientific Management)

영 화 로 보 는 행 정 관 람

THE FOUNDER(2016)

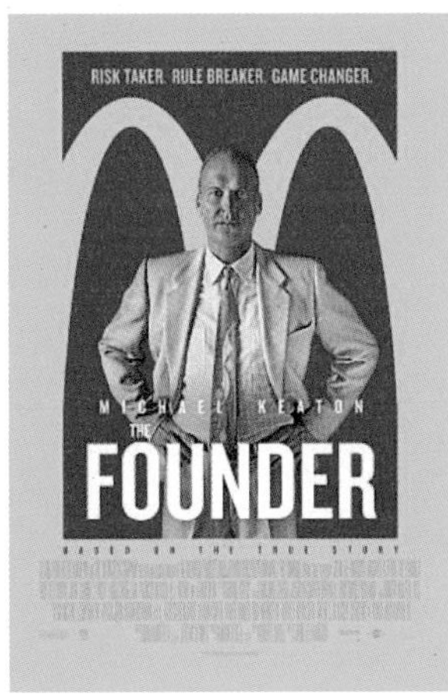

감독: John Lee Hancock
출연: Michael Keaton(레이 크록 역),
Nick Offerman(딕 맥도날드 역),
John Carroll Lynch(맥 맥도날드 역) 외
수상: Capri Award 최우수 배우상 등

▶ Frederick Winslow Taylor(1856-1915)[1)]

프린스턴 대학을 나온 부유한 변호사 아버지 밑에서 태어난 그는 공부도 잘해서 하버드 대학에 진학하려 했지만 과도한 책 읽기(?)로 시력이 상하는 바람에 대신 Stevens Institute of Technology 대학에 입학했다고 합니다. 굳이 생계를 위한 일을 할 필요가 없는 사람이었음에도 불구하고 일(work)을 어떻게 할 것인가에 관심이 많아 철강회사에 취직을 한 후 평사원에서 간부직까지 승진하게 됩니다. 이 경험을 바탕으로 일을 효율적으로 수행하기 위한 방법을 책으로 저술하고 경영 컨설턴트가 되어 자신의 이론을 적용한 자문활동을 활발하게 수행했다고 합니다.

▶ Fordism

미국의 자동차회사 Ford가 적극적으로 도입했다고 해서 설립자인 Ford의 이름을 따 Fordism으로 불립니다. 반면, 산업사회를 대변하는 소품종 대량생산의 Fordism을 벗어나 다품종 소량생산 양식을 채택한 후기 산업사회 모형을 Post-Fordism이라고 하는데 우리나라의 동대문 의류시장이 대표적인 사례에 해당하지요. 최근 ZARA나 H&M 같은 SPA(Specialty retailer of Private label Apparel, 기획과 생산, 유통, 판매를 한 회사가 모두 담당함으로써 비용을 낮추고 패션변화에 민감하게 반응하는 일종의 Fast Fashion 브랜드로 빠른 변화를 빗대 Mac Fashion이라고도 합니다) 의류브랜드는 Fordism적 생산양식을 바탕으로 하지만 종종 유명 디자이너와의 콜라보(collaboration)를 통해 차별화된 제품을 한정 생산하기도 하는데 이는 Fordism적 한계를 보완하려는 Post-Fordism적 방식이라고도 볼 수 있습니다.

영화 Founder에는 주인공이 맥도널드 햄버거의 규격화된 제작방식에 감탄하는 장면이 나옵니다. 직원별로 업무를 나누어 패티를 굽거나 빵을 만들고 피클은 두 개씩, 케첩과 머스터드는 다섯 방울씩 떨어뜨린 후 이를 포장해서 짧은 시간 내에 동일한 맛을 내는 햄버거를 대량생산하는 과정인 것이지요. 맛과 함께 이러한 제조방식에 감동한 주인공은 이 시스템을 프랜차이즈화하겠다는 사업모델을 구상하고 동업을 제안하게 됩니다.

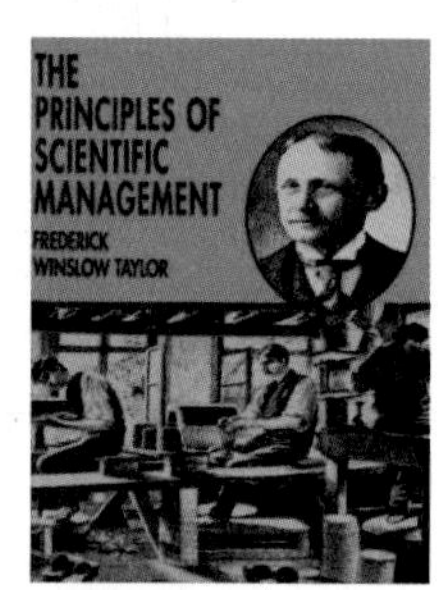

패스트푸드 체인점이나 기계화된 산업공정이 일반화된 요즘에야 아무렇지도 않은 당연한 방식이지만 분업화된 생산방식이 이론적으로 구체화된 것은 1911년에 발간된 Taylor의 The Principles of Scientific Management란 책이 처음입니다. Taylor는 과학적 관리론의 아버지로 근대 경영학의 토대를 쌓는 데 기여하였고, 미국 경영학회(Academy of Management)는 이 책을 경영학 분야에서 영향력 있는 20세기 최고의 책으로 선정[2)]한 바도 있습니다. 과학적 관리론에 나타난 Taylorism은 그 후 컨베이어 벨트로 대표되는 대량생산 방식, 즉 Fordism으로 이어져 산업사회의 꽃을 피우는 계기가 되었습니다.

그런데 도대체 경영학, 그것도 생산관리에 관한 이 책이 행정학과 무슨 연관이 있는 걸까요? 행정학의 아버지인 Woodrow Wilson이 기념비적인 저작 The Study of Administration(1887)[3)]에서 당시 정치학의 하위분과에 불과했던 행정학의 독립적 학문영역을 주장한 이후 고전적 행정학은 사무관리를 위주로 한 행정관리적 성격을 띠고 있었습니다. 민간영역의 관리방식이 공공부문에도 적용될 수 있다는 관리주의(managerialism)적 논의가 대두되었고 부정부패와 비전문성, 정책의 일관성 부족을 초래한 기존의 엽관제를 벗어나 전문 관료제의 역할을 중시하는 정치행정이원론(Politics-Administration dichotomy)이 주류적 입장이 된 것입니다(2장 말미에 있는 <행정학 이론의 변천 요약> 중 고전적 행정학 부분을 참조하기 바랍니다).

이러한 시대적 상황에서 Taylor가 제시한 조직관리 방안은 비록 Taylor 자신은 공공부문에의 적용가능성을 제안한 적이 없었지만 행정학 분야에서도 주먹구구식으로 운영되던 기존의 공공 행정관리 방식을 대체할 수 있는 효율적 대안으로 받아들여지게 됩니다.[4)] Taylor의 과학적 관리론은 효율성과 혁신을 강조한 점에서 고전적 행정학뿐 아니라 정부실패 이후 대두한 정부혁신 이론인 신공공관리론(New Public Management)에서도 재조명된 바 있습니다. 이제 영화와 함께 Taylor가 이끄는 과학적 관리의 세계로 들어가 보도록 합시다.

▶ 엽관제(獵官制, spoils system)
공무원을 충원할 때 전문성이나 능력이 아니라 정치적 충성도와 기여도를 고려하는 방식을 말합니다. 선거에서 승리한 대통령이 공직을 일종의 전리품(spoils)으로 간주하고 이를 자신의 지지자들에게 포상의 의미로 나누어준 데서 비롯합니다. 아버지도 없이 가난한 이민자 가정의 유복자로 태어나 미국의 7대 대통령(1829-1837)이 된 Andrew Jackson이 누구나 공무원이 될 수 있기 때문에 가장 민주적이라고 열렬히 옹호한 점에서 Jacksonian Democracy로 불리기도 합니다.

01

맥도널드 햄버거 체인의 주인이 맥도널드가 아니라는 불편한 진실

▶ Raymond Albert Kroc(1902-1984)[5)]

Ray는 일리노이주에 있는 Oak Park라는 곳에서 체코 이민자 가정의 아들로 태어났습니다. 어려서부터 레모네이드 가판을 운영하는 등 장사수완을 보였고 제1차 세계대전에 적십자 운전병으로 참전해서 Walt Disney와 Ernest Hemingway와 함께 복무했고 평생을 친구로 지냈다고 합니다. 종전 후 피아니스트, 음악감독, 부동산 거래인 등을 경험한 후 종이컵회사의 세일즈맨으로 들어가 중서부지역 매니저를 역임했고, 1940년대 들어 영화에 나오는 밀크셰이크 믹서기 세일즈를 시작합니다. 1954년, 밀크셰이크 기계를 주문한 McDonald 형제의 햄버거 가게를 방문하여 단순한 메뉴구성과 효율적인 운영시스템에 놀란 그는 사업화 가능성을 직감하고 형제들에게 프랜차이즈 사업을 제안합니다. 1955년 첫 번째 매장을 열고 1959년 100번째 매장까지 열게 되지만 이익분배가 여전히 신통치 않자 나중에 맥도널드사의 첫 번째 사장이 되는 Harry Sonneborn(영화에서는 우연히 만난 회계사로 나옵니다)의 조언에 따라 프랜차이즈 매장 부지를 매입하여 점주에게 임대하는 시스템을 마련하고 270만$를 대출받아 맥도널드 형제로부터 1961년 회사를 사버리게 됩니다. 이후

이 영화는 주인공인 Ray Kroc이 McDonald 햄버거의 실제 창업자인 McDonald 형제로부터 (좋게 말하면) 집요함과 결단력(주인공이 모텔방에서 자기최면처럼 즐겨 듣는 LP인 The Power of the Positive에서 흘러나오는 persistence와 determination), 그리고 (나쁘게 말하면) 무자비한 냉혹함으로 McDonald라는 이름을 내세운 햄버거 프랜차이즈를 빼앗아(?)왔던 실화에 근거하고 있습니다. 영화의 마지막 부분에서 원조 McDonald 매장이 McDonald란 명칭을 못 쓰게 되자 기존 간판을 내리면서 큰 글씨로 M이라고 쓰여진 다른 간판을 올리는 장면은 일종의 아이러니입니다.

영화의 첫 장면... Ray의 얼굴이 화면 가득 줌인되어 있습니다. 실은 밀크셰이크 믹서기를 팔 사람을 앞에 두고 제품홍보에 열을 올리는 모습을 구매자 시선에서 바라본 장면입니다. 그는 밀크셰이크가 많이 팔리지 않는 이유를 손님들이 밀크셰이크를 사러왔다가 오래 기다린 경험이 있어서 아예 사먹으려고도 하지 않기 때문이라고 합니다. 따라서 대용량 믹서기를 사서 빠른 시간 내에 밀크셰이크를 만들어줄 수만 있다면 더 많은 사람이 사러올 것이므로 믹서기를 사야 한다

고 강변하는 내용입니다. 그는 다음과 같이 말합니다. "You increase the supply, and the demand will follow." 어디서 많이 들어본 이야기지요? 바로 경제학원론에서 배운 바 있는 Say의 법칙, 즉 '공급이 수요를 창출한다'는 논리입니다.

1954년 무렵, 주인공 Ray는 밀크셰이크를 만드는 데 필요한 멀티믹서를 파는 외판원이었습니다. 이 도시 저 도시를 떠돌면서 팔리지도 않는 기계를 팔아야 하는 그의 삶은 고단하고 신산합니다. 영화 초반에 나타난 그의 이미지는 과장이 심하고 말도 많고 별 믿음도 가지 않는, 더운 날씨에 땀을 흘리며 무거운 믹서기를 트렁크에 넣었다 빼기를 반복하는 그저 그런 외판원에 불과합니다.

믹서기 판매에 실패하고 자동차를 탄 채 음식을 주문하는 drive-through restaurant에 들렀다가 20분이 걸려도 음식이 나오지 않자 힘들고 지치기도 합니다. 막간에 회사에 전화를 걸어 다른 믹서기 주문이 없는지 확인하려는데 한 식당에서 믹서기를 6개나 주문했다는 소식을 듣게 됩니다. 의아해하며 그 식당으로 전화를 걸어 주문내용을 재확인했더니 아니나 다를까... 역시 주문을 잘못했다고 합니다. 6개가 아니라 (무려) 8개를 주문했어야 했다고 하면서요!!!

맥도널드 형제의 조리방식을 모든 매장에 통일적으로 적용하면서 가맹점주들로 하여금 소위 '햄버거 대학'이라는 교육과정을 이수하게 하고 '감자칩을 부전공으로 하는 햄버거학(hamburgerology with a minor in french fries)' 자격증을 수여합니다. 이러한 통일적인 맛과 매장운영 모델은 맥도널드 햄버거가 세계적인 브랜드로 성장하는 데 크게 기여하게 됩니다. 1977년 일선에서 물러나 1984년 심장병으로 사망할 때까지 30여 개국에 7,500개의 매장을 운영했고 개인재산이 5억$에 이르렀다고 합니다.

▶ Say의 법칙에 대한 재해석

프랑스의 고전파 경제학자 J. B. Say[6]가 '재화와 서비스의 총생산과 총수요는 모든 자원이 완전히 활용되고 있을 때 동일하다'고 주장한 것으로 흔히 '공급이 수요를 창출한다'라는 명제로 이해되고 있습니다. 경제공황 당시 생산된 물건이 소비되지 않고 대규모 실업이 발생하면서 Keynes에 의해 비판받기도 했습니다. 그러나 Horowitz[7]에 의하면 Say의 법칙은 총공급과 총수요의 무조건적인 균형상태를 말한다기보다 일반적인 공급이 일반적인 수요로 변하게 되는 과정을 설명한 것이라고 합니다. 생산이라는 활동 자체가 필연적으로 해당 상품에 대한 수요를 창출한다는 뜻으로 해석한다면 우리가 원하는 것을 마음대로 생산함으로써 모두 부자가 될 수 있다는 것이 되는데 이는 많은 기업과 상품의 실패가 증명하듯이 터무니없는 결론이기 때문입니다. 그가 해석하는 Say의 진의는 제품이나 서비스를 '수요'할 수 있는 능력은 '생산'활동으로부터 창출되는 수입에서 나오기 때문에 생산활동이 상품에 대한 수요를 만들게 되고 따라서 부(富)는 소비가 아니라 생산이 창출한다는 것입니다. 즉, 내가 무언가를 구입하거나 소비할 수 있는 능력은 나의 노동이나 비노동 자산의 생산성으로부터 파생되고, 그 생산성이 높을수록(낮을수록) 그에 따라 수요 능력이 커진다(작아진다)라는 것이지요.

다음 날 Ray가 그곳에 찾아가서 본 것이 바로 많은 사람들이 줄을 길게 서 있는 원조 McDonald 햄버거 식당이었습니다. 그는 두 가지 사실에 크게 놀랍니다. 햄버거와 콜라, 감자칩을 주문하자마자 바로 나오는 신속함, 그리고 주방 안에서 한 치의 불필요한 동작 없이 시간을 체크해 가면서 질서 정연하게 이루어지는 조리방식이었습니다.

그는 믹서기 판매는 뒷전으로 미루고 자기가 발견한 신세계에 흠뻑 빠져들고 맙니다. 나중에 다시 돌아와 McDonald 형제에게 저녁을 사겠으니 그들의 이야기를 들려달라고 합니다. 거기서 듣게 된 형제의 이야기에 감동한 그는 햄버거 사업모델을 바탕으로 프랜차이즈 사업을 하자고 제안하게 됩니다. 형제는 이미 몇 군데 매장을 운영한 적이 있지만 품질관리에 실패했다며 제안을 거절하지요. 며칠 뒤 다시 돌아온 Ray는 자기가 가보았던 모든 도시에는 교회와 법원이 있었고 거기에는 십자가와 성조기가 걸려 있었다고 하면서, 황금아치(지금 보는 M자형과는 달리 역U자형을 양쪽으로 세운 초기 모양)가 서 있는 세운 McDonald를 가족들이 매일 모여 몸과 마음을 살찌우는 미국의 새로운 교회로 만들자고 합니다. 그게 나라를 위하는 길이라고 하면서요. 순진하고 겁이 많은 두 형제는 이 해괴한(?) 논리에 속절없이 넘어가고 결국 프랜차이즈 계약서에 사인을 하게 됩니다.

그 다음부터 Ray는 브레이크 없는 자동차처럼 달리고 또 달립니다. 자기 집을 은행에 담보로 제공하는 과정에서 아내와 다투게 되고 고급 레스토랑에서 만나게 된 다른 프랜차이즈 희망 점주의 아내 Joan과 묘한 감정에 휩싸이면서 아내와 이혼하게 됩니다. 후에 Joan은 Ray의 세 번째 부인이 되어 Ray가 죽을 때까지 해로했고 나중에 거의 전 재산을 사회에 기부하는 자선사업가로 변신했다고 합니다. 매장은 늘어가지만 자기 몫의 수익분배율이 적어 제대로 수익이 나지 않게 되자 우연히 알게 된 회계사의 조언을 받아들여 가맹점이 입지할 건물을 사들이면서 부동산회사(현재 McDonald는 세계에서 가장 많은 부동산을 소유한 회사이기도 합니다)를 겸하게 됩니다.

품질관리를 중시하고 겁도 많은 McDonald 형제는 무리한 사업확장에 계속 제동을 걸지만 Ray는 멈추지 않습니다. 평소 당뇨를 앓던 동생은 결국 스트레스로 쓰러지게 되고 Ray는 병원에 찾아와 상표권을 넘기라며 백지수표를 던지고 떠납니다. 두 형제는 고민 끝에 (세금 포함) 단돈(?) 270만 달러에 모든 권한을 넘기기로 합니다. 향후 발생 수익에 대한 1% 지분도 요구하지만 영악한 Ray는 투자가를 모으는 데 어려움이 생길 것이라며 구두로만 약속하자고 합니다. 결과는 예상대로입니다. McDonald 형제는 나중에 식당의 상징과도 같은 큰 M자마저도 상표권에 걸려 본인들이 가게에서 직접 떼어내야 했고 구두로만 약속했던 1%의 지분 역시 받지 못하게 됩니다. 그들이 포기한 1%의 지분은 현재가치로 치면 매년 무려 1억 달러에 달한다고 합니다.

1955년 첫 번째 프랜차이즈로 개장한 McDonald 식당[8)]

02

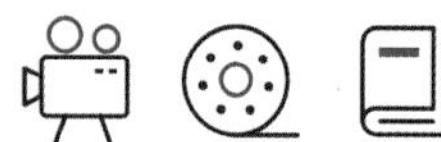

과학적 관리론과 기계적 능률

2.1. 과학적 관리론의 주요 내용

테일러가 추구한 것은 급격한 산업환경의 변화에 대응하기 위해 기존의 전통적인 주먹구구식 관리방식(rule−of−thumb management)을 벗어나 최선책(the one best way)이 될 수 있는 과학적 관리방식(scientific management)이 무엇인지 찾는 것이었습니다.

"...Decisions based upon tradition and rules of thumb should be replaced by precise procedures developed after careful study of an individual at work...."[9]

(과거 주먹구구식 의사결정은 현장인력에 대한 면밀한 분석을 통해 개발된 정확한 절차로 대체되어야 한다.)

▶ 태업과 Luddite 운동

19세기 초 영국에서 벌어졌던 Luddite 운동과도 비슷한 상황입니다. 산업혁명에 의해 도입된 기계들이 노동자들의 일자리를 뺏어간다고 믿고 방적기와 같은 공장기계를 노동자들이 때려 부순 사건을 말하는데 Ned Ludd란 사람이 이끌었다고 해서 붙여진 이름이지만 실은 가상의 인물이었다고 합니다.[10] 최근에 4차 산업혁명과 인공지능이 현실화되면서 AI가 인간의 일자리를 뺏어갈 것이라고 우려하는 것도 21세기판 러다이트 운동이라고 할 만합니다.

그는 공장에 많은 기계들이 도입되더라도 효율성과 이윤증가를 거두지 못하는 이유를 근로자들의 안일한 행태와 관리방식의 한계로 설명합니다. 우선 근로자들은 (인간의 특성상) 태생적으로 게으르고 편안한 방식을 추구할 뿐 아니라 엉뚱하게도 그들이 최선을 다해 열심히 일하면 많은 사람들이 해고되는 결과를 초래(적은 인원으로도 더 큰 성과를 거둘 수 있으므로)할 거라고 믿고 있기 때문에 작업현장에서 태업이 일상화되었다고 지적합니다. 혹여나 최선을 다해 일하려는 사람이 있다고 해도 옆 사람이 대충 일하면서 같은 급여를 받는 상황을 본다면 굳이 열심히 일할 유인책이 없어질 것이므로 결국 모든 근로자의 역량이 하향평준화될 것이라고 말합니다.

"...The great majority of workmen still believe that if they were to work at their best speed they would be doing a great injustice to the whole trade by throwing a lot of men out of work...."

(많은 근로자들은 아직도 본인들이 최선을 다해 일하게 되면 다른 사람들을 일터에서 내쫓을 수 있으므로 산업 전반에 해악을 미칠 거라고 믿고 있다.)

반면 고용주들은 객관적인 데이터 없이 본인들의 과거 경험이나 근로자들의 (태업을 하면서도 달성할 수 있는) 기존 업무량을 보고 주먹구구식(rule-of-thumbs)으로 근로자에게 부과할 작업량을 판단하기 때문에 현상유지의 덫에 갇히게 됩니다. 보수를 지급하는 기준이 작업단위가 아니라 일당이거나 주급일 경우 정해진 시간만 채우면 되기 때문에 근로자에게 동기를 부여할 수도 없다고 합니다.

"...The inefficient rule-of-thumb methods, which are still almost universal in all trades, and in practising which our workmen waste a large part of their effort...."

(작업자들이 그들의 노력을 낭비하는 비효율적인 주먹구구식 방식이 전체 산업 분야에 만연해 있다.)

이러한 문제를 해결하기 위한 방안으로 그가 제시하는 것이 바로 시간연구(time study)와 동작연구(motion study)입니다. 신참 근로자들은 일반적으로 주변에 있는 사람을 보고(적절한 근로자 관리방식이나 교육이 없으므로) 작업방식을 배우게 되는데 사람마다 모두 다른 방법과 처리시간을 갖고 있으므로 같은 업무를 처리함에 있어서도 수십 가지의 다른 시간과 동작을 취하게 됩니다. 근로자 개인이 갖고 있는 기술이 바로 일종의 暗默知(tacit knowledge)라고 할 수 있습니다. 이 수많은 작업방식과 암묵지 중에 가장 효율적인 방식이 어디 있는 누군가에게 분명히 존재할 것입니다. 불필요한 동작과 시간을 줄여 가장 짧은 시간에 가장 쉽게 가장 많은 작업을 처리할 수 있는 그런 방식 말입니다. 따라서 그는 최단시간 내에 불필요한 동작 없이 작업을 처리할 수 있는 사람을 찾거나 여러 사람의 방식을 조합한 최적의 방식을 찾아내 일종의 매뉴얼화로 표준화시킨 후 모든 작업자들에게 교육을 시키게 되면 모든 사람이 최적의 생산활동을 할 수 있다는 데 주목하게 됩니다.

> "...The enormous saving of time and therefore increase in the output which it is possible to effect through eliminating unnecessary motions and substituting fast for slow and inefficient motions, for the men working in any of our trades can be fully realized only after one has personally seen the improvement which results from a thorough motion and time study, made by a competent man...."
>
> (경쟁력 있는 작업자를 대상으로 한 동작과 시간연구를 통해 불필요한 동작을 제거하고 느리고 비효율적인 동작을 빠른 것으로 대체함으로써 작업자들의 시간을 절감하고 산출을 늘리는 것이 가능하다.)

영화에서도 맥도널드 형제가 땅바닥에 분필로 그림을 그려가며 주방의 동선을 간소화할 수 있는 동작을 연구하는 장면이 나옵니다. 이처럼 공정의 각 단계별로 숙련노동자가 작업을 처리하는 동작과 시간을 분석하여 불필요한 움직임과 지체시간을 제거하고 최적화된 작업표준을 마련하는 것이 시간연구와 동작연구입니다.

또 하나 중요한 것은 이렇게 표준화된 공정확인 과정에서 작업량을 극대화할 수 있는 조건도 파악할 수 있다는 겁니다. 예를 들어 테일러는 1898년 베들레헴 제강회사 재직 중에 숙련자의 작업내용을 분석한 결과 삽으로 들 수 있는 무게를 21.5파운드로 하는 것이 1일 작업량을 최대화할 수 있음을 알아내고 이를 적용한 결과 하루 취급량을 16톤에서 59톤으로 늘리고 작업자를 500명에서 140명으로 줄일 수 있었다[11]고 합니다. 여기서 한 걸음 더 나아간다면... 작업대상에 따라 삽의 무게를 달리하는 것도 가능합니다. 같은 무게를 들어올리더라도 모래와 철광석은 부피가 다를테니까요. 즉, 가벼운 물건을 드는 삽은 크게, 무거운 물건을 드는 삽은 작게 만드는 겁니다. 눈 치울 때 쓰는 삽이 일반 삽보다 훨씬 크다는 것을 생각해보면 바로 알 수 있습니다. 테일러의 과학적 관리기법은 군대에서 눈 치우는 삽에도 숨어 있는 것이 됩니다. 골프와 같은 스포츠 경기에서 선수들의 동작을 비디오로 녹화하여 자세를 교정하는 데 활용하는 것도 넓게 보면 동작연구에 해당합니다. 공장 효율화를 위해 작업장에 캠코더를 설치하여 공정을 촬영한 후 작업자들이 모여 낭비적 요소를 제거하는 것도 동작연구와 시간연구의 하나입니다.[12]

이렇게 표준화된 작업방식을 바탕으로 처리가능한 1일 치 물량이 산정될 수 있겠지요? 이 물량은 숙련노동자가 불필요한 동작이나 시간낭비 없이 처리할 수 있는 수준이므로 최적생산량이라고도 할 수 있습니다. 이러한 최적생산량을 작업자에게 업무로 부과한 후 작업량을 채우면 기본급을, 초과달성하면 추가적인 인센티브를 부여하게 되면 앞서 문제로 지적되었던 작업자의 태업문제도 사라지게 됩니다. 정상적인 작업자라면 기본급을 받기 위해 최적물량을 처리하게 될 뿐 아니라 추가적인 인센티브도 원할 테니까요. 테일러는 작업자들이 기본적으로 게으르다고 생각했지만 적절한 사람을 선발해 적절히 훈련할 경우 최적의 성과를 낼 수 있는 합리적인 존재로 보기도 했습니다. 돌덩이를 날라야 하는 작업자는 황소 같은 성격을 가진 사람이 적합하다고 했을 정도인데 지금 생각하면 적절치 못한 비인격적 비유일지 모르지만 흔히 말하는 인적 자원을 적재적소(適材適所)에 배치한다는 개념과 일치합니다.

> "...Now one of the very first requirements for a man who is fit to handle pig iron as a regular occupation is that he shall be so stupid and so phlegmatic that he more nearly resembles in his mental make-up the ox than any other type. The man who is mentally alert and intelligent is for this very reason entirely unsuited to what would, for him, be the grinding monotony of work of this character. Therefore the workman who is best suited to handling pig iron is unable to understand the real science of doing this class of work...."
>
> (돌덩어리를 다루는 일을 하는 사람은 성격이 소처럼 우직하고 둔감한 것이 낫다. 지적이고 예민한 사람은 그런 지루한 일에 적합하지 않고, 돌덩어리를 다루어야 할 사람은 관리와 같은 과학적인 일에 적합하지 않기 때문이다.)

테일러에 의해서 관리자의 역할도 재조명됩니다. 관리자가 할 일은 관리(management) 그 자체인 점에서 일반 근로자는 물론 소유자와도 구분됩니다. 관리 업무에는 시간연구와 동작연구를 통한 작업공정의 표준화, 근로자 선발과 교육, 작업기획, 물리적 환경 개선, 차등적 성과급 지급 등이 포함됩니다. 현대적인 의미에서 보자면 노사분리 및 소유와 경영의 분리가 제시된 셈입니다. 이런 방식을 통한 과학적 관리는 소위 '기계적 능률'을 극대화한 개념이라고 할 수 있습니다.

2.2. 성과와 한계

과학적 관리론은 관리를 통한 개선이라는 문제를 처음으로 체계화시킨 이론으로 인정받고 있습니다. 경영학의 아버지로 불리는 드러커(P. Drucker)는 테일러를 지식관리를 창시한 최초의 지식근로자(knowledge worker)[13]라고 말하기도 했습니다. 경영학을 영어로 Business Management라고 하는 점에서 사실상 경영학의 시초라고도 할 수 있지요. 그런데 관리, 즉 management는 경영과 같은 사적 영역뿐 아니라 행정과 같은 공적 영역에도 적용가능합니다. 이렇듯 적용대상이 사적(private)인가 공적(public)인가만 다를 뿐 유사한 관리기법을 사적 영역과 공적 영역에 모두 적용할 수 있다고 보는 이론이 바로 관리주의(managerialism)입니다.

앞서 언급한 것처럼 근대적 행정학의 기원은 윌슨(W. Wilson)의 The Study of Administration[14]이라는 논문(1887)에서 시작된 것으로 알려져 있는데 윌슨은 행정의 분야를 일종의 공공관리, 즉 public management라는 관점으로 보고 있습니다. 윌슨은 정부가 탐욕스러운 어린이처럼 덩치가 커졌고 힘도 강해졌지만 그에 걸맞은 몸가짐과 능력을 갖추지 못했다고 하면서 행정의 분야는 근본적으로 경영과 동일한 것이라고 주장합니다. 아울러 행정학의 연구방향도 공무원들에게 권한과 책임을 분배하는 가장 단순한 방법을 찾는 효율성을 추구해야 한다고 주장합니다.

"Like a lusty child, government with us has expanded in nature and grown great in stature, but has also become awkward. The vigor and increase of its life has been altogether out of proportion to its skill in living. It has gained strength, but it has not acquired deportment." (203)

(정부는 탐욕스러운 어린애처럼 덩치가 커졌지만 동시에 서투르기도 하다. 커진 덩치와 탐욕에 비례하는 수준의 능력을 갖추지 못했기 때문이다. 힘은 세졌지만 행동거지가 올바른 것도 아니다.)

"The field of administration is a field of business." (209)

(행정의 분야는 경영의 분야와 동일하다.)

"The study of administration, philosophically viewed, is closely connected with the study of the proper distribution of constitutional authority. To be efficient, it must discover the simplest arrangements by which responsibility can be unmistakably fixed upon officials; the best way of dividing authority without hampering it, and responsibility without obscuring it." (213)

(행정에 대한 연구는 헌법적 권한의 적절한 배분과 밀접하게 연관되어 있다. 행정이 효율성을 갖추려면 공무원의 책임성이 올바르게 구현될 수 있는 가장 단순한 방안과 권한과 책임을 손상시키지 않으면서 이들을 분리할 수 있는 최선의 길을 찾아야 한다.)

이러한 윌슨의 주장에 따르면 초기 행정학(Public Administration)은 경영과 유사한 공공관리(Public Management)와 사실상 동의어입니다. 초기 행정학자들은 공적 영역 자체에 대한 적극적인 고민 없이 경영학적 개념들을 많이 도입[15]하기도 했습니다. 테일러가 과학적 관리론을 주장할 당시 행정학은 아직 독립학문이라기보다 정치학의 하위 분과적 성격이 강했지만 정부 업무 개선과 행정문제 해결을 위한 관련 자료 수집 및 관리, 공무원 임금 설계와 훈련, 조직구성, 성과관리, 회계처리 등에 테일러적 접근방법(Taylor tradition)을 수용[16]함으로써 초기이론의 정립에 영향을 받게 되었고 관리자의 역할을 강조한 점에서 정치행정이원론 또는 공사행정일원론으로 발전할 수 있게 됩니다.

▶ Modern Times(1936)

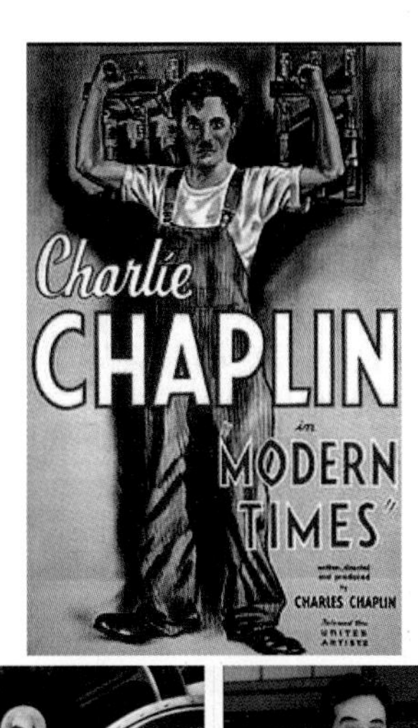

한편 한계점도 지적되고 있습니다. 무성영화 시대 찰리 채플린의 'Modern Times'란 영화를 보신 적이 있나요? 그 영화의 명장면 중 하나는 컨베이어에서 단순 조립작업을 반복하던 채플린이 기계 속에 빨려 들어가서도 나사와 볼트를 계속 조이는 부분입니다. 컨베이어 시스템으로 알려진 산업사회의 대량생산 대량소비 패러다임이 소위 기계에 의한 인간이 소외(alienation)를 유발했다는 것이 과학적 관리론 내지 기계적 능률의 한계로 흔히 지적되곤 합니다.

그러나 이는 단순히 인간이 기계부품처

럼 취급당하게 되었다는 것 이상의 문제가 있습니다. 근로자가 갖고 있던 자기만의 작업방식이나 기술, 즉 앞서 말한 암묵지가 공개되어 보편타당한 방식으로 표준화될 경우 형식지(explicit knowledge)로 전환됩니다. 과거 어느 광고에서 나왔던 할머니의 손맛 자랑에서 "이건 며느리도 몰라"라고 했던 걸 본 적이 있으신가요. 며느리도 모르는 손맛이 바로 암묵지입니다. 반면 형식지라는 것은 맥도널드 햄버거처럼 어느 나라 어느 매장에 가도 똑같은 맛을 낼 수 있는 표준화된 매뉴얼을 의미합니다. 누구라도 따라할 수 있게 되는 겁니다. 근로자들이 자기만의 기술을 갖고 있을 때는 그 지식이 일종의 개인권력이 되지만 이것이 공개되면 본인이 주장하거나 행사할 수 있는 권한이 모두 사라지게 됩니다. 누구나 아는 지식이니까요. 대신에 그 권한은 형식지를 관리하는 사람, 즉 고용주에게 넘어가게 됩니다.

과학적 관리론이 비판받는 중요한 한계 중의 하나가 바로 작업방식과 관련한 지식의 표준화를 통해 근로자의 지위를 주체적 장인에서 객체적 피고용자의 신분으로 전락시켰다는 것입니다. 인간이 기계뿐 아니라 고용주에게도 종속되는 결과를 초래한 것이기 때문입니다. 하지만 정작 테일러는 과학적 관리를 통해 고용주와 근로자가 모두 이익을 얻을 수 있다고 생각한 점에서 고용주를 대변하는 이론가라고 보기는 어렵습니다. 다만 고용주와 근로자의 이해관계가 다르다는 것을 간과한 점, 불필요한 동작과 시간을 줄임으로써 생산단위당 노동량을 줄었더라도 전체적인 업무량은 오히려 늘어날 수 있다는 점, 그리고 근로자 개인 간의 차이를 고려하지 않았다는 점은 나름대로 아쉬운 대목이긴 합니다. 이런 이유로 기계적 능률(mechanical efficiency)에 입각한 과학적 관리론은 사회적 능률(social efficiency)에 입각한 인간관계론(Human Relations theory)으로 변화하게 됩니다.

▶ Mayo의 호손실험(Hawthorne experiments)

인간관계론은 메이오(E. Mayo)가 수행했던 호손실험을 통해 성립된 이론입니다. 호손실험은 시카고 근교에 위치한 서부전기회사(Western Electric Company)의 호손공장에서 1924년부터 시행된 일련의 실험을 말하는데 당초에는 과학적 관리론의 입장에서 시작되었다는 점이 흥미롭습니다. 호손공장에는 3만 명이 넘는 근로자가 일하고 있었는데 당시로서는 파격적이라고 할 수 있는 연금이나 질병수당과 같은 선진적인 복지제도가 있었음에도 직원들의 불만이 높았다[17]고 합니다. 이에 메이오를 중심으로 한 연구팀은 근로자들을 대상으로 실험집단과 통제집단을 분리하고 서로 다른 조명, 작업 및 휴식시간 등을 부여한 뒤 집단 간의 업무성과 차이를 비교해 보고자 했습니다. 작업환경이 차이가 생산성에 차이를 가져올 것이라는 과학적 관리론의 가정에 입각해서 말입니다.

그러나 예상과 달리 물리적 환경변화가 있었음에도 실험집단과 통제집단 간의 업무량에 차이가 없는 것으로 나타납니다. 물리적 조건이 나아지지 않은 집단(통제집단)도 생산성이 향상되었고, 물리적 조건이 좋아졌던 집단(실험집단)의 물리적 조건을 박탈하더라도 생산성이 저하되지 않았기 때문입니다. 이러한 결과가 나타난 이유는 두 가지로 설명될 수 있습니다. 하나는 과학적 관리론이 가정하는 물리적 환경변화의 긍정적 효과에 버금가는 인간적 효과(human relaions effect)가 있었기 때문이고, 다른 하나는 근로자들이 실험에 노출됨에 따라 남들이 나를 관찰하고 있다는 자극을 느끼게 되고 평소와 다른 업무성과로 이어졌다는 소위 호손효과(Hawthorne effect)가 발생했기 때문입니다. 전자의 경우 실험 당시 팀장급인 여직원이 친한 직원을 팀원으로 선택할 수 있었기 때문에 마음이 맞는 직원끼리 유대감이 형성된 결과라고 할 수 있고, 후자는 관찰자와 상급자가 작업장을 자주 찾는 등의 실험상황에서 피실험자들(실험집단이 아닌 통제집단도)의 긴장감과 주의력이 향상되었기 때문으로 볼 수 있습니다. 2002년 월드컵 당시 우리나라가 이탈리아나 스페인을 꺾을 수 있었던 것도 객관적인 전력이 앞서거나 몸값(물리적 환경과 인센티브)이 높아서가 아니라, 선수단이 똘똘 뭉쳐 하나가 되었고 붉은 악마의 함성이 축구장을 뒤덮으면서 선수들에게 초인적인 동기부여가 되었기 때문인 것과 마찬가지입니다.

03

더 생각해 볼 문제

- 과학적 관리론은 아직도 한국행정에 있어서 유의미할까요, 아니면 이미 충분히 반영되어 있는 것일까요?
- 과학적 관리론의 개념을 적용하여 날로 증가하는 민원문제를 해결할 수 있는 방법이 있을까요? 공무원들은 민원부서에 근무하기를 당연히 싫어하겠지만 이들이 민원서류를 하기 싫은 일로 보지 않도록 하는 방안이 인센티브 시스템에 숨어 있다면 말입니다.
- 본인은 과학적 관리론의 기계적 능률과 인간관계론의 사회적 능률 중 어느 쪽을 더 지지하나요? 이유는 무엇인가요?
- 근로자와 고용주의 이해관계가 일치할 수 있을까요, 아니면 영원히 평행선을 달려야 할까요?
- 과학적 관리와 거리가 먼 경영방식을 택하는 노포 맛집들에 손님이 많은 이유는 무엇일까요?
- 맥도널드 형제의 경영권을 빼앗은 크록의 사업수단은 바람직한 것이었나요, 비난받을 일이었나요?
- 최근 들어 공기업의 사회적 가치에 대한 요구가 높아지고 있습니다. 과학적 관리를 적용해 공기업이 사회적 가치를 높일 수 있는 방안이 있을까요?

미주

1) https://en.wikipedia.org/wiki/Frederick_Winslow_Taylor#cite_note-BedeianWren2001-4
2) Bedeian, A. & Wren, D. (2001). Most Influential Management Books of the 20th Century. Organizational Dynamics, 29(3): 221-225.
3) Wilson, W. (1887). The Study of Administration. Political science quarterly, 2(2): 197-222.
http://www.commentary.com/admin_thoughts_1887.pdf에서 원문 다운로드 가능
4) Urwick, L. (1956). Public Administration and Scientific Management. Indian Journal of Public Administration, 2(1): 18-21.
5) https://www.biography.com/people/ray-kroc-9369349
6) J. B. Say. (1971). A Treatise on Political Economy. New York: Augustus M. Kelley, pp. 133-135.
7) https://fee.org/articles/understanding-says-law-of-markets
8) https://www.liveauctioneers.com/news/top-news/museums/mcdonalds-raze-chicago-area-museum-1st-restaurant
9) https://wwnorton.com/college/history/america-essential-learning/docs/FWTaylor-Scientific_Mgmt-1911.pdf에서 원문을 다운로드 가능. 이 장에서 직접 인용한 내용은 본 파일에서 가져왔으므로 별도의 쪽수 표시는 하지 않았음.
10) https://www.smithsonianmag.com/history/what-the-luddites-really-fought-against-264412
11) 이순요. (1985). 작업관리. 박영사.
12) 공장에 캠코더 한 대 달았을 뿐인데. 2009.12.1., 한국경제. https://www.hankyung.com/news/article/2009120186391
13) Drucker, P. (2001). The next society. The Economist, November 3, pp. 3-20.
14) http://www.iupui.edu/~spea1/V502/Orosz/Units/Sections/u1s5/Woodrow_Wilson_Study_of_Administration_1887_jstor.pdf에서 원문을 다운로드받을 수 있음.
15) Schachter, H.L. (1989). Frederick Taylor and the Public Administration Community. Albany: State University of New York Press. p. 15.
16) Myrick, D. (2012). Fredirick Taylor as a Contributor to Public Administration. Mediterranean Journal of Social Science, 3(12): 10-20.
17) Mulder, P. (2017). Human Relations Theory by Elton Mayo. Retrieved [2019.7.10.] from ToolsHero: https://www.toolshero.com/management/human-relations-theory-elton-mayo/

전통적 행정학(1900-1950)	
고전적 행정학(1900-1940)	신고전적 행정학(1930-1950)
■ 정치행정이원론 = 공사행정일원론 * Wilson(1887, The Study of the administration) = 행정의 분야는 사무의 분야 * Goodnow(1900, Politics and Adminstration) = 정치는 정책결정, 행정은 집행 * White(1926, An Introduction to the Study of P.A.) = 최초 교과서 * Willoughby(1926, Principles of P.A.) = 관리, 계층제, 조직, 예산, 기획 등 ■ 관리론적 행정학 = 행정관리론 (Administrative management theory) - 과학적 관리론 = 절약과 능률 = 기계적 능률 = 조직하위층 * Taylor(1911, Scienific Managemnt) - 조직관리론 = 조직설계의 원리 = 상위 및 하위층 * Urwick & Gulick(1937, Papers on the Science of Administration) - 행정원리론 = 상위층 * Fayol(1930, Industrial and General Management)의 행정원리론	■ 정치행정일원론 = 공사행정이원론 * Appleby(1949, Policy and ad.) * Stein(1949, Public ad. and policy dvt) * Dimock(1937, Modern politics and administration) * Waldo(1965, Administrative State Revisited) ■ 인간관계론 = 사회적 능률 (Dimock) * Mayo(1933, Hawthorne experiments, The human problems of an industrial civilization)
■ 엽관제 → Pendleton Act(1883) ■ 행정학은 미국학문(영국 정치학, 독일 Rechtsstaat, 프랑스 직업관료)	■ 대공황 → 뉴딜정책 ■ 1,2차 대전 → 미국의 국제원조증가

<table>
<tr><th colspan="5">현대적 행정학(1960-)</th></tr>
<tr><th colspan="3">행정국가시대의 행정학(1960-1980)</th><th colspan="2" rowspan="2">신자유주의시대의 행정학(1980-)</th></tr>
<tr><th rowspan="2">행태론적 행정학(1940-)</th><th colspan="2">다원적 분화</th></tr>
<tr><th>사회 · 정치적
행정학(1950-1960)</th><th>참여 · 처방적 행정학</th><th colspan="2">신관리주의적 행정학</th></tr>
<tr><td>■ 새정치행정이원론
* Simon(1945, Administrative behaviour)
* Barnard (1938, The functions of the executive)</td><td>■ 비교행정론
* Riggs(1964)
* Heady(1966, P. A.)

■ 발전행정론 = 새정치행정일원론
* Weidner
* Esman(1967)</td><td>■ 신행정학 (1960-1970)
➡ 정치행정일원론
➡ (정책의 과학성보다) 관리적 측면 중시
* Waldo(1968)
* Fredrickson

■ 정책학
* Lassell(1951, The policy science)
➡ 관리과학 (OR, SA...)
➡ 정책분석론 (경제성 분석)</td><td>■ 신공공관리론
- 공공선택이론
* Arrow(1951, Social choice and individual values)
* Downs(1957, An economic theory of democracy)
* Buchanan & Tullock(1962, The calculus of consent)
* Tullock(1965, The politics of bureaucracy)
* Niskanen(1971, Bureaucracy and representative gvt)
* Ostrom(1971, 1973)
- 주인대리인이론
- 거래비용이론</td><td>■ 뉴거버넌스</td></tr>
<tr><td>■ 논리실증주의
→ 행태주의(fact)</td><td>■ 제2차세계대전 종전
■ 생태주의, 체제론</td><td>■ 후기행태주의(value)
■ 베트남전, 흑인폭동
■ 위대한 사회건설 (Johnson)</td><td colspan="2">■ 신제도주의(역사적, 사회적, 합리적 선택적)</td></tr>
</table>

PART 03

싸고 좋은 것은 없다?: 효율성과 효과성

(Efficiency vs. Effectiveness)

영화로 보는 행정관람

스틸 라이프(Still Life, 2013)

각본 · 감독 · 제작: Uberto Pasolini(유명한 노동자 코미디 Full Monty 제작자이기도 했음)

음악: Rachel Portman(2017년 노벨문학상 수상에 빛나는 Kazuo Ishiguro의 소설을 영화화한 Never Let Me Go에서도 음악을 맡았던 바 있음)

출연: Eddie Marsan(존 메이 역), Joanne Froggatt(켈리 스토크 역) 외

수상: 제70회 베니스 국제영화제 4개 부문, 2013 레이캬비크 국제영화제 2개 부문 등

'Still Life'는 '정물화'를 말하지만 '조용한 삶'이란 의미도 있을 것 같습니다. 이 영화의 주인공은 정물화처럼 조용한 삶을 살고 있는 어찌 보면 무능한 지방공무원입니다. 그가 하는 일들이 원래 의도했던 효과성(effectiveness)은 달성하고 있지만 비용이 많이 들어서 효율성(efficiency)은 저조합니다. 좋은 결과를 효과성, 좋은 가성비를 효율성이라고 할 때 싸고 좋은 것이 있다면 양자를 모두 만족하는 것이겠지요. 하지만 비싸고 안 좋은 것, 싸고 안 좋은 것, 비싸고 좋은 것은 있어도 싸고 좋은 것은 흔치 않습니다. 정부가 공공서비스를 제공하는 과정에서 추구해야 할 가치는 싼 것이어야 할까요, 아니면 좋은 것이어야 할까요? 양자는 양립 불가능한 것일까요? 효과성과 효율성 외에 정부가 추구해야 할 다른 가치는 무엇이 있을까요? 잔잔하지만 깊은 울림을 주는 이 영화를 보면서 함께 생각해 보도록 합시다.

01

영화 들여다보기: 좋은 공무원은 무능한 공무원?

찬송가가 울려 퍼지는 성당과 묘지... 이어 카메라가 성당 내부로 옮겨지면 관 하나가 외롭게 놓여 있고 그 뒤로 장례미사를 집전하는 신부 한 명과 초로의 남자가 서 있습니다. 작은 키에 곱슬머리, 외투를 걸친 정장차림이 고급스럽기보다는 고집스러워 보이는 그 남자의 이름은 John May입니다. 다음 장면에서는 존이 고독사한 독거노인이 살던 집에 가서 무언가를 찾고 있습니다. 사망사실을 알게 된 것도 할머니가 키우던 고양이가 길거리를 배회하는 것을 보고 이웃 주민들이 신고했기 때문이라는 걸로 보아 연락되는 가족은 없는 것 같습니다. 이때 할머니가 딸과 주고받은 편지를 발견합니다. "생일 축하한다. 내 딸 수지...."라고 딸에게 보낸 편지, 그리고 수지가 감사하다고 보낸 답장인데... 알고 보니 수지는 죽은 할머니가 키우던 고양이의 이름이었습니다. 혼자 편지놀이를 한 셈이지요. 그는 집안 곳곳을 돌아다니면서 몇 가지 유품들을 꼼꼼하게 주워 봉투에 담은 후 발걸음이 떨어지지 않는 듯 집을 나설 때까지 이곳저곳을 연민 어린 눈길로 뒤돌아봅니다.

그렇습니다. 레이는 독거사 신고를 받으면 자택을 방문하여 유품을 찾은 후 연락처가 확인되는 가족이나 지인에게 연락하고 장례식을 준비하는 일을 담당하는 런던 Kennington 구청의 22년 차 공무원입니다. 사실 존도 혼자 살고 있고 만나는 친구도 없어서 장차 본인 역시 고독사할 것으로 보이긴 합니다.

▶ 무연고 독거노인 장례지원서비스
복지국가가 되려면 누군가 세금을 더 내야 한다는 점은 일단 논외로 하고 여기서 한 가지 부러운 점은 장례비용에 대해 전화로 물어보는 지인에게 별도로 비용을 청구하지 않으니 걱정하지 말라고 말하는 대목입니다. 참고로 우리나라는 복지부가 2012년부터 운영해 온 '무연고 독거노인 장례지원서비스'가 지난 6년 동안 전국에서 고작 12건만 시행되었다고 합니다.1)

존이 고인의 지인을 찾아 연락을 취하면 연락을 받은 가족이나 지인들은 슬퍼하기는커녕 모든 것을 그에게 알아서 하라고 맡기면서 다시는 연락하지 말라는 친절한(?) 멘트를 날립니다. 결국 고지식하고 성실한 존은 자택에서 수집한 유품을 바탕으로 고인의 생전 취미, 종교, 살아온 인생 등을 상상한 후 그에 걸맞은 추도사를 직접 쓰고 그들이 좋아했던 음악 CD를 구해서 장례식에 가져갑니다. 그리고 가족이나 지인도 아니면서 망자의 곁을 혼자 지키며 장례식을 치릅니다.

어느 날 아침, 다른 날과 마찬가지로 이름도 확인이 되지 않은 채 죽은 고독사 처리 전화가 오는데 존이 주소를 받아 적다 말고 흠칫합니다. 바로 그가 사는 허름한 서민아파트의 주소였기 때문입니다. 게다가 망자의 집을 찾아가 보니 존의 집과 창문을 마주하고 있는 바로 앞집입니다. 존이 망자의 유품을 뒤져 찾아낸 이름은 Billy Stoke였습니다. 집 안에 널린 술병들로 보아 알코올중독으로 사망한 것이 분명합니다. 왠지 더 측은한 마음을 안고 가뜩이나 처량한 모습으로 사무실에 돌아온 그에게 구청 상급자(deputy director of division인 걸로 보아 우리나라로 치면 구청 계장급인 듯한데 영화에서는 상당히 위세가 당당합니다)가 찾아와 자기 방에서 보자고 합니다. 나쁜 일은 왜 예감을 벗어나지 않는 건지.... 존은 찾아간 상급자의 방에서 일방적인 해고 통보를 받습니다. 존은 이제 살아 있는 사람들과 일해 보라는 비아냥 섞인 조롱에도 그저 한마디만 묻습니다. "오늘 아침 건은 어떻게 할까요...?" 바로 알코올중독자 빌리 건이지요. 인심 쓰듯 그 건까지만 사흘 내에 처리하고 떠나라는 답을 듣고 저녁에 집에 돌아온 그는 무엇에 홀린 듯 다음 날부터 빌리의 지인들을 찾아나서게 됩니다.

각설하고... 수소문 끝에 드디어 만나게 된 빌리의 친딸 캘리를 만나게 되고 그

녀와 함께 우여곡절 끝에 빌리의 장례식을 준비하게 됩니다. 이 과정에서 존의 진심을 알게 된 캘리가 차나 같이 하자는 호감 어린 제안을 하면서 둘 사이에 예기치도 않았던 미묘한 썸이 생겨버립니다. 그러나 거기까지였을까요. 존은 캘리가 좋아하는 강아지가 새겨진 머그 잔 두 개를 사서 나오는 길에 버스에 치여 황망히 세상을 떠납니다. 길에 누워 머리에서 피를 흘리는 그의 눈빛은 그러나 왠지... 행복해 보입니다.

이윽고 마지막 장면입니다. 존의 시신이 담긴 관이 아무도 없는 교회 안에 덩그러니 놓여 있습니다. 혼자 있는 신부님은 뭘 해야 할지 당황해 하는 표정입니다. 그리고 묘지관리인이 그의 관을 땅에 묻습니다. 역시나 아무도 없습니다. 그런데 바로 옆자리에서 빌리의 관이 묻히고 있습니다. 존의 정성이 통했던 걸까요. 아무도 오지 않겠다고 했던 빌리의 지인들이 모두 와 있네요. 혼자 묻히고 있는 존의 무덤과 딴판입니다. 한편 캘리는 존이 왜 안 왔을까 의아스러운 듯 계속 주위를 둘러보고 있습니다. 모두가 다 떠나버린 공동묘지에 저녁노을이 물듭니다. 이때 존의 묘지 위로 세상을 떠난, 그러나 존이 정성껏 장례를 치러 떠나 보내준 망자들의 영혼이 하나둘씩 그림자처럼 모여들기 시작합니다. 끝도 없이 모여드는 망자들의 영혼이 치러주는 존의 진정한 장례식이 시작되는 것이었습니다.

02

효율성과 효과성의 개념과 측정, 그리고 기타 공적 가치

매일 같은 옷을 입고 같은 패턴으로 집과 사무실, 그리고 망자의 자택을 오가며 혼자 장례식을 치러주는 그는 자기 일에 충실한 훌륭한 공무원이지만 윗사람이 보기에는 일처리가 느리고 불필요한 지출을 유발하는 눈엣가시 같은 무능력자일 뿐입니다. 그냥 대충 처리하면 될 것을 망자의 지인을 찾아 일일이 연락을 하고 (사망소식을 알고 싶어 하지도 않는) 그들에게서 회신이 오기를 때로는 몇 달씩 기다리며 꼼꼼히 장례를 준비하기 때문입니다. 화장하면 될 것을 매장하는 것도 불만입니다. 상급자가 추구하는 것이 효율성(efficiency)이라면 존이 추구하는 것은 효과성(effectiveness)이라고 할 수 있습니다. 우선 효율성과 효과성의 개념과 양자의 상충관계(trade-off)에 대해 알아보고, 측정방법 그리고 기타 다른 공적 가치에 대해 생각해 보도록 합시다.

2.1. 개념과 관계

효율성(efficiency)은 투입(input) 대비 산출(output)의 비율을 의미합니다. 따라서 동일한 투입이 있었다면 산출이 큰 경우, 동일한 산출이 나왔다면 투입이 적은 경우가 더 효율적(투입 대비 산출의 비율이 더 크므로)이라고 할 수 있습니다. 효율성은 우리말로 옮길 때 능률성으로 불리기도 합니다만 efficiency라는 원어에 대한 번역의 차이일 뿐 내용은 동일한 것으로 볼 수 있습니다. 반면 생산성(productivity)은 보통 투입요소를 고정시킨다는 의미를 갖고 있는 점에서 다소 상이합니다. 예를 들어 동일한 투입을 했을 때 생산량이 많은 경우 투입 단위당 생산성이 높다고 하는 것과 같습니다. 한편, X-효율(또는 X-비효율)이라는 개념도 있는데 이는 Leibenstein(1966)[2)]이 도입한 것으로 눈으로 보이지 않는 가외적인(eXtra) 요소(그는 주로 동기, 즉 motivation에 주목하고 있습니다. 따라서 X-비효율의 X는 미지수를 뜻하는 X의 의미가 아니라 eXtra, 즉 가외적이라는 의미입니다)에 의한 효율성 내지 비효율성을 의미합니다. 예를 들어 경쟁상황에 처한 기업은 각고의 노력으로 가격이나 제품의 생산과 관련된 배분적 효율성을 높이기 위해 노력할 유인이 있으나 독점기업 또는 공공부문인 경우 이러한 유인이 없기 때문에 효율성을 적극적으로 추구하지 않음에 따른 비효율(X-비효율성)이 발생한다는 것입니다.

효율성은 보통 기계적 효율성(mechanical efficiency)과 사회적 효율성(social efficiency)로 나뉘기도 합니다. 전자는 경제적 내지 화폐적 가치로 계량화된 투입과 산출의 비율을 말하는 것으로 테일러(Taylor)의 과학적 관리론에 입각하고 있다면, 후자는 대외적으로 사회적 목적의 실현이나 대내적으로 인간적 가치 내지 구성원의 만족도 실현 등을 중시하는 것으로 메이오(Mayo)의 인간관계론에 영향을 받은 디목(Dimock)[3]에 의해 정립된 개념[4]입니다. 사회적 효율성은 사실상 민주성과 동의어로 사용되므로 일반적으로 효율성이라 함은 주로 기계적 효율성을 의미하게 됩니다. 효율성이 있는지 여부는 다음과 같은 질문[5]을 통해 확인할 수 있습니다.

- 투입비용이 성취된 산출의 수준에 비추어 정당화될 수 있는가?
- 더 낮은 수준의 비용으로 같은 수준의 산출을 낼 수 있는 대안은 없는가? 같은 비용으로 더 높은 수준의 산출을 낼 수는 없는가?
- 투입비용이 사업목표의 달성수준에 비추어 정당화될 수 있는가?
- 더 낮은 수준의 비용으로 같은 수준의 사업목표를 달성할 수 있는 대안은 없는가? 같은 비용으로 더 높은 수준의 사업목표를 달성할 수는 없는가?
- 사업집행 과정의 효율성을 저해하거나 촉진시킨 요소는 무엇이었는가?
- 투입이 적절한 시간계획에 따라 집행되었는가? 투입의 규모와 질은 적절했는가?
- 투입에서 산출에 이르는 과정에 영향을 미치는 중요한 가정은 없었는가? 전제조건이 미친 영향은 없었는가?
- 효과성에 영향을 미치는 저해/촉진요인은 무엇이었나?

효과성(effectiveness)은 주어진 목표(goal, objective) 대비 성취 또는 성과(achievements, results) 정도를 의미합니다. 행정학에서는 주로 1960-1970년대 발전행정(development administration) 시대에 많이 강조되었던 공적 가치이기도 합니다. 목표와 성취를 정의하기에 따라 화폐가치와 같은 정량적 기준으로 평가할 수도 있지만 정성적인 기준으로 판단해야 하는 경우도 많습니다. 예를 들어 '워라밸(work & life balance)을 통한 저녁이 있는 삶', '국민이 행복한 나라'와 같은 정책목표는 정의하는 것도, 달성정도를 측정하는 것도 주관적인 판단에 따라 좌우되기 쉬우므로 정량적 개념으로만 판단하는 것이 어렵기 때문입니다.

효과성 판단에 필요한 목표는 전반적인 차원의 일반목표(general objectives), 보다 구체적인 차원의 특정목표(specific objectives), 그리고 집행단계에서의 운영목표(operational objectives)로 구분할 수 있고, 이러한 범위별 목표가 어느 정도 달성되었는지는 산출·결과·성과를 통해 판단할 수 있습니다. 산출(outputs)은 가장 계량화가 용이하고 단기간에 나타나는 일차적 결과를 말합니다. 정책이나 사업이 초래한 사회경제적 변화를 의미하는 영향(impacts)은 1차적 영향인 결과(results)와 2차적 영향인 성과(outcomes)로 나누어집니다. 결과(results)는 정책의 결과로 나타나는 긍정적 효과뿐만 아니라, 부수적 효과(side effect), 부작용, 정책실현을 위한 사회적 희생(정책비용)까지를 포함하는 개념입니다. 성과(outcomes)는 사업시행을 통해 궁극적으로 나타나게 되는 최종적 영향 내지 목표를 말합니다. 도로건설을 예로 들 경우 산출(output)은 건설된 도로연장, 결과(result)는 접근성 향상 정도나 통행시간과 비용의 절감정도, 성과(outcome)는 장기적 차원에서 접근성 제고를 통한 지역생산(GRDP)의 증가나 신규직업 창출, 교통안전도 향상, 물자와 사람의 수송흐름 원활화 등이라고 할 수 있습니다.

▎지역개발사업의 효과별 평가지표

	산업단지	도로건설	도시재개발
투입(input)	• 개발비용	• 건설비용	• 사업투자비용
산출(output)	• 개발면적	• 도로연장	• 재개발된 면적
결과(result)	• 단지의 상대적 매력도	• 접근성 향상	• 거주자 증가 수
성과(outcome)	• 최종 분양면적 • 입주기업의 고용증가율	• 1년 후 통행차량 수 • 지역발전 정도	• 지역에 계속 거주하고 싶어하는 거주민의 비율

자료: EC(2006: 21)[6] 수정

효과성은 이런 다양한 차원의 목표를 달성하기 위해 인적 자원과 물적 자원을 투입하여 활동을 전개하고, 이를 바탕으로 얻게 되는 단기산출·중기결과·장기성과와의 관계라는 입체적인 관계로 파악해야 합니다.

▌목표와 성취 간 상관관계

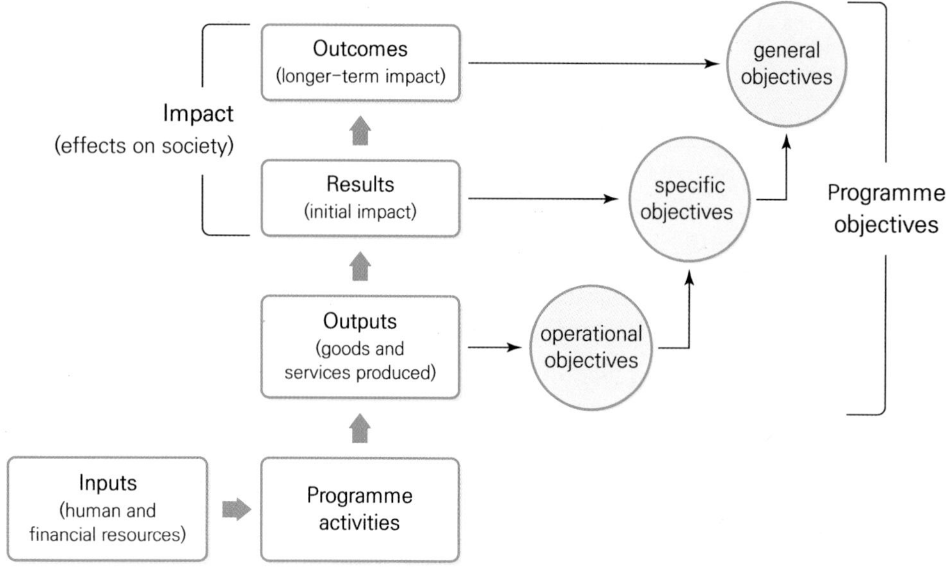

자료: EC(1997: 17)

공공정책의 경우 효과성을 판단함에 있어 직접적·단기적 산출보다 중장기적 결과나 성과와 같은 영향이 더 중요한 경우가 많은데, 일반적으로 정책의 집행과 효과 발생 간의 시차가 클수록 그 인과관계의 규명이 어렵다는 한계가 있습니다. 산출은 단기간에 확인가능하지만 결과와 성과는 중장기적인 시간이 소요되기 때문에 확인하기도 어렵고, 다른 요인이 개입할 시간적 여유가 충분하기 때문에 투입과 정책집행에 따른 것인지 인과관계도 불분명하기 때문입니다. 그리고 이러한 산출-결과-성과의 차이는 효율성에서도 마찬가지로 중요한 문제라고 할 수 있습니다. 측정방법에서 다시 언급하겠지만 투입에 따른 결과물을 세 가지 중 무엇으로 볼 것인가에 따라 효율성 정도가 모두 달라질 수 있기 때문입니다. 다만 효율성은 주로 투입과 직결된 산출(output)에 연결되는 경우가 많고 효과성은 특정목표나 일반목표에 따른 결과(result)나 성과(outcome)에 연결되는 경우가 많은 것으로 우선 이해 바랍니다. 그런 점에서 효율성과 효과성을 비교하는 데 아래 그림이 도움이 될 것 같습니다. 투입을 산출로 바꾸는 과정에서 배분적, 기술적 효율성 개념(4절의 자료포락분석에 있는 내용을 참고하기 바랍니다)이 대두하고 그러한 산출이 성과로 이어지는가에 따라 효과성이 있는지를 판단할 수 있는 것으로 말입니다.

▌효율성과 효과성 비교

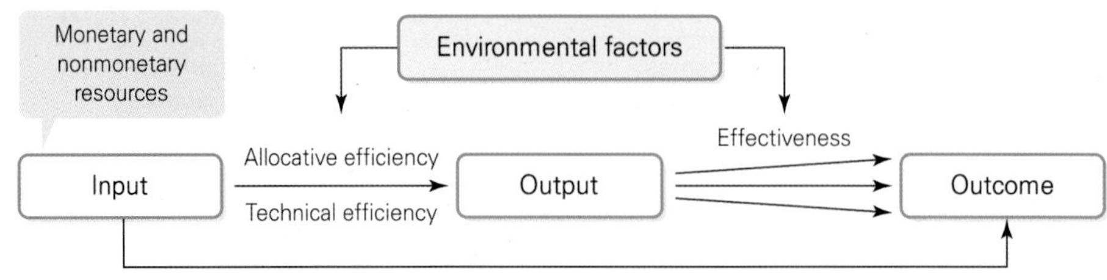

자료 : Mandl et al.(2008: 3)[7)]

그런데 효율성과 효과성의 관계는 상충적(trade－off)이라는 문제가 있습니다. 효율성을 극도로 강조하게 되면 효과성이 저하될 수 있고 효과성을 극도로 강조하게 되면 비용 개념이 무시될 수 있기 때문입니다. 예를 들어봅시다. 앞의 도로건설 사례에서 산출을 기준으로 효율적인 도로건설이 되려면 투입된 건설비용 대비 건설된 도로연장이 더 길어지거나 동일한 도로연장 대비 투입비용이 감소해야 합니다. 연장을 늘리거나 비용을 줄이는 데만 집중하다 보면 불량 자재 사용이나 콘크리트, 철근 투입량 축소 등으로 건설단가를 줄이는 수밖에 없습니다. 이렇게 지어진 도로는 어떻게 될까요? 머지않아 군데군데 구덩이가 움푹 패이면서 사고가 많이 생기거나 통행속도가 감소하기 쉬울 것입니다. 점차 이용자가 줄어들어 신설 도로를 통한 지역 간 사람과 물자의 이동도 줄어들게 되겠지요.

한편 당초 도로건설의 목표는 무엇이었을까요? 기존에 없던 도로를 신설(단기적 산출)하고 A라는 지역과 B라는 지역 간 이동을 위한 통행속도와 안전도를 제고(중기적 결과)하여 더 많은 사람과 물자가 빠르고 안전하게 양 지역을 왕래하게 됨으로써 지역경제가 활성화(장기적 성과)되는 것 아니겠습니까? 도로건설의 목표를 단기적인 도로연장 신설에 두지 않고 중장기적인 접근성 제고와 지역발전에 둘 경우 도로연장 확대를 통해 효율성이 제고되더라도 당초 의도한 정책목표는 달성하지 못한 것이 됩니다. 즉 효과성 측면에서는 불합격 판정을 받게 되는 것이죠. 반대로 지역 간 이동속도와 안전성, 접근성 제고라는 목표, 즉 효과성만 중시할 경우 도로 전체 구간을 직선화하기 위해 터널굴착과 교량신설을 대폭 늘린다거나 겨울철 결빙 방지를 위해 도로 하부에 발열장치를 설치할 수도 있습니다. 좀 더 과장한다면 중앙분리대를 2미터 높이로 쌓을 수도 있고, 콘크리트보다 내구성이 좋지만 가격은 훨씬 비싼 시멘트로 도로를 포장할 수도 있습니다. 이렇게 되면 효과성은 높아질지 모르지만 효율성은 크게 떨어지게 될 것입니다.

이러한 상관관계를 보여주는 사례는 매우 많습니다. 여름철 전력사용량 절감을 위해 구청 민원실의 에어컨 가동을 중단할 경우 비용절감을 통해 운영의 효율성은 좋아질 수 있지만 공무원의 업무수행능력 저하와 민원인 불쾌감 유발로 민원처리의 효과성은 크게 저하될 것입니다. 지방의 독거노인들을 위한 방문 돌봄 사회복지사를 더 많이 고용하여 파견할 경우 인건비 증가로 사업의 효율성은 떨어지겠지만 독거노인 안전이나 만족도 제고를 통해 사업의 효과성은 높아질 것입니다. 이러한 상충관계가 존재한다는 것은 결국 '싸고 좋은 것(여기서는 공공정책)'은 없고 '비싸고 좋은 것'이나 '싸고 안 좋은 것', 또는 '비싸고 안 좋은 것'이 존재한다는 의미가 됩니다.

▶ 효율성과 효과성의 상관관계
효율성과 효과성의 상관관계를 보여주는 사례[8]가 있습니다. 과거 계획경제하의 소비에트 연방에서는 못을 만드는 공장의 성과를 못의 개수로 평가했다고 하네요. 그러자 공장에서는 쓸 수도 없을 정도로 가느다란 못을 무조건 많이 생산하게 됩니다. 이를 눈치 챈 정부가 못의 무게로 평가기준을 바꾸자 공장에서는 작은 못들을 녹여 기차 레일만 한 거대한 못으로 바꾸었다고 합니다. 공장주 입장에서는 더 적은 노력과 비용으로 기준을 맞추었으므로 나름대로의 효율성을 확보했지만 쓸 수 없는 못인 점에서 효과성은 전혀 없었던 것입니다.

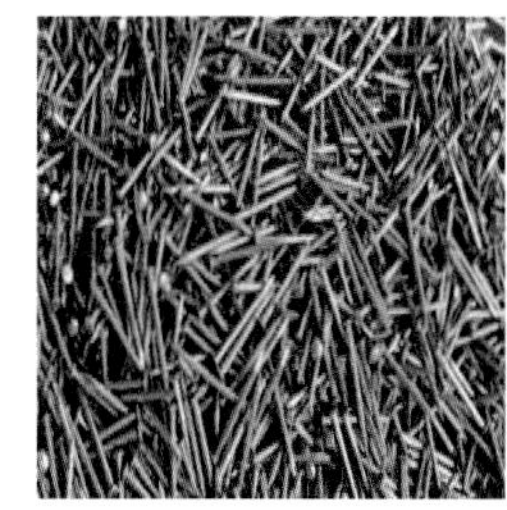

2.2. 효율성과 효과성의 측정 및 평가

효율성을 평가하려면 비용(cost)과 편익(benefit)을 정량적으로 판단해야 합니다. 문제는 첫째, 비용과 편익을 어느 범위에서 어떻게 측정할 것인가, 둘째, 서로 다른 시차를 두고 발생하는 비용과 편익을 어떻게 동일한 기준으로 반영할 것인가, 셋째 비용과 편익을 어떻게 비교할 것인가입니다.

첫 번째 문제에 관해서 과거 이명박 정부가 추진했던 4대강 사업의 경우를 예로 들어봅시다. 4대강 사업의 비용과 편익 직간접적 범위를 어디까지 보는가에 따라 반영해야 할 항목이 크게 달라지게 됩니다. 직접적 비용은 토목공사를 위한 건설비나 토지 등에 대한 보상비가 있을 수 있고 간접적 비용은 환경피해, 매장 문화재 손실 등이 우선 떠오릅니다. 직접적 비용은 예산 투입 규모 등을 근거로 비교적 객관적으로 산정할 수 있지만 간접적 비용의 경우는 문제가 좀 다릅니다. 4대강 사업에 따른 환경피해를 비용으로 간주하더라도 어디까지를 피해범위로 보아야 할지에 대해 환경론자의 입장과 개발론자의 입장이

▶ 환경론자의 입장과 개발론자의 입장
예를 들어 환경론자라면 4대강에 서식하던 물고기 개체 수 감소나 자연경관 훼손도 환경피해라고 보겠지만 개발론자라면 토목사업에 따른 소음이나 공해물질 배출 정도만 환경피해로 보기 쉽습니다. 녹조 발생도 4대강 사업에 따른 피해로 볼 것인가 아닌가에 대해 의견이 갈리고 있습니다.

상이할 수 있고, 공사에 따른 소음피해를 어떻게 측정할 것인가에 대해서도 이견이 생길 수 있기 때문입니다. 넓게 보자면 환경피해나 문화재 손실 외에 4대강 사업을 둘러싸고 벌어진 국론분열이나 4대강 보 설치 및 해체에 따른 인근 농가의 피해도 간접피해로 볼 수 있을지 모릅니다. 편익의 경우도 마찬가지지요. 직접적인 편익은 물길 이용을 통한 물류비용 절감, 준설된 모래의 매각수입 등이 있을 수 있고 간접적 편익은 관광자원화, 인근 지역발전 등이 있을 수 있습니다. 4대강 보를 통해 홍수나 가뭄조절 용도로 일부 활용할 수 있을 경우 간접적 편익에 포함해야 한다고 볼 수도 있고, 물을 가두게 됨으로써 소위 녹조라떼가 발생했으니 오히려 간접적 비용으로 보아야 한다고 주장할 수도 있을 것입니다.

▶ 간접적 편익

여기서 직접적이냐 간접적이냐는 상대적인 분류일 뿐 절대적인 분류는 아닙니다. 관광자원화에 따른 방문객 증가를 사업의 직접적인 편익으로 볼 수도 있다는 것이죠. 사실 이러한 문제를 해결하기 위해 KDI는 예비타당성 분석 과정에서 주요 사업별로 포함해야 할 비용과 편익 항목을 사전에 정해 두고 있습니다.

범위를 바꿔서 문제가 확정되더라도 측정 방법의 문제가 남아 있습니다. 나무 한 그루의 가치를 산정하는 것도 쉽지 않기 때문입니다. 나무는 목재이자 종이의 원료, 식재료 등에 쓰이는 가치 외에 CO_2 흡수 등 생태계에 미치는 기능이 있고 예술적 대상, 쾌적한 환경에 일조, 토양표면 안정화와 비옥화에 기여하는 영향도 있습니다. 이를 모두 감안한다면 나무 한 그루의 진정한 가치는 과연 얼마로 산정해야 합당할까요? 일조권이나 조망권, 삶의 질 제고와 같은 주관적 가치는 눈에 보이지도 않고 시장가격도 정해지지 않았으므로 가치산정이 더 어려울 수밖에 없습니다. 이런 종류의 가치산정에 주로 사용되는 것이 헤도닉 가격이나 지불의사를 확인하는 방법입니다. 헤도닉 가격은 같은 지역, 같은 단지, 같은 동, 같은 면적의 아파트 가격이 층수에 따라 차이가 날 때 고층의 가격과 저층의 가격 차이가 바로 조망권의 가치라고 보는 방법입니다. 지불의사(WTP)는 문화시설과 같은 공공시설이 입지할 때 해당 지역주민들이 부담하고자 하는 지불의사금액을 설문조사로 파악하여 통계적으로 분석하는 방법입니다.

▶ 헤도닉 가격(hedonic price)과 지불의사(willingness to pay)

헤도닉(hedonic)은 '쾌락'의 의미가 있는데 조망권이 확보되어 더 높은 쾌락을 준다는 의미로 이해할 수도 있습니다. 한편, 지불의사금액을 설문조사로 파악하는 통계조사 방식을 CVM(Contingent Valuation Method)라고 합니다. 전자는 일종의 현시선호(revealed preference, 사람들의 선호가 가격에 이미 반영되어 있다는 의미에서), 후자는 명시선호(stated preference, 아직 실현되지 않은 선택지에 대한 지지를 표명했다는 점에서)를 파악하는 것으로 볼 수 있습니다.

첫 번째 고비를 넘었다고 해도 미래에 나타날 가치를 현재의 가치로 환산해야 하는 두 번째 문제가 남아 있습니다. 비용과 편익이 미래에 시차를 두고 발생하기 때문입니다. 뒤에서 다시 설명하겠지만 사업비용은 초기에 집중하여 발생하는 반면 편익은 장기간에 걸쳐 발생한다는 차이가 있다는 점도 추가적인 고려사항입니다. 여기서 미래가치를 현재가치로 환산할 때 필요한 개념이 바로 할인입니다. 우선 현재가치와 미래가치의 차이점부터 알아봅시다. 우리가 은행에 초기원금 백만 원(a)을 예금했을 때 이자율이 2%라면 1년(n) 후에 2%의 이자율(r)을 적용한 원리금(b)을 돌려받게 되지요. 따라서 나중에 돌려받게 되는 원리금을 계산하는 공식은 b=a+a×r=a(1+r)이 됩니다. 2년 후라면 어떻게 되나요? 복리일 경우 1년 후 돌려받을 원리금에 또 이자가 붙게 되므로 b=a(1+r)+[a(1+r)]×r = [a(1+r)](1+r) = $a(1+r)^2$이 됩니다. n년 후라면 $b=a(1+r)^n$이 되겠지요. 여기서 초기원금 a가 현재가치라면 원리금 b가 n년 후 초기원금 a의 미래가치라고 할 수 있습니다. 거꾸로 n년 후 미래가치인 b를 알고 있다면... b의 현재가치는 얼마일까요? 앞의 식 $b=a(1+r)^n$를 활용한다면 $a=b/(1+r)^n$이 됩니다. 즉, 미래가치를 $(1+r)^n$로 나눈 값이 현재가치가 되는 것이고 이렇게 $(1+r)^n$로 나눠주는 것을 '할인'한다고 하는 것입니다. 이 말은 미래가치보다 현재가치가 더 작은 값이라는 것을 의미합니다. 양수인 값으로 나누어 주니 당연하지요. 그리고 이자율이 높을수록 분모가 커지므로 현재가치는 더 낮아지게 됩니다. 예를 들어 이자율이 10%일 때 1년 뒤 110만 원은 현재 100만 원과 같은 가치지만 이자율이 20%라면 1년 뒤 110만 원의 현재가치는 91만 7천 원밖에 안 되는 것입니다. 이렇게 비용과 편익의 미래가치를 할인해서(다시 말하면 현재가치화 해서) 모두 더하면 사업 전체의 비용과 편익을 현재 시점에서 비교할 수 있게 됩니다. 이를 식으로 표현하면 다음과 같습니다.

> ▶ 할인(discount)
> 흔히 쓰는 '가격할인'과 같은 개념은 아니지만 미래가치를 현재가치로 환산하는 과정에서 그 가치가 작아진다는 점에서는 유사한 측면도 있습니다.
> 원금에 붙는 이자율(interest rate)은 미래가치 산정에 쓰이는 반면, 현재가치 산정에 쓰이는 이자율을 할인율로 부른다고 생각하면 되겠습니다.

$$\text{비용의 현재가치 합} = \sum_{i=1}^{n} \frac{C_i}{(1+r)^i} \quad \cdots\cdots (1)$$

$$\text{편익의 현재가치 합} = \sum_{i=1}^{n} \frac{B_i}{(1+r)^i} \quad \cdots\cdots (2)$$

그런데 여기서 할인율을 어떻게 정할 것인가가 중요한 문제로 대두합니다. 앞서 비용은 초기에 집중적으로 발생하고 편익은 장기간에 걸쳐 발생하는 차이가 있다고 말한 것 기억나나요? 예를 들어 교량을 건설한다고 할 때 비용은 실제 건설이 이루어지는 초기 1-2년 사이에 투자되지만 편익은 건설이 끝난 2-3년 이후에야 나타나기 시작할 것입니다. 그것도 초기에는 이용자가 많지 않을 수도 있으므로 편익이 크지 않을 것입니다. 그러다가 교량이 알려지고 이용자가 점점 증가함에 따라 4-5년 이후부터 편익이 점차 증가해서 교량이 운영되는 20-30년 또는 더 긴 기간 동안 분산해서 나타난다는 것입니다. 여기에 할인율이 높을수록 현재가치가 더 작다는 것을 고려하면 어떤 결과가 나타날까요? 비용은 사업초기에 발생하므로 미래가치와 현재가치가 거의 유사한 반면, 편익은 더 먼 미래에 단계적으로 발생하므로 미래가치보다 현재가치가 더 작을 뿐 아니라 높은 할인율을 적용할수록 편익의 현재가치가 더 작아지게 될 것입니다. 따라서 할인율을 높이게 되면 비용은 큰 영향을 받지 않지만, 편익은 현재가치가 더 작아지는 결과가 초래됩니다. 다시 말해서 사업성이 떨어지게 된다는 것입니다. 반대로 낮은 할인율을 쓰게 되면 어떻게 될까요? 편익의 현재가치가 크게 떨어지지 않게 되므로 높은 할인율을 쓸 때보다 사업성이 좋아지게 됩니다. 이렇듯 시장이자율을 반영한 할인율보다 낮은 할인율을 사회적 할인율(social discount rate)라고 하고, 경제적 타당성이 높지 않더라도 공익 목적으로 사업을 진행해야 할 때(즉 사업성이 높다고 판단하고자 할 때) 이를 적용하게 됩니다. 하지만 이를 적용하는 데는 신중할 필요가 있습니다. 사업성이 높지 않음에도 사업을 시행한다는 것은 미래 세대에게 비용부담을 전가한다는 의미가 될 수 있기 때문입니다.

▶ 할인율

할인율은 과거 주요 시중은행 3년 만기 정기예금 금리 등을 기준으로 정해지기도 하였으나, 공공사업인 경우 기획재정부의 지침으로 정하고 있으며, 2019년 기준 (사회적) 할인율은 4.5%입니다(기획재정부 예비타당성조사 총괄수행지침, 2018.4.17.). www.free-online-calculator-use.com/npv-calculator.html#calculator라는 사이트에 가면 서로 다른 할인율과 편익, 비용의 흐름을 입력해서 어떤 변화가 오는지 직접 확인할 수 있습니다.

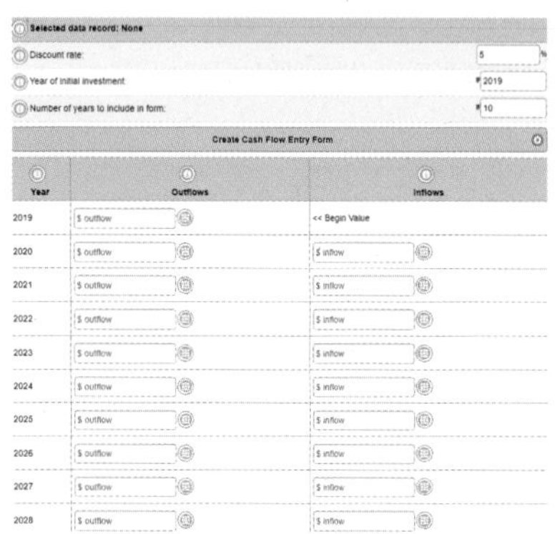

▶ 시장이자율을 반영한 할인율

할인율을 시중이자율 개념과 비교한다면 일종의 자본비용(cost of capital) 또는 자본의 기회비용(opportunity cost of capital)이라고 할 수 있습니다. 돈을 빌려서 이 사업에 투자한다면 이자를 지불하고 남을 정도의 편익이 발생해야 한다는 점에서 자본비용이고, 이 사업 외에 수익성이 더 좋은 사업에 투자할 수도 있는 기회를 놓친다는 점에서 기회비용이기도 한 것입니다.

이제 세 번째 문제, 즉 현재가치로 환산한 비용과 편익을 어떻게 비교할 것인가의 문제로 넘어가 봅시다. 가장 많이 쓰이는 비교방법은 비용편익분석(Cost-Benefit analysis), 순현재가치법(Net Present Value method), 그리고 내부수익률법(Internal Rate of Returns method)입니다. 이 방법들은 비교하는 방식만 다를 뿐 모두 위의 식 (1)과 (2)에서 도출된 비용과 편익의 현재가치 합을 사용한다는 점에 주목할 필요가 있습니다. 그만큼 현재가치를 산정하는 것이 제일 중요합니다. 세 가지 방법의 비교방식과 판단기준은 다음과 같습니다.

비용효과분석(B/C 분석) : $\sum_{i=1}^{n} \frac{B_i}{(1+r)^i} \ / \ \sum_{i=1}^{n} \frac{C_i}{(1+r)^i} > 1$

순현재가치법(NPV) : $\sum_{i=1}^{n} \frac{B_i}{(1+r)^i} - \sum_{i=1}^{n} \frac{C_i}{(1+r)^i} > 0$

내부수익률법(IRR) : $\sum_{i=1}^{n} \frac{B_i}{(1+r)^i} - \sum_{i=1}^{n} \frac{C_i}{(1+r)^i} = 0$인

r > 시장이자율

비용편익분석은 편익과 비용의 현재가치 합의 비율(B/C라고 합니다)이 1 이상일 때, 즉 편익의 현재가치 합이 비용의 현재가치 합보다 클 때 사업성이 있다고 판단하는 기준입니다. 순현재가치법은 편익의 현재가치 합에서 비용의 현재가치 합을 뺀 값이 0보다 클 때 사업성이 있다고 판단하는 기준입니다. 비용편익분석은 비율이고 순현재가치법은 차이를 본 것일 뿐 편익의 현재가치 합이 비용의 현재가치 합보다 커야 한다는 점에서 동일합니다.

그렇다면 왜 굳이 두 가지 기준을 달리 쓰는 것일까요? 비용편익분석의 경우 단순한 비율인 점에서 편익과 비용의 절댓값을 알 수 없다는 한계가 있기 때문입니다. 예를 들어 B/C가 1.2가 나온 A 사업과 1.1이 나온 B 사업이 있다고 합시다. B/C가 1 이상인 대안 중에서는 B/C가 더 큰 사업이 당연히 더 좋은 사업이므로 비용편익분석에서는 A 사업을 좋은 사업이라고 평가하게 됩니다. 그런데 만일 A 사업의 편익 현재가치 합은 120만 원이고 비용 현재가치 합이 100만 원이어서 B/C가 1.2가 나온 것이라면 사업을 통해 얻는 순현재가치는 20만 원에 불과합니다. 그런데 B 사업의 편익 현재가치 합은 110억 원이고 비용 현재가치 합이 100억 원이어서 B/C가 1.1이 나온 것이라면 사업을 통해 얻는 순현재가치는 10억 원에 달합니다. 여러분이라면 어떤 사업을 선택하시겠습니까? 당연히 B 사업 아닐까요? 물론 여기에는 100만 원과 100억 원의 자본비용이 동일하거나 유사해야 한다는 전제가 있긴 합니다.

100만 원 구하기는 쉬워도 100억 원 구하기는 쉽지 않을 테니까요. 반대로 생각해 봅시다. 만일 100억 원을 투자해서 100만 원의 수익을 거두었다면 NPV가 100만 원이 되고, 100만 원을 투자해서 20만 원의 수익을 거두었다면 NPV가 20만 원이 됩니다. NPV만을 기준으로 한다면 전자가 더 우수한 사업이 됩니다. 그런데 100억 원을 투자해서 겨우 100만 원을 벌었다면 B/C는 1.0001에 불과하고 어쩌면 100억 원을 빌린 이자, 즉 자본비용도 충당하지 못할 가능성이 큽니다. 하지만 후자인 경우 B/C가 1.2이 되고 소위 투자금액 대비 가성비가 훨씬 높습니다. 이런 경우라면 후자를 택하는 것이 더 나을 수 있지 않을까요?

또 다른 이유도 있습니다. 편익의 현재가치 합이 250이고 비용의 현재가치 합이 100이어서 B/C가 2.5인 C 사업과, 편익의 현재가치 합이 200이고 비용의 현재가치 합이 100이어서 B/C가 2.0인 D 사업이 있다고 합시다. B/C가 높은 C 사업이 더 우수한 사업이라고 할 수 있겠네요. 그런데 만일 C 사업 중간에 예기치 않은 피해(자연재해가 발생할 수도 있고 자재값이 상승할 수도 있으므로)가 40만큼 발생했다면 어떤 변화가 생길까요? 40을 편익의 감소로 보는가 비용의 증가로 보는가에 따라 B/C가 달라집니다. 만일 편익의 감소로 본다면 250 대신 210이 편익의 현재가치 합이 되므로 B/C는 2.1로 떨어지겠죠. 그래도 여전히 C 사업의 B/C가 D 사업의 B/C보다 높으므로 우수한 대안이라고 판단하게 됩니다. 그런데 만일 40을 비용의 증가로 본다면 C 사업의 비용 현재가치 합이 140이 되므로 B/C는 1.79로 바뀌게 됩니다. 이 경우 D 사업이 더 우수한 사업인 것으로 결과가 바뀌게 됩니다. 하지만 NPV를 적용한다면 C 사업에서 피해가 발생했더라도 NPV가 250－100－40＝110이 되므로 D 사업의 200－100＝100보다 여전히 크므로 결과가 동일합니다. 이런 이유 때문에 비용편익분석과 순현재가치법이 함께 사용되는 것입니다.

내부수익률법은 조금 복잡한 설명이 필요합니다. 내부수익률이란 순현재가치를 0으로 만들어주는 할인율(r)이라는 의미를 갖고 있고 외부적인 시장이자율과 무관하게 사후적으로 산출되었다는 점에서 내부(internal)수익률로 불립니다. 비용이나 편익의 현재가치를 산정하는 데 사용된 할인율은 시장이자율일 수도 있고 사회적 할인율일 수도 있습니다. 이를 적용하여 비용과 편익의 현재가치 합을 산정한 후 순현재가치를 계산하면 그 값이

▶ 내부수익률(IRR)

IRR은 시행착오적인 방법으로 찾는 것이 원칙입니다. 다음 사이트에 가면 여러 가지 할인율을 입력해서 정확한 IRR을 찾는 과정을 확인해 볼 수 있습니다.
http://sambaker.com/econ/irr/irr.html

That is how we define the **internal rate of return**. It is **the discount rate that makes the net present value of the investment equal zero.**

Consider this table. It shows the present value of the machine at two interest rates, 5% and 6%.

Year	0	1	2	3	4	5	6	Total
Income stream	-$1000	$200	$200	$200	$200	$200	$200	
Present value, at a 5% discount rate	-$1000	$190.48	$181.41	$172.77	$164.54	$156.71	$149.24	$15.14
Present value, at a 6% discount rate	-$1000	$188.68	$178.00	$167.92	$158.42	$149.45	$140.99	-$16.54

At a 6% per year discount rate, the machine investment's present value is less than $0. At a 5% discount rate, the present value is greater than $0.

Mathematically, the present value is a continuous function of the discount rate. The Intermediate Value Theorem implies that there must be a discount rate between 5% and 6% at which the present value is $0.

Let's find that discount rate.

Type a number between .0500 and .0600 in the box. Click the button to see what comes out for the present value.

Type a number in the box. Then click this. If you type a number starting with 5, I'll move the decimal point to where it is supposed to be. Don't type a % sign.

Year	0	1	2	3	4	5	6	Total
Income stream	-$1000	$200	$200	$200	$200	$200	$200	
Present value, at a 5.000% discount rate	-$1000	$190.48	$181.41	$172.77	$164.54	$156.71	$149.24	$15.14

물론 현금흐름값을 입력하면 엑셀에서 제공하는 IRR 함수를 이용해서 직접 확인할 수도 있습니다.

0보다 클 수도 있고 작을 수도 있습니다. 그런데 NPV가 0이 되었다는 것은 무슨 의미일까요? 그것은 자본의 기회비용인 할인율, 즉 r을 적용하여 산정한 편익의 현재가치 합과 비용의 현재가치 합이 같다는 것으로, 적어도 손실은 보지 않는 것을 의미합니다. 그런 점에서 IRR은 손익분기점이 되는 할인율(break−even rate of return)이라고도 할 수 있습니다. 앞에서 할인율이 높아지면 사업의 수익성이 나빠진다고 한 것 기억나지요? 그 점을 감안한다면 IRR은 사업을 통해 손해 보지 않는(즉, 편익의 현재가치 합이 비용의 현재가치 합보다 최소한 작지 않을 수 있는) 최대한의 할인율이라고 할 수도 있습니다. 이러한 관계는 다음 그림을 보면 좀 더 명확히 드러납니다.

Internal Rate of Return (IRR)

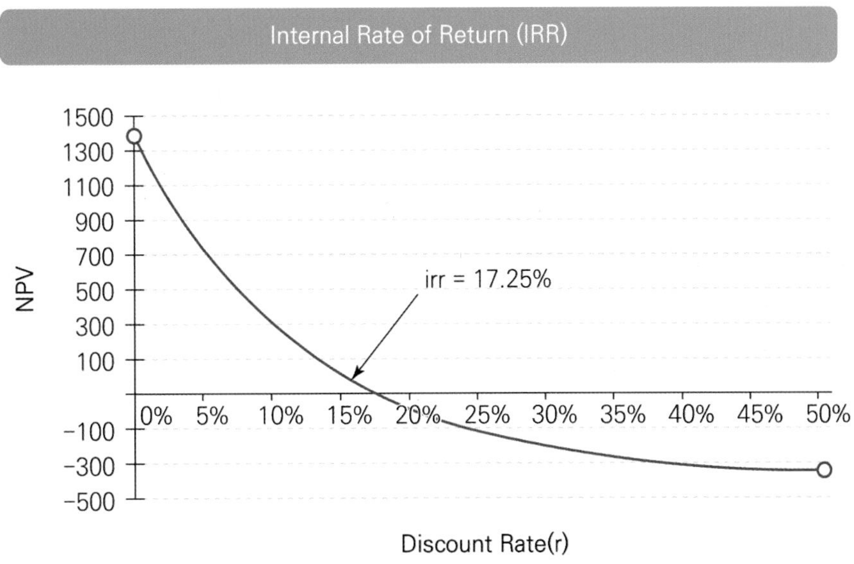

위 그림에서 Y축은 NPV를, X축은 할인율(r)을 표시하고 있는데 보시다시피 할인율이 커질수록 사업의 순현재가치는 낮아집니다. 편익의 현재가치가 더 많이 할인(discount)되기 때문에 편익에서 비용을 뺀 순현재가치, 즉 사업성이 나빠진다는 것이지요. 따라서 양자의 관계는 우하향하는 곡선으로 표시됩니다. 이때 여러 할인율 중에서 우하향하는 NPV 곡선이 X축과 만나는 점의 할인율이 바로 NPV를 0으로 만들어주는 할인율, 즉 내부수익률(IRR)이 됩니다. 이보다 큰 할인율은 사업의 수익성(즉, NPV)을 마이너스로 만들어주므로 타당성이 없는 사업이라는 말이 됩니다. 반대로 IRR보다 작은 할인율인 경우 사업의 수익성이 플러스이므로 타당성 있는 사업이 되겠지요. 여기서 내부수익률법의 비교기준이 도출됩니다. 사후적으로 산출한 IRR을 시장이자율과 비교해서 특정 시장이자율(r')이 IRR보다 낮은 수준, 즉 좌측에 위치하고 있으면 NPV가 +이므로 타당성이 있다고 판단하고 높은 수준, 즉 우측에 있다면 NPV가 -이므로 타당성이 없는 것으로 판단하라는 것입니다.

시장이자율(r') < IRR → 타당한 사업
시장이자율(r') > IRR → 타당하지 않은 사업

이때 시장이자율(r')은 자본비용이라고 할 수 있는데 이 값이 IRR보다 작다면 이자를 지불하고도 남는 편익이 있다는 것을 의미합니다. 예컨대 10%의 이자율로 자금을 차입해서 사업을 했더니 17.25%(IRR)의 수익이 났다면 10%의 이자를 제외하고도 초과수익이 있다는 것이지요. 여기서 잠깐... IRR은 편익의 현재가치 합과 비용의 현재가치 합을 같게 만들어주는 할인율이므로 수익이 없다는 것 아닌가요...?라는 의문이 생길 수 있습니다. IRR의 정의 때문에 당연히 생기는 오해입니다. 그렇지만 IRR의 개념은 다음과 같이 이해하는 것이 좋습니다. 100만 원의 비용을 투자해서 1년 뒤 10만 원의 수입을 올렸다면 이 사업의 IRR은 10%입니다. 1년 뒤 편익인 110만 원의 현재가치가 비용의 현재가치인 100만 원과 같으려면 10%로 할인해야 하기 때문입니다. 이런 점에서 IRR은 수익률이란 의미를 갖게 됩니다. 그런데 100만 원을 은행에 예치했을 때 받는 이자율이 5%라면 어떻게 될까요? 100만 원을 은행에 넣어두는 것보다 사업에 투자하는 것이 더 이득입니다. 반대로 은행 이자율이 15%라면 차라리 사업을 하지 말고 은행에 넣어두는 것이 더 이득입니다. 여기서 은행 이자율이 시장이자율(r')이고 사업의 수익률 10%가 IRR이 되는데 r'=5%인 경우 IRR이 r'보다 크므로 타당성이 있고 r'=15%인 경우 IRR이 r'보다 작으므로 타당성이 없다고 판단하게 되는 것입니다. 그렇다면 여러 사업을 비교할 경우에는 어떨까요? 당연히 IRR, 즉 수익률이 큰 사업이 더 타당한 사업으로 평가됩니다. 이런 점에서 IRR은 B/C공식이나 NPV와 달리 시장이자율과 비교한 대략적인 수익률 수준을 알게 해 주는 장점이 있습니다.

내부수익률법도 한계가 있습니다. 우선 A 사업에 100을 투자해서 110의 수익을 거두었다면 IRR이 10%이고, B 사업에 1,000을 투자해 1,080의 수익을 거두었다면 IRR이 8%가 됩니다. 내부수익률법에 따르면 두 사업 중에 IRR이 높은 A 사업이 당연히 더 우월한 사업입니다만, 만일 자본비용, 즉 시장이자율이 동일한 6%라면 A 사업은 10의 수익 중 6을 금융비용으로 지불하고 4가 남는 반면, B 사업은 80의 수익 중 60을 지불하고 20이 남으므로 B 사업을 선택하는 것이 더 큰 수익을 거두게 됩니다. 자본비용이 같은 경우 순현재가치법이 더 우수한 판단기준일 수 있다는 결론이 되는 것입니다.

다음 그림은 서로 다른 A와 B 사업의 NPV 곡선이 겹치는 경우 발생하는 두 번째 한계를 보여주고 있습니다. 일반적으로 NPV_A의 IRR이 더 크므로 A 사업이 우월한 것으로 판단할 수 있지만 시장이자율이 두 곡선의 접점인 r*보다 낮은 수준, 즉 교점의 왼쪽 부분에 위치한 경우에는 NPV_B가 NPV_A보다 위에 있는 B 사업을 선택하는 것이 타당합니다. 따라서 두 곡선이 교차하는 경우에는 시중이자율이 교점의 우측에 위치할 때에만 IRR이 높은 대안을 선택하는 것이 타당하고 좌측에 있을 때는 그 기준을 적용하지 못한다는 한계가 있음을 알 수 있습니다. 마지막으로 현금흐름의 변화에 따라 복수(현재가치는 미래가치를 $(1+r)^i$로 나누기 때문에 r의 i차 방정식이므로)의 IRR이 있는 경우도 문제입니다. 왼쪽 그림을 보면 IRR이 10%와 20%의 두 개로 나타나고 있습니다. 시장이자율이 10%보다 낮거나 20%보다 높은 수준에 있다면 IRR > r' 기준(10% 이하일 때는 10%를 IRR로, 20% 이상일 때는 20%를 IRR로 설정)이 유효하지만 10% 이하일 때는 NPV가 마이너스인 점에서 IRR이 큰 사업을 선택하는 것이 의미가 없어 보입니다. 20% 이상이라면 IRR < r'이므로 사업을 선택하지 않을 것이구요. 그런데 시장이자율이 10－20% 사이에 있다면 둘 중 어떤 IRR을 기준으로 할 것인지 정할 수 없기 때문에 IRR > r' 기준을 적용하는 것이 불가능해집니다. 이런 이유로 우리는 B/C, NPV, IRR 중 하나만 사용하는 것이 아니라 세 가지를 보완적으로 사용하는 것입니다.

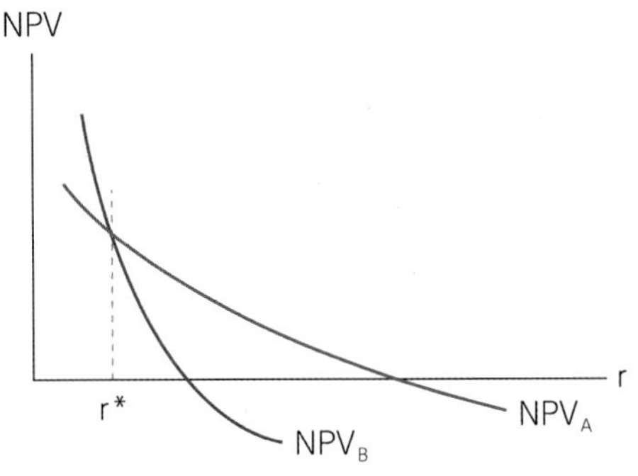

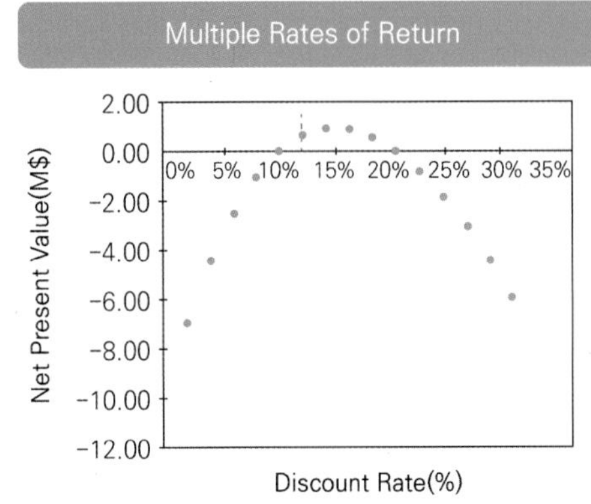

효과성 평가에는 비용편익분석과 유사한 개념인 비용효과분석[9)]이 사용될 수 있습니다. 비용효과분석은 비용편익분석법의 단점을 보완하기 위해 1960년대 이후 공공정책 평가 분야에서 본격적으로 대두된 기법으로 비용편익분석과 달리 정량화가 불가능한 항목, 또는 금전적 가치로 환산하기 어려운 정책을 평가하거나 비교하는 대안들의 산출물이 동일한 사업의 평가에 주로 적용되는 개념입니다. 비용효과분석은 특정 프로젝트에 투입되는 비용들은 비용편익분석과 마찬가지로 금전적 가치로 환산하지만, 해당 프로젝트로부터 얻게 되는 산출이나 결과는 금전적 가치로 환산하지 않고 그 의미를 반영할 수 있는 산출물의 단위(meaningful unit)를 분석에 활용하게 됩니다. 따라서 산출물의 가치 추정이 어려운 사업의 경우 비용편익분석보다 더욱 뛰어난 분석방법으로 선호[10]되기도 합니다.

비용효과분석을 위한 비용효과의 정도는 비용효과비(cost effectiveness ratio=사업의 금전적 비용/사업의 효과)로 표현되며, 최소비용접근법이나 최대효과접근법을 이용하여 대안을 비교하게 됩니다. 최소비용접근법(least cost per level of effectiveness)은 단위 효과당 소요되는 비용이 가장 작은 것을 대안으로 선택하는 것을 의미하고, 최대효과접근법(maximum effectiveness per level of cost)은 단위 비용당 최대효과를 생산할 수 있는 대안을 선택하는 것을 의미[11]합니다. 비용효과분석에서 효과측정의 수단으로 사용할 수 있는 것은 다음 예에서 보듯이 매우 다양하게 구성될 수 있습니다. 금전적 가치가 아니라는 것이 비용편익분석과 다른 점입니다.

▌효과성 측정수단의 예

사업목표	효과측정 수단
과목의 이수	과목을 이수한 학생 수
낙제율 감소	잠재 낙제생의 숫자
졸업생의 취업	취업 졸업생 숫자
학생 교육의 실시	시험성적
학생 만족의 증진	학생들의 프로그램 평가결과
체육활동 강화	학생들의 신체조건 및 체육활동 기술 평가

자료: Levin(1983: 115) 수정

비용효과분석의 절차는 기본적으로 비용편익분석과 유사하며 다음과 같은 4단계[12]로 이루어집니다.

① 1단계(사업목표의 구체화): 사업의 기대효과와 목표를 측정가능한 변수로 구체화(예: 교통사고 저감 건수, 과정이수 근로자 수 등)하고, 이루고자 하는 목표가 무엇인지, 사업의 산출과 기대되는 영향은 무엇인지, 무엇이 가장 유력한 것인지 검토

② 2단계(비용의 측정): 비용편익분석과 유사한 방식으로 사업에 소요되는 총비용을 금전적 비용으로 환산

③ 3단계(영향의 측정): 가장 주의를 요하는 과정으로 1차 자료 또는 2차 자료를 활용하여 사업의 영향(impact)을 측정

④ 4단계(비용효과비의 산정): 단위비용당 효과 또는 단위효과당 비용을 산정

비용효과분석은 비용 대비 효과를 평가한다는 차원에서 비용편익분석과 기본 논리는 사실상 동일합니다. 다만 비용편익분석과 달리 화폐가치가 아닌 다른 단위로 효과를 측정한다는 점, 그리고 효과를 무엇으로 보아야 할 것인가에 따라 결과가 달라질 수 있다는 점이 상이한 것입니다.

2.3. 기타 공공가치(Public Value)

공공가치의 개념에는 효율성과 효과성 외에 합법성(legality), 대응성(responsiveness), 책임성/책무성(responsibility/accountability), 형평성(equity) 등이 있습니다. 합법성은 공무원이 하는 행정행위는 합법적이어야 한다는 것을 의미하지만 규정이 현실을 모두 반영할 수 없는 점에서 재량권(discretion)과의 관계가 문제시됩니다. 대응성은 정책대상자의 수요에 적절히 반응해야 한다는 가치이지만 정책대상자의 범위나 대응방식을 정의하기에 따라 자칫 포퓰리즘(populism)과 구별이 어려울 가능성이 있습니다. 책임성과 책무성은 공무원이 담당하는 책임과 책무의 정도가 어느 정도인지에 따라 달라질 수 있고 형평성은 평등성(equality)과 구별이 모호할 수도 있습니다.

▶ **책임성/책무성(responsibility/accountability)**
책임성(responsibility)은 정치적 책임 내지 지위(position)에 따른 책임까지 포함하는 개념인 데 반해 책무성(accountability)은 순수하게 업무(job)에 따른 책임만을 의미하는 개념입니다. 예를 들어 북핵위기가 고조되고 있는 상황에서 군고위 간부가 주말에 골프장을 출입했다고 해서 비난받는다면 책임성(responsibility)을 문제 삼는 것입니다만, 북핵문제가 당일 실제 발생하지 않았거나 본인이 담당해야 할 업무가 아닌 범위 내에서 문제가 발생했다면 책무성(accountability) 차원에서는 크게 문제되지 않을 수도 있습니다.

이에 대한 논의는 11장에서 다시 살펴보도록 하고 여기에서는 효율성과 효과성이 상반된 가치를 반영하기 때문에 유사한 수준(성과평가 관점)에서 이들을 보완할 수 있는 가치에 대해 생각해 보는 것이 좋을 것 같습니다. 아래 그림을 살펴봅시다. 목표설정에서부터 영향발생에 이르기까지 단계별로 고려해야 할 평가기준이 되는 적절성, 효율성, 효과성, 효용성, 지속가능성이 제시[13)]되어 있습니다.

▎사업성과의 평가기준

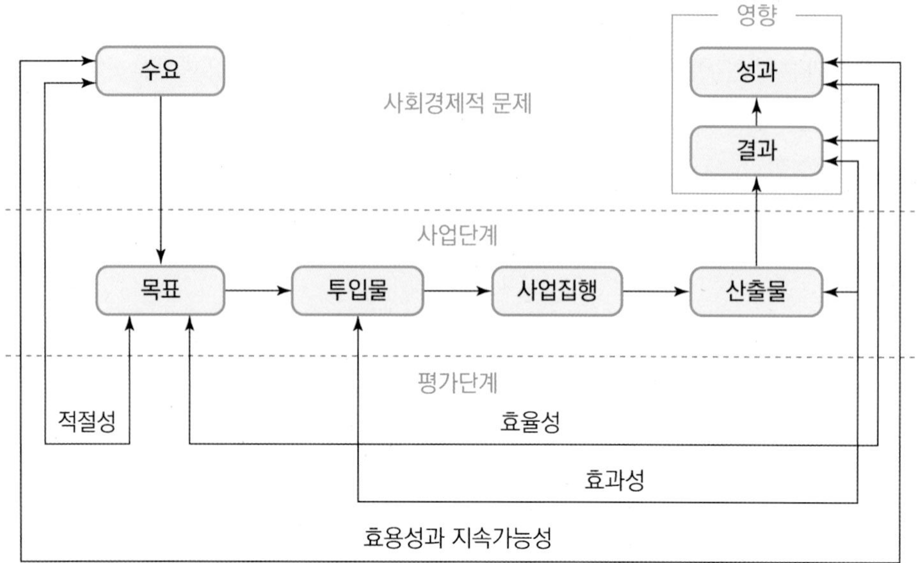

자료: EC(1997: 25)

먼저 적절성(relevance)이란 사업의 목표(objectives)가 사업의 수요와 필요성에 비추어 과연 바람직하고 올바르게 설정되어 있으며, 정부정책의 우선순위와 잘 부합하고 있는가의 문제입니다. 이는 사업 자체의 존폐 여부에 관심을 갖는 기준으로서 적절성에 대한 평가결과에 따라 당해 사업을 계속 추진할 것인가 또는 대폭 수정할 것인가, 아니면 단순 종결 처리해야 할 것인가에 대한 정책판단이 가능하게 됩니다. 적절성을 판단하기 위해서는 사회의 전반적인 변화가 사업추진의 필요성을 변화시켰는지 또는 장래에 변화시킬 가능성은 없는지에 대해 질문할 필요가 있는데 적절성에 관한 평가기준[14)]으로 다음과 같은 관점이 필요합니다.

- 필요성: 사업이 대상지역 · 집단 · 사회의 수요를 충족하고 있는가?
- 우선순위: 사업이 (지역)정책의 기조와 일치하는가?
- 수단적 적절성: 사업전략이 필요한 분야에 효과를 나타낼 수 있는가?
- 대상집단의 선정은 적절한가?
- 사업의 비용과 편익이 고르게 분배될 수 있는가?

효율성(efficiency)과 효과성(effectiveness)에 대한 설명은 생략하겠습니다.

효용성(utility)은 사업의 영향(impacts)이 대상집단(target population)의 수요(needs)나 선호, 가치를 얼마나 충족시켰는가의 문제로서, 사업이 대상집단의 수요를 만족시키고 그들에게 유익한 사회적 변화를 초래했을 때 효용성이 있다고 할 수 있습니다. 이 기준에 의하면 어떤 정책이 정책고객인 국민의 필요나 소망을 충족시킬 수 있다면 바람직한 정책인 것으로 평가될 수 있습니다. 문제는 상이한 이해관계를 가진 이해당사자가 많을 때 어떤 대상집단의 이해관계를 우선할 것인가, 또는 어떠한 방식으로 보편적인 수요를 도출할 것인가에 관한 어려움이 있다는 점입니다.

마지막으로 지속가능성(sustainability)은 사업종결 이후에도 사업으로 인한 긍정적인 변화가 얼마나 더 지속될 수 있는가에 관한 문제로서 효용성과 밀접한 관련이 있습니다. 현시점에서 대상집단의 수요에 부응하는 유익한 변화를 초래하는 사업이라고 할지라도 미래시점에서 여전히 효과를 보일 수 없다면 지속가능성이 떨어진다고 할 수 있기 때문입니다. 지속가능성을 평가하기 위한 기준으로 다음과 같은 점을 들 수 있습니다.

- 사업목표에서 제시된 기대효과가 지원중단 이후에도 나타날 수 있는가?
- 그러한 효과가 지속되는 것을 저해하거나 촉진하는 요소는 무엇인가? 정치적 지지가 지속적인가?
- 활동을 수행해 나갈 조직역량이 있는가(인사, 예산, 의사결정 과정 등)? 적절한 법적 장치를 구비하고 있는가?
- 조직이 독립된 예산을 가지고 있거나 계속적인 예산지원을 받을 수 있는가? 필요한 기술과 장비가 유지보수되는가?
- 활동을 수행하는 데 장애가 되는 사회문화적·환경적 측면의 부정적인 영향이 있는가?

03

더 생각해 볼 문제

▶ 드러커(P. Drucker)

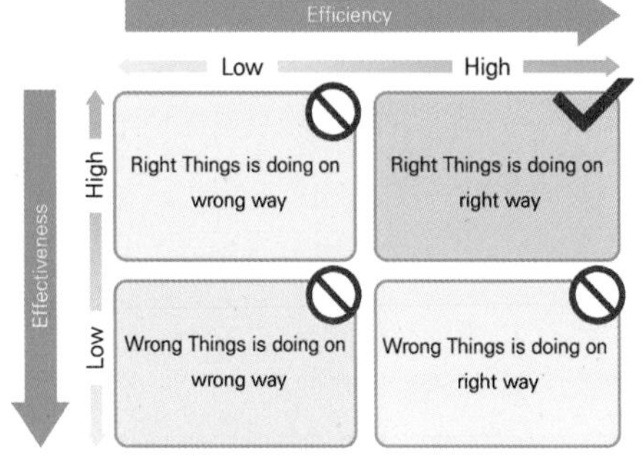

- 경영학의 아버지로 불리는 드러커(P. Drucker)는 '관리는 일을 올바르게 하는 것이고 리더십은 옳은 일을 하는 것(Management is Doing Things Right whereas Leadership is Doing the Right Things)'이라고 갈파[15)]한 바 있습니다. 여기서 리더십을 효과성으로, 관리를 효율성으로 바꿔보면 왼쪽 그림[16)]에서 보는 것처럼 효과성은 (목표로 세운) 옳은 일을 제대로 했는가에 해당하고 효율성은 (주어진) 일을 올바르게 잘했는가에 해당합니다. 그런데 옳은 일은 옳게 해야 한다는 것은 앞서 설명한 효율성과 효과성의 상충관계에 따른 '싸고 좋은 것은 없다'라는 명제에 위배됩니다. 어떻게 이를 극복할 수 있을까요?
- 정부는 공공이익을 위한 정책을 추진함에 있어 효율성을 우선해야 할까요, 효과성을 우선해야 할까요? 다만 효율성을 우선할 경우 사회적 약자가 피해를 볼 우려가 있고 효과성을 우선할 경우 누군가 비용을 부담해야 한다는 것이 전제조건이라고 가정합시다.
- 지금 한국 정부는 효율성을 중시하고 있을까요, 효과성을 중시하고 있을까요? 본인이 생각하기에 현 정부의 정책방향은 옳은 방향이라고 생각하나요?
- 효율성과 효과성은 정부개입 범위나 방법과 관련하여 각각 신공공관리(NPM)와 신행정학(New Public Administration)/신공공서비스(NPS)를 대변(4장 참조)한다고

볼 수 있습니다. 만일 당신이 정치인이라면 또는 고위직 공무원이라면 둘 중 어떤 방식이 더 중요하다고 생각할까요?

- 문재인 정부는 지역개발사업의 예비타당성조사를 상당 부분 면제해 주기로 한 바 있습니다. 이는 지역개발이라는 효과성을 위해 경제적 타당성이라는 효율성을 일정 부분 포기한다는 의미가 있습니다. 예비타당성조사를 면제하여 대규모 지역개발 사업이 적절한 사전평가 없이 대규모로 시행되도록 하는 것이 과연 올바른 정책일까요?
- 과거 경인운하 건설 시 산출기관과 시점에 따라 모두 다른 비용편익 분석결과가 나타난 바 있는데 대규모 토목사업이 수반되는 인프라 건설일수록 그럴 가능성이 커지게 됩니다. 4대강 사업의 경우도 건설 당시 제시된 비용편익 분석결과와 다음 정권의 수차례 감사에서 분석된 결과가 모두 달랐기 때문에 고무줄 감사라는 지적을 받기도 했습니다. 이렇듯 동일한 사업임에도 B/C비율이나 순현재가치가 모두 다르게 나오는 이유가 무엇인가요?

04

한 걸음 더 들어가고 싶다면

평가대상 주체 간의 상대적인 효율성을 비교평가하는 기법으로 자료포락분석(DEA: Data Envelopment Analysis)[17]을 들 수 있습니다. 이 방법은 함수형태에 대한 가정을 할 필요가 없고, 평균이 아니라 가장 효율적인 대상을 기준으로 효율성을 측정하며, 산출물과 투입물이 다수일 경우에도 가격에 대한 정보 없이 기술적 효율성을 분석할 수 있기 때문에 특히 공공부문 효율성 측정에 유용하게 활용[18]되고 있습니다. 최근에는 더욱 심화된 기법이 많이 개발되었습니다만 다음과 같은 기본개념을 이해해 두면 도움이 될 것으로 기대됩니다. 이 부분은 학부생인 경우 학습을 생략해도 무방하겠습니다.

자료포락분석은 다투입－다산출(multiple inputs－multiple outputs)의 의사결정단위(DMU: Decision Making Unit)에 대한 효율성을 측정할 수 있는 기법으로 비영리적 의사결정단위의 상대적 효율성[19]을 측정할 목적으로 Charnes, Cooper & Rhodes (1978)[20]에 의해 선형계획법(linear programming)에 근거한 효율성 측정방법으로 개발되었습니다. 통계학적으로 보면 회귀분석처럼 사전적으로 구체적인 함수형태를 가정하고 모수(parameter)를 추정하는 것이 아니라 평가대상의 투입요소와 산출물 간의 자료를 이용해 경험적 효율성 프론티어(frontier)를 평가대상으로 비교하여 평가대상의 효율치를 측정하는 비모수적 접근방법에 해당합니다. 이를 위해 Farrell (1957)[21]이 제시한 경계효율성(frontier efficiency)의 개념에 입각하여 의사결정단위 간의 상대적 효율성(relative efficiency)을 측정하게 되는데 Farrell은 특정 의사결정 주체(DMU)의 효율성을 그 주체가 효율적 집합에서 떨어져 있는 거리로 측정할 수 있다는 가정하에, 주어진 투입량에서 최대의 산출을 의미하는 기술효율성(technical efficiency)과 요소가격의 관점에서 최적의 투입결합을 나타내는 가격효율성(price efficiency) 또는 배분적 효율성(allocative efficiency)이 총괄효율성(overall economic efficiency)을 결정한다[22]고 보았습니다.

다음 그림은 산출량을 1단위로 고정시킨 투입측면의 효율성을 의미하는 것으로 여기서 P는 측정대상인 의사결정단위로서 1단위 산출을 생산하기 위해 x_1과 x_2의 투입요소를 사용하고 있음을 의미합니다. OP의 직선은 투입요소 사용량의 비율이 P와 동일한 점들을 연결하고 있고, 우하향하는 곡선 SS_1은 최고로 효율적인 의사결정단위가 1단위 산출을 생산하기 위한 생산요소의 조합을 나타내는 경계로서 등량경계(isoquant frontier)를 의미합니다. 직선 AA_1는 두 생산요소 간 가격의 비율을 나타내는 등비용곡선(isocost line)을 의미합니다.

▌Farrell의 효율성 개념(투입측면)

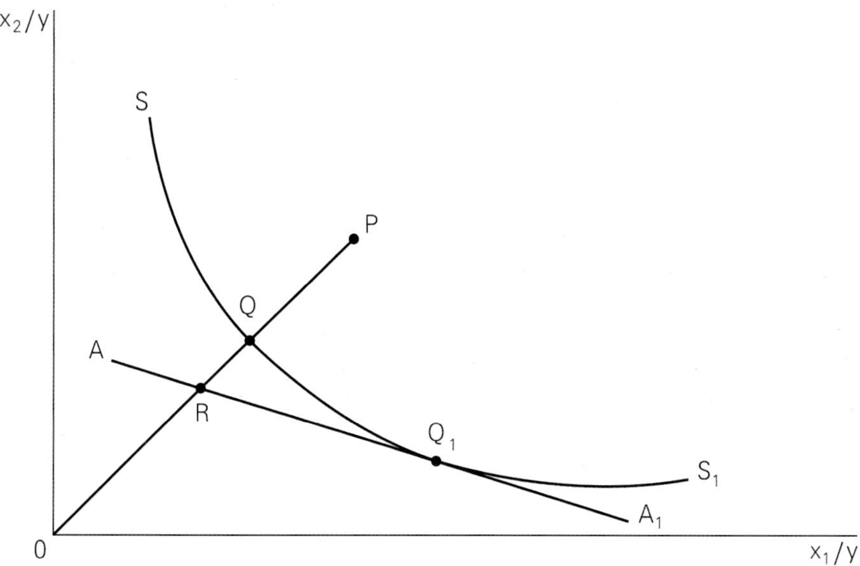

자료: Coelli et al.(1998: 135)[23)]

기술적 관점에서 보았을 때 Q는 P가 생산에 투입하는 양의 OQ/OP 수준만을 사용하면서 같은 1단위의 산출을 생산하고 있으므로 이 비율(OQ/OP)을 그 의사결정단위의 기술효율성으로 정의할 수 있습니다. 이때 P가 SS_1로 접근할수록 1에 가까워지고 멀어질수록 0에 가까워지므로 $0 \leq OQ/OP \leq 1$의 범위를 갖게 됩니다. 한편 등비용곡선은 위로 올라갈수록 높은 비용을 의미하므로 같은 기술적 효율성을 실현하고 있는 SS_1 경계상에 위치한 점들 중 Q_1이 가장 낮은 비용을 실현하고 있는 최적의 투입결합점이 됩니다. Q_1이 지불하는 비용은 P와 동일한 투입요소 간 비율을 가지면서 등량경계상에 위치한 Q가 지불하는 비용보다 OR/OQ의 비율만큼 작다고 할 수 있지요. 이때 P의 가격 또는 배분적 효율성은 OR/OQ의 비율로 표현될 수 있습니다. 왜냐하면 기술적 효율성을 실현하고는 있으나 배분적 효율성을 실현하지는 못하고 있는 Q(Q는 P와 동일한 투입요소 사용비율을 가짐) 대신 기술적 효율성과 배분적 효율성을 동시에 실현하고 있는 Q1 수준으로 생산했을 때 감축시킬 수 있는 생산비용이 RQ이기 때문입니다. 이제 P가 기술적인 면과 배분적인 면에서 모두 완전한 효율성을 갖기 위해서는 지출비용이 현재 지불하는 비용의 OR/OP배로 줄어야 합니다. 왜냐하면 RP가 기술적 효율성과 배분적 효율성을 최대한으로 달성했을 때 줄일 수 있는 비용이기 때문입니다. 이를 종합하면 총괄효율성, 기술효율성, 배분효율성 간의 관계는 다음과 같이 나타낼 수 있습니다.

$$\frac{OR}{OP} = \frac{OQ}{OP} \times \frac{OR}{OQ} \quad \cdots\cdots (3)$$

자료포락분석은 이러한 효율성 개념을 활용하여 DMU들의 실제값 중 가장 효율적인 값들로 이루어진 분절적 선형 프런티어(piecewise linear frontier)를 준거집단으로 하고 각 개별 DMU와의 관계를 비교함으로써 상대적인 효율성을 측정하게 되는데 Charnes, Cooper & Rhodes(1978)에 의한 자료포락분석의 기본모형은 분수계획의 문제를 선형계획의 형태로 변환시켜 점수화하게 됩니다. 이것이 Charnes, Cooper and Rhodes에 의한 자료포락분석의 기본모형(CCR모형)으로 각 조직에 대해 계산된 효율성 점수가 1인 경우 그 조직은 100% 효율성[24]을 달성한 준거집단으로서 최우수 운영(bp: best practice)의 프런티어를 형성하게 됩니다. 100% 효율성의 의미는 투입요소의 일부를 증가시키거나 다른 산출물의 일부를 감소시키지 않고는 산출물을 증가시킬 수 없거나, 산출물의 일부를 감소시키거나 다른 투입물의 일부를 증가시키지 않고는 투입물을 감소시킬 수 없을 때를 의미합니다. 반면, 규모수익 체증이나 체감을 고려한 자료포락분석(VRS)는 규모수익 불변 분석과 다른 결과를 보여주게 되는데 규모수익 불변(CRS)의 경우 각 DMU가 최적의 규모에서 생산활동을 하고 있음을 가정하고 있지만 규모수익 가변에서는 이를 고려하지 않기 때문이지요. 따라서 CRS에서 효율성이 1인 아니었던 DMU도 VRS에서는 효율성이 1인 것으로 나타날 수 있고, VRS에서 효율성이 1인 것으로 나타났지만 CRS에서 1이 아닌 것으로 나타나는 DMU는 기술적 효율성은 달성하고 있지만 규모의 효율성은 달성하고 있지 못하는 것으로 판단할 수 있습니다. 이런 점에서 CRS는 총효율성, VRS는 순수기술적 효율성으로 표시되며, 양자의 비율(CRS/VRS)은 규모의 효율성을 나타내는데 이를 그림으로 설명하면 다음과 같습니다.

❙ VRS와 CRS

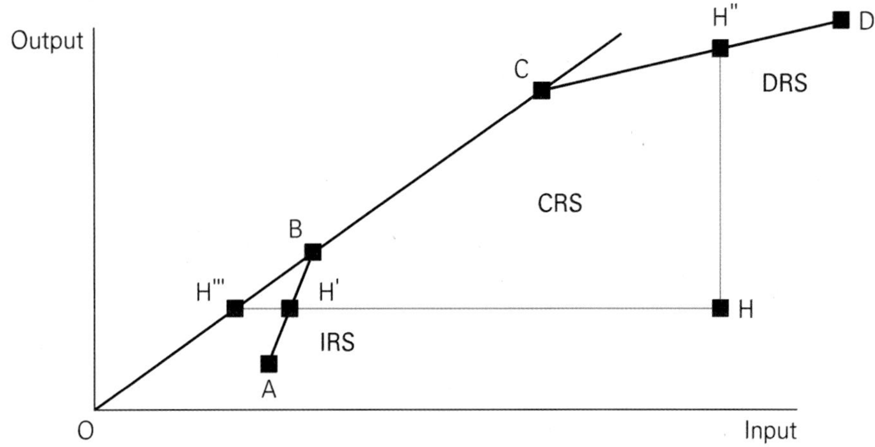

자료 ; Zhu(2003: 62)[25)]

위 그림에서 BC는 규모수익 불변, CD는 규모수익 체감, AB는 규모수익 체증의 상태를 나타내고 있는데 이때 포락선에 위치하지 않은 H의 경우 투입지향 VRS라면 동일 산출에서 투입을 줄이는 것이 효율적이므로 규모수익 체증을 가정했을 때는 AB 선상의 H'와, 규모수익 불변을 가정했을 때는 BC의 연장선인 OC 위의 H''' 와 비교하게 됩니다. 이때 자료포락분석은 효율성의 차이를 공간적 거리로 표현하게 되므로 H와 거리가 가까운 H', 즉 규모수익 체증을 가정한 경우가 규모수익 불변을 가정한 H'''보다 더 효율적인 것으로 나타나게 됩니다. 다만 자료포락분석에서는 효율성이 높은 DMU의 효율성을 1로 나타내기 때문에 효율성이 1로 표시된 DMU 간의 효율성 차이를 구별하기 어렵다는 문제가 있습니다. 이때 활용될 수 있는 것이 초효율성(super efficiency) 분석입니다. 초효율성 분석에서는 포락선 상에 위치하고 있어서 효율성이 1로 나타난 DMU를 포락선에서 제외하고 이를 재형성된 포락선과 비교함으로써 상대적 효율성을 표시하게 되는데 다음 그림에서 보듯이 포락선을 형성하는 DMU 2를 포락선에서 제외할 경우 DMU 1과 3을 잇는 새로운 포락선이 형성되고, DMU 2는 새로운 포락선과의 상대적 거리에 따라 효율성이 측정되는 것이지요. 따라서 효율성이 1이 아니었던 DMU들의 효율성 점수는 그대로이며, 효율성이 1이었던 DMU들만 1 이상의 효율성 점수로 나타나게 됩니다.

▍초효율성 분석의 개념

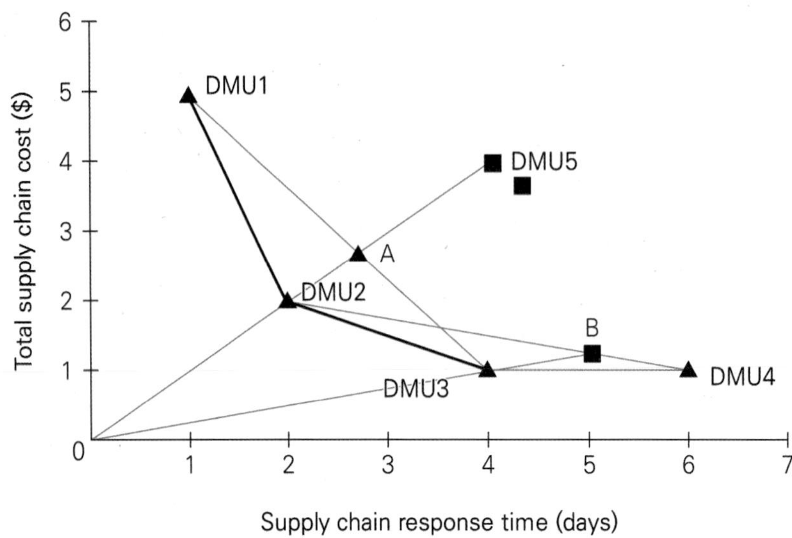

출처: Zhu(2003: 198)

미주

1) http://www.nocutnews.co.kr/news/4887998
2) Leibenstein, H. (1966). Allocative Efficiency vs. "X-Efficiency." American Economic Association, 56(3): 392-415.
3) Dimock, M.E. (1937). Modern politics and administration. N.Y.: American Books Co.
4) 온라인 행정학 전자사전, http://www.kapa21.or.kr/epadic/epadic_view.php?num=651
5) Japan International Cooperation Agency. (2004). JICA Guideline of Project Evaluation: Practical Methods for Project Evaluation, Planning and Coordination Department, Japan.
6) European Commission. (1997). Evaluating EU Expenditure Programmes: A Guide.
7) Mandl U., Dierx A., Ilzkovitz F. (2008): The Effectiveness and Efficiency of Public Spending. European Commission, Directorate General for Economic and Financial Affairs, pp. 3-4.
8) https://calloftheloon.wordpress.com/2012/08/23/the-soviet-nail-factory/
9) 한국행정학회. (2009). 문화예술기관 운영의 선진화 방안 연구 중 저자의 집필부분을 주로 활용하였음.
10) 노화준. (2003). 기획과 결정을 위한 정책분석론. 박영사.
11) Levin, Henry M. (1983). Cost-Effectiveness: A Primer. London: SAGE.
12) European Union. (2003). Evaluating Socio Economic Development Sourcebook 2: Methods & Techniques(Cost Effectiveness Analysis).
13) 다음을 주로 인용하였음. 우윤석. (2017). 공공기관 주요사업 평가의 관점과 수단에 대한 재음미: 진화적 논리모형과 평가성 검토를 중심으로. 박순애 편. 공공부문의 성과측정과 관리. 문우사. pp. 135-184.
14) 앞의 책. JICA. (2004).
15) Drucker, P. (2008). The Essential Drucker: The Best of Sixty Years of Peter Drucker's Essential Writings on Management. NY: Collins Business Essentials.
16) https://www.researchgate.net/post/What_is_the_difference_between_Doing_things_right_and_Doing_the_right_things
17) 우윤석 · 오수현. (2009). 주 · 토공통합의효율성평가 자료포락분석을 통한 지방공기업과의 재무제표상 비교를 중심으로. 한국도시행정학회 도시행정학보 22(2): 73-98을 주로 인용하였음.
18) 윤경준. (1995). 공공부문 효율성 측정을 위한 자료포락분석의 이론적 고찰. 현대사회와 행정 제5집, 231-260.
19) 상대적이라는 것은 한 조직의 효율성이 다른 조직, 즉 준거집단(reference group)의 효율성에 따라 정해진다는 것으로 준거집단과 다른 조직들과의 비교를 통해 조직의 효율성을 측정하는 것을 말함.
20) Charnes, A., W. Cooper and E. Rhodes. (1978). Measuring the Efficiency of Decision Making Units. European Journal of Operational Research, 2(6), 429-444.
21) Farrell, M. J. (1957). The Measurement of Productive Efficiency. Journal of the Royal Statistical Society, Series A General, 120(3), 253-281.
22) 전용수 · 최태성 · 김성호. (2002). 효율성 평가를 위한 자료포락분석. 인하대학교 출판부.
23) Coelli, T., D.S. Prasada Rao and G.E. Battese. (1998). An Introduction to Efficiency

and Productivity Analysis. Boston: Kluwer Academic Publishers.

24) 어떤 DMU의 100% 효율성은 다음의 ① 또는 ②일 경우에 달성된다고 봄(Charnes & Cooper, 1985).

① DMU의 한 산출물은 투입요소의 일부를 증가시키거나 다른 산출물의 일부를 감소시키지 않고는 증가될 수 없다.

② DMU의 한 투입물은 산출물의 일부를 감소시키거나 다른 투입물의 일부를 증가시키지 않고서는 감소될 수 없다.

25) Zhu, Joe. (2003). Quantitative Models for Performance Evaluation and Benchmarking: Data Envelopment Analysis with Spreadsheet and DEA Excel Solver. Boston: Kluwer Academic Publishers.

PART 04

광부의 아들은 발레리노가 되고, 거대 정부는 작은 정부로: 대처리즘과 신공공관리론

영 화 로 보 는 행 정 관 람

빌리 엘리어트(Billy Elliot, 2000)

감독: Stephen Daldry

출연: Jamie Bell(빌리 엘리어트 역), Gary Lewis(아버지 재키 엘리어트 역), Jamie Draven(토니 엘리어트 역), Julie Walters(발레 선생님 윌킨슨 역) 외

수상: 영국 아카데미 영화상(작품상·남우주연상·여우조연상), 크리틱스초이스 영화상 아역배우상 등

한국사회는 보수(conservative)와 진보(liberal, progressive) 간 대립이 정권변화에 따라 반복되고 있습니다. 영국의 보수당과 노동당, 미국의 공화당과 민주당처럼 양당제가 확립된 것도 아닌데 여야 간 대립은 언제나 보수와 진보 간 대립으로 귀결되곤 합니다. 그럼에도 불구하고 한국에 진정한 보수나 진정한 진보가 있느냐는 자조 섞인 비판도 제기됩니다. '태극기'를 앞세운 수구세력과 '세월호'와 '촛불'을 앞세운 좌파세력이 대리전을 치르고 있을 뿐 진지한 보수나 진보의 가치는 정쟁 뒤로 숨어 있는 것 같습니다. 보수와 진보의 구분은 민주주의의 역사와 같이 발전해 온 만큼 그리 간단한 일이 아닙니다. 다만 단순화의 오류를 무릅쓰고 프레임만 비교해 보자면, 보수는 개인의 사회적·경제적 위치나 지위가 개인적 선택의 결과라고 보는 반면 진보는 이를 사회적 선택의 결과라고 생각한다는 점을 들 수 있겠습니다.

보수주의는 어떤 사람이 지금 잘나가거나 못 나가는 것은 그 사람이 잘했거나 못했기 때문이므로 본인이 선택한 결과이자 책임이라고 봅니다. 따라서 잘나가는 사람이 가진 것은 그가 경쟁력과 노력을 통해 얻은 것이므로 최대한 보장해 주되, 열심히 해도 정당한 보상을 받지 못하는 일이 생기지 않도록 개인에게 기회의 균등을 제공하는 데 중점을 두게 됩니다. 반면, 진보주의의 입장에서는 어떤 사람이 잘나거나 못난 것은 그 사람의 노력에 의한 결과라기보다 사회적으로 고착된 시스템과 사회적 배분의 산물이라고 생각합니다. 어떤 사람이 많이 가진 것은 다른 사람이 가져야 할 것을 필요 이상으로 가져왔기 때문에 생기는 사회적 분배의 문제이므로 사회가 나서서 치유해야 한다는 믿음을 갖고 있는 것입니다. 결과적으로 빈부격차 해소와 같은 사회복지 정책에 대해서도 입장을 달리하게 됩니다. 보수주의는 가난한 사람도 가질 수 있도록 함으로써

▶ 보수주의

보수주의 가치와 관련하여 영국 보수당 마이클 하워드 당수가 2004년 보수주의에 대한 신조 16개항을 신문에 광고한 적이 있습니다. 그중 몇 가지 항목을 소개하면 다음과 같습니다.

1. 자신은 물론 가족의 건강과 부·행복을 추구하는 것이 인간의 본성이라고 나는 믿는다.
3. 국민은 그들이 삶의 주인이고 간섭과 지나친 통제를 받지 않을 때 가장 행복하다고 나는 믿는다.
4. 국민은 커야 하며 정부는 작아야 한다고 나는 믿는다.
6. 모든 국민은 잠재 능력을 최대한 발휘할 수 있는 기회를 가져야 한다고 나는 믿는다.
7. 책임 없는 자유는 없으며 스스로 돌보지 못하는 사람들을 돌보는 것은 우리의 의무라고 나는 믿는다.
8. 불공평은 우리를 분노하게 하며 기회균등이야말로 중요한 가치임을 나는 믿는다.
14. 누군가 부자이기 때문에 또 다른 사람이 가난해졌다고 나는 믿지 않는다.
15. 누군가 지식이 있고 교육을 받았기 때문에 또 다른 사람이 무식해졌다고 나는 믿지 않는다.
16. 누군가 건강하기 때문에 또 다른 누군가가 병들게 됐다고 나는 믿지 않는다.

(https://news.joins.com/article/278639)

빈부 차를 해소하려고 한다면 진보주의는 부자가 가진 것을 빈자에게 나누도록 함으로써 빈부 차이를 해소하려고 합니다. 빈자에게 도움을 줄 때도 보수주의는 스스로 자신을 돌볼 수 없는 잔여(residual) 계층만 선별적으로 지원해야 한다는 입장인 반면, 진보주의는 일정 수준 이하에 속하는 계층 모두를 지원해야 한다는 보편적 입장을 취하게 됩니다. 이런 이유로 보수주의는 기득권자를 정당화하기 위한 논리라고 비판받고, 진보주의는 생산보다 분배에만 관심 있는 나눠먹기 논리라고 비판받곤 하는 것입니다. 보수주의의 극단적인 형태가 무정부주의(anarchism)나 자유 방임주의(laissez faire)이고, 진보주의의 극단적인 형태가 사회주의(fabianism, socialism)나 공산주의(communism)인 점을 생각해 보면 쉽게 이해가 갈 것입니다.

▶ 진보주의
제2차대전 직후 1945년 7월 5일의 영국 총선에서 전쟁영웅 윈스턴 처칠(Winston Churchill)이 이끄는 보수당을 제치고 클레멘트 애틀리(Clement Attlee)가 이끄는 노동당이 하원의석 총 604석 중 393석을 차지하는 대승을 거두었습니다. 노동당 정부는 집권 후 1950년까지 급진적인 사회개혁을 단행했는데 현재 영국 복지제도의 근간이 대부분 이 시기에 마련됩니다. 1945년 총선의 노동당 강령은 노동당 역사상으로도 가장 급진적인 것으로 평가받는데 공공부문을 최소화하려는 보수당과 달리 정부부문을 확장하여 완전고용을 추진하고, 전 국민을 대상으로 하는 무상공공의료제도인 NHS 도입, 석탄과 철강 등 사양 산업을 국공유화한다는 내용까지 포함되어 있습니다.
(http://www.laborparty.kr/bd_member/779051)

이런 얘기를 꺼내는 이유는 바로 이 영화에서 보수주의를 대변하는 대처리즘(Thatcherism)이 탄생했던 배경과 진보주의적 거대정부를 작은 정부로 만드는 데 이론적 기초가 되었던 신공공관리론(New Public Management)이 지향하는 해결책이 무엇인지 알 수 있는 단초가 등장하기 때문입니다. 불만의 겨울(winter of discontent)을 야기했던 극심한 공공파업의 현장에서 아들의 발레학교 비용을 대기 위해 노조 동지들을 배신(?)하고 작업장에 나가야 했던 아버지와 이를 말리는 큰아들, 그리고 광부의 아들로 태어났지만 런던으로 떠나 발레리노의 꿈을 이루는 둘째 아들 빌리의 이야기는 그래서 단순한 성공드라마를 넘어 한 시대를 보여주는 명화의 반열에 오르게 됩니다.

01

영화 들여다보기: 광부의 아들에서 왕립발레단의 발레리노로

영국 북부 탄광지역에 사는 11살 소년 빌리는 광부인 아버지와 형, 그리고 치매에 걸린 외할머니와 살고 있습니다. 빌리의 아버지는 소년을 복싱체육관에 보내 운동을 시키지만 빌리는 흥미를 느끼지 못합니다. 그러던 어느 날 발레 연습장으로 쓰는 스튜디오가 파업 광부들을 위한 식당으로 사용되는 동안 복싱체육관을 빌려 쓰게 된 발레 수업 현장을 목격하게 됩니다. 첫눈에 심쿵한 빌리는 아버지 몰래 발레 클래스에 등록하게 되고 이를 알게 된 아버지가 발레를 못하게 하지만 발레 선생님 샌드라의 도움으로 아버지 몰래 레슨을 계속 이어갑니다. 샌드라 선생님은 빌리가 발레에 재능이 있음을 깨닫고 런던에 있는 왕립발레학교에 오디션을 보러 가도록 권하지만 강한 남자의 전형인 아버지와 형은 빌리가 게이로 오해받을까 두려운 마음에 발레리노가 되겠다는 것을 결사반대합니다.

크리스마스 이브날이 돌아왔지만 장기화된 파업으로 땔감조차 구할 수 없게 된 아버지는 죽은 어머니의 소중한 피아노를 부수어 벽난로를 지핍니다. 빌리도 이미 발레를 그만둔 지 오래입니다. 아버지가 동료들과 술 한잔 하러 간 사이 빌리는 친구 마이클과 체육관에서 그만의 느낌으로 가득한 춤을 미친 듯이 춥니다. 그 모습을 우연히 보게 된 아버지는 깨닫게 됩니다. 내 아들이 무용에 재능이 있다는 것을요. 그리고 아들이 꿈을 이룰 수 있도록 도와줘야겠다고 다짐합니다.

한편 샌드라 선생님은 아버지에게 빌리를 런던에 보내 오디션을 보게 해 달라고 설득하면서 오디션 비용을 대신 부담하겠다는 제안까지 합니다. 돈은 없지만 자존

심 강한 아버지는 내 아들을 위한 비용은 내가 내겠다며 거절합니다. 돈이 필요했던 아버지가 택한 것은 결국 그동안의 신념이었던 파업을 그만두고 업무에 복귀하는 것이었습니다. 피켓을 들고 파업시위를 하던 광부들은 '배신자'들이 탄 버스를 향해 계란을 던지고 욕설을 퍼붓습니다. 그 버스에 몰래 타고 있던 아버지를 형이 발견하고 버스에서 내리는 그를 막아섭니다. 동료들을 배신하고 업무에 복귀해서는 절대 안 된다는 형과 빌리가 천재일지도 모르는데 기회라도 줘봐야 하는 것 아니냐며 울부짖는 아버지는 서로 끌어안고 오열합니다.

이러한 상황을 알게 된 동료와 이웃들이 조금씩 모아서 보태준 응원의 성금과 빌리 엄마가 남긴 얼마 되지 않는 귀금속을 전당포에 잡혀 마련한 돈으로 아버지는 빌리를 데리고 런던에 오디션을 보러 갑니다. 오디션 중에 심사위원이 춤을 추면 어떤 기분이냐고 묻습니다. 사실 빌리는 발레를 체계적으로 배운 것이 아니었기 때문에 입시무용에 익숙해진 심사위원들에게는 다소 난감한 존재처럼 보였기 때문이지요. 이때 빌리가 더듬거리며 이렇게 말합니다.

> "춤을 추면 그냥 기분이 좋아요. 모든 걸 잊게 돼요. 다 사라져버려요. 내 몸 전체가 변하는 기분이죠. 마치 몸에 불이 붙어 변해 한 마리 새가 된 것 같아요. 전기처럼...."

떨어졌을 거라며 낙담한 채 집으로 돌아온 그에게 얼마 지나지 않아 왕립발레학교에서 보낸 통지서가 도착합니다. 빌리는 방에 혼자 들어가 몰래 봉투를 열어봅니다. 숨죽이고 밖에서 기다리던 가족들에게 들리는 것은 빌리의 흐느끼는 울음소리였습니다. 참지 못하고 문을 열고 들어가는 아버지와 형, 그리고 할머니는 침대에 엎드려 울고 있는 빌리를 바라봅니다. 그들을 향해 빌리가 말합니다.

> "합격했어요!"

시간이 지나 왕립발레단의 수석무용수가 된 빌리... 그가 나오는 백조의 호수 공연을 아버지와 형, 그리고 옛 친구 마이클과 그의 게이 남친이 보러옵니다. 가족들이 보러 왔다는 걸 안 빌리가 막이 오르자 마치 한 마리 백조처럼 뛰어 오르는 장면, 그리고 이 장면을 보고 숨이 멎는 듯한 표정을 짓는 늙은 아버지... 최고의 엔딩 장면으로 이 영화는 마무리됩니다.

02

대처리즘(Thatcherism)과 신공공관리(New Public Management)

2.1. '불만의 겨울'과 '대처리즘'

영화에서 보듯이 1970년대 말 영국은 광부들을 포함한 공공부문의 파업이 극에 달했던 시기입니다. 그 당시는 전후 복구사업을 위해 공공부문이 비대하게 커진 이후였고 지금은 민영화되어 있는 철도, 항공, 통신, 버스, 전기, 수도, 주택 서비스 부문 등도 모두 국영기업이 운영하던 시기였습니다. 1971년에는 민간 자동차회사인 롤스로이스가 경영난에 빠지자 이 회사를 국유화하고 국민 세금으로 살리려고도 했습니다. 비대해진 공공부문은 생산성이 높을 리 없었지만 국민을 볼모로 한 파업을 통해 임금을 올려받곤 했습니다. 고비용 저효율과 만성적인 파업뿐 아니라 전 국민을 대상으로 한 무료 의료제도, 결혼수당, 임신수당, 과부수당에 장례수당에 이르기까지 전 생애를 보장하는 과도한 복지정책으로 GDP에서 재정이 차지하는 비율이 1970년 대에 들어 40%를 넘어서게 되었고 이를 감당하기 위해 소득세율이 90%대까지 치솟기도 했습니다.

1970년대 세계 경제는 1, 2차 석유파동으로 몸살을 앓고 있었고 영국은 복지재정 지출을 위해 선진국으로는 처음으로 1976년 IMF에 구제금융을 요청하는 등 최악의 경제상황에 처했음에도 노조는 파업을 일삼고 국민들은 복지혜택에 취해

▶ 전 생애를 보장하는 과도한 복지정책
이 모델이 바로 '요람에서 무덤까지(from the cradle to the grave)'로 대변되는 복지정책입니다. 이 모델은 처칠이 이끌던 보수당 정부가 전쟁으로 지친 국민들에게 새로운 비전을 제시하고자 런던정경대 교수 출신 노동부 차관이었던 윌리엄 베버리지(William Beveridge)를 위원장으로 하는 위원회를 구성하여 1942년 포괄적인 복지정책을 담은 보고서(사회 보험과 관련 서비스, Social insurance and allied services)를 발간하게 되는데 이 보고서를 흔히 베버리지 리포트라고 부르게 됩니다. 국민들은 이 복지정책에 열광적으로 호응하였지만 처칠의 보수당 정부는 전시상황임을 들어 이행에 미온적이었고 결국 국민들은 전쟁 영웅이 아니라 노동당의 애틀리에게 총선 승리를 안겨줍니다. 결국 보수당이 마련한 복지정책을 노동당이 이행하는 아이러니한 상황이 벌어지게 되었습니다.

일할 의욕을 잃게 된 이러한 상황을 '영국병(British disease)'이라고 부릅니다. IMF로부터 구제금융을 받으면서 경제회복을 위한 개혁조치를 취하려고 했지만 노동조합의 반발로 실패하고 말았는데 1970년대 노동조합의 파업 건수가 매년 2,000건을 상회할 정도였다고 합니다. 1978년 들어 150만 명이 넘는 공공분야 노조가 총파업을 벌이게 되면서 교통, 의료 등 국가기능이 마비되었고, 길거리는 수거하지 않은 쓰레기가 산을 이루게 됩니다. 1979년 초에는 파업이 극에 달해 파업참가자 수가 무려 400만 명 이상이나 되었습니다. 병원에 있는 환자들은 치료를 받지 못했고 죽은 자들은 묘지 노동자들의 파업으로 시신이 묻히지 못하고 방치되기도 했는데 이러한 1978년 말의 상황을 '불만의 겨울'[1]이라고 합니다.

▶ 불만의 겨울(winter of discontent)
파업으로 런던 시내가 쓰레기로 덮인 모습

노동당의 캘러헌(J. Callaghan) 총리는 노조에게 "이제 국민들이 참는 것도 한계에 와 있다"는 말을 남기며 물러났고, 노동당에게 실망한 유권자들은 1979년 5월 총선에서 당시 53세의 젊은 여성 정치인 마거릿 대처(M. Thatcher)가 이끄는 보수당을 선택하게 됩니다. 그녀는 선거 유세 과정에서 빵, 버터, 고기 등이 가득 찬 푸른색(보수당 색) 장바구니를 오른손에, 왼손에는 절반밖에 차지 않은 분홍색(노동당 색) 장바구니를 들고서 이렇게 말했다고 합니다.

"오른손의 장바구니에 가득 찬 것은 1974년 보수당 시절에 1파운드로 살 수 있었던 식료품입니다. 왼쪽은 현재 노동당 정권에서 1파운드로 살 수 있는 식료품입니다. 만일 노동당이 다시 5년간 집권한다면 어떻게 되겠습니까? 아마 1파운드로 쇼핑을 하려면 장바구니가 필요 없고 그저 작은 봉투 한 장이면 충분할 것입니다!"[2]

▶ 철의 여인
이 영화에선 불만의 겨울 당시 쓰레기가 쌓여 있는 런던거리의 모습도 나옵니다. 수상이 되기 전 교육과 학부장관이었던 대처가 의회에서 노동당과 벌이는 설전 장면도 인상적입니다. 노동당은 노조의 파업으로 전기가 끊기면 학교가 수업을 못 하니 노조의 요구를 들어줘야 한다는 반면, 대처는 전기가 끊기면 학교 문을 닫는 한이 있더라도 노조요구를 들어줄 수 없다고

5월 3일 새벽 개표 결과 보수당은 339석을 얻어 268석을 얻은 노동당에 압승을 거두었고 마거릿 대처는 영국 최초의 여성 총리가 됩니다. 1983년, 1987년 총선에서 연거푸 승리하여 3선에 성공하였으며 영국 역사상 최장인 11년간(1979－1990)의 임기를 역임했던 대처의 일대기는 그녀의 별명을 영화 제목으로 한 메릴 스트립(Meryl Streep)

주연 '철의 여인'에 잘 나타나 있습니다. 대처는 취임하자마자 국유화되었던 공기업 민영화, 공공주택 매각, 복지지출 대폭 삭감, 세금인하, 노조 개혁 등의 자유주의 정책을 추진하였는데, 신자유주의(Neo Liberalism) 바람을 타고 미국과 뉴질랜드, 캐나다, 호주 등으로 퍼져 나가면서 대처리즘(Thatcherism)[3]으로 불리게 됩니다.

대처는 영국병의 근원이 강경 노동조합과 비효율적인 국영기업이라고 생각했습니다. 우선 노동조합 개혁을 위해 조합원 투표, 非조합원의 고용거부 금지, 찬반 투표 없는 파업 금지, 조합 간부의 면책특권 박탈 등 법적 조치를 취한 후 영국 최대의 노동조합이었던 탄광노조와 결전을 벌입니다. 당시 폴란드나 호주로부터 수입한 석탄은 운송비를 포함하고도 톤당 25-30파운드에 불과했는 데 반해 영국산 석탄은 45-50파운드로 높다 보니 그 차액을 세금으로 메워야 했고 석탄발전을 통한 전기생산이 영국산 제품의 생산원가를 증가시켜 수출경쟁력을 저하시키는 원인이 되고 있었습니다. 정부 지원에도 불구하고 75%의 탄광이 적자를 보일 만큼 고비용 저효율 구조를 갖고 있던 셈입니다.

대처는 연간 석탄 생산량의 절반에 해당하는 5,700만 톤의 석탄을 미리 비축해 놓고 1984년 3월 채산성이 없는 20여 개의 탄광을 폐쇄하거나 통합하고 탄광노조원 2만여 명을 해고한다는 석탄산업 합리화 계획을 발표합니다. 탄광노조는 스스로를 마르크스주의자로 칭하는 등 과격하기로 유명해서 '아서 왕'으로 불리던 노조위원장 아서 스카길(Arthur Scargill)이 이끌고 있었는데 1974년 총파업을 벌여 대처가 교육과학부장관으로 있던 히스(E. Heath) 내각을 붕괴시킨 경험을 가지

맞받아칩니다. '철의 여인'이라는 별명은 대처가 1970년대 중반 동서화해의 데탕트 분위기에도 불구하고 (구)소련이 세계정복을 노리고 있다고 하면서 공산주의를 강하게 비판하자 소련이 그녀를 '철의 여인', '마녀'라고 비난하면서 부른 부정적인 표현이었습니다. 그럼에도 대처는 강한 여인답게 이 별명을 좋아했다고 합니다. 후에는 소련의 고르바초프와 우호적인 관계를 유지하며 그의 개방·개혁(Perestroika & Glasnost) 정책을 지원하게 됩니다.

▶ **대처리즘(Thatcherism)**

대처가 서거한 후 2013.4.18. KBS 파노라마에서 방영된 다큐멘터리 '철의 여인, 마거릿 대처'에서 대처리즘을 자세히 분석하고 있는데 다음 사이트에서 시청 가능합니다.

https://dacumania.tistory.com/6103

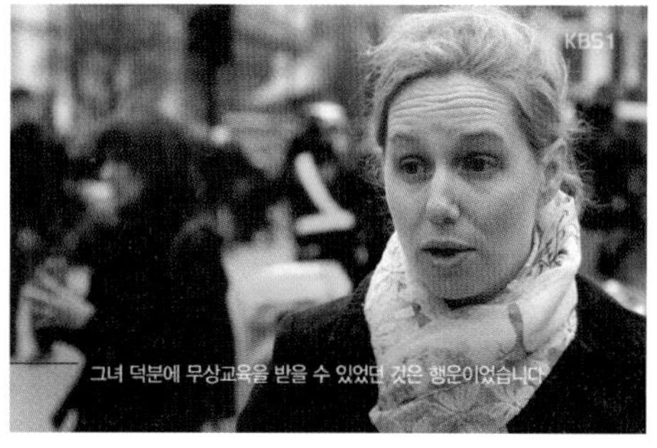

KBS1
그녀 덕분에 무상교육을 받을 수 있었던 것은 행운이었습니다

▶ **아서 스카길(Arthur Scargill)과 탄광노조 파업**

고 있어 대처 정부와도 한판 대결을 불사하고 있던 참이었습니다. 탄광노조는 즉각 총파업에 돌입하게 되는데 이 파업이 무려 363일간 계속되면서 1만 건이 넘는 폭력사건이 발생하고 1984년에는 국내 총생산의 1%가 넘는 30억 파운드의 경제적 손실도 발생하게 됩니다. 그러나 대처는 한 치의 양보도 없이 불법파업이라는 이유로 탄광노조의 재산을 동결하고 스카길 등 파업 주동자 3명에 대해 벌금 20만 파운드를 부과해 버립니다. 파업이 장기화되면서 '빌리 엘리어트'에서 보듯이 파업 지지파와 반대파 간의 분열이 커지면서 견디다 못한 탄광노조는 결국 두 손을 들고 맙니다. 영국 최대 노조가 패배하자 다른 노조들도 점차 강경노선을 포기하게 되었습니다.

한편, 주요 산업이 국유화되면서 GDP의 10%에 달하는 생산량을 담당할 만큼 덩치가 커진 공기업들이 생산성 저하와 재정적자의 근원이라고 생각한 대처는 1984년 영국통신(British Telecom)을 시작으로 철도(British Rail), 석탄(British Coal), 전기(Electricity Supply), 수도(Water Authority) 등 SOC 분야의 공기업들을 민영화하였습니다. 지방정부가 소유하던 서민용 공공임대주택을 저렴한 가격으로 거주인에게 매각함으로써 재정부담을 줄이고 주택관리를 효율화하였습니다. 국민들의 근로의욕을 고취하고 세금을 피해 해외로 빠져나간 자금을 끌어오고자 적극적인 감세정책을 실시하여 소득세와 법인세를 대폭 인하하였습니다. 인플레이션을 잡기 위해 적극적인 통화억제와 강력한 긴축정책을 실시했는데 인플레이션율이 1980년 18%에서 1982년 8.6%로 감소하는 성과를 거두긴 했지만 그 사이에 경쟁력 없는 기업들이 파산하고 경제성장률이 마이너스를 기록하면서 실업자 수가 300만 명을 넘어서는 등 대처 정부가 들어선 이후 3년간 영국 경제는 이전보다 더 심각한 침체를 경험하게 됩니다.

대처의 경제정책은 시간이 지나면서 점차 효과를 발휘하게 되는데 1987년 인플레율은 선진국 최저 수준인 3.7%로 떨어졌고 경제성장률은 OECD 상위권인 4.25%로 뛰어오릅니다. 실업자 수는 1987년에 300만 명 이하로 내려간 후 1989년에는 200만 명 이하로 떨어졌으며, 재정수지는 1987년 18년 만에 30억 파운드의 흑자로 돌아선 후 1988년 140억 파운드의 흑자를 기록하게 된 것입니다.

▍대처 집권 전후 경제상황 비교(실업률과 GDP 성장)[4]

집권 이전

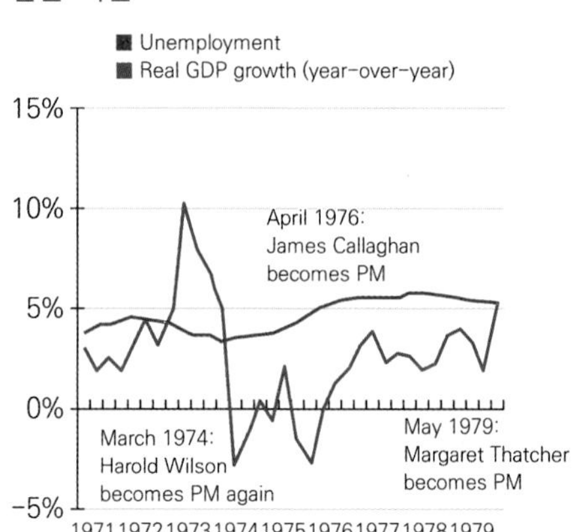

집권 이후

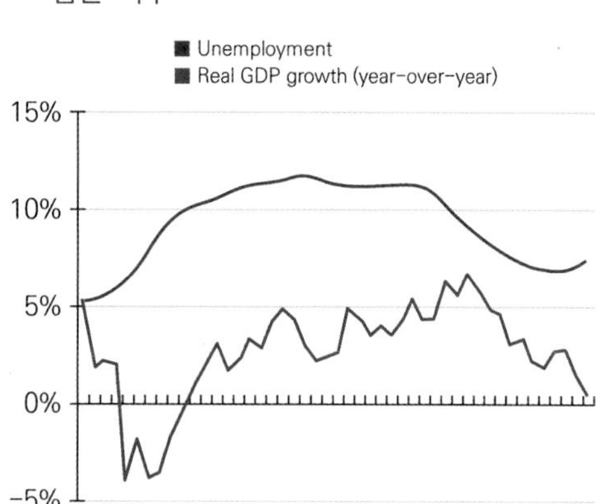

이에 따라 초기 경기침체로 떨어졌던 인기가 다시 올라가면서 1987년 선거에서 세 번째 집권에 성공합니다. 그러나 경기침체를 극복하기 위해 소득이나 재산에 관계 없이 과세하는 인두세(poll tax)를 도입하는 과정에서 국민들의 저항에 봉착하게 되고 재신임 투표에서 밀리면서 결국 1991년 5월 정계에서 완전히 은퇴하게 됩니다. 대처리즘을 추진한 결과 빈부격차가 심화되고 영국 내 제조업 기반을 무너뜨렸다는 비판도 있습니다. 1980년대 실업률 급상승, 공기업 민영화에 따른 각종 요금 인상 등에 따른 부정적 평가도 있습니다만 자유주의적 경제정책과 공공부문 정부혁신을 통해 영국병을 치료했다는 점만큼은 인정받고 있습니다.

2.2. '작지만 효율적인 정부'를 위한 신공공관리론의 대두

대처리즘을 중심으로 한 새로운 공공관리 패러다임이 바로 신공공관리론(New Public Management)[5]입니다. 신공공관리론[6]은 시장의 실패를 치유하기 위한 정부개입이 정부가 감당할 수 없는 수준의 행정수요 유발과 정부업무 과부하를 초래함에 따라 발생하게 된 정부실패에 대한 대응책으로 1980년대부터 미국과 영국을 중심으로 시장주의와 신관리주의에 입각하여 대두된 행정관리 방안[7]이라고 할 수 있습니다. 시장주의(market orientation)는 민영화와 민간위탁, 규제완화 등을 통해 정부의 독점적 공공서비스 제공권한을 민간과 공유·경쟁함으로써 고객만족을 달성하고자 하는 접근방법이며, 신관리주의는 내부 규제완화와 분권, 재량권 부여 등을 통해 현장중심의 행정과 정부업무의 합리적 축소조정을 유도하고자

▶ 신관리주의(New Managerialism)
기존의 관리주의(Managerialims)가 관리방식의 유사성을 근거로 공공부문에서도 민간부문의 관리기법을 도입할 수 있다는 '가능성'을 확인하는 입장이었다면, 신관리주의는 한 걸음 더 나아가 공공부문에도 적용해야 한다는 '당위적' 입장이라고 할 수 있습니다. 공공선택이론에 따르면 정치인이나 공무원은 공익이 아니라 자기이익을 추구하는 존재이고, 주인-대리인이론에 따르면 그들은 우월한 정보력을 국민이 아닌 자신들을 위해 사용하는 존재이고, 거래비용이론에 따르면 공공부문을 운영하는 데 들어가는 편익보다 더 크다고 합니다. 따라서 신관리주의적 입장에서는 자신들의 이익을 위해 우월적 지위를 활용하고 가성비가 떨어지는 공공부문은 개혁이 필요하다고 보게 됩니다.

하는 접근방법을 말합니다.

시장주의에 입각하여 성과를 강조하는 입장에 따르면 성과를 못 내어 경쟁에서 낙오되는 경우 시장에서와 같은 퇴출 메커니즘(exit mechanism)[8]을 따르게 됩니다. 신공공관리론에서 지향하는 고객만족(customer satisfaction)은 정부가 공공서비스의 이용자를 시민이 아니라 고객으로 인식하고 이들의 요구에 적극적이고 효율적인 방식으로 대응하면서 행정서비스의 선택과 평가기회를 고객에게 부여한다는 것을 의미[9]합니다. 신공공관리론은 자원배분에 있어 다른 어떤 제도보다 시장적 접근이 우월하다는 신념 아래 정부의 역할과 규모, 운영에 있어서 혁신과 경쟁의 원리에 따라 능률성과 효과성을 제고할 것을 요구합니다. 이러한 목적달성을 위한 핵심요소로서 작은 정부론에 기초한 정부규모와 기능축소, 불필요한 절차와 제약으로부터의 자율성 증대(liberation management), 경쟁과 고객중심주의에 입각한 성과관리를 강조하게 됩니다.

신관리주의는 도구적 활동인 관리를 공·사조직 모두에 적용할 수 있다는 입장에서 전통적 행정학의 기본 가정인 공공행정의 특수성과 절차, 규칙의 중요성을 거부하고 분권화, 사기진작, 3E(Economy, Efficiency and Effectiveness), 기업적 동태성 등을 중시[10]합니다. 신관리주의가 강조하는 것은 전문적 관리와 재량권의 부여[11]라고 할 수 있습니다. 관리주의적 입장에서는 국가가 고객인 국민을 위해 '무엇을 해야 하는가'보다 '어떻게 하느냐'를 중시하게 되는데 정부의 역할이 비용이 수반될 수밖에 없는 공공문제 해결이라는 점에서 더 좋은 서비스를 더 적은 비용으로 제공할 수 있는가를 고민[12]하게 됩니다.

신공공관리론이 추구하는 목표는 정부의 재창조(reinvention), 재구조화(restructuring), 업무재설계(re-engineering), 민영화(privatization), 방향설정(steering) 등 다양한 이름으로 정의되고 있지만, 결국은 공공부문의 효과성 증대와 대응성 향상, 책임성 확보, 지출규모의 축소 등을 추구하는 개념[13]이라고 할 수 있습니다. 즉, 작지만 효율적인 정부를 지향하는 것으로 볼 수 있습니다. 신공공관리적 행정시스템과 전통적 행정시스템과의 차이점을 살펴보면 다음과 같습니다.

▎전통적 행정시스템과 신공공관리 행정시스템의 원리 비교[14)]

전통적 행정시스템의 원리	신공공관리 행정시스템의 원리
• 법령, 규칙에 의한 관리	• 목표와 업적에 의한 관리
• 단일 직무에 특화된 분업시스템: 기능적 원리의 지배	• 서비스 공급의 효율화를 위한 유연한 조직 운영: 통합원칙의 중요성 증대
• 명확한 계층제 시스템: 하향식 통제	• 자율적인 업적평가 단위인 소규모 조직 간의 계약에 의한 관리: 느슨한 조직 간 N/W 관리
• 전략적 관리결여: 온정주의적 고객관리	• 고객의 수요를 반영하는 관리
• 서비스 제공의 단일성: 형평성 원리	• 경제성, 효율성, 효과성을 강조하는 기업원리
• 경쟁적 수단의 한정적 활용	• 경쟁적 수단의 광범위한 활용

신공공관리론은 공공선택이론, 주인-대리인이론, 거래비용이론 등 합리적 선택적 신제도주의 접근방법을 주요한 이론적 근거로 삼고 있습니다. 공공선택이론(public choice theory)에 따르면 정치인이나 공무원이 정치적 선(善)이나 공익을 구현하는 이성적·규범적 존재가 아니라 자기의 사적 이익을 추구하는 경제적·합리적 인간이므로 이들의 이기심을 차단할 수 있는 헌법적 제도[15)]를 만들어야 합니다. 주인-대리인이론(principal agent theory)에 의하면 대리인인 공무원이 주인인 국민보다 더 많은 정보를 알고 있는 정보의 비대칭 상황에서 대리인의 이익추구가 주인의 이익증대로 이어질 수 있는 인센티브 시스템을 구축하는 것이 중요[16)]하다고 합니다. 거래비용이론(transaction cost theory)에 따르면 모든 계약당사자들은 제약된 합리성과 불완전한 정보에도 불구하고 자신의 효용극대화를 위해 제도의 허점을 노리므로 계약의 사전·사후비용을 최소화할 수 있도록 투명하고 신뢰할 만한 경제교환의 틀을 제공하는 것이 필요[17)]하다고 합니다. 이러한 신제도주의적 접근방법이 시사하는 바는 경쟁(contestability), 소비자의 선택(user choice), 투명성, 그리고 보상(incentive)이라고 할 수 있습니다.

이런 점을 감안할 때 신공공관리적 경향의 특징은 분권화와 재구조화, 경쟁촉진, 시장적 원리의 적용, 성과와 책임 강조, 고객지향성, 민영화와 계약제 등으로 요약[18)]할 수 있습니다. 분권화와 재구조화는 경쟁촉진과 연계되어 있는데 민간회사에서 1개의 대규모 영업부를 운영하기보다 영업 1부, 영업 2부, 영업 3부로 쪼갠 후 각 부서끼리 경쟁을 시키듯이 대규모 관료제 조직을 보다 작은 단위의 복수 조직으로 분리하는 것을 의미합니다. 시장적 원리는 경쟁촉진 및 성과와 책임 강조와 관련이 있는데 더 나은 성과를 올린 조직/개인에게 더 좋은 보상을 제공함으로써 시장기구의 경쟁효과가 발생하기를 의도한다는 것입니다. 여기서의 책임은 정치적 책임(responsibility)이 아니라 업무 범위 내에서의 책무(accountability)에 한정되는 것으로 이해됩니다. 고객지향성은 공공부문이 경쟁을 통해 성과를 도출함으로써 고객만족을 달성해야 한다는 것을 의미합니다.

민영화와 계약제 역시 경쟁, 시장원리, 성과와 연계된 것으로 공공서비스 전달체계(public service delivery system)의 대안적 모형[19]에 근거하고 있습니다. 과거의 공공서비스 전달체계에 있어서는 정책결정에서 집행까지 전 과정을 정부가 담당해야 한다고 생각했지만 대안적 모형에 따르면 정책을 결정하고 재원을 동원하는 과정까지는 정부가 담당하되 실제 고객에게 공공서비스를 전달하는 과정은 공공뿐 아니라 민간, 민관합동, NGO 등 다양한 주체가 담당할 수 있다는 것입니다. 이때 정책결정 부분을 공공서비스 공급(public service provision), 정책집행 부분을 공공서비스 생산(public service production)이라고 부르며, 공급자(provider)와 생산자(producer)가 동일한 주체가 될 필요가 없다는 것이 핵심입니다. 공공서비스의 생산과 공급을 분리할 경우 공급자를 선택하는 과정에서 민영화나 계약을 통한 경쟁입찰을 도입할 수 있으므로 시장지향적 경쟁이 가능해질 것입니다.

❙ 공공서비스 전달체계의 대안적 모형[20]

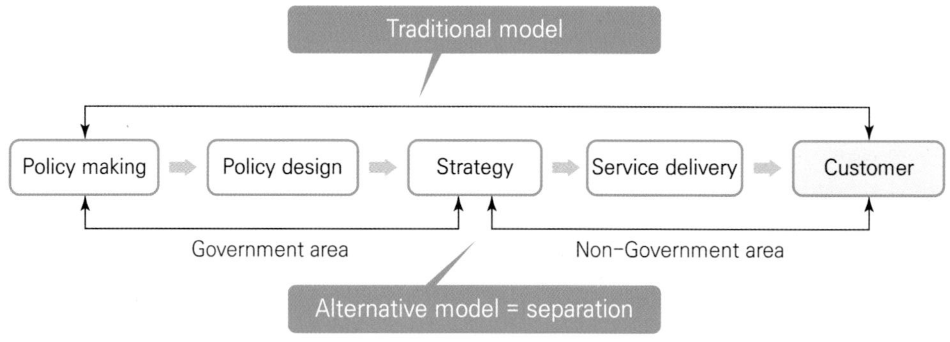

이제 신공공관리론의 가장 중요한 요소라고 할 수 있는 시장지향성을 가격, 경쟁, 고객이라는 세 가지 차원에서 살펴볼까 합니다.

① 가격(price)

신공공관리론에서 가격의 의미는 공공서비스를 공급함에 있어 가성비를 생각하라는 것입니다. 민간시장에서는 가격이 수요와 공급을 결정하는 보이지 않는 손(invisible hands)으로 작용함으로써 (경제적인 관점에서) 최적의 효율성이 달성되는 데 반해 정부 또는 국회가 (주로 예산배분의 형태로) 공공서비스의 공급을 결정할 때는 정치적인 이해관계가 작용하게 됩니다. 정치라는 것은 정치학자 이스톤(D. Easton, 1953)이 일찍이 정의한 것처럼 '가치의 권위적 배분(authoritative allocation of value for a society)'[21]이므로 서로 다른 이해관계를 조정하는 과정에서 정치적인 영향력이 큰 파워 엘리트 집단의 입김이 더 크게 작용할 수밖에 없기 때문입니다. 가끔 지방국도를 지나다 보면 통행하는 차량은 거의 없는데 왕복 4차로 도로만 멋있게 뚫려 있는 경우를 볼 수 있습니다. 실제 이용 수요와 무관하게 파워 있는 지역구 실세 국회의원이 예산결산소위에서 갑자기 증액한 사업비로 건설한 도로일 가능성이 있습니다.

▶ 가성비(value for money)
가성비(value for money)의 개념은 최저 내지 최적의 비용을 지출하되 최고의 효과를 거두도록 한다는 것입니다. 일례로 공적개발원조(ODA) 분야에서 말하는 가성비는 공여국이 원조를 제공함에 있어 단순히 비용 대비 산출이 얼마나 효율적인지뿐만 아니라 수원국의 수요에 얼마나 효과적이고 적절하게 대응했는지, 지속가능한지, 형평성은 있는지 등(사회적 효과)을 종합적으로 고려해야 한다는 것을 의미합니다.

따라서 신공공관리론에서 가격을 고려하라고 하는 것은 공공서비스를 공급할 때 정치적인 영향력이 아니라 실제 수요를 반영하라는 것과 공공서비스를 생산할 때 비용효율성을 확보하라는 것을 의미합니다. 이때 需要(demand)는 所要(needs)와 구별할 필요가 있습니다. 소요가 의식주와 같이 기본적인 수준에서 희망하는 요구/욕구라면 수요는 지급능력(affordability)이 뒷받침된 요구/욕구이기 때문입니다. 따라서 수요를 반영하라는 것은 납세자 또는 정책수요자가 비용부담 용의나 능력이 있을 때 공공서비스를 공급하라는 차원인 점에서 수익자 부담원칙(beneficiary pays principle) 또는 이용자 부담원칙(user pays principle)을 적용하라는 취지로 이해할 수 있습니다. 사회적 피해를 유발하는 경우라면 유발자 부담원칙(polluter pays principle)을 적용하라는 의미로 보아야 되겠죠. 비용효율성은 적은 비용으로 동일한 산출을 달성하거나 동일한 비용으로 많은 산출을 달성하라는 일반적인 효율성 개념 외에 비용회수(cost recovery) 개념도 반영하라는 의미로 볼 수 있습니다. 들어간 비용을 모두 회수해야 한다는 개념까지는 아니어도 지속가능성 확보 차원에서 유지관리 비용을 충당할 수 있는 방안을 강구하라는 뜻으로 이해하면 될 것 같습니다.

예를 들어 일 년 동안에 인천국제공항을 이용하는 사람이 몇 명이나 될까요? 자주 이용하는 사람도 있겠지만 대부분의 사람들은 1-2번도 이용하지 못하는 경우가 많을 것입니다. 경제적 여건이 좋지 않은 경우라면 평생에 몇 번 이용하지 않을 수도 있고요. 이런 점을 감안한다면 불특정 다수라는 일반 국민이 아니라 특정 소수라는 공항이용자가 이용하는 인천국제공항 연결도로를 건설하는 데 일반 국민이 낸 세금을 이용하는 것은 바람직하지 않습니다. 인천국제공항 연결도로를 이용자 부담원칙에 따라 비용회수가 가능한 효율적인 방법으로 건설하려면 어떻게 해야 할까요? 민자유치를 활용하여 인프라를 건설하는 방식이 이용수요가 있는 곳에 비용회수가 가능한 방안으로 공공서비스를 공급하는 효율적인 방안의 하나가 될 수 있습니다. 이러한 차원에서 인천국제공항 고속도로는 민자사업을 통해 건설하였기 때문에 이 구간을 이용하려면 꽤 비싼 통행료를 지불해야 합니다. 민간사업자는 수익성을 추구하는 주체이므로 장래 이용수요가 크지 않다면 투자할 이유가 없을 것입니다. 반대로 비용지불 의사가 있는 수요자가 많이 있다면 자기 자본으로 초기투자한 후 이용료 징수를 통해 투자비용을 회수할 수 있게 되겠지요. 정부는 일반 국민이 낸 세금을 지출하지 않아도 되는 것이고요.

▶ 민자유치의 명암

민자유치를 통할 경우 당장 정부지출이 소요되지 않는다는 장점이 있긴 하지만 민간투자자에게 자본투자의 안정성을 제공하기 위해 이용자 수가 일정 수준에 이르지 못할 경우 그 수익 부족분을 정부가 보전해 주기로 하는 것이 일반적입니다. 이를 최저수익보장(minimum revenue gurantee)이라고 하는데 당초 추정수요와 실제 이용수요의 차가 클 경우 정부가 지불해야 하는 MRG가 눈덩이처럼 커지는 문제가 발생합니다. 인천공항철도가 바로 당초 민자로 건설했다가 이용자가 너무 적어 MRG가 커지자 철도공사에서 인수한 경우입니다. 그러나 이는 MRG 자체의 문제라기보다 미래 수요를 정확하게 추정하지 못한 것에 기인하는 문제라고 보아야 할 것입니다.

좀 더 알기 쉬운 예로 구립이나 시립 체육시설에 가면 샤워장 탈의실에 있는 헤어드라이어에 동전 투입구가 설치된 것을 들 수 있겠습니다. 이용금액이야 얼마 안 하겠지만 꼭 필요한 사람이 비용을 부담하게 함으로써 전기요금이라도 일부 회수하겠다는 의미로 볼 수 있는데 (남자들의 경우) 굳이 동전을 투입해 가면서 드라이어를 쓰느니 머리를 수건으로만 말리는 것을 택한다고 하면 불필요한 에너지 사용을 줄이는 수단으로도 사용될 수 있을 것입니다. 반대로 동전투입이 필요 없는 드라이어인 경우 사람들이 필요 이상으로 더 사용하는 경우가 많고, 벽에 설치된 선풍기는 사람이 없더라도 아무도 끄지 않아 자기 혼자 계속 돌아가고 있는 것을 보면 가격을 고려한다는 것이 무슨 의미인지 충분히 이해가 될 것이라 봅니다.

하지만 이런 원칙을 고집할 경우 소득의 역진적 재분배가 발생할 우려가 있습니다. 낙도나 오지에 있는 주민에게 전기와 상수도를 공급하려면 많은 비용이 소요되는데 이를 수익자 부담원칙이나 비용회수 차원에서 접근한다면 형편이 어려운 소외계층에게 더 많은 부담을 주어야 하기 때문입니다. 이러한 문제를 극복하기 위한 대안이 공공서비스 의무(public service obligation)를 부여하는 것입니다. 신공공관리적 패러다임은 경쟁 구현을 위한 방안의 하나로 공기업 민영화를 통한 공공서비스의 효율성 제고와 선택권(efficiency and choice) 부여를 추진하고자 했습니다. 특히 무상으로 제공되는 수혜적 서비스가 아니라 요금을 통해 유료로 제공되는 서비스인 경우 개방과 경쟁이라는 시장기제를 통해 공급하고자 한 것입니다. 그러나 공공재적 성격을 갖는 서비스 제공을 시장에 맡겨둠에 따라 카르텔 형성이나 우월적 지위의 남용과 같은 독점권 행사, 공공재의 특성과 외부성에 따른 자원배분의 비효율성, 필수적인 공익서비스에 접근하기 어려운 저소득 계층에 대한 차별 문제 등이 발생[22]하게 됩니다. 사회적으로 바람직한 서비스가 과소생산되는 시장실패가 야기되는 것이죠. 이럴 경우 경쟁압력에 처한 공급자들은 높은 수익을 거둘 수 있는 소비자층을 위해서만 경쟁하는 선별적 행태(cherry-picking)를 보이게 되고, 수익보다 높은 거래비용을 유발하는 소비자들에게 필요한 공공서비스의 공급을 줄이기 쉽습니다.[23] 결과적으로 공급자들에 의해 수익성이 낮다고 평가된 소비자들은 가격하락과 같은 시장화의 긍정적 혜택을 받지 못할 뿐 아니라 필수적인 서비스인 경우에도 부담가능한 가격수준에서 접근할 수 없게 됩니다. 적절한 정부개입이 없다면 교통이나 전력처럼 필수적인 서비스임에도 경제적인 채산성이 없음을 이유로 시장기제에 의한 공급이 어려워지는 것입니다.[24]

따라서 필수적인 공공서비스인 경우 시장화가 되었더라도 소비자가 부담가능한 가격(affordable price)에 일정 수준의 기본적인 최소서비스에 접근할 수 있도록 정부가 적절히 개입해야 한다는 필요성이 제기되었고 이것이 PSO의 출현배경이 되는 것입니다. PSO는 정부가 담당하던 대규모 네트워크 산업이 시장화 내지 민영화되면서 새로운 공급주체가 비용보전을 추구함에 따라 일부 소외계층에 해당하는 국민들이 보편적으로 필요한 서비스를 받지 못하게 되는 문제를 해소하고자 정부가 공익적 차원에서 공급자에게 서비스의 질, 가격, 범위 등에 대해 부과하는 의무를 말하며, 이에 대한 보상까지 포함할 경우 공익서비스 의무제공에 따른 비용보상의 개념[25]으로도 이해할 수 있습니다. 노인 지하철 무임승차, 벽지나 오지 노선 버스에 대한 정부지원, 낙도 보조항로 결손보전, 철도운임 보조, 사회복지시설 가스요금 경감 등이 PSO의 사례에 해당합니다. 그럼에도 불구하고 국가가 보장해야 할 서비스를 시장기제를 통해 공급하는 것은 기존의 세금(tax)에 의한 서비스를 요금(fare)에 의한 서비스로 바꾼 것에 불과하다는 의견이 있기도 합니다.

② 경쟁(competition)

신공공관리론은 시장기제에 의한 경쟁이 더 높은 효율성을 달성할 수 있다는 믿음을 기반으로 공공부문에도 경쟁을 도입해야 한다고 주장합니다. 우리가 시장에서 보듯이 경쟁과정을 거칠 경우 고비용 저효율 조직이나 개인은 저절로 쇠퇴하고 저비용 고효율 조직이나 개인은 더 높은 성과를 창출하는 메커니즘이 자동적으로 작동할 수 있기 때문입니다. 이러한 경쟁이 이루어질 수 있는 영역은 공공 내부관계와 공공 및 외부와의 관계로 나누어볼 수 있습니다.

공공 내부의 경쟁은 공공부문의 조직 단위 또는 개인 단위에서 서로 경쟁하도록 함으로써 시장기제가 부분적으로 작동할 수 있는 내부시장(internal market)을 형성하는 것을 의미합니다. 부처 단위에서 중앙부처를 대상으로 한 정부업무평가, 공공기관 단위에서 기재부의 공공기관 경영평가나 행안부의 지방공기업 경영평가 등이 조직 단위 경쟁을 유도하는 기제라면 고위공무원단을 대상으로 한 성과평가 등은 개인 단위 경쟁을 유도하는 장치라고 할 수 있습니다. 이러한 경쟁이 의미가 있으려면 고성과 조직이나 개인에 대한 차별적인 인센티브 제공과 저성과 조직과 저성과자를 퇴출시킬 수 있는 장치가 마련되어 있다는 전제가 필요할 것입니다.

공공 및 외부와의 관계는 공공서비스와 관련된 업무를 외부 민간에게 외주화함으로써 업무를 수행하는 기관 간에 경쟁이 작동하도록 하는 것입니다. 외부 기관 간 경쟁이 발생할 경우 공공기관은 가장 경쟁력이 좋은 기관을 선택하기만 하면 최적의 효율성이 달성될 수 있기 때문입니다. 그런데 여기서 의문이 들 수 있습니다. 정부가 수행하는 공공서비스는 공공재의 생산이나 관리를 대상으로 하는 것이므로 시장실패가 발생하는 영역인데 그런 서비스를 민간 경쟁에 맡긴다는 것은 시장실패를 반복할 우려가 있지 않겠느냐 하는 것입니다. 이 문제는 앞서 설명한 공공서비스의 공급과 생산 분리모형을 적용하면 쉽게 이해됩니다. 공급과정은 공공이 계속 담당하되 생산과정만 외주화한다는 것이니까요.

▶ 외주화
일반적으로 아웃소싱(outsourcing)이나 콘트랙팅 아웃(contracting-out)을 외주화라고 하는데 전자가 공공서비스의 일부를 외주화하는 것이라면 후자는 특정한 공공서비스 전체를 외주화한다는 점에서 범위에 차이가 있습니다. 예를 들어 철도시설공단이 철도운영 사업을 철도공사에 위탁하고 철로사용료를 받는 것이 콘트랙팅 아웃이라면, 철도공사가 철도신호기 유지보수 사업을 민간업체에 위탁했다면 아웃소싱이라고 볼 수 있을 것입니다. 다만 엄밀한 구분이 있다기보다는 특정 업무 전체인가 특정 업무의 일부인가를 기준으로 하는 상대적 개념으로 이해하면 좋을 것 같습니다.

주로 복지 분야에서 많이 사용되는 바우처 사업을 예로 들어봅시다. 기존의 현금/현물보조 방식은 정부가 사회복지 서비스 공급량을 정해서

▶ 바우처(voucher) 사업[26]
바우처는 상품 또는 서비스와 교환가능한 전표 내지 이용권을 말합니다. 특정 재화나 서비스를 제공받을

서비스제공기관에게 보조금을 지급하면 이를 근거로 제공기관이 수요자에게 서비스를 제공하는 방식입니다. 반면, 바우처 사업은 아래 그림에서 보듯이 서비스제공기관을 특정하지 않고 수요자가 선택하도록 한 후 정부에게 지급받은 바우처를 서비스 이용대가로 서비스제공기관에게 지급하면 서비스제공기관은 이를 근거로 정부에게 보조금 지급을 요청하는 구조를 갖게 됩니다.

수 있도록 그 서비스의 수량이나 상응하는 금액이 기재된 증표라고 할 수 있지요. 이는 선택권이 제약되는 현물보조와 다른 용도로의 사용을 막을 수 없는 현금보조의 단점을 극복하기 위한 것으로 우리나라에서는 2007년 장애인 활동지원, 노인돌봄, 지역사회서비스 투자 등 3개 사회보장 분야에 도입된 것을 시작으로 8개 부처에서 총 30개 이상의 바우처 사업을 운영하고 있습니다. 특히 전자바우처 도입으로 업무시스템이 일원화되었고 사업별 바우처도 '국민행복카드'로 통합관리되고 있습니다.

▍전자바우처 운영체계도[27]

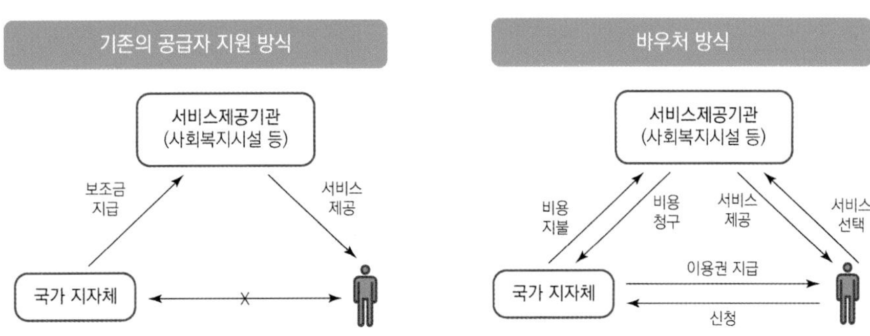

이때 어떤 일이 벌어지게 될까요? 수요자의 선택을 받아야 하는 서비스제공기관은 더 나은 서비를 더 낮은 비용에 제공하기 위해 경쟁을 할 수밖에 없습니다. 선택을 더 많이 받은 기관은 더 많은 수익을 거둘 수 있지만 선택을 받지 못한 기관은 자연스레 도태되기 때문입니다. 공공서비스의 공공적 기능을 유지하면서 경쟁 메커니즘을 적용할 수 있게 될 뿐 아니라 성과가 좋은 기관을 평가하거나 선발할 필요조차 없어집니다. 바우처를 많이 받은 기관이 우수한 기관이기 때문입니다. 지하철 역 주변에 방문요양이나 방문목욕 서비스를 제공한다는 사회복지기관의 광고판이 등장하게 된 것도 이러한 경쟁의 결과입니다.

이런 경쟁도입은 시혜적인 사회복지 서비스뿐 아니라 자연독점(natural monopoly) 때문에 정부가 담당하는 것이 당연하다고 인정되어 온 네트워크 산업에서도 적용될 수 있습니다. 자연독점은 초기 투자비가 워낙 커서 잠재적인 경쟁자의 추가적인 시장진입이 사실상 불가능하므로 시장기제가 작동하기 어려운 철도나 통신사업 분야에서 주로 나타나는데 이런 분야에서도 경쟁도입이 가능하다고 하는 것이 신공공관리론의 입장입니다. 철도산업의 상하분리(vertical separation)[28]를 예로 들어 봅시다. 철도의 상하분리란 고객에게 여객과 화물운송 서비스를 제공하는 열차운영(상부, above rail)과 시설의 공급 및 관리(하부, below rail)를 조직적으로 분리[29]하는 것을 말합니다. 과거 철도나 전기, 전화와 같은 네트워크 산업은 규모의 경제와 범위의 경제가 존재하기 때문에 시설과 운영을 단일 기관에서 수행하는 것이 일반적이었지만 경쟁을 통한 효율성 향상이 규모의 경제를 잃음에 따른 비용보다 더 클 수 있다는 논의가 대두하면서 많은 나라들이 1980년대 이후 네트워크 산업에서 상하분리를 도입[30]하게 되었습니다. 시설과 운영의 분리는 도로와 항공부문에서는 이미 보편적인 전통이 되었다는 점도 긍정적인 가능성으로 작용했습니다. 도로와 공항은 국가가 건설·관리하지만 자동차와 항공기 운행은 개인 또는 민간이 담당하는 것이 이미 일반적이기 때문입니다.

철도 상하분리에 대한 이론적 근거는 윌리암슨(Williamson, 1985)의 거래비용 관점[31]에서 찾아볼 수 있습니다. 윌리암슨은 계약적 시장거버넌스(contractual market governance)와 관료적 내부거버넌스(bureaucratic internal governance)의 생산비용(production cost)과 거번너스비용(governance cost)에 주목합니다. 생산비용은 서비스나 재화의 생산에 필요한 투자비용이라면 거버넌스비용은 업무협력과 관련한 인건비나 조직운영비, 법률자문 비용, 보험료, 이해관계자와의 거래에 필요한 탐색비용, 이행강제비용 등을 의미합니다. 이때 생산비용은 주어진 규모와 범위하에서 내부거버넌스보다 (경쟁을 통해 효율성이 커지는) 시장거버넌스가 더 작지만, 자산특정성이 증가할수록 기회주의적 속성(opportunism)의 문제가 발생함에 따라 (다른 대체 공급자를 구하기 어려운 관계로) 계약관계의 비용이 커지므로 양자 간의 차이(△C=내부거버넌스 생산비용−시장거버넌스 생산비용)가 감소하게 됩니다. 거버넌스비용도 자산특정성이 커짐에 따라 계약관계의 비용이 커지므로 양자 간의 차이(△G=내부거버넌스 거버넌스비용−시장거버넌스 거버넌스비용)가 감소합니다. 이러한 두 가지 비용을 수직적으로 합산하여 자산특정성과 만나는 점(즉, 생산 및 거버넌스 비용의 비용차이를 합산한 것이 0이 되는 점)을 확인할 경우 좌측은 시장거버넌스가, 우측은 내부거버넌스가 더 효율적인 형태가 됩니다. 우측으로 갈수록 자산특정성과 기회주의적 속성이 커지므로 (시장에서 구입하지 말고) 차라리 내부적으로 자체 생산하는 것이 더 낫다는 것입니다. 다음 그림은 철도의 밀도(density)를 자산특정성의 대리변수

▶ 자산특정성(asset specificity)

자산특정성이란 특정한 거래를 수행하기 위해 특정한 자산에 대한 투자가 필요한 경우를 말하는데 자산특정성이 존재하는 경우 거래자 사이에 기회주의적 속성(opportunism)이 발생할 수 있습니다. 2019년 7월 일본의 반도체 소재 수출규제를 예로 들어봅시다. 반도체 및 디스플레이 산업의 핵심 소재인 불화수소를 일본에서 수입하고 있었는데 일본제품을 대체할 수 있는 고순도의 불화수소를 찾기 어려운 실정이라 삼성전자가 반도체를 생산하기 어려운 입장에 처하게 되었습니다. 이를 삼성전자가 필요로 하는 불화수소의 자산특정성이 커서 일본의 기회주의적 속성이 먹혀들고 있다고 해석할 수 있는 것입니다.

(proxy variable)로 활용하여 상하분리의 적정성을 분석한 것으로 총비용 차이가 가로축과 만나는 지점(k**) 왼쪽에서는 시장유형인 수직적 분화가 유리하고 오른쪽에서는 내부조직유형인 수직적 통합이 유리하다고 합니다. 철도의 밀도가 높다는 것은 도로의 경우 혼잡도가 높다는 것과 같은 의미로 이해하면 됩니다.

▍생산 및 거버넌스 비용과 자산특정성[32)]

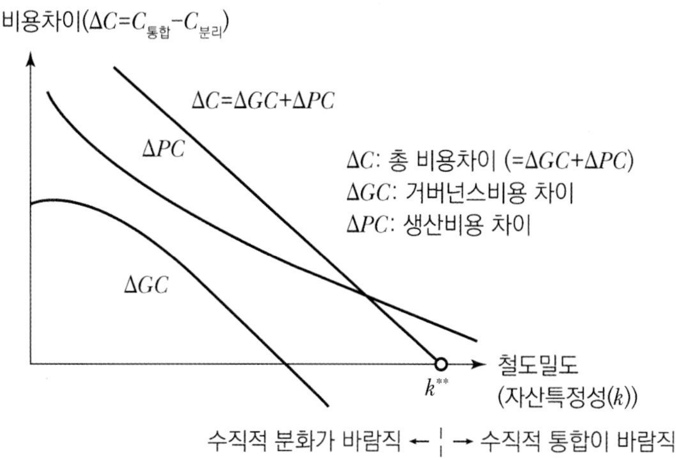

생산비용은 철도 인프라의 유지보수 활동에 필요한 비용으로 철로의 연장과 밀도에 따라 달라지는데, 연장은 고정되어 있는 반면 밀도는 그 정도에 따라 철로 및 전선 검사, 신호시스템 관리와 같은 활동이 변화합니다. 밀도가 낮고 스케줄이 단순할 때는 시장에서 구매하는 것(즉, 복수의 경쟁자가 있는 것)이 더 효율적인 반면, 밀도가 높고 스케줄이 복잡할 경우 일상점검의 빈도와 수요가 늘어나기 때문에 별도의 내부조직에서 수행(즉, 단일 주체가 운영)하도록 하는 것이 더 효율적입니다. 한편, 거버넌스비용은 밀도가 낮을 때는 단순한 유지보수 계약으로 충분하므로 시장에서 구매하는 것이 효율적인 반면, 밀도가 높을 때는 시장유형의 경우 외부 공급자들의 기회주의적 행태(opportunistic behavior)를 막기 위한 비용이 급격히 증가하므로 최고의사결정권자의 지시에 따라 협력이 손쉽게 이루어질 수 있는 내부조직을 활용하는 것이 더 효율적입니다. 이를 감안한다면 예컨대 밀도가 k** 수준 이하라면 철도산업에서도 상하분리, 즉 복수주체 간 경쟁을 택하는 것이 바람직하는 결론이 됩니다. 자산특정성이나 밀도가 일정 수준 이하일 때는 철도와 같은 공공재인 경우에도 경쟁도입이 가능하다는 것이지요. 우리나라에서도 이러한 논리에 따라 2004년 구 철도청을 철도시설공단(하부관리)과 철도공사(상부운영)로 분리하였고 철도구조개혁 완성 차원에서 2015년 수서발 KTX가 출범할 때 철도공사와 경쟁할 수 있는 새로운 운영주체 설립을 모색한 바 있으나, 철도노조 등의 반대에 부딪친 결과 결국 철도공사가 통합 운영하는 것으로 결론이 난 바 있습니다.

외주에 의한 경쟁촉진이 효율성을 가져올 수는 있다고 해도 공공서비스 본연의 가치를 달성하는 효과성은 담보하지 못할 수도 있습니다. 특히 경쟁입찰에서 최저가 입찰방식을 고수할 경우 우선 낮은 가격으로 입찰하여 일정 기간 독점적으로 운영할 수 있는 외주사업을 수주한 후 비용을 보전하기 위해 서비스의 질을 낮추는 방식을 택할 유인이 있기 때문입니다. 박물관이나 미술관 등 공공시설에서 운영하는 식당에 가보면 전반적인 질이 높지 않거나 아예 입점이 되지 않은 채 방치된 경우를 종종 보게 되는데, 낮은 가격에 입점한 후 수지타산을 맞추기 위해 식자재 등에 필요한 비용을 줄였거나 입찰금액에 단가를 맞출 수 없어 아예 응찰을 하지 않은 경우이기 쉽습니다. 이런 이유로 신공공관리론이 주장하는 경제적인 효율성보다 공공서비스의 질적인 측면을 더 중시해야 한다는 비판이 제기되곤 합니다.

③ 고객(customer)

▶ 고객(customer)
기존 행정학에서 정책대상자인 국민은 수동적인 수요자나 정책의 소비자라는 의미에서 client나 consumer의 개념에 가깝고, 정치학에서 말하는 국민은 주권자란 의미에서 citizen에 가깝다고 한다면 신공공관리론의 정책대상자는 중립적인 차원의 고객이란 의미에서 customer로 불립니다. 정책의 대상자이긴 하지만 고객만족을 얻지 못하면 퇴출당하는 기업처럼 정부도 정책대상자의 만족을 추구해야 한다는 뜻이 숨어 있습니다.

신공공관리론에서는 종전의 수혜자적 위치에 있던 정책대상자를 민간시장에서처럼 고객으로 대해야 한다고 주장합니다. 정부도 과거처럼 독점적 지위에서 벗어나 공공서비스의 공급자 중 하나가 되어야 한다는 입장입니다. 그런데 수동적인 소비자가 아니라 고객이 된다는 것은 무슨 의미가 있는 것일까요?

여기서 허쉬만(A. Hirschman)[33]의 이탈, 항의, 그리고 충성 개념에 주목할 필요가 있습니다. 그는 쇠퇴하는 제품 또는 조직의 소비자나 구성원들이 나타내는 반응을 다룬 기념비적인 그의 저작에서 기존의 '이탈' 외에 '항의'가 있다고 보고 이 둘을 매개하거나 촉진하는 개념으로 '충성'을 제시하였습니다. 일반적으로 시장에서는 이탈을 통해 제품이나 조직에 대한 거부감을 표현할 수 있지만 국가나 정부는 이런 경제적 이탈이 불가능하므로 정치적인 항의만 가능합니다. 다만 충성심이 확보될 경우 시장에서도 이탈 대신 항의를 취할 수 있고 항의가 긍정적인 개선방향으로 이어질 수도 있습니다. 국가의 경우 이탈이 불가능하거나 비용이 매우 크기 때문에 굳이 충성을 요구하지 않는 결과가 나타날 수도 있습니다. 다만 이 모델에는 시장이 과점(monopooy) 상황이라면 이탈이나 항의를 하더라도 아무런 변화가 없는 영역이 빠져 있는데 후에 이 영역을 의미하는 무시 또는 태만(neglect) 개념이 추가[35]되어 EVLN모델로 진화하였습니다. 네 가지 개념을 건설적－파괴적 차원(destructive－constructive dimension)과 적극적－소극적 차원(active－passive dimension)으로 구분[36]하는 접근법이 등장하기도 하였습니다. 아래 그림에 보면 이러한 차원과 개념이 정리되어 있는데 소비자나 조직원이 더 나은 대안에 대한 기대가 크고 제품이나 조직에 대한 헌신도가 높다면 항의전략을 통해 제품과 조직에 건설적이고 직접적인 영향을 미치게 됩니다. 더 나은 대안에 대한 기대가 적더라도 헌신도가 높다면 충성전략을 통해 더 나은 개선을 기다림으로써 건설적이만 수동적인 영향을 미치게 됩니다. 다른 대체재를 갖고 있고 제품이나 조직에 대한 헌신도가 낮다면 이탈전략을 통해 비건설적이고 직접적인 영향을 미치게 되고, 더 나은 대안이나 대체재도 없고 헌신도도 낮다면 방관자에 머무르면서 제품이나 조직에 대한 불만과 추가적인 부담을 야기시킴으로써 비건설적이고 수동적인 영향을 미치게 된다는 것입니다.

▶ 허쉬만(A. Hirschman)[34]의 이탈, 항의, 그리고 충성(Exit, Voice, and Loyalty)

I EVLN모델[37]

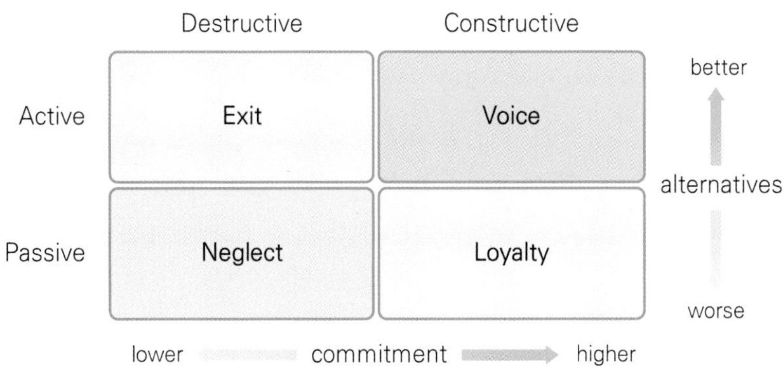

위 모델을 넓게 해석한다면 정부가 제공하는 공공서비스의 전달 과정에서 이탈, 항의, 충성, 무시라는 선호를 표출할 수 있도록 하는 것이 고객만족의 한 수단이라고 볼 수 있습니다. 반드시 이탈, 항의, 충성, 무시에 해당하지 않더라도 공공서비스 제공에 일종의 선택권(choice)을 부여하라는 차원에서 말입니다. 여기서 선택권을 부여한다는 것은 국가나 정부가 독점적 지위를 벗어나 시장과 마찬가지로 다양한 주체와의 경쟁을 통해 공공서비스를 제공한다는 것을 내포하고 있습니다. 전통적으로 국가나 정부로부터의 이탈은 불가능하거나 커다란 비용을 수반한다고 간주되어 왔지만 최근 들어 은퇴 후 제2의 여생을 동남아에서 보낸다거나 각종 이민 증가 추세에서 보듯이 이제는 과거처럼 어려운 일이 아닙니다. 실리콘 밸리의 IT 전문매체 테크 크런치(Tech Crunch)는 글로벌 인재들이 마트에서 시리얼을 고르듯 기업은 물론 정부와 국적을 선택하는 시대가 도래했다고 진단[38]합니다. 과거에는 동사무소에 가야만 처리가 가능했던 민원을 이제는 아무 주민센터나 가도 처리할 수 있게 된 것도 일종의 지방정부 서비스로부터의 이탈이라고 할 수 있을 것입니다. 문재인 정부 들어 시작된 청와대 국민청원 게시판은 항의를 제도화한 사례로 볼 수 있고, 소위 태극기 부대의 광화문 집회를 허용해 주는 것은 자기가 지지하는 정치 세력에게 충성을 표시할 수 있는 수단을 보장해 준 것으로 볼 수 있습니다. 앞서 소개한 바우처 방식을 통해 공공서비스 제공 기관에 대한 이탈이나 항의가 가능하다면 그것 역시 사회복지 서비스에 선택권을 부여한 결과라고 할 수 있습니다. 다만 무시와 태만은 냉소주의에 기반하고 있으므로 이를 굳이 조장할 필요는 없겠지만 사회적 불만세력으로 자리 잡을 수 있으니 항의나 충성으로 이동할 수 있는 계기의 마련이 필요해 보입니다. 연말에 일반 국민 또는 관계 전문가를 대상으로 하는 부처별 정책만족도 조사, 기관별로 고객만족헌장 게시, 사무실 외부 민원 담당자 실명공개 등도 고객만족을 위한 수단에 해당하는데 지금은 당연시되는 이러한 고객만족 노력이 한국 행정에 도입된 것도 노무현 정부 시절 신공공관리론에 따른 정부혁신 패러다임을 추진하면서부터였으니 그리 오래되지 않았다는 것을 염두에 두기 바랍니다.

그러나 고객만족의 종류를 본원적 만족과 전달적 만족으로 나누어볼 때 신공공관리적 접근방법

▶ 이민 증가

'e-나라지표'에 따르면 2018년 한국인 해외이주자는 6,257명에 달해 2017년 1,443명에 비해 무려 4배 이상 증가했다고 합니다. 사실 해외이주자는 2011년 2만 2,628명→2012년 1만 5,323명→2013년 8,718명→2015년 7,131명→2017년 1,443명으로 계속 감소하고 있다가 지난해 5,000명가량 급증하였습니다. 해외이주가 늘어난 이유는 감당하기 어려운 사교육비 부담, 미세먼지, 헬지옥으로 불리는 경쟁 등 여러 가지 요인이 있는 것으로 풀이됩니다.

▶ 고객만족헌장

국세청은 '99년 최초 제정되어 '01년, '02년, '04년 소폭 개정된 이후 지난 15년간 개정되지 않았던 '국세행정서비스헌장'을 2019.8.12. 개정[39]하였습니다. 국세행정서비스헌장은 행정서비스의 기준과 내용 등을 국민에게 공표 · 약속하는 것으로 선언문 형태의 '전문'과 구체적 실천기준인 '이행표준'으로 구성됩니다. 전문 개정을 통해 국세청이 국민에게 봉사하는 기관으로 납세자의 권리 보호, 납세자의 의견 수렴, 성실납세 지원 강화, 친절하고 정확한 서비스 제공, 지속적인 서비스 개선 의지를 표명하였습니다. 서비스 기준을 제시하는 이행표준은 국민들이 쉽게 이해할 수 있도록 납세자를 맞이하는 자세를 방문 · 전화상황으로 구분하여 설명하였습니

이 전달과정에서의 고객만족도를 높이는 데는 기여할 수 있지만 본원적 만족, 즉 정책내용 자체에 대한 고객만족을 높이는 데는 차별성이 크지 않다는 지적이 제기될 수 있습니다. 물론 경쟁과 같은 시장적 기법을 통해 더 나은 정책이 더 좋은 방법으로 구현될 수도 있겠지만 여기서 더 나은 정책과 더 좋은 방법이라는 것이 효율성이라는 가치에 매몰될 경우 오히려 주관적 만족을 저해하기 쉽기 때문입니다. 아울러 만족을 측정하는 방법상의 한계가 크다는 것은 공공이나 민간 부문 모두에게 해당하는 공통적 문제입니다.

다. 수정된 내용으로 조사 시작 전 조사사유·기간, 권리구제 절차 등의 사전설명 내용 추가, 세무조사 사전통지기한 연장(7일 → 15일), 세무조사 결과통지기한 변경(기한 미표시 → 20일), 명백한 잘못으로 인한 불편에 대하여 보상금액 상향(방문 5천 원 · 전화 2천 원 → 1만 원) 등이 있습니다.

03

더 생각해 볼 문제

▶ 신자유주의(Neo Liberalism)

신자유주의는 과거 자유주의(Liberalism)에서 발전한 경제적 개념으로 정치적으로는 신보수주의(Neo Conservativism)와 궤를 같이 합니다. 경제적 자유주의나 정치적 보수주의는 정부개입이 적었던 자유방임(laissez faire) 시절을 지향합니다. 따라서 경제적으로 민간부문의 경제활동에 정부가 개입하지 않는 것과 정치적으로 개인의 자유와 전통을 존중하는 것을 중요한 덕목으로 삼고 있습니다. 신자유주의와 신보수주의는 과거처럼 단순한 자유방임을 넘어 민간의 경제활동과 개인의 자유를 침해하는 요소가 있다면 이를 제거해야 한다는 적극적인 개념으로 발전한 것이라고 이해하면 좋을 것 같습니다. 따라서 신자유주의 입장에서는 무역이나 경제활동, 자본투자, 금융산업 등에 제한을 가하는 제도나 규제를 제거해야 한다는 보고 신보수의의 입장에서는 개인의 자유와 전통적 가치를 훼손하는 존재는 제거해야 한다는 믿음을 갖게 됩니다. 이러한 가치들이 이념적으로는 타당할 수 있지만 국제자본시장에서 투기세력이 자금을 운용하는 데 장애를 없애는 수단으로 활용되거나 정치적 이해관계가 다른 상대방을 '악의 축'으로 몰아내는 논리로 사용될 수 있기 때문에 문제가 발생합니다. 1997년 우리나라를 덮친 외환위기나 2008년 미국발 금융위기 등이 신자유주의적 자본투기가 조장된 결과라는 비난이 여기서 나오는 것입니다. 선진국에서 흘러들어온 국제적 투기세력은 다른 국가의 경제성장이나 기업가치에는 관심이 없고 오로지 단기적으로 주가를 올려 자본을

- 신공공관리론은 1980년대 이후 정부혁신의 패러다임으로 크게 각광받았고 우리나라에서도 김대중 정부 시절 공공부문 민영화, 노무현 정부 시절 성과관리와 고객만족 등을 거치면서 공공분야에 신공공관리적 수단이 적극적으로 도입된 바 있습니다. 이를 통해 우리나라 전자정부 경쟁력이 세계적인 수준에 이르고 정책수요자인 국민을 서비스 대상으로 인정하는 데 큰 기여를 한 것으로 판단됩니다. 그러나 신공공관리론의 시대적 배경이었던 신자유주의에 대한 비판이 커지고 거버넌스 이론이 대세가 되면서 최근에는 이론적 논의가 활발하지 못한 실정입니다. 그렇다면 우리나라 행정과 정부정책에는 더 이상 신공공관리적 접근방법이 무의미한 것일까요? 아니면 아직도 우리가 배울 바가 있는 것일까요?
- 2020년은 코로나 바이러스가 덮친 팬데믹 상황으로 사회적 거리두기 정책이 추진된 바 있습니다. 초기 확산 이후 한풀 꺾인 것 같던 코로나는 8월 말에 수도권을 중심으로 다시 급증하기 시작했고 정부는 수도권을 대상으로 사회적 거리두기 2.5단계를 실시하게 됩니다. 불필요한 접촉을 막기 위해 단계별로 시행되는 과정에서

식당과 술집은 밤 9시면 영업을 중단해야 했고 손님이 끊긴 노래방 주인들은 월세를 내기 위해 막노동을 하는 사례도 발생했다고 합니다. 여행사는 폐업 직전에 몰리게 되고 개신교의 예배도 금지해야 하는 상황에 이르렀습니다. 하지만 사회적 거리두기 강화로 코로나 확산세가 잡힌다고 해도 단계를 하향시키는 순간 또다시 확산세로 돌아설 가능성이 클 것입니다. 그렇다면 언제까지 사회적 거리두기를 정부 주도로 시행해야 할까요? 주말에 자택에 머물러 달라는 총리와 질병관리본부장의 호소가 있었지만 한강변이나 아웃렛 매장에는 날씨가 좋은 주말을 맞아 붐비는 인파로 정신이 없을 지경이었음을 감안할 때 온 국민을 가둬두지 않는 이상 사회적 거리두기 효과는 제한적일 수밖에 없을 것입니다. 그렇다면 신공공관리적 접근방법에서는 어떤 방식을 채택했을까요? 정부가 공공장소에서의 방역지침을 철저히 준수하고 개인은 각자 개별위생을 준수하도록 하면서 위반자나 위반업소에 대한 강력한 단속과 본인 과실로 코로나를 전파한 발병자나 업소주인에게는 비용발생에 따른 구상권을 청구하는 등의 사후적 보완책을 더 선호하지 않았을까요?

회수하는 데만 관심이 있었기 때문입니다. 신보수주의자, 즉 네오콘(NeoCon) 하면 떠오르는 인물이 있지 않나요? 바로 미국의 부시(아들) 대통령입니다. 북한과 이란, 이라크를 악의 축으로 규정하고 전쟁마저 불사한 인물이죠. 이런 점에서 한때를 풍미했던 신자유주의나 신보수주의는 역사적으로 좋은 평가를 받지 못하고 있습니다.

▶ 거버넌스 이론과 NPM

다음 표에서 보듯이 NPM은 거버넌스 이론과 기본적으로 차이가 있습니다만 시민중심 거버넌스(citizen-centered governance)를 통한 대안적 전달체계(Alternative Service Delivery), 계약 거버넌스(contract governance)를 통한 민간위탁 등에서 보듯이 NPM 구현에 거버넌스를 활용할 수도 있고 거버넌스 운영의 요소로 NPM적 접근방법을 활용할 수도 있다는 점에서 상호배타적인 관계라고 볼 필요는 없을 것입니다. 거버넌스는 9장을 참고하기 바랍니다.

구 분	NPM	Governance
인식론	신자유주의	공동체주의
관리기구	시장	N/W
관리가치	결과, 산출물	상호신뢰
관료역할	방향잡기	조율
작동원리	경쟁, 시장	Partnership
서비스제공	민영화, 위탁	공동생산
분석수준	조직 내	조직 간
관리방식	고객지향	공유목표

- 서울시 지하철의 막대한 재정적자가 노인 무임승차 때문이라고 합니다. 지방정부는 노인복지와 이동편의 제공 차원에서 중앙정부가 비용을 부담해야 한다고 주장하고 중앙정부는 지하철 운영수익을 얻고 있는 지방정부가 수익 중 일부를 비용으로 부담해야 한다고 주장하면서 서로에게 책임을 전가하고 있습니다. 이번 기회에 노인 무임승차에 따른 재정적자를 줄이기 위해 무임승차 시간대를 조정하거나 무임승차 가능 연령을 높여야 한다는 등의 대안이 논의되기도 합니다. 그렇다면 신공공관리론의 가격 중심 시장지향성에 따라 수익자 부담원칙에서 노인들도 일부 비용을 부담해야 할까요, 아니면 중앙과 지방의 비용부

담 문제는 별도로 하더라도 PSO 차원에서 지금처럼 무임승차 제도를 계속 유지해야 할까요?

- 공공 내부의 경쟁도입을 위해 정부 업무평가나 고위공무원 성과관리 등을 시행하고 있습니다만 퇴출시스템이 제대로 작동하기 어려운 관계로 유명무실한 평가에 그치고 있다는 비판이 많이 있습니다. 공공내부에 경쟁이 도입될 수 있는 분야를 선별하여 적용해야 한다는 의견도 있습니다. 무늬만의 경쟁도입이 아니라 경쟁결과가 실질적인 동기부여나 페널티로 이어질 수 있으려면 어떻게 해야 할까요?
- 우리나라는 사교육 시장이 너무 크다는 문제가 지적되고 있습니다. 오죽하면 제일 편한 직업이 일반 인문계 고등학교의 고3 담임이라는 말이 나올 정도일까요. 사설 입시학원 강사가 모든 걸 다 해 주기 때문에 공교육 담당 교사는 할 일이 없기 때문이랍니다. 사설 입시학원 강사들은 치열한 경쟁에 직면해 있습니다. 수강생이 들어오지 않으면 일자리를 뺏기기 때문이지요. 반면 공교육 분야의 교사들은 사실상 경쟁이랄 것이 없습니다. 이런 상황이 정상적인 교육 현장이라고 생각하십니까? 아니라면 NPM적 접근방법을 통해 공교육을 정상화시킬 수 있는 방법은 어떤 것이 있을까요?
- 싱가포르는 장관의 연봉을 GDP에 따라 지급[40]한다고 합니다. 장관과 같은 정무직 공무원들은 본인이 직접 일을 한다기보다 소관 부처 공무원들이 열심히 일할 수 있도록 감시(monitoring)하는 역할을 할 필요가 있습니다. 그러나 감시결과 좋은 성과를 냈더라도 자신에게 돌아오는 것은 임명권자인 대통령의 신임이나 국민들의 정치적 지지, 조직 구성원들의 인정 등에 그칠 것이 분명합니다. 주가가 오르면 보유 지분의 가치가 오르는 민간기업과 달리 조직이 거둔 성과를 본인이 공유할 수 없기 때문입니다. 이런 상황에서 장관들이 더 열심히 국가를 위해 일하게 하려면 국가 단위에서 거둔 성과를 장관들이 개인 차원에서 공유할 수 있도록 할 필요가 있습니다. 그런 점에서 싱가포르 사례는 시장적 경쟁유인을 공무원 임금에 반영한 신공공관리적 수범사례라고 볼 수 있을 것 같습니다. 그렇다면 우리나라에 이런 방식을 도입하는 것은 어떨까요? 가능하고 필요한 일일까요, 아니면 우리나라와는 맞지 않는 것일까요?

04

한 걸음 더 나아간다면

지금까지 살펴본 신공공관리의 주요 논점들이 다음 표에 정리되어 있으니 참고하기 바랍니다. 다양한 학자들의 입장이 있습니다만 공통적인 사항은 시장지향, 자율성과 책무성, 성과강조, 고객만족이라고 할 수 있습니다.

▎다양한 학자들이 제시한 NPM의 주요 관점[41)]

	시장지향	자율성과 책무성	성과강조	고객만족
Hood (1991)	경쟁, 민간 관리기법 도입	일선관료에게 권한 위임(delegation)	성과관리, 목표 명확화, 비용절감	
Politt (1993)	시장기제에 대한 의존	공공서비스 공급과 생산의 분리	공공서비스 전달체계의 품질관리	고객수요에 대한 관심
Hugh (1994)	외주(Contracting-out), 민영화	탄력적인 조직 및 인사관리	관리자의 역할, 성과지표에 의한 측정	
Osborne& Gaebler (1994)	계층제보다 시장의 우월성, 경쟁, 지출보다 수입	참여를 위한 권한부여(empowerment)	목표 대비 성과	
유훈 (1995)	시장지향, 민영화	관리의 재량 (Free to manage)	성과	
Haggett (1996)	경쟁도입	분권화와 권한부여	성과관리	
Kamensky (1996)	계약에 의한 경쟁, 관리과학, 민간 우수사례 벤치마킹, 감축관리, 효율성, 금전적 동기부여	일선관료에게 권한이양(transferring authority)	과정보다 성과 강조, 목표에 의한 관리 (MBO)	
서순복 (1999)	시장과 유사한 기제 (경쟁원리의 도입, 민간경영기법의 도입, 민영화 등)	권한의 하부위양이나 관리상의 신축성 부여	성과중시, 품질향상	행정서비스를 이용하는 고객의 요구에 지속적인 관심

그러나 신공공관리론의 이러한 입장에 대해 행정영역의 개별적 차이를 인정하지 않고 기계적 경쟁을 유도하는 것이 보편타당하지 않으며, 형평성(equity)을 감안하지 않는 효율성(efficiency)만을 추구함에 따라 공익적 가치가 저해될 수 있다는 지적[42]이 있습니다. 정부의 역할은 돈을 쓰는 것이지 버는 것이 아니고 보다 중시해야 할 것은 경제적 가치가 아니라 사회적 가치라는 의미에서입니다. 권한위임과 재량권 부여가 현실을 보다 잘 반영할 수 있고 혁신적 성과를 거둘 수 있다는 입장에서 자율성을 중시하고 있지만, 부조리나 부패가 발생하지 않을 만큼 공무원의 능력과 자질이 높고 부처 간 또는 지방정부 간 이기주의가 발생하지 않을 것인가에 대해 의문이 제기[43]되기도 합니다. 고객만족을 위한 성과와 자율관리를 강조했던 신공공관리적 접근의 결과 역설적으로 개별 정부기관들이 고객의 수요를 자신들의 관점에서 파악하거나 그들의 정책목표가 고객이 원하는 바로 그것이라고 자위하는 우를 범했다고 하는 주장[44]도 있습니다. 앞서 가격, 경쟁, 고객만족 각 분야별로 말미에 지적한 한계가 있는 것은 물론입니다.

이러한 문제의식에 바탕하여 일종의 후기 신공공관리(Post-NPM) 차원으로 대두한 것이 신공공서비스론(New Public Service)[45]으로 주요 내용은 다음과 같습니다. 우선 정부의 역할은 봉사 내지 공공서비스 그 자체라는 점을 강조하면서 신공공관리론에서 말하는 정부 주도의 방향잡기(steering)가 아니라 사회구성원을 통합하는 상호작용이 중요하다고 합니다. 이런 점에서 정책대상자는 단순한 고객(customer)이 아니라 국가운영에 적극적으로 참여하는 주권자(citizen)가 되어야 하고 담론 민주주의(discursive democracy)를 통해 개별 이익의 총합을 넘는 공익 실현에 기여해야 한다고 보고 있습니다. 정부가 민영화나 외주를 통해 효율성을 높이더라도 공공서비스의 질이 높아지지 않거나 시민의 요구를 도외시할 수 있으므로 시장논리나 성과주의보다 시민의 요구에 대한 책임성을 강조하고 조직관리에 있어서도 생산성이나 효율성보다 인간 자체의 가치를 우선하는 인간중심적 접근을 중시합니다. 다음 표에서 보는 것처럼 전통적 행정학과 신공공관리론, 그리고 신공공서비스론은 여러 가지 분야에서 차이점을 보이고 있습니다.

▌전통적 행정학, 신공공관리론, 신공공서비스론의 비교[46)]

	전통적 행정학 (Old Public Administration)	신공공관리론 (New Public Management)	신공공서비스론 (New Public Service)
이론적 근거	정치학, (기초적) 사회과학	경제학, (경험주의적) 사회과학	민주주의 이론 (경험주의, 해석학, 비판이론, 포스트모던)
인간관	행정인 (administrative man)	경제인 (economic man)	정치적/경제적/조직적 인간관
공익개념	정치적 정의와 법적 표현	사익의 합	공유가치(shared value)에 대한 담론의 결과
공무원의 책임대상	의뢰인(client), 유권자(constituent)	고객(customer)	시민(citizen)
정부역할	노 젓기 (정책결정과 집행)	방향제시 (시장제도의 촉진자)	봉사(이해관계 중재, 공유가치 창출)
정책목표 달성을 위한 메커니즘	정부기구를 통한 정책 프로그램 집행	민간/NPO를 통한 정책목표 달성에 필요한 동기부여	공공, 민간, NPO 간 협력 촉진
책무성에 대한 접근	계층제 (선출직 공무원에 대한 책임)	시장지향 (광범위한 고객이 원하는 성과 창출)	다면적(법, 공동체 가치, 정치적 규범, 전문적 기준, 시민 이익의 대변)
행정적 재량	법에 의해 부여된 범위 내의 제한적 재량	기업가적 목표달성을 위한 광범위한 재량	책무성에 기반한 재량 허용
조직구조	하향적 관료제	분권화된 구조	공유된 리더십에 기반한 협력적 구조
동기부여 기반	임금, 공무원 신분보장	기업가 정신	공공서비스를 통한 사회기여

신공공서비스론은 신공공관리론에 대한 반성적 접근방법의 하나로 이해되고는 있으나 구체적인 실현방안이 모호하고 거버넌스 이론에 비해서도 범위가 제한적이라는 한계를 갖는 것으로 평가되고 있습니다.

미주

1) 다니엘 예르긴 · 조셉 스테니스로/주명건 역. (1999). 시장 대 국가. 세종연구원.
2) http://m.newsdigm.com/2422
3) 박동운. (2006). 대처의 노동시장 개혁과 한국에의 시사점. CFE 리포트 No. 4. 자유기업원; 한국경제연구원. (2913). 마가렛 대처, 우리에게 무엇을 남겼나; 월간조선 2003.8., 박종찬. 英國病으로부터 나라를 구한 마거릿 대처. http://monthly.chosun.com/client/news/viw.asp?ctcd=&nNewsNumb=200308100084
4) Washington Post, Dylan Matthews, April 8, 2013, A look back at Margaret Thatcher's economic record, https://www.washingtonpost.com/news/wonk/wp/2013/04/08/a-look-back-at-margaret-thatchers-economic-record/?noredirect=on&utm_term=.9ddad29bdb4c
5) 신공공관리적 접근방식은 Entrepreneurialism(Osborne & Gaebler, 1992), Market-based Public Administration(Lan & Rosenbloom, 1992), Post-bureaucratic Paradigm(Barzelay, 1992) 등의 이름으로 불리기도 하지만 Christopher Hood가 명명한 NPM이 가장 보편적인 명칭으로 사용되고 있음. 출처는 Hood, Christopher. (1991). A Public Management for All Seasons? In Martin Lodge, Edward C. Page, and Steven J. Balla. (eds.) (2015). The Oxford Handbook of Classics in Public Policy and Administration. Oxford: Oxford Univ. Press.
6) 우윤석. (2007). 지역개발사업의 통합적 추진방안: 신공공관리적 접근방법을 중심으로. 국토연구 제52권, pp. 17-38.
7) Terry, L. D. (1998). Administrative Leadership, Neo-Managerialism, and the Public Management Movement. Public Administration Review. 58(3).
8) Maor, M. (1999). The Paradox of Managerialism. Public Administration Review, 59(1), pp. 5-18.
9) 김병섭. (1996). 기업가적 정부혁신의 길. 한국정책학회보, 5(2), 11-30.
10) 김태룡. (1999). 기업가적 정부모형의 한국적 적실성에 대한 비판적 고찰: 신자유주의적 이데올로기를 중심으로. 서울행정학회 하계학술대회 발표논문집.
11) Hood, C. (1991). A Public Management for All Seasons. Public Management 69, Spring, 3-19.
12) Arnold, Peri E. (1995). Reform's Changing Role. Public Administration Review 55(5), pp. 407-417.
13) Boston, J, et al. (1996). Public Management: The New Zealand Model, Auckland: Oxford Univ. Press.
14) 주재복 · 김필두 · 고경훈. (2005). 지방자치단체의 행정혁신 추진전략에 관한 연구. 한국지방행정연구원, p. 15.
15) Dunleavy, P. (1985). Bureaucrats, Budgets and the Growth of the State: Reconstructing and Instrumental Model. British Journal of Political Science, 15(3), 299-328.; Niskanen, W. A. Jr. (1971). Bureaucracy and Representative Government, Chicago: Aldine-Atherton.
16) Kandel, E. and E. Lazear. (1992). Peer Pressure and Partnerships. Journal of Political Economy, 100(4), 801-817.; Nalebuff, B. and J. Stiglitz. (1983). Prizes and Incentives: Towards a General Theory of Compensation and Competition. Bell Journal of Economics, 14, 21-43.
17) Horn, Murray J. (1995). The Political Economy of Public Administration, Cambridge:

Cambridge University Press.; Patashnik, E. M. (1996). The Contractual Nature of Budgeing: A Transaction Cost Perspective on the Design of Budgeting Institutions. Policy Sciences, 29, 189－212.

18) Hood, C. (1991). A Public Management for All Seasons. Public Management 69, Spring, 3－19.

19) Kolderie, Ted. (1983). Rethinking Public Service Delivery. The Entrepreneur in Local Government. New York: The International City Management Association.

20) Robin, F. and Zussman, D. (1997). Alternative Service Delivery: Sharing Governance in Canada. p. 12. Institute of Public Administration of Canada.

21) Easton, D. (1953). The Political System. NY: Alfred A. Knopf. p. 129.

22) Vass, P. (2002). The Principles of Better Regulation: Separating Roles and Responsibilities. CRI Proceedings 30, Regulated Industries: the Governance Contract, University of Bath.

23) Simmonds, G. (2003). Consumer Representation in Europe Policy and Practice for Utilites and Network Industry: Universal and Public Service Obligations in Europe. Research Report 15, Univ. of Bath.

24) Consumer Committee. (1999). Elaborating the Universal Service Concept in the Service of General Interest. A Consumer Committee Position Paper 6. December 1999.

25) Conopask, J. (2004). Public Services: U.S. Experience and Evolution. Licensing/ Competition Committee Meeting, Co－Hosted by the Albanian Electricity regulatory Authority (ERE), Energy Regulators Regional Association (ERRA) and National Association of Regulatory Utility Commissioners (NARUC), Tirana, Albania, October 11－12, 2004.; Houben, I. (2008). Public Service Obligations: Moral Counterbalance of Technical Liberalization Legislation? European Review of Priavta Law, vol.1, pp.7－27.; OECD. (2003). Universal Service Obligations, Competition Law & Policy, OECD.

26) 한국보건사회연구원. (2017). 핵심평가: 바우처 사업 정책효과.

27) 보건복지부. (2014). 국가바우처 통합카드 및 운영관리 사업 제안요청서.

28) 우윤석. (2013). 끝나지 않은 철도 구조개혁: 상하분리를 중심으로 한 평가와 향후 정책 방향. 한국정책학회보, 22(2): 95－121.

29) OECD. (2005). Structural Reform in the Rail Industry. Working Party Report No. 2 on Competition and Regulation, Structural Reform in the Rail Industry. OECD.

30) Drew, J. (2009). The Benefits for Rail Freight Customers of Vertical Separation and Open Access. Transport Review, 29(2): 223－237.

31) Williamson, O. (1985). The Economic Institutions of Capitalism. NY: The Free Press.

32) Mizutani, F. and Uranishi, S. (2013). Does Vertical Separation Reduce Cost? An Empirical Analysis of the Rail Industry in European and East Asian OECD Countries. Journal of Regulatory Economics, 43: 31－59.

33) Hirschman, A. O. (1970). Exit, voice, and loyalty. Cambridge, MA: Harvard University Press.

34) Hirschman, A. O. (1970). Exit, voice, and loyalty. Cambridge, MA: Harvard University Press.

35) Kolarska, L., & Aldrich, H. (1980). Exit, Voice and Silence: Consumers' and

Managers' Responses to Organizational Decline. Organizational Studies, 1: 41-58.; Rusbult, C. E., Zembrodt, I. M., & Gunn, L. K. (1982). Exit, Voice, Loyalty and Neglect: Responses to Dissatisfaction in Romantic Involvements. Journal of Personality and Social Psychology, 43: 1230-1242.

36) Farrell, D. (1983). Exit, Voice, Loyalty, and Neglect as Reponses to Job Satisfaction: A Multidimensional Scaling Study. Academy of Management Journal, 26: 596-607.

37) Vangel, K. (2011). Employee Responses to Job Dissatisfaction. Seminar Research Paper Series, Schmidt Labor Research Center, University of Rhode Island. p. 2 & p. 8을 일부 수정.

38) 국적 선택하는 시대. 한국경제신문, 2019.8.7. https://www.hankyung.com/opinion/article/2019080671461

39) 국민의 공감과 신뢰를 위한 국세행정 혁신 추진. 국세청 보도자료, 2019.8.2., 국세청 홈페이지, https://www.nts.go.kr/news/news_01.asp?minfoKey=MINF8420080211204826&mbsinfoKey=MBS20190812105058483&type=V

40) Goh Chin Lian. (2013). Admin Service Pay: Pensions Removed, National Bonus to Replace GDP Bonus, Straits Times, 8 Apri. (유발 하라리 저/김명주 역. (2017). 호모데우스: 미래의 역사. 김영사. p. 288에서 재인용)

41) 박정수·유효정. (2010) 공공기관 선진화의 개념과 방향. 박정수 편, 공공기관과 국가정책. 한국조세연구원.

42) Alford, John. (1993). Towards a New Public Management Model: Beyond Managerialism and its Critics. Australian Journal of Public Administration, 52(2), 135-148.; Savoie, Donald. (1996). What Is Wrong with The New Public Management? Canadian Public Administration, 38(1), 112-121.

43) 차성덕·최호진. (2003). 한국에 있어서 기업가적 정부혁신모형 도입의 적실성에 관한 연구: 그 한계와 과제를 중심으로. 한국정책과학학회보 7(2), pp. 159-188.

44) Dunleavy, P., Margetts, H., Bastow, S., and J. Tinkler. (2006). Digital Era Governance: IT Corporations, the State, and E-Government. London: Oxford Univ. Press.

45) Denhardt, R. and Denhardt, J. (2003). The New Public Service: An Approach to Reform. International Review of Public Administration. 8(1): 3-10.

46) Denhardt, R. and Denhardt, J. (2000). The New Public Service: Serving Rather than Steering. Public Administration Review, 60(6): 549-559, p. 554.

PART
05

공무원에게 필요한 것은 공감 능력이다: 감성지능적 정부

영 화 로 보 는 행 정 관 람

아이 캔 스피크(i Can Speak, 2017)

감독: 김현석(광식이 동생 광태, 스카우트, 시라노 연애조작단 등을 감독했음)
출연: 나문희(옥분할매 역), 이제훈(9급 공무원 민재 역), 박철민(양 팀장 역), 손숙(할매 친구 정심 역) 외
수상: 대한민국 3대 영화제(청룡영화상, 백상예술대상, 대종상) 여우주연상 등

요즘 한국의 대학생과 젊은이들은 공무원 시험 열풍에 빠져 있습니다. 워런 버핏, 조지 소로스와 함께 세계 3대 투자가로 꼽히는 짐 로저스는 2017년 한국을 방문한 자리에서 "젊은이들이 모두 공무원이 되고 싶어 한다면 한국은 절망적"이라고 일갈[1]한 바도 있습니다. 2017년 출범한 문재인 정부는 공식적으로 공공부문 일자리 확대를 추진하면서 소위 공시족으로 뜨거운 공무원 취업시장에 기름을 더하기도 했습니다. 급격한 변화의 소용돌이를 겪어온 한국사회 젊은이들이 도전과 기회보다는 안정을 추구하는 것을 두고 비난만 할 수도 없습니다. 훌륭한 젊은이들이 공직에 들어가 국민들을 위해 봉사하는 기회가 될 수도 있으니 말입니다. 그런데 공시족이 늘어갈수록 공무원 선발시험의 난이도는 높아만 갑니다. 좋은 공무원을 선발하려는 것이 아니라 수많은 응시자 중에 많은 사람을 떨어뜨려야 하는 시험이 필요하니 말입니다. 참고로 인사혁신처가 공개[2]한 2019년 국가직 9급 공무원 시험 필기시험 합격자 수는 6,914명으로 응시인원 154,331명의 4.5%에 불과했는데 이는 95.5%가 불합격한다는 의미입니다. 최종 선발인원이 4,987명인 것을 감안하면 최종 합격률은 3.2%에 불과하므로 100명 중 97명이 떨어진다는 소리입니다.

이런 시험에 합격하려면 좋은 대학을 나와서 그야말로 머리 싸매고 공부해도 붙는다는 보장이 없을 것이 분명합니다. 하지만 과연 이런 공무원들이 국민이 원하는 바람직한 공무원일까요? 어려운 시험 뚫고 들어왔으니 오히려 본전을 뽑아야 되겠다고 생각하지 않을까요? 아니면 합격한 후 이제는 대충 쉬엄쉬엄 놀며 일해야겠다고 생각하지는 않을까요? 국민이 원하는 공무원, 그리고 그런 사람들로 구성된 정부는 나보다 머리 좋은 사람들이 나도 모르는 일을 하는 곳이 아니라 정책수요자인 국민의 입장을 공감하고 그들을 위해 일하는 곳입니다. 그런 차원에서 감성지능을 갖춘 공무원과 정부가 필요합니다. 영화 '아이 캔 스피크'에서는 이성적 지능과 감성적 지능을 모두 갖춘 공무원이 등장합니다. 그리고 그의 도움으로 정신대 출신 할머니는 누구도 상상하지 못한 일을 해내게 됩니다. 그들이 과연 무슨 일을 했는지 함께 확인해 보도록 합시다.

▶ 감성지능을 갖춘 공무원과 정부
양자는 개인과 그들이 속한 조직이란 점에서 로커스와 포커스(locus & focus)를 달리하지만 이하 본장에서는 감성지능적 정부가 감성지능적 공무원을 전제로 한다는 점에서 감성지능적 정부를 대표적인 개념으로 활용하고자 합니다.

01

영화 들여다보기: 감성지능적 공무원?

어느 비 오는 날 밤, 허름한 건물에 해머질을 해대는 괴한을 판초우의를 뒤집어 쓴 또 다른 정체 모를 사람이 사진으로 찍는 장면으로 영화는 시작됩니다. 나중에 알게 되지만 이 할머니는 명진구청에서 민원 도깨비로 불리는 옥분할매(나문희)입니다. 옥분할매는 동네에서 일어나는 온갖 불법적인 사건들을 카메라에 담아 구청에 민원으로 접수하러 매일 찾아오는 분으로, 구청 공무원 사이에서 기피인물 1순위로 꼽히는 사람인 것입니다. 그간 접수한 민원 건수만 8천 건!!! 민재의 상급자인 양 팀장(박철민)에 따르면 20년 동안 공휴일 빼고 하루에 1건 이상씩 접수해야 가능한 숫자라고 합니다. 옥분할매는 옷수선 가게를 하고 있는 시장통에서도 골칫거리입니다. 시장상인들에게 법을 지키라고 늘 독촉을 해대기 때문이죠. 이 옥분할매를 명진구청에 새로 발령받아 온 9급 공무원 민재(이제훈)가 담당하게 되면서 두 사람의 인연이 시작됩니다. 민재는 사실 토익점수 950점을 받은 재원이지만 9급 공무원 생활에 만족하고 사는 삶을 선택한 친구입니다. 부모 없이 혼자 남동생 영재를 돌보기 위해서 자기 인생을 포기하기도 했구요.

그런데 옥분할매는 웬일인지 영어공부에 열심입니다. 영어학원도 열심히 다니고 있지만 진도를 못 따라가는 바람에 다른 수강생에게 피해를 준다는 이유로 학원에서 재등록을 거부당하고 맙니다. 이때 학원로비에서 원어민 강사와 유창하게 영어로 대화하고 있는 민재를 발견하고는 비용을 낼 테니 영어를 가르쳐달라고 조릅니다. 민재는 당연히 거절하지만 진상 할매는 구청에 찾아와서 영어를 가르쳐달라는 민원을 내는가 하면 이른 아침에 전화를 걸어 영어를 가르쳐달라고 들들 볶습니다. 급기야 영어를 가르쳐주지 않으면 민원폭탄을 던지겠다는 협박(?)까지 하자 결국 동료들이 보내는 무언의 압력을 받은 민재는 타협책을 내놓습니다. 하루 만에 생태학, 위도, 경도, 탄핵 등이 담긴 어려운 단어 20개를 외워 80점 이상 맞아야 한다는 것입니다. 다음 날 민재와 옥분은 구청 도서관에서 만나 시험을 치는데 채점 결과 옥분은 아깝게도 75점을 맞는 데 그치고 민재는 약속은 약속이니만큼 영어를 가르치지 않겠다고 합니다.

어느 날 밤, 퇴근길의 민재가 으슥한 골목길로 사라지는 동생 영재(성유빈)를 우연히 발견하고 따라가 보니... 영재가 옥분할매 집에서 저녁밥을 얻어 먹고 있는 것이 아닌가요. 정 많은 옥분할매가 생라면을 뜯어 먹고 있는 영재를 보고 집에 데려와 밥을 먹인 이후로 종종 할매네 집으로 밥을 먹으러 오는 것이었습니다. 민재는 이에 대한 보답으로 주 3회 영어를 가르쳐주겠다고 제안하고, 옥분할매는 크게 기뻐하며 당장 그날부터 첫 수업이 시작됩니다. 민재는 돈도 받지 않고 할매에게 영어를 가르칩니다. 나중에 한가위를 맞아 옥분할매네 집에서 민재와 영재가 전을 부치던 중 옥분이 영어를 배우고 싶어하는 이유가 미국에 있는 남동생에게 전화를 걸고 싶기 때문임을 알게 되고 할매를 대신해 L.A.에 있는 옥분의 남동생에게 전화를 해 보는데 옥분의 동생은 기억나지도 않고 만나기도 싫다며 다시는 전화하지 말라고 합니다. 민재는 사실대로 알리면 옥분에게 상처가 될까 봐 자신이 7급 공무원 시험을 준비해야 해서 영어를 가르쳐드리지 못하겠다고 하고 수업을 그만둡니다. 영재에게도 할매네 집에 가서 저녁 얻어먹지 말라고 하고요.

하루는 옥분이 치매에 걸린 친구 정심의 병문안을 갑니다. 정심은 그간 열심히 영어를 배우고 있었는데 그건 자신이 일본군 위안부로 끌려갔던 사실을 국제사회에 알리고 싶었기 때문이었습니다. 그렇습니다. 정심과 옥분은 일본군 위안부 피해자였던 것입니다. 지금까지 자신이 일본군 위안부였다는 사실을 숨겨왔던 옥분은 미국 하원 의원이 일본의 반인륜적 행위에 대한 사과를 요구하는 결의안을 제출할 것이라는 것을 알게 되고 결국 정심 대신 자신이 그 일을 하겠다고 나서게 됩니다. 이 사실이 뉴스에 보도되자 시장 상인들과 구청 공무원들은 충격에 빠집니다. 뉴스를 보고 난 민재는 수선집에 찾아가게 되고 가서 이것이 계기가 되어 옥분에게 다시 영어를 가르치게 됩니다.

그 후 옥분은 증언을 위해 워싱턴 D.C.로 떠나 하원 청문회에서의 일본군 위안부에 대한 연설을 하게 됩니다. 하지만 긴장을 너무 한 탓인지 옥분이 아무 말도 못하자 의장이 "증언할 수 있느냐(Can you testify?)"고 묻게 되고 옥분은 영화 제목처럼 "말할 수 있다(Yes, I Can Speak)"라고 대답하지만 연단에 서서도 제대로 말이 나오지 않습니다. 이때 한국에서 급하게 날라온 민재가 청문회에 참석하게 되고 이에 힘을 얻은 옥분은 일본군의 만행으로 난 흉터가 가득한 자신의 배를 보여주며 일본의 만행을 규탄하는 영어연설을 시작합니다.

02 

감성지능(Emotional Intelligence)과 감성지능적 정부[3)]

2.1. 왜 감성지능이 정부와 공무원에게 중요한가?

정부정책에 대한 국민의 신뢰와 만족은 공무원들의 노력에 비례하지 않을 수 있습니다. 정부가 일을 안했다기보다 국민의 기대와 다른 일을 했을 때 국민이 정부를 불신하게 되는 것이기 때문입니다(Nye, 2001).[4)] 정부가 이성을 바탕으로 한 내용적 합리성과 절차적 합리성을 갖추었더라도 정책수요자의 입장을 공감하는 감성지능(Emotional Intelligence)을 결여한 경우 발생할 수 있습니다. 감성지능에 관한 Goleman의 선구적인 저서(Goleman, 1995)[5)]가 발간된 이후 감성지능은 이성과 대등하거나 더 중요할 수 있는 지성의 하나로 인정되면서, 심리학뿐 아니라 사회학이나 정치학, 경영학, 공학 등 다양한 유관 분야에도 큰 영향을 미치고 있습니다. 특히 민간부문에서는 감성지능을 바탕으로 조직원과 고객의 감성을 관리하고 만족시키는 감성관리와 감성마케팅, 감성공학에 입각한 제품개발 등을 활발하게 전개하고 있습니다. 여기서 감성지능을 활용하는 것은 단순히 감성적이 된다는 것과는 다른 또 하나의 이성적 활동으로 이해해야 합니다. 타인의 감성을 활용하려면 오히려 고도로 이성적이어야 하기 때문입니다. 정책수요자인 국민의 요구에 제대로 공감하고 그들의 감성적 만족을 높이려면 정부도 감성적 지능을 활용하는 것이 필요합니다. 국민을 이성적으로 계도하려고 하기 전에 그들이 감성적으로 원하는 것이 무엇이고 느끼는 것이 무엇인가를 제대로 진단해야 하기 때문입니다. 이때 정부가 '감정적'이 되어서는 안 되며, 감성통제를 통한 감성관리라는 일종의 이이제이(以夷制夷)적 입장을 취해야 합니다. 아울러 국민의 감성을 제대로 이해하고 만족을 제공하기 위한 차원에서 감성을 활용해야 하므로, 고객의 감성을 조작하거나 환상을 유발하기도 하는 민간부문의 감성관리와는 차원을 달리해야 할 것입니다.

감성지능적 정부를 논의함에 있어 감성이라는 개념과 정부라는 개념이 양립가능할 것인지, 오히려 정부는 감성적이기보다 이성적이어야 하는 것은 아닌지 하는 의문이 제기될 수 있습니다. 이러한 의문이 제기되는 이유는 감성을 감정과 구별하지 않거나 감성을 이성과 대립되는 개념으로 보기 때문입니다. 그러나 감성과 감정은 구분할 수 있는 개념입니다. 감정(affect)은 공포, 기쁨, 즐거움과 같이 자극에 대한 무의식적인 생물학적 반응이나 심리적 상태(psychological state)를 의미하는 반면, 감성(emotion)은 의식적이고 평가적인 반응이기 때문입니다(Finucane et al., 2003[7]; Greenberg & Paivio, 1997[8]). 감성이 이성에 비해 비논리적이고 비체계적이며 따라서 신뢰할 수 없는 주관적 정서라는 구별도 점차 옅어지고 있습니다. 앞서 살펴본 것처럼 감성지능의 개념이 등장한 이후로는 인지적 지능인 이성과 비인지적 지능인 감성이 각각의 축으로서 지능(intelligence)을 구성하는 상호 양립적·보완적인 관계로 이해되고 있기 때문입니다.

▶ **정부의 감성관리**
2019년 7월 촉발된 일본의 보복성 수출규제에 대하여 외교적으로 문제를 풀어야 한다는 입장이 있었는가 하면, 당시 조국 민정수석은 '중요한 것은 진보냐 보수냐가 아니라 애국이냐 이적이냐'라는 선동성 극일발언을 SNS에 올려 구설수에 올랐습니다(https://www.mk.co.kr/news/politics/view/2019/07/547728/). 정부가 감정적이 돼버린 사례의 하나가 아닌가 생각됩니다.
한편 과거 군사쿠데타로 집권한 전두환 정권은 국민들의 정치적 관심을 다른 곳으로 돌리기 위해 영화나 엔터테인먼트, 프로스포츠 출범 등 소위 3S 정책(Screen, Sports, Sex 산업 확대)을 추진한 바 있습니다. 국민들의 감성적 측면을 악용한 사례의 하나가 될 것입니다.

▶ **감성과 정부의 양립가능성**[6]
감성정부라는 개념을 제시한 이대희(2005: 2)의 연구에서도 감성정부의 영어식 표기인 Emotional Government가 영어권 학자들에게 대통령의 감정적 실수와 같은 비이성적 선입견을 촉발시킨다고 하면서, '감성적 지성의 행정'이라는 보완적 견해를 제시한 바 있습니다(이대희, 2007).

그러나 여전히 감성과 이성의 상대적인 차별성이 있음을 감안할 때 감성을 정부활동과 연계시키기 위해서는 기존의 심리학에서 출발한 이분법적 감성이론이 갖는 한계를 극복할 필요가 있고, 그 대안은 美學(aesthetics)적 접근방법에서 찾아볼 수 있습니다. 미학적 접근은 기본적으로 감정이입(empathy)을 바탕으로 감성을 이성적으로 이해(understanding)하거나, 직관과 창의성을 바탕으로 새로운 대상을 창조하는 것에 관한 것이기 때문입니다. 따라서 미학이론에서는 'sensibility'를 '감성'으로 이해하며(오종환, 2007),[9] 대상을 향수하는 능력을 감식력 있는 판단(sensible judgment) 또는 미의 감관(sense of beauty)라고 설명(김한결, 2007)[10]하고 있습니다. 이 장에서는 심리학적 접근 대신 미학적 접근을 통해 감성지능적 정부가 지향해야 할 목표와 개념적 요소를 도출해 보고자 합니다. 미학적 접근은 감성을 중시하되 이성적 인식을 도모하고 있으므로 개인적 심리상태, 이성과 대비되는 감성에 주목하는 심리학을 바탕으로 한 기존 감성연구의 한계를 극복하는 데 도움을 줄 수 있을 것으로 기대됩니다.

2.2. 감성의 재발견: 감성지능에 대한 이해

심리학적인 관점에서 지능(intelligence)에 대한 연구는 주로 기억이나 문제해결과 같은 인지적 측면(cognitive aspect), 즉 이성적 지능을 중심으로 시작되었습니다. 그러나 인지적 측면뿐 아니라 비인지적 측면(non-cognitive aspect), 즉 감성적 지능도 이성적 지능과 마찬가지로 중요하다는 연구가 점차 설득력을 얻게 됩니다. 450명의 소년을 대상으로 40년간의 종단면 분석을 통해 IQ의 유용성을 검증하고자 했던 서머빌 연구(Sommerville study)에 의하면 직업이나 인생에서의 성공을 이루는데 IQ는 특별한 관련이 없었던 반면, 좌절을 통제하고, 감정을 다스리며 다른 사람과 잘 어울리는 능력이 더 큰 상관성을 갖는 것으로 나타났기 때문입니다(Snarey & Vaillant, 1985).[11]

이성적 능력과 대비되는 감성지능(Emotional Intelligence)이라는 개념은 Salovey & Mayer가 처음 제시한 것으로 "자신과 타인의 감정(feeling)과 감성(emotion)을 감지하고, 그것들을 서로 구분하며, 자신의 생각과 행동을 가이드하기 위해 그러한 정보를 활용하는 능력"으로 정의한 바 있습니다(Salovey & Mayer, 1990).[12] 감성지능이 사회적 성공과 성취를 좌우하는 중요한 요소라는 점은 여러 경영학적 연구에서도 나타나고 있습니다. 예를 들어 소매점 관리자의 경우 스트레스를 관리할 수 있는 능력에 따라 순이익이나 매출액이 좌우될 수 있으며(Lusch & Serpkenci, 1990),[13] 의류를 구입하는 소비자들은 자신들의 말을 잘 들어주고 그들이 원하는 것과 관심 있는 것을 진심으로 이해해 주는 공감능력을 판매자의 가장 중요한 덕목으로 꼽고 있다는 것입니다(Pilling & Eroglu, 1994).[14]

물론 감성지능이 직장에서의 업무성과를 좌우하는 강력한 요인이 아닐 수 있다는 점이 지적되기도 합니다. Goleman은 감성지능은 경쟁력의 기반(bedrock)을 제공하는 요소일 뿐이며, 업무성과에 중요한 것은 감성경쟁력(emotional competence)이라고 하는데, 그에 의하면, 감성경쟁력은 "감성지능에 기초하여 업무의 탁월성을 성취할 수 있는 습득된 능력"으로 개념화되며, 분석적 추론이나 기술적 전문성을 의미하는 인지적 경쟁력(cognitive competence)과 달리 감성지능을 바탕으로 다른 사람의 감정을 읽는 감정이입(empathy)과 타인의 감정을 조절하는 사회적 기술(social skill) 능력으로 이루어진다고 합니다(Goleman, 1998: 28).[15]

2.3. 감성지능적 정부의 개념화를 위한 미학적 아날로지(Analogy)

감성지능적 정부가 되기 위해서는 합리성과 효율성을 추구하는 소위 이성적인 면만 고려해서도 안 되고, 이성과 대립되는 감정적 차원의 감성에만 치우쳐서도 안 될 것입니다. 대신 두 가지의 지능을 모두 활용하여 정책대상 집단의 정책수요와 만족을 감정이입적으로 알아챔으로써 정책을 수립하고 집행, 평가하는 능력을 갖출 것이 요구됩니다. 여기서는 감성지능적 정부의 개념화에 필요한 미학적 아날로지의 도출을 위해 일반적인 정책과정, 즉 정책의 수립－집행－평가 단계별로 감성지능적 정부가 고려해야 이슈, 의미, 목표를 설정하고 유비추리가 가능한 미학 개념을 제시하는 이론적 모색을 하고자 합니다.

감성지능적 정부의 개념화를 위한 이론적 · 방법론적 모색의 틀

정책과정	수립(Plan)	집행(Do)	평가(See)
감성지능적 행정관리의 이슈	정책대상이 처한 현실과 수요를 특정이익에 포획되지 않고 공감하는 행정관리	창조적 혁신과 열정으로, 할 수 있는 일에 매진하는 행정관리	정책효과와 정책대상집단의 만족을 감정이입적으로 해석해 내는 행정관리
현실적 의미	대상집단의 입장에 공감하되 특정 이익에 포획되지 않아야 함	정부가 해야 할 일에 최대한의 역량을 발휘하되 민간영역에의 개입은 최소화해야 함	정책효과 간의 상관관계를 파악하고 계량적 수치뿐 아니라 주관적 만족도 평가해야 함
감성지능적 정부의 목표	공감하는 정부 (sensitive)	예술가적 정부 (artist)	알아채는 정부 (sensible)
미학적 아날로지	미적 태도론	천재와 창조성	해석과 비평, 감정이입

정책수립단계에 적용가능한 미학적 개념으로 미적 태도(aesthetic attitude)에 주목하고자 합니다. 집행단계에서는 정부가 해야 할 일에는 예술가(artist)처럼 열정을 다해 몰입하지만 민간의 영역에 대해서는 후원가(patron)의 역할에 그쳐야 한다는 점에서 천재와 창조성의 개념을 검토합니다. 마지막으로 평가의 단계에서는 근저에 숨어 있는 다양한 효과들을 다차원적으로 모색하기 위한 아날로지로 해석과 비평, 감정이입(empathy)을 검토해 보겠습니다.

① 미(美)적 태도: 공감하는 감성지능적 정부(Sensitive Government)

정부가 정책대상자 또는 정책수요자의 입장을 충분히 감성적으로 공감하면서도 특정한 이익에 매몰되지 않아야 한다는 것이 공감하는 감성지능적 정부의 의미를 규정한다고 할 때, 실제에 있어서는 모순되기 쉬운 이러한 상반된 요청을 양립시키기 위하여 미적 태도(aesthetic attitude)라는 미학적 개념에 주목할 필요가 있습니다. 미적 태도는 "그것이 어떤 대상이든 간에 인지의 대상을 그 대상 자체를 위해서, 무관심적으로, 공감적으로, 주목하고 관조하는 것"으로 정의됩니다(Stolnitz, 1991).[16)]

'무관심적(disinterested)'이라는 것은 '대상을 자기와의 이해관계에 대한 고려 없이 대상 그 자체로만 관조하는 것'(Levinson, 2003)[17)]을 의미합니다. 배제해야 할 관심이란 작품을 소유하려는 관심, 대상에서 지식을 얻으려는 인식적 관심, 심지어는 대상을 판단하려는 관심 등도 포함될 수 있습니다. 만일 어떤 사람이 시험에 대비하기 위해 악보를 외우고 있다면 다른 궁극적인 목적을 갖고 있는 것이므로 무관심적으로 음악에 주목하는 것이 아니라는 것입니다. 일반적으로 무관심적이라는 것은 편견의 결여나 중재의 공평성 등을 의미할 수 있으나, 미학에서 무관심적이라는 것은 대상을 바라볼 때 어떤 이해관계와 관련한 관심을 갖고 바라보지 않는다는 것입니다. 따라서 관심의 결여나 부주의, 배제와 같은 '비관심적(uninterested)' 개념으로 이해해서는 안 되며, 오히려 관심 자체에 집중하는 것이므로 훨씬 더 관심적이라는 의미로 이해되어야 합니다(최경석, 2007).[18)] '공감적(sympathetic)'이라는 것은 대상 자체의 조건에 의해 대상을 받아들이면서 대상의 유도에 따라 일치하게 반응해야 한다는 것을 의미합니다. 따라서 자신의 도덕적 내지 종교적 신념에 따라 작품에 대한 반응이 달라지는 것은 공감각적이라고 할 수 없습니다. 예를 들어 연극을 감상할 때 작중 인물의 가치관이 나와 다르다고 할지라도 그 인물의 입장에 공감하며 자신의 굳어 있는 주관을 버려야 한다는 것입니다. '관조 또는 주목(contemplation)'은 단순히 멍하게 응시하는 수동적 반응이 아니라 민감하고 활기찬 적극적인 주목을 의미합니다(Stolnitz, 1991, op. cit.). 작품에 대한 주목은 상상력과 감정을 촉발시키고 시각적 관조뿐 아니라 긴장과 같은 신경적 반응, 장단을 맞추는 신체적 반응 등도 포괄합니다. 따라서 미적 태도로서의 관조 또는 주목은 우리가 대상 속에서 감정을 갖게 되는 것으로, 그 본질은 공감의 상태라고 할 수 있습니다.

② 천재와 창조성: 예술가로서의 감성지능적 정부(Government as an Artist & Patron)

르네상스 시대에 이르러 종전의 모방자가 아니라 천재(genius)로서 예술가를 평가하는 전환점이 발생하게 됩니다. 작품보다 천재적인 예술가로서의 인물에 더 초점을 맞추게 되는 것이지요. 고대 그리스 시대에는 외부 대상이나 사건을 실재하는 것처럼 생생하게 재현해 주는 예술가를 높이 평가했으나, 모방적 활동이 우리를 진실에서 멀어지게 한다는 플라톤의 부정적 평가가 내려지면서 예술활동이 외부 세계의 시각적 모방뿐 아니라 외부 세계의 본질에 대한 철학적 모방, 나아가 이상적 세계를 형상화하는 방향으로 나아가야 한다는 논의가 이루어졌기 때문입니다(김진엽 · 하선규, 2007).[19] 이후 18세기 낭만주의를 배경으로 한 표현론에서는 꿈, 신화, 환상, 무한의 영역에 도달하기 위해서는 이성을 통해서가 아니라 직관, 감성, 상상의 능력이 중요하다고 보았는데 그러한 능력은 정상적인 사람이 아니라 자유롭고 열정적이며 때론 광기 어린 천재의 몫이라고 생각하게 되었습니다.

미학적 고찰의 대상인 미(美)는 명석하고 판명한 추론에 의해 얻어지는 것이 아니라 천재적인 예술가에 의해 파악되는 신비한 질서이므로 천재는 신에 사로잡혀야(divine) 하고, 예술에 대해 법칙을 부여해 주는 존재가 되어야 한다고 보았던 것입니다(Harries, 1987).[21] 따로 배우지 않고도 조화미의 신적인 원형을 눈앞에서 창조할 수 있는 천재의 개념은 창조성이나 상상력(imagination)의 개념과 나란히 쓰이게 됩니다. 천재의 작품을 대하는 **후견인으로서의 일반인**은 천재의 드러냄을 그대로 이해하기 어려우므로 나름대로의 해석을 시도하거나 변형을 요구할 욕구를 가지기 쉽지만 이는 잘못된 자세이며, 천재가 아닌 후견인은 천재의 영역을 그대로 인정하는 것이 필요합니다.

▶ 후견인으로서의 일반인

한 예로 천재인 미켈란젤로가 피렌체에서 다비드를 조각하고 있었을 때 당시 피렌체 행정부의 수반이었던 소데리니(Soderini)가 작업현장에 나와 작품의 코가 너무 크다는 의견을 제시했다고 합니다. 당초 다비드 상을 세울 위치가 10m 높이의 기둥 위였으므로 아래에서 올려다볼 것을 감안하여 머리와 코 부분을 일부러 크게 만들었던 미켈란젤로는, 그의 말을 듣고 아무 말없이 사다리를 타고 올라가 코를 다듬는 척하면서 대리석 가루만 조금 떨어뜨렸는데 이를 본 소데리니는 크게 만족하고 돌아갔다고 합니다(Bohm-Duchen, 2002).[20] 어차피 천재의 의도를 알지도 못하고 바꾸어놓아도 모를 일반인들은 설령 후견인이라 할지라도 천재의 일에 함부로 개입하지 말라는 교훈이라고나 할까요.

③ 해석과 비평, 감정이입: 알아채는 감성지능적 정부(Sensible Government)

미학의 주요 분야 중 하나는 작품의 해석을 통한 비평이라고 할 수 있습니다. 미학이론에서는 주로 예술작품을 대상으로 비평을 시도하고 있으나 감성적 지성이 필요한 분야라면 예술작품에 국한할 필요 없이 해석적 방법론을 도입할 수 있습니다. 해석학(Hermeneutics)이란 명칭은 그리스 신화에서 다른 神들의 메시지를 인간에게 전달하는 역할을 담당하는 신인 Hermes로부터 유래합니다. 신의 영역에서 인간의 품으로 떨어진 해석활동에 있어서 인간의 해석은 어떻게 이루어져야 하는지, 올바른 해석의 기준이 있는지에 대한 물음과 이에 대한 답변이 해석학적 전통의 축을 형성하게 됩니다.

▶ 해석적 방법론

해석과 비평에 있어서 미학적 접근방법의 적용가능성은 미국 하버드대가 미국 사회 중심의 편협성을 극복하고자 3년의 준비기간을 거쳐 30년 만에 교과를 개편하면서 '미학과 해석의 이해(Aesthetics and Interpretive Understanding)'를 8개의 학부 필수과목 중 가장 첫 번째 과목으로 선정한 데에서도 알 수 있습니다. 동 과목의 목적은 예술작품에 대한 미학적 반성과 해석적 능력을 통해 비평기술을 제고하고, 학생들로 하여금 비판이론, 미학, 철학, 수사학, 언어론, 지각이론과 같은 이론적 틀 속에서 작품을 분석하는 능력을 배양하는 것으로 되어 있습니다(Harvard Univ., 2007).[22]

일반적으로 예술가들은 일의적인 해석을 갖는 작품이 아니라 다양한 해석이 필요하고 또 가능한 작품을 생산합니다. 따라서 하나의 기준을 가지고 모든 작품을 평가하거나 거리가 먼 유형의 기준으로 작품을 평가할 경우 오류에 빠질 수밖에 없습니다. 예를 들어 변기를 전시회에 설치해서 현대미술의 출현을 알렸던 뒤샹(Duchamp)의 작품을 피카소(Picasso)의 큐비즘으로 평가할 수 없으며, 피카소의 큐비즘은 말레비치(Malewitsch)의 절대주의나 칸딘스키(Kandinsky)의 추상과 비교하여 평가할 수 없다는 것입니다. 뿐만 아니라 복합심미적 이중지각도 요구됩니다. 뭉크의 그림 '절규'를 제대로 이해하려면 시각적 지각은 물론 비명소리를 들을 수 있는 청각적 지각까지 요청되기 때문입니다(Welsch, 2005).[23] 해석과 비평에 있어서 감정이입을 통한 이해(empathetic understanding)도 중요한데 해석자와 대상주체의 입장이 다를 수 있다는 문제가 발생할 수 있습니다. 이에 대해 Currie(2003)[24]는 서로 간의 의식차이(mental difference)가 있기 때문에 대상주체의 입장과 다를지라도 해석자의 입장에서 재구성할 수 있다는 입장, 대상주체와 입장이 다를 경우 해석자의 입장은 보완적으로만 활용되어야 한다는 입장, 그리고 해석자의 입장에서 판단을 시도하되 그것이 곧 대상주체의 입장이라고 결론 내리지는 않는 혼합적인 입장의 세 가지 접근방법이 가능하다고 말한 바 있습니다.

2.4. 不感정부에서 感性지능적 정부로

과거의 전자정부가 하이테크(hi-tech)를 중시했다면 기술발전이 간과했던 감성을 중시하는 감성관리적 정부는 하이터치(hi-touch)를 중시하는 행정관리 이념형이라고 할 수 있습니다. 그러나 하이테크와 하이터치가 조화를 이루어야 고객의 만족을 이끌어낼 수 있듯이 행정에 있어서도 이성적 측면과 감성적 측면이 함께 고려될 필요가 있습니다. 디지털 시대에 필요한 전자 정부나 모바일 정부도 기술인식과 상황인식을 거쳐 감성인식으로 이어지는 감성적 정부의 구현으로 이어져야 그 의미가 살아날 수 있을 것입니다. 앞서 살펴본 미학적 아날로지에 따르면 감성지능적 정부의 개념은 "정책수요를 미적 태도에 입각하여 공감하면서 정책을 수립하고, 해야 할 일에 대해 창조성을 바탕으로 몰입하는 동시에 민간이나 전문가의 영역에 개입하지 않으면서, 정책효과와 정책대상자의 만족도를 감정이입을 통해 다양하게 해석하여 환류하는 정부"라고 할 수 있습니다. 현실과 동떨어진 채 그들만의 정책을 수립하고 집행하는 불감적 행태를 떠나 공감하고 해석하면서 정책대상자의 실질적 만족에 기여하는 정부가 되어야 한다는 것입니다.

우선, 감성지능적 정부는 정책대상 집단의 입장과 수요를 관료의 입장이나 법률해석적 차원이 아닌 수요자의 입장에서 적극적으로 탐색해야 합니다. 이때 중요한 것은 비관심(uninterested)이 아닌 무관심적(disinterested) 차원의 관조가 필요하다는 것입니다. 무관심성의 핵심은 거리두기라고 할 수 있으며, 행정학적 입장에서는 정책을 수립하거나 시행함에 따라 발생할 수 있는 특정이익이나 지대(rent)에 관심을 갖지 않고 객관적인 입장에서 대상 그 자체에 주목하고 반응해야 한다는 의미로 해석할 수 있습니다. 전통적인 행정학이 인류의 복지증진에 기여하지 못하고 오히려 장애가 될 수 있다고 지적한 Ostrom(1974)[25]은 민주행정이론이 지향해야 할 공공서비스의 핵심은 투입을 산출로 변화시키는 기술적 과정인 생산(production)보다 공공서비스에 대한 시민들의 선호를 파악하고 이를 충족시키기 위한 제도적 장치를 마련하는 공급(provision)이 되어야 한다고 합니다. 정부는 공공서비스 전달의 성과를 중시하는 작동자(effector)이기도 하지만 고객의 수요와 선호를 보다 포괄적인 관점(holistic view)에서 파악하는 발견자(detector)가 되어야 하기 때문입니다.[26] 정부의 중요한 역할 중 하나는 정책수요자와의 공통분모를 찾기 위해 그들의 문화를 이해하려고 하는 가교형성(bridge building)에 있다고 하는 지적[27]도 같은 맥락입니다. 일반 국민이 직접 상대하는 일선관료의 경우 훌륭한 학벌이나 예리한 이성보다 민원인의 입장에 공감하면서도 객관적인 입장에서 그들의 수요를 제대로 파악하는 감성지능을 갖춘 사람이 더 필요합니다. 따라서 감성지능적 정부에서는 공무원의 인사배치에 있어서도 승진이나 임용시험 성적과 함께 감성지능을 고려하는 노력이 요구됩니다.

둘째, 감성지능적 정부는 예술가와 같은 천재적 직관과 창조성을 함양해야 합니다. 조각가가 정교한 측정과 세부적인 수작업을 통해 작품을 제작하거나 음악가가 오선지에 수많은 음표를 그려넣기 전에 필요한 것은 직관과 창의력이라고 할 수 있습니다. 신공공관리론(New Public Management)에서 촉발된 정부혁신의 성공에 필요한 중요한 요소 중 하나는 공직자들이 기존과 다른 창의적 직관을 발휘할 수 있도록 해 주는 것입니다. 혁신(innovation)은 '새롭고 독창적인 것으로 조직의 변화를 촉진'한다는 의미[28]를 갖고 있기 때문입니다. 직관과 창의력은 천재처럼 타고날 수도 있지만 후천적인 몰입과 노력을 통해 성취될 수도 있습니다. 이를 위해 필요한 것 중 하나는 학습조직을 구축하는 것이라고 할 수 있는데 조직의 학습화를 주창한 Senge(1990)[30]에 따르면 학습조직 구축을 위해서는 개인의 통찰력 제고(personal mastery), 사고체계의 변화(mental models), 공통비전의 구축(shared vision), 소규모 조직학습의 활성화(team learning)의 원칙이 필요하다고 합니다. 한편, 직관과 창의력은 일률적인 잣대로 평가할 수 없고 분야에 대한 전문성이 필요하기 때문에 타인의 직관과 창의력도 존중되어야 합니다. 따라서 정부가 직관과 창의력을 발휘해야 할 공적 영역이 아닌 민간영역에 대해서는 그들의 직관과 창의력을 존중하고 후원자의 입장에만 머물러야 합니다.

셋째, 감성지능적 정부는 정책을 집행한 후에 외형적인 변화나 단순한 수치적 결과에만 주목하지 말고 부작용을 포함한 다양한 효과를 해석해 내야 합니다. 이를 위해서는 단선적 해석이 아닌 순환적 해석, 양적 해석이 아닌 질적 해석, 기존의 논리에 얽매인 인습적 해석이 아닌 새로운 감성적 해석, 계량적 만족이 아닌 주관적 만족에 대한 해석을 통해 부분이 아닌 전체(gestalt)와 숨겨진 질서(fractal)를 파악해야 합니다. 정부가 계량적 성과평

▶ 학습조직(Learning Organization)

학습조직의 개념은 대표적 학자인 Senge(1990)에 의하면 '조직구성원들이 진정으로 원하는 성과를 달성할 수 있도록 지속적으로 능력을 확대하고, 새롭고 포괄적인 사고를 함양하며, 미래를 만드는 능력과 지식을 공유하는 학습방법을 지속적으로 배우는(learn how to learn) 조직으로 정의됩니다. 여러 학자들이 공통적으로 지적하는 것은 학습조직은 단순히 개인의 역량강화만을 꾀하는 것이 아니라 팀과 조직적 차원에서 학습활동이 체계적으로 이루어질 수 있도록 조직구성원의 개별학습을 조직학습으로 연계시키기 위한 노력을 중시한다고 합니다. 학습조직에서의 학습은 교육이나 훈련의 개념과 동일시되는 경우가 많으나, 교육자와 피교육자 사이에서 지식과 기술이 전수되는 일방통행 관계가 아닌 구성원 간의 의사소통과 상호작용을 통한 양방향적 성격이라는 것이 중요합니다. 참고로 조직학습(organizational learning)은 개별학습의 결과가 조직차원으로 승화 발전된 학습형태를 의미하며, 조직구성원의 경험, 새로운 지식의 발견, 그리고 적용 등이 전체 조직수준에서 공유되었을 때 조직수준의 학습이 발생했다고 할 수 있습니다. 반면 학습조직(learning organization)은 조직학습이라는 과정(process)의 결과(outcome)적 개념[29]이라고 할 수 있습니다.

가에만 집중할 경우 성과를 측정하기 어려운 분야에까지 성과측정을 확대함으로써 관리적 책임성이 모호해진다거나 성과를 높이기 위해 관리자에게 부여한 재량권이 오히려 평가와 통제의 강화라는 부작용을 초래할 수 있고, 순위를 매기는 상대평가와 벤치마킹을 강조한 결과 획기적인 혁신보다 오히려 동질화와 획일화가 강화[31]되는 문제가 발생할 수 있습니다. 특히 정부의 시혜적 지원이 필요한 복지 분야에서는 투입 대비 산출의 효율성을 강조하는 것이 타당한가에 대한 의문이 제기될 수도 있습니다. 장애인이나 노인들에게 의료서비스를 추가로 제공할 경우 대상자들이 병원에 더 자주 가고 구급차 이용과 재택검진도 늘어남에 따라 예산지출이 증가할 수도 있다는 점에서 비용 측면의 성과는 낮았다고 볼 수 있지만, 치명적인 결과를 초래할 수 있는 욕창 발병률과 응급실 이용률이 줄어들 수 있다면 효과적인 성과[32]를 거둔 것으로 볼 수 있기 때문입니다. 이러한 해석을 함에 있어 평가자는 평가대상과 떨어져 있는 무관한 존재가 되어서는 안 됩니다. 목격자가 바다의 난파선과 아무런 관련 없이 안전한 망루에서 바라본다는 것은 불가능하며 목격자의 위치 또한 흔들리고 있는 난파선 안이어야 한다는 것이 미학적 비평과 해석의 조건[33]이기 때문입니다. 감성지능적 정부는 정책대상자와 외떨어진 존재가 아닌 감정이입적으로 동질화된 상태에서 평가대상자의 경험을 공유할 수 있어야 하는 것입니다.

▶ 감성적 해석

극단적인 예를 들자면, 기상청의 일기예보에 오보가 많을 경우 슈퍼컴퓨터의 성능과 예산을 증액시키는 것이 기존의 해석이라면, 더 저렴하고 정확한 예측을 위해 신경통 환자를 여럿 불러 모아 그들이 신경통을 느끼는가를 기준으로 강우확률을 예측할 수는 없을까라고 생각해 보는 것 등이 이에 해당할 수 있을 것입니다.

이러한 요소를 갖춘 감성지능적 정부에 필요한 공무원은 머리가 좋아서 어려운 시험에 합격한 사람이 아니라 바로 정책수요자에게 공감하면서 정책대상자에게 감정이입할 수 있는 사람입니다. 물론 정책의 내용 자체는 지극히 이성적인 고찰과 분석을 통해 도출되어야 합니다. 따라서 감성지능을 갖추었다고 해도 이성적 판단이 부족하다면 역시 바람직한 공무원이라고 할 수 없을 것입니다. 감성지능적 정부에 적합한 공무원 선발을 위해 공무원 시험과목도 변경할 필요가 있습니다. 지금처럼 오로지 불합격자를 걸러내기 위한 시험에 붙을 수 있는 암기능력자 (☞ "1타 강사도 100점 맞기 힘들다… 지방 9급공시")[36]

▶ 감정이입

감정이입 과정에서 필연적으로 발생하는 것이 감정노동(emotional labour)입니다. 감정노동 개념을 처음으로 도입한 Hochschild(1983: 7)[34]에 따르면 감정노동은 공개적으로 관찰되는 표정이나 몸짓을 표현하기 위한 감정의 통제 및 관리를 의미합니다. 사람이 업무를 수행할 때 몸으로 해야 하는 것이 육체노동이라면 정신으로 해야 하는 것이 감정노동이라고 할 수 있습니다. 예를 들어 콜센터 직원들은 실내에서 앉아서 근무하기 때문에 상대적으로 몸은 덜 고달플지 모르지만 화가 난 민원인을 상대로 자기 감정을 억누른 채 계속 친절하게 응대해야 하므로 속에서는 천불이 날지 모릅니다. 감정노동의 강도가 센 것이지요. 감정노동은 표현방식에 따라 표면행위

(surface acting)와 내면행위(deep acting)로 구분[35)]됩니다. 전자는 업무를 수행하기 위해 자신이 실제 느끼는 실제 감정과 다른 표현, 제스처, 목소리 등을 내야 하는 것으로 감정적 탈진과 스트레스를 유발한다고 합니다. 앞서 말한 콜센터 직원이 속으로는 부글부글 끓지만 친절한 말투를 계속 유지해야 하는 행위를 예로 들 수 있겠습니다. 반면, 후자는 감정노동을 수행하는 과정에서 자발적인 마음이 우러나 상대방을 진심으로 돕기 위해 새로운 아이디어를 생각해 내거나 개인적인 이익을 자발적으로 희생하는 경우를 말합니다. 이러한 외적 비용은 실제로 상대방의 입장에 공감해서 내 일처럼 생각하게 된다거나 민원인으로부터 긍정적인 반응을 얻음으로써 성취를 느끼는 등의 내적 방식을 통해 보상받게 됩니다. 이러한 보상을 통해 개인적인 희생이나 비용이 발생하더라도 오히려 심적 만족을 느껴 자발적인 마음이 우러나게 된다는 것입니다. 민원인을 상대해야 하는 공무원에게 필요한 것은 표면행위보다 내면행위라고 할 수 있고 그런 점에서 감성지능적 정부는 공무원들이 내면행위를 더 열심히 할 수 있는 조건을 마련해 주어야 할 것입니다.

가 아니라 공감능력자를 선발해야 하니까요. 특히 민원인을 직접 상대해야 하는 지방직 공무원의 경우 감성지능을 측정하여 시험점수에 반영한다거나 민원인 대응 등에 관한 실기시험을 치르는 방안도 도입할 수 있을 것입니다.

03

더 생각해 볼 문제

- 2008년 이명박 정부 출범과 함께 미국산 소의 광우병 파동에 따른 촛불시위로 온 사회가 시끄러웠던 적이 있습니다. 사실로 확인되지도 않은 각종 '설'들이 인터넷을 통해 급속히 번지면서 "더 살고 싶다"는 피켓을 든 중고생과 유모차를 끌고 나온 주부, 직장인들이 서울시청 앞 광장과 광화문을 연일 메우면서 "MB Out"과 정권퇴진을 외쳐댔기 때문입니다. 당초의 순수한 촛불시위가 점차 과격한 시위양상으로 전개되면서 한밤의 도심이 몇 달간 무법천지가 되었고 무질서와 폭력사태도 빈발하였습니다. 그러나 그 당시 촛불시위대를 지배했던 것은 광우병 소에 대한 과학적 판단이나 정부정책에 대한 객관적 평가와 같은 이성적 측면이 아니라 '오만불손한 이명박 정부가 미국에 잘 보이려고 국민건강을 팔아먹었다'는 다분히 감정적 선입견이었습니다. 국민들의 건강을 진지하게 걱정했기 때문이라고 보기도 어렵습니다. 국민건강을 보다 '구체적으로 위협'했던 중국산 멜라민 파동이나 식당들의 반찬재활용 문제가 불거졌을 때는 한 번도 촛불시위대가 등장한 적이 없었기 때문입니다. 그런 면에서 볼 때 당시 주한 미국대사가 언급했다가 여론의 뭇매를 맞았던 "한국인들이 비과학적으로 미국산 쇠고기 문제에 접근하고 있다"는 말은 어찌보면 타당한 진단이었다고 보여집니다. 그 후 광우병에 걸린 사람(광우병에 걸린 '소'는 미국에서 2018년까지 여섯 마리 발견)은 한 명도 발생하지 않았고 한국의 소비자들은 언제 그랬냐 싶게 대형할인마트에서 '광우병 쇠고기'로 부르던 미국산 소고기를 열심히 사 먹고 있습니다. 한국농촌경제연구원[37]에 따르면 광우병 파동이 발생한 지 10년이 지난 2018년 미국산 쇠고기 수입 물량은 17만 7,000톤으로 전체 쇠고기 수입 중 48.9%로 1위를 차지했다고 합니다. 그렇다면 광우병 촛불시위가 정권을 위협할 문제로 확산된 것은 국민들의 '감성'을 제대로 읽고 대응하지 못한 정부의 초기진화 실패 때문이라고 보아야 할까요? 아니면 지극히 '이성적'인 국민들의 요구에 정부가 '비이성적'으로 대처했기 때문일까요? 아니면 '이

성적'인 사실관계 판단 없이 국민들이 '감성적'으로만 반응했기 때문일까요? (☞ '뇌송송' 괴담 촛불로 번졌지만… 아무도 책임진 사람 없어, 2018.6.4., 동아일보, www.donga.com/news/article/all/20180519/90151702/1)

- 정부는 감성적이어야 할까요, 이성적이어야 할까요? 아니면 감성지능적이어야 할까요? 개념적 차이에 주목해서 생각해 보도록 합시다.
- 여러분이 보기에 한국 정부는 감성지능을 갖추고 있나요? 그렇다면 이성지능은 갖추고 있나요?
- 정부가 국민들의 감성적 반응을 고려하는 것이 올바른 정책을 적절하게 시행하는데 필요한 일이라고 보십니까?
- 일찍이 마키아벨리는 '군주론'에서 지도자는 여우의 머리(지혜)와 사자의 가슴(힘)을 가져야 한다고 설파했습니다. 하지만 사자와 여우가 감성지능을 갖고 있을 것으로는 보이지 않습니다. 마키아벨리에 따른다면 감성지능적 정부보다는 고도로 이성적인 정부가 더 바람직한 정부의 모습인 것으로 보입니다. 여러분은 마키아벨리의 주장이 맞다고 생각하시나요, 아니면 감성지능을 갖춘 정부가 필요하다고 보시나요?
- 2019년 8월 일본이 한국을 화이트 리스트에서 제외하면서 한일 간 무역분쟁이 시작된 바 있습니다. 청와대를 중심으로 "다시는 지지 않겠다"는 등 연일 대일 강경발언이 쏟아졌고 국민들 사이에서는 일본산 제품 불매운동이 벌어졌습니다. 집권 여당의 싱크탱크였던 여의도연구소는 한일갈등이 계속될 경우 총선에서 여당이 유리하다는 보고서를 배포하여 물의[39]를 일으켰는데 국민 감정을 선거전략으로 이용하려던 '감성팔이'라는 비난을 받을 만합니다. 반면, 2016년 사드미사일 배치를 이유로 중국이 한국에 무차별적인 경제보복을 했을 때는 청와대나 정부가 별다른 대응을 취하지 않았고 국민들도 중국산 제품 불매운동을 벌이지 않았습니다. 왜 이런 차이가 생겼을까요? 이성적으로 대처해야 할 외교나 통상문제에 정부가 감성적인 프레임을 씌운 것은 아니었을까요? 감성지능적 정부역할이 필요한 분야는 그럼 어떤 분야일까요? (☞ 무기력·무능 드러낸 한국 외교, 전면 쇄신 시급하다, 2019.8.5., 한국경제신문, www.hankyung.com/opinion/article/2019080420711)

▶ 화이트 리스트(white list)[38]

화이트 리스트란 전략물자 수출 시에 관련 행정절차의 간소화 혜택을 받는 국가 목록으로 일본은 미국과 독일 등 27개국을 화이트 리스트 국가로 지정하여 운영하고 있었습니다. 한국은 2004년 화이트 리스트 국가로 지정된 바 있습니다. 전략물자는 국제평화 및 안전유지와 국가안보상의 이유로 수출 제한이 필요한 물품 혹은 기술을 의미하는데 주로 대량살상무기와 그 운반수단의 제조·개발·사용·보관에 이용가능하거나 첨단 기술에 사용되는 물품과 기술을 지칭합니다. 하지만 일반 산업현장에서 쓰이는 것들도 전략물자로 분류될 수 있다는 점에서 화이트 리스트 배제는 한국이 필요로 하는 부품이나 소재산업을 쥐고 있는 일본의 일방적인 횡포부리기가 가능하다는 것을 의미합니다.

04

한 걸음 더 들어가고 싶다면

4.1. 감성적 반응

이성적 반응과 함께 감성적 반응이 나타나기 쉬운 분야 중 하나가 바로 주택정책[40]입니다. 주택가격은 이자율이나 소득과 같은 실물경제의 흐름만 반영하는 것이 아니라 주택시장 참여자들의 기대도 반영하기 때문입니다. 따라서 주택가격 상승 시에 앞으로도 더 오를 것이라는 기대가 작용할 경우 실물경제가 설명할 수 있는 범위 이상으로 상승할 수도 있고, 반대로 주택가격이 떨어질 것이라는 기대가 작용할 경우 더 큰 폭으로 하락할 수도 있습니다. 이때 시장 참여자들의 기대심리를 크게 좌우하는 요인 중 하나가 언론보도라고 할 수 있습니다. 상대적으로 주택시장과 경기, 가격변동에 대한 정보가 많지 않은 일반 수요자는 언론보도를 통해 정보를 얻기 때문입니다. 이러한 차원에서 부동산 투자에 대한 언론의 부추김이 부동산 가격이 안정적으로 계속 상승할 것이라는 기대를 유발하였고 인간의 비이성적 기대(animal spirit)와 어울려 과거 미국의 부동산 붐을 야기했다는 분석[41]도 있습니다. 언론의 보도가 미치는 영향이 특정지역에 한정되지 않고 다른 지역의 부동산 시장에 영향을 미칠 경우 예기치 않은 부작용이 발생할 수도 있습니다. 일례로 어떤 지역의 아파트 가격이 오른다는 보도가 나올 경우 본인이 거주하는 지역의 주택가격도 (합당한 이유가 없음에도 불구하고) 오를 것이라는 기대를 하기 쉽습니다. 이에 따라 주택을 매수하려는 수요자가 가격상승의 확산을 우려하여 매수시점을 앞당기고 주택을 매도하려는 공급자가 추가적인 가격상승을 기대하여 매도시점을 미룰 경우 주택가격이 오를 이유가 없더라도 국지적 불균형 발생에 따른 가격 상승이 나타날 수 있을 것입니다.

언론은 정책과정상의 참여주체 중 하나로 사회문제를 공중의제화하는 데 기여할 뿐 아니라 대중에게 직간접적인 영향을 미치는 중요한 매체입니다. 언론의 영향력을 설명하는 이론으로 의제설정(agenda setting)이론과 틀짓기 효과(framing effect)이론이 있습니다. 의제설정이론은 뉴스가 어떤 대상을 보도하면 뉴스 수용자의 마음속에도 그것이 두드러지게 되므로 언론이 이슈로 삼는 의제가 곧 공중의 의제가 된다는 것을 의미[42]합니다. 사람들은 뉴스에 보다 자주 보도되는 문제들을 중심으로 사고하고 토론하며 여론을 형성하는데, 몇 개의 이슈에만 공중의 관심이 집중되도록 하는 능력이 바로 언론의 의제설정 기능인 것입니다. 언론은 사람들에게 무엇을 생각할 것인가(what to think)에 대해 말하는 데는 성공적이지 못하지만, 무엇에 관해 생각할 것인가(what to think about)에 대해 말하는 데는 매우 성공적이기 때문에 언론이 특정 이슈에 대하여 많이 보도할수록 대중들 사이에서 그 이슈에 대한 현저성(salience)이 증가[43]하게 됩니다. 언론에서 특정지역의 주택가격 상승에 대한 보도를 많이 하게 되면 그 지역의 주택을 구매하거나 임차할 의사가 없는 사람들도 불필요하게 정보를 접하는 기회가 많아지게 되고 그러한 정보가 공유되면서 사회 전반적인 관심이 커지고 개인들의 대응전략이 수정되어 예기치 않은 부작용이 발생할 수 있게 됩니다. 이때 이성적으로 설명할 수 있는 부분을 넘는 이상변화가 감성적 요인이라고 할 수 있을 것입니다.

틀짓기 효과이론은 언론이 현실을 있는 그대로 보여주지 않고 현실의 일부분을 선택·강조·요약해서 보여주기 때문에 수용자는 언론에서 선택·강조·요약된 현실만을 보게 된다는 이론[44]입니다. 특히 뉴스의 경우 이야기의 형태로 구성되므로 현실에 대한 이해와 해석의 강력한 틀(frame)을 제공합니다. 예를 들어 건설사의 입장에 유리한 의도를 가지고 주택시장에 관한 언론보도를 재단하게 되면 그 보도는 선택되고 강조된 바에 따라 일정한 틀을 갖게 되고 대중은 이 틀에 따라 이슈를 이해하게 된다는 것입니다.[45] 언론에서 '주택가격 회복'이라고 보도할 경우 주택가격이 높은 것이 원래의 정상적인 상태이고 가격이 떨어져서 부정적인 상태에 있다가 다시 긍정적인 상태로 오를 기미가 있다는 틀을 형성하게 되고 이러한 보도에 대중이 영향을 받을 경우 주택가격 상승은 긍정적인 현상이며 앞으로도 주택가격 상승을 기대해 볼 만하다는 생각을 갖게 됩니다. 그럴 경우 시장수급 상황에 따라 정상적으로 가격상승이 나타나고 있는 지역이 아닌 다른 지역에서도 가격상승 기대를 형성하게 될 가능성이 커질 것입니다. 다른 지역의 주택가격이 오른다는 뉴스를 접하고 아파트 부녀회를 중심으로 하한가를 담합하는 등의 반응을 보이는 것은 기존의 거시경제적 요인 또는 주택특성 요인만으로 설명하기에는 한계가 있습니다.

우리나라 주택시장과 언론보도의 관계에 대한 연구[46]에 따르면 강남아파트의 가격인상과 관련한 언론의 기사 건수가 늘어나게 되면 강남과 강북의 연립주택과 광역시 아파트의 매매가격, 그리고 수도권과 광역시 연립주택의 전세가격이 상승영향을 받는 그랜저 인과관계가 있는 것으로 나타났습니다. 다른 연구에서도 부동산 기사 건수가 주택가격 및 주택거래량에 미치는 영향을 분석하기 위해 세 변수 간의 VAR모형을 이용한 충격반응함수를 추정한 결과 서울 전 지역의 주택가격 변동은 뉴스 보도 건수에 영향[48]을 받는 것으로 나타났습니다.

정부가 부동산 정책에 성공하려면 '강남 아줌마의 눈높이'에 맞추어야 한다는 말이 있습니다. 정부가 다양한 논리적 장치를 강구하더라도 실제 시장에서 이루어지는 정책대상자의 반응과 정책효과의 상호 인과성을 파악하지 못하면 시장에 내성을 키우고 원하는 정책효과를 얻을 수 없을 것입니다. 아래 그림을 보면 주택가격 상승을 막기 위한 규제강화를 통해 정부가 기대하는 효과와 실제 시장에서 나타나는 효과의 차이를 보여주는 인과지도(causal loop map)[49]가 그려져 있습니다. 그중 위에 있는 것은 정부규제를 강화하고 대체공급을 늘림으로써 투기적 수요를 차단하고 초과수요를 해소할 경우 주택가격이 하락할 것이라는 단선적인 음의 루프, 즉 규제강화가 가격하락으로 이어지는 관계입니다. 정부가 기대하는 것입니다. 그러나 실제 시장에서의 정책효과는 아래의 인과지도에서 보듯이 서로 간에 영향을 미침으로써 동태적인 양의 인과관계가 나타날 수 있습니다. 예를 들어 정부규제의 강화로 주택공급이 줄면 희소가치와 투자가치가 높아져서 가격상승이 유발될 수 있고 향후 가격하락을 기대한 실수요자가 구입시기를 연기할 경우 전세수요와 전세가격이 상승하여 주택가격의 견인하는 루프가 발생할 수 있습니다. 대체공급의 확대가 토지보상비의 증가를 유발하고 이를 통해 늘어난 유동성이 부동산 자금으로 재유입되는 경우, 타 지역으로의 개발확산을 통해 가격차이가 줄어들면서 가격상승 압력이 다시 높아지는 경우, 또는 매입임대 확대나 공영개발 등을 통해 정부비중이 커져 민간의 주택공급이 줄게 될 경우에도 주택가격 상승을

▶ 그랜저 인과관계(Granger causality)

인과관계(causality)는 단순한 상관관계(correlation)와 달리 선행사건과 후행사건의 시간적 선후가 분명하고 다른 허위변수가 없어야 한다는 조건을 충족해야 하는 점에서 상당히 입증하기 어려운 관계입니다. 그랜저 인과관계는 이러한 엄밀한 인과관계(causality)를 완화한 개념으로 어떤 변수 Y를 예측하는 데 다른 변수 X를 추가했을 때 변수 Y의 예측력이 통계적으로 향상되는 경우 변수 X가 변수 Y의 원인이 된다는 것으로 정의[47]됩니다. 여기에서 말하는 인과관계란 일반적 의미에서 원인과 결과의 관계라기보다 Y를 예측(추정)할 때 Y의 과거값과 X의 과거값을 함께 사용하는 것이 Y의 과거값만으로 예측(추정)하는 것보다 정확하다는 것으로 X가 Y의 충분조건이라거나 X를 조작함으로써 Y의 변화를 유도할 수 있다는 것을 말하는 것은 아닙니다.

$$Y_t = \mu + \sum_{i=1}^{k} \alpha_i X_{t-i} + \sum_{j=1}^{q} \beta_j Y_{t-j} + e_{1t}$$

$$X_t = \mu' + \sum_{i=1}^{m} \lambda_i X_{t-i} + \sum_{j-1}^{n} \delta_j Y_{t-j} + e_{2t}$$

위 식에서 $\sum \alpha_i \neq 0, \sum \delta_i = 0$인 경우 X에서 Y로 단일방향 그랜저 인과관계(X → Y)가 성립하고 역인 경우 Y에서 X로의 단일방향 그랜저 인과관계(Y → X), 양자 모두 0인 경우 상호독립적 관계, 모두 0이 아닌 경우 양방향의 그랜저 인과관계가 있다고 볼 수 있습니다.

유발하는 루프가 나타날 수 있습니다. 이러한 영향력이 커진다면 가격하락 효과가 상쇄되거나 사라질 수도 있을 것입니다.

▎시스템 사고의 인과지도를 통한 주택정책의 피드백 루프

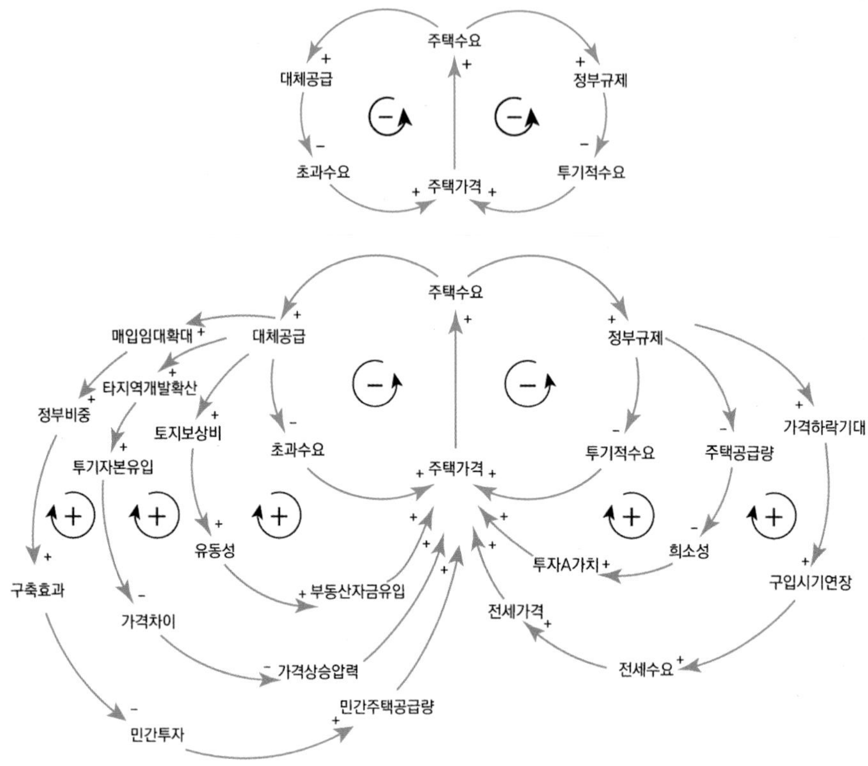

4.2. 감성영향평가

이러한 감성적 반응이 발생할 경우 정부정책이 실패할 가능성이 커질 수 있습니다. 사람들은 배우자, 직업, 거주지에 대한 결정처럼 인생에서 가장 중요한 선택을 포함해 대부분의 결정을 감각, 감정, 욕망 등의 알고리즘으로 결정[50]한다고 합니다. 사람들이 느끼는 감정과 감성에 대한 이해가 없다면 정부정책의 순응도 확보하기 어려울 수 있습니다. 이런 점에서 정부정책을 시행하기 전에 일종의 **영향평가**[51]에 해당하는 '감성 필터링' 절차를 거치도록 하는 방안을 검토할 필요가 있습니다. 해당 정책을 실시하는 것이 국민들에게 어떤 감성적 반응을 일으킬 것인지 사전에 확인해 보는 것입니다. 정부에서 주택가격 상승을 막기 위해 분양가 상한제를 실시할 경우 시장에서 어떤 반응이 나타날 것인지를 아파트 부녀회장이나 실수요자 입장에서 판단해 보는 것이지요(☞ "정부실패 우려가 큰 분양가 상한제"[52]).

▶ **영향평가**

영향평가는 정책평가(policy evaluation)나 정책분석(policy analysis)과는 개념적으로 구분할 필요가 있습니다. 일반적으로 정책평가는 정책집행이 일어난 이후(ex post facto approach)에 집행과정이나 정책결과(outcomes)를 대상으로 특정 기준에 의하여 정책의 결과물이 의도한 대로 또는 예상한 대로 되었는지 좋고 나쁨을 판정하는 것이고, 정책분석은 합리적 정책결정을 위해서 주로 정책결정 시에 사전적(ex ante approach)으로 최선의 대안을 탐색하는 지적활동이라고 할 수 있습니다. 영향평가가 새로운 대안제시에 활용될 수 있다는 점에서는 정책평가나 정책분석과 큰 차이가 없을 수 있으나, 범위 측면에서 정책보다 하위개념인 사업에 대한 평가(program evaluation)를 위주로 한다는 점에서 정책평가나 정책분석과 구별되고, 시기 측면에서는 사전적 평가(pre-assessment)인 점에서 사후적 평가인 정책평가와 차이가 있습니다. 방법론적 측면에서는 어떤 사건이 미래에 가져올 결과들을 기술(demonstrate)하는 기술적 활동(technical activities)이라는 점에서, 대안들의 결과를 예측하고 예측된 결과를 일정한 기준에 따라 평가하여 최선의 대안을 선택하도록 하는 가치판단적 활동인 정책분석과 구별됩니다.

과거 영향평가는 주로 경제적 영향평가나 교통·환경적 영향평가가 주를 이루었지만 최근에는 사회적 영향평가의 중요성이 커지면서 우리나라도 규제영향평가, 부패영향평가, 성별영향평가 등이 시행되고 있습니다. 영향평가(impact assessment)는 정책대안 또는 사업이 대상 집단이나 지역사회에 미치게 될 환경적 영향과 사회경제적 영향을 식별하고 추정함으로써 정책결정과정에서 판단의 기초가 될 정책대안의 결과에 대해 유용한 정보를 제공하는 분석·평가[53]라고 정의됩니다. 또는 현재의 혹은 제안된 행위들(current or proposed actions)이 미래에 가져올 결과들을 확인하는 과정[54]으로 개념화되기도 하고, 의도된 인간행위(X)들의 집합이 어떤 목적이나 현상(Y1, ... Yk)의 상태에 영향을 미친 정도를 파악하고 그 영향의 크기가 정해지는 원인을 규정하는 것[55]으로 설명되기도 합니다.

영향평가의 대상이 되는 영향의 개념은 다차원적이어서 직접적일 수도 있고 간접적일 수도 있으며 시기적으로 볼 때 단기적일 수도 있고 장기적일 수도 있습니다. 내용에 따라서 잠재적일 수도 현시적일 수도 있으며 유형에 따라서는 경제적, 사회적, 지리적, 환경적 등 다양한 범위를 가질 수 있고, 대상에 따라서는 개인적일 수도 집단적일 수도 있을 것입니다. 이처럼 영향이 다양한 만큼 영향평가의 유형도 매우 다양하고 다차원적일 수 있는데, 일반적으로 대분류하자면 경제적 영향평가, 사회적 영향평가, 그리고 환경적 영향평가로 구분할 수 있습니다. 경제적 영향평가는 주로 비용-편익 관점에서 사업의 재무적 타당성을 평가하거나 산업 연관적 차원에서 경제체제에 미치는 영향 등에 대한 평가, 사회적 영향평가는 정책이나 사업이 이해당사자에게 미칠 사회적 영향을 사전에 추정하고 평가하는 과정(Burge, 1998),[56] 환경적 영향평가는 주로 지속가능성 차원에서 대기, 토양, 수질, 생태계 등 환경에 미치는 영향에 대한 평가라고 할 수 있습니다(윤순진, 2004).[57]

이러한 맥락에서 정부가 어떤 정책을 추진하기 전에 정책수요자인 국민들에게 미칠 감성적 영향을 미리 판단하고 그들의 요구에 무관심적인 방식으로 감정이입하였는가를 점검한 후 감성적 만족을 높일 수 있는 방안을 강구함으로써 불필요한 갈등발생을 방지하고 가급적 순응(compliance)을 확보하는 방식으로 정책을 설계할 필요가 있습니다. 다른 예를 들면 2019년에 발생한 일본의 대한국 수출규제 조치와 관련하여 정부가 강경책을 고수할 경우 극일이 아닌 반일감정을 조장하거나 정치적 선동책으로 악용되는 것은 아닌지(☞ "반일 프레임, 총선용이었다, 양정철 보고서 파문"),[58] 국토부가 공유 모빌리티인 '타다' 서비스를 불법으로 규정하는 것이 기존의 택시 승차거부에 질린 시민들에게 더 큰 불만을 초래하는 것은 아닌지(☞ "택시 면허 필요 없다는 타다… 불법으로 간주하겠다는 정부")[59] 등을 들 수 있겠습니다. 이를 위해 감성지능적 정부모형을 바탕으로 적절한 진단모형과 평가지표를 마련하고 일반 시민이나 전문가로 구성된 외부위원회가 감성영향을 판단하도록 하여 그 결과에 따라 정책 내용 수정, 발표 시기 조정, 다른 정책과의 연계 등을 고려하는 근거로 활용할 필요가 있습니다.

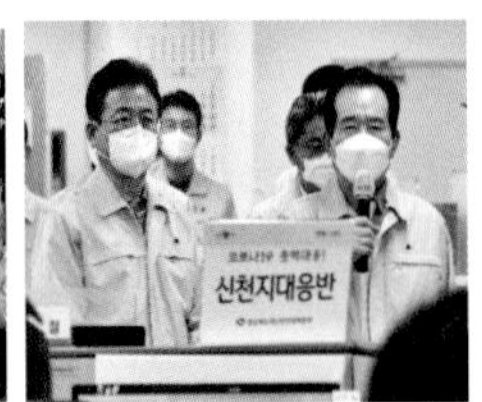

2020년 초에 전 세계를 강타한 코로나 바이러스 사태 당시 발원지가 중국 우한이었음에도 불구하고 한국이 80여 개국에서 입국거부를 당하고 한국인이 중국 내에서 기피대상이 되는 사태로 번진 바 있습니다. 우리나라가 초기부터 강력한 방역대책을 실시하고 선진화된 의료시스템을 가동하여 전 세계에서 가장 빠른 진단책을 썼음에도('썼기 때문에'라는 견해도 있습니다. 미국은 보험이 없을 경우 진단비용이 400만 원 가까이 되는 관계로 아예 진단을 못하고 있고, 일본은 올림픽 문제를 고려해 일부러 진단자를 확대하지 않는다는 합리적 의심도 가능하기 때문입니다) 이런 억울한 처우를 받게 된 이유는 무엇일까요? 단순히 중국을 제외하고 두 번째로 진단자가 많았기 때문이라고만 볼 수 있을까요? 어쩌면 대통령부터 총리까지 예의 노란색 점퍼를 걸쳐 입고 마스크를 쓴 채로 발언하는 모습이 해외로 퍼지면서 한국에 마치 국가적 재앙이 닥친 것 같은 공포감을 불러일으킨 가능성은 없었을까요? 완벽한 대응 외에 적어도 대통령이나 총리는 노란색 점퍼를 입거나 마스크를 쓴 채 발언하는 것은 피했어야 하지 않을까요? 결국 여론의 십자포화를 맞고 나서야 당정청 회의 때 마스크를 쓰지 않게 됩니다.

한편, 당시 정부는 우체국과 같은 공적판매처를 통해 마스크를 차질 없이 공급하고 자영업·중소기업자에게 11조 원 규모의 금융자금을 지원하겠다고 발표했지만 막상 우체국에 가면 마스크가 없고 은행 창구에 가면 대출이 불가능하다는 답변을 듣는 일이 반복되어 탁상행정에 대한 국민들의 불만이 커진 바 있습니다.[60] 이런 일이 발생하는 것은 정부가 대책발표에 급급한 나머지 실제 정책작동에 필요한 기간을 고려하지 않고 발표부터 하는 데 있습니다. 정부정책 발표를 접한 국민들은 바로 실행될 것으로 기대하고 있지만 정작 현장에 가면 전혀 다른 상황이 전개되는 관계로 국민들은 분통을 터뜨리게 되고 결국 정부신뢰가 저하되는 것이지요. 따라서 정부정책을 접할 국민들의 감성적 기대를 고려하여 실제 작동하는 단계에 발표하거나 정책발표 당시 향후 추진할 계획 내지 방향임을 분명히 명시하고 작동에 필요한 기간을 미리 고지하는 등의 변화가 필요합니다. 이러한 과정에서도 감성영향의 고려가 중요할 것입니다.

시진핑은 벗었는데... 마스크 못 벗는 문 대통령

출처: 한국일보, 2020.2.25.

여론 십자포화에…마스크 안쓰고 회의 연 당·정·청

민주당 회의서도 착용 안해
"국민께 송구하다" 거듭 사과
이낙연 "신천지 제출명단 부정확"
강제수사 필요성 강조

출처: 한국경제신문, 2020.3.5.

미주

1) 2017.8.3., 한국일보, https://www.hankookilbo.com/News/Read/201708031772768453
2) https://www.gosi.kr/cop/bbs/selectBoardArticle.do;jsessionid=QTOHHCH5GiN1KhA7XlNUaZBZ.node_cybergosiwas22
3) 이 부분은 저자의 다음 논문과 저술 내용을 대부분 인용하였음.
우윤석. (2008). 감성지능적 정부의 개념화와 구현을 위한 모색: 미학적 아날로지와 도구적 활용을 중심으로. 행정논총, 46(2): 99-133.
우윤석. (2009). 미학적 아날로지를 통한 감성지능적 정부의 이해. 김인중·박창호(편). 이제는 문명의 조우이다. 서울경제경영. pp. 151-170.
4) Nye Jr., Joseph S. (2001). Why People Don't Trust Government. 박준원 역. 국민은 왜 정부를 믿지 않는가. 굿인포메이션.
5) Goleman, Daniel. (1995). Emotional Intelligence. NY: Bantam Books.
6) 이대희. (2007). 감성정부. 대영문화사.; 이대희. (2005). 감성정부와 이성정부의 비교론적 고찰. 한국사회와 행정연구, 16(1): 1-34.
7) Finucane, M. L., Peters, E., & Slovic, P. (2003). Judgment and Decision Making: The Dance of Affect and Reason. In S. L. Schneider & J. Shanteau (eds.). Emerging Perspectives on Judgment and Decision Research. London: Cambridge Univ. Press.
8) Greenberg, L. S. & Paivio, S. C. (1997). Working with Emotions in Psychotherapy. NY: Guilford Press.
9) 오종환. (2007). 그 이후의 영미미학. 미학대계간행회 편. 미학대계 제1권. 서울대학교 출판부.
10) 김한결. (2007). 취미론의 성립배경과 근대적 의의. 미학대계간행회 편. 미학대계 제1권. 서울대학교 출판부.
11) Snarey, J. R. & Vaillant, G. E. (1985). How Low-and Working-Class Youth Become Middle-class Adults: The Association between Ego Defense Mechanisms and Upward Social Mobility. Child Development, 56(4), 899-910
12) Salovey, Peter & Mayer, John. (1990). Emotional Intelligence. Imagination, Cognition, and Personality, 9(3), 185-211.
13) Lusch, R. F. & Serpkenci, R. R. (1990). Personal Differences, Job Tension, Job Outcomes, and Store Performance: A Study of Retail Managers. *Journal of Marketing*, 54(1), 85-101.
14) Pilling, B. K. & Eroglu, S. (1994). An Empirical Examination of the Impact of Salesperson Empathy and Professionalism and Merchandise Salability on Retail Buyer's Evaluations. Journal of Personal Selling and Sales Management, 14(1), 55-58.
15) Goleman, Danie. (1998). Working with Emotional Intelligence. NY: Bantam Books.
16) Stolnitz, J. Aesthetics and Philosophy of Art Criticism. 오병남 역. 미학과 비평철학. 이론과 실천.
17) Levinson, Jerrold. (2003). Philosophical Aesthetics: An Overview. J. Levinson ed. The Oxford Handbook of Aesthetics. Oxford: Oxford Univ. Press.
18) 최경석. (2007). 미적 태도와 미적 대상, 가치, 경험의 관계. 미학대계간행회 편. 미학대계 제2권. 서울대학교 출판부.
19) 김진엽·하선규. (2007). 미적 경험과 예술: 축제적 시간을 통한 삶의 고양. 김진엽·하선

규 엮음. 미학. 책세상.
20) Bohm－Duchen, Monica. (2002). The Private Life of a Masterpiece. 김현우 역. 세계명화 비밀. 생각의 나무.
21) Harries, Karsten. The Meaning of Modern Art: A Philosophical Imterpretation. 오병남·최연희 역. 현대미술: 그 철학적 의미. 서광사.
22) Harvard University, Faculty of Arts & Science. (2007). Report of the Task Force on General Education. http://www.fas.harvard.edu/~secfas/General_Education_Final_Report.pdf
23) Welsch, Wolfgang. (2005). Grenzgange der Asthetik. 심혜련 역. 미학의 경계를 넘어: 현대 미학의 새로운 시나리오, 진단, 전망. 향연.
24) Currie, Gregory. (2003). Interpretation in Art. J. Levinson ed. The Oxford Handbook of Aesthetics. Oxford: Oxford Univ. Press.
25) Ostrom, V. (1974). Intellectual Crisis in American Public Administration. Tuscaloosa: Univ. of Alabama Press.
26) Dunleavy, P., Margetts, H., Bastow, S., and J. Tinkler. (2006). *Digital Era Governance: IT Corporations, the State, and E－Government.* London: Oxford Univ. Press.
27) Kettl, D. (2002). ManAgeing Indirect Government. In L. Salamon (ed.) The Tools of Government. Oxford: Oxford Univ. Press.
28) Abramson, M. & Littman, I. (2002). What Do We Know about Innovation? In Abramson, M. & Littman, I. (eds.) Innovation. Oxford: Rowman & Littlefield Publishers Inc.
29) 오철호 외. (2010). 공공기관 교육 등을 통한 역량강화 방안 연구. 한국정책학회.
30) Senge, Peter. (1990). The Fifth Discipline: the Art and Practice of the Learning Organization. NY: Currency Doubleday.
31) Hood, Christopher. (2005). Public Management: the Word, the Movement, the Science. In Ferlie, E., Lynn, Laurence and Pollitt, C. (eds.) The Oxford Handbook of Public Management. Oxford: Oxford Univ. Press.
32) Fox, M. & Kim, K. (2004). Evaluating a Medicaid Home and Community－Based Physical Disability Waiver. Fam Community Health, 27(1): 37－51.
33) Welsch, Wolfgang. (2005). Grenzgange der Asthetik. 심혜련 역. 미학의 경계를 넘어: 현대 미학의 새로운 시나리오, 진단, 전망. 향연.
34) Hochschild, A. R. (1983). The Managed Heart. Berkeley: University of California Press.
35) Brotheridge, C. M., & Grandey, A. A. (2002). Emotional Labor and Burnout: Comparing Two Perspectives of “People Work.” Journal of Vocational Behavior, 60(1): 17－39.; Brotheridge, C. M., & Lee, R. T. (2002). Testing A Conservation of Resources Model of the Dynamics of Emotional Labor. Journal of Occupational Health Psychology, 7(1): 57－67.
36) 2019.6.17., 매일경제, https://www.mk.co.kr/news/society/view/2019/06/427904/
37) http://library.krei.re.kr/pyxis－api/1/digital－files/2e762116－9f48－4411－bd7a－7b35b27c7555
38) 2019.8.2., BBC 뉴스, https://www.bbc.com/korean/news－49188035
39) 2019.7.31., 한겨레, http://www.hani.co.kr/arti/politics/assembly/904058.html

40) 우윤석·이은정. (2011). 언론보도와 시계열 주택가격 간의 관계에 관한 연구. 주택연구, 19(4): 111－134를 주로 인용하였음.

41) Akerlof, G. A. and R. Shiller. (2009). 김태훈 역. 야성적 충동. 랜덤하우스코리아.

42) McCombs, M. (2002). The Agenda－Setting Role of the Mass Media in the Shaping of Public Opinion. Mass Media Economics 2002 Conference, London School of Economics.; McCombs, M. and D.L. Shaw. (1972). The Agenda－Setting Function of Mass Media. The Public Opinion Quarterly, 36(2): 176－187.

43) Bryant, Jennings and S. Thompson, (2005). 배현석 역. 미디어 효과의 기초. 한울.; Kim, S., Scheufele, D. and J. Shanahan. (2002). Attribute Agenda－Setting Function of the Press and the Public's Evaluation of a Local Issue. J&MC Quarterly, 79(1): 7－25.

44) Chong, D. and J.N. Druckman. (2007a). Framing Theory. Annual Review of Political Science, 10: 103－126.; Chong, D. and J.N. Druckman. (2007b). A Theory of Framing and Opinion Formation in Competitive Elite Environments. Journal of Communication, 57: 99－118.

45) Scheufele, D.A. and D. Tewksbury. (2007). Framing, Agenda Setting, and Priming: The Evolution of Three Media Effects Models. Journal of Communication, 57: 9－20.

46) 우윤석·이은정. (2011). 언론보도와 시계열 주택가격 간의 관계에 관한 연구. 주택연구, 19(4): 111－134를 주로 인용하였음.

47) Granger, C.W.J. (1969). Investing Causal Relationships by Econometric Models and Cross－spectral Methods. Econometrica, 37(3): 424－438.

48) 김영민. (2006). 부동산 기사건수와 주택가격·거래량 간의 관계. 서강대학교 일반대학원 석사학위논문.

49) 우윤석. (2008). 감성지능적 정부의 개념화와 구현을 위한 모색: 미학적 아날로지와 도구적 활용을 중심으로. 행정논총, 46(2), 99－133.

50) Kahneman, D. (2011). Thinking Fast and Slow. NY: Farrar, Straus & Giroux.; Ariely, D. (2009). Predictably Irrational. NY: Harper.

51) 영향평가에 관한 내용은 이윤식·우윤석·이원희. (2007). 영향평가의 합리성 제고를 위한 통합영향평가체계 구축방안 연구. 정책분석평가학회보, 17(1): 29－60을 주로 재인용하였음.

52) 2019.8.14., 문화일보, http://www.munhwa.com/news/view.html?no=2019081401073911000004

53) Nijkamp, P. and Vindigni, G. (2003). Impact assessment of qualitative policy scenarios. Management of Environmental Quarterly 14(1): 108－133.

54) Becker, H. (2001). Social impact assessment. European Journal of Operational Research. 128; 311－321.

55) Mohr, L. (1988). Impact Analysis for Program Evaluation. Chicago: The Dorsey Press.

56) Burge, R. and Colleagues. (1998). A Conceptual Approach to Social Impact Assessment. Social Ecology Press.

57) 윤순진. (2004). 환경갈등의 예방·완화·해소를 위한 환경영향평가제도 개선방안. 한국사회와 행정연구 15(1): 283－311.

58) 2019.7.31., 뉴데일리, http://www.newdaily.co.kr/site/data/html/2019/07/31/2019073100160.html

59) 2019.7.6., 한국경제, https://www.hankyung.com/it/article/2019070547381

60) 2020.3.3., 한국경제, https://www.hankyung.com/economy/article/202003028907i

PART 06

고령화, 축복인가 재앙인가?

영 화 로 보 는 행 정 관 람

아델라인: 멈춰진 시간
(The Age of Adaline, 2015)

감독: Lee Toland Krieger
출연: Blake Lively(아델라인 역), Michiel Huisman(아들 엘리스 존스 역), Harrison Ford(아버지 윌리엄 존스 역), Ellen Burstyn(딸 플레밍 역) 외
수상: Teen Choice Awards, People's Choice Awards, Saturn Awards 후보 등

고령화 사회를 가르는 기준은 65세 이상 인구비율입니다. 이 비율이 7%를 넘으면 고령화 사회(ageing society)가 되고 14%를 넘으면 고령사회(aged society), 그리고 20%를 넘으면 초고령사회(highly aged society)가 됩니다. 통계청의 「2018 고령자 통계」[1]에 따르면 우리나라의 65세 이상 인구는 738만 1천 명으로 전체 인구 중 14.3%를 차지하여 이미 고령사회에 진입하였고 2060년에는 무려 41.0%가 될 것이라고 합니다. 10명 중 4명이 노인인 사회가 되는 것입니다. 여기서 눈여겨보아야 할 것이 노년부양비와 노령화지수입니다. 노년부양비는 생산가능 인구(15－64세 인구) 100명당 65세 이상 인구이고, 노령화지수는 유소년 인구(0－14세 인구) 100명당 65세 이상 인구를 말합니다. 2018년 노년부양비는 19.6명이나 저출산·고령화의 영향으로 2060년에는 82.6명으로 증가할 전망이라고 합니다. 노령화지수는 2016년 100.1명으로 0－14세 인구를 넘어선 이후 2018년 110.5명으로 증가했고 2060년에는 무려 434.6명으로 급증할 것으로 예상됩니다. 좀 과장되게 말하자면 2060년이 되면 일할 수 있는 사람 100명이 82.6명의 노인(현 기준에 따르면 일할 수 없는 비생산가능 인구)을 먹여 살려야 하고, 지하철을 타면 자리를 양보할 초중교 학생은 10명뿐인데 자리를 양보받을 노인은 43명이 있다는 소리입니다. 고령화와 생산가능인구 감소 추세가 이어진다면 1990년대 7%대에서 2010년대 3%로 하락한 우리나라 잠재성장률은 설비투자 감소와 맞물려 2025년 이후 1%대 후반으로 떨어질 것으로 전망[4]되고 있습니다.

▶ 노년부양비와 노령화지수

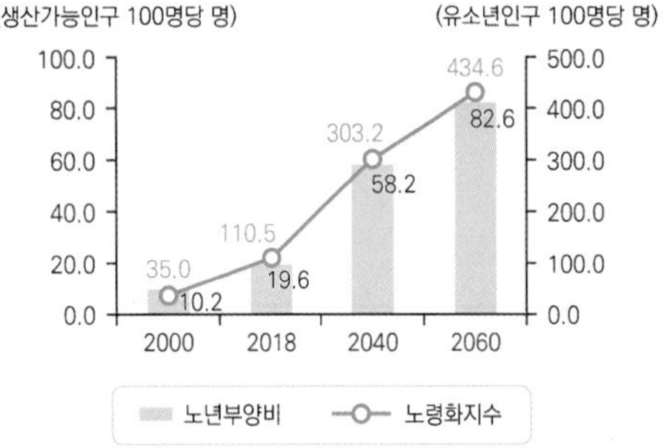

▶ 잠재성장률[2]

잠재성장률은 '노동이나 자본 등의 자원을 최대로 활용하였을 때 유지되는 실질GDP의 증가율로서 한 나라 경제의 최대성장능력을 의미'합니다. 잠재성장률은 한 나라 경제의 적정한 성장목표를 설정하는 데 유용하여 거시경제정책 수립에 널리 활용되고 있습니다. 그러나 일정한 잣대로 추계할 수 없는 추상적인 개념인 관계로 추정에 사용되는 통계분석기법 등에 따라 상이한 결과가 나타나는 한계도 있습니다. 한국은행[3]에 의하면 2000년대 초반 5% 내외에 달하였던 우리 경제의 잠재성장률은 2010년대 들어 3% 초중반으로 하락하였고, 2016-2020년 중에는 2.8-2.9%일 것으로 추정된다고 합니다.

한때 오래 사는 것이 인간의 소원인 시절이 있었습니다. 인류 역사에 끊이지 않았던 전쟁과 기근 때문에 인간은 늘 제명대로 살기 어려웠기 때문입니다. 난세를 피해 간다고 해도 질병과 노화로 인한 죽음에 실패(?)한 사람은 단 한 명도 없었습니다. 모든 권력을 다 가졌던 진시황이 단 하나 못 가졌던 것도 영생을 보장해주는 불로초였습니다. 그러나 20세기 후반 들어 이전과 같은 무자비한 전쟁의 공포가 사라지고 균형 잡힌 영양섭취와 첨단 의학기술 및 유전공학의 발달로 인간은 점점 영생을 꿈꾸는 존재가 되어가고 있습니다. 불치병이었던 암과 AIDS도 조기발견만 하면 생명을 이어갈 수 있고 장기나 신체부위가 고장나면 다른 장기나 인공관절 등으로 교체할 수 있게 된 것입니다. 나이를 먹어도 돈만 있으면 성형수술로 젊음을 유지할 수도 있습니다.

그런데 과연 인간이 영생을 얻게 되면 행복할까요? 'Age of Adaline'은 우연히 영생을 얻게 된 주인공 아델라인이 오랜 세월을 살아보고 나서 결국은 늙어가는 것이 행복이라는 것을 깨닫는다는 영화입니다. 물론 사랑하는 친구나 가족과 모두 함께 영생을 누릴 수 있다면 내용이 달라질 수도 있었겠지요. 이 영화에서는 그녀 혼자만 영생을 누리다 보니 사랑하는 사람과 헤어져야 한다는 것이 문제였으니까요. 영화에서처럼 인간이 신과 같은 영생을 누린다는 것은 아직은 비현실적인 문제지만 일반적인 사람들이 오래 살게 되는 고령화 시대는 이미 우리에게 현실도 다가온 문제입니다. 여기서는 고령화와 관련된 노인복지 이슈 중에 고정수입이 없는 노인이 정부지원에 의존하는 대신 자신이 보유한 자산을 기반으로 어떻게 살아갈 수 있을지에 대한 논의를 해 보고자 합니다. 일종의 주거복지 개념입니다. 참고로 이 영화에서 아델라인이 늘 우아한 모습을 유지할 수 있는 것은 단지 외모가 아름다워서뿐 아니라 생계수단을 찾거나 타인에게 아쉬운 소리를 하거나 정부에게 의존할 필요가 없었기 때문입니다. 돈도 많았거든요!

01

영화 들여다보기: 아버지와 아들에게 대를 이어 사랑받은 여인의 이야기

샌프란시스코에 있는 도서관에서 일하는 아델라인은 29살입니다. 그런데 말입니다.... 1908년에 태어나 1937년 이후 나이가 멈췄으니... 개봉 시점인 2015년 기준으로 거의 80년 째 29살인 셈입니다. 아델라인은 1908년 새해 첫날 샌프란시스코에서 태어난 첫 번째 아기였습니다. 나중에 결혼해서 딸을 낳았지만 남편이 사고로 죽은 후 10개월 뒤 눈길을 달리던 아델라인의 차가 미끄러지면서 얼음장 같은 호수에 빠지게 됩니다. 거기서 그녀도 죽었습니다. 그런데 갑자기 번개가 내려치면서 거짓말처럼 아델라인이 깨어나게 되고 그 이후로 그녀는 29살에서 신체나이가 멈추어 버립니다. 차가운 물속에서 심장이 정지해 있다가 5억 볼트의 전기 충격에서 깨어난 후 DNA 인자가 압축되어 버린 것이라고 합니다. 2035년쯤 발견하게 될 효과였던 것이죠.

어느 날 밤, 이런 그녀를 수상히 여긴 FBI 수사관들의 손아귀에서 가까스로 벗어난 후 그녀는 평생 도망치며 살아야 한다는 걸 깨닫습니다. 그래서 딸과도 이별하고 10년마다 이름과 주소를 바꾸어가며 다른 모습으로 살아가게 됩니다. 정상적(?)인 딸이 성인이 되자 둘은 친구처럼 지내기도 하는데 나중에는 딸이 더 나이를 먹어 엄마처럼 늙어 보이게 됩니다. 아델라인의 지금 이름은 제니퍼입니다. 아델라인은 오래전에 투자했던 회사의 주식이 올라 큰돈도 벌었습니다. 그녀가 투자했던 회사는 바로 제록스... 한때 복사기로 세계를 제패했던 바로 그 제록스였습니다.

12월 마지막 날 밤, 아델라인은 맹인 피아니스트 친구의 초청으로 새해 전야 파티에 참석했다가 엘리스라는 남자를 만나게 됩니다. 아름답고 지적인 아델라인에게 첫눈에 반한 엘리스는 그녀에게 다시 만나자고 하지만 보통 사람처럼 사랑에 빠질 수 없는 그녀는 그의 구애를 받아들이지 못합니다. 다음 날 아델라인이 일하고 있는 도서관에 책 기증자로 찾아온 엘리스는 만나주면 기증을 하겠다는 다소 '치사한' 수법으로 또다시 데이트를 신청합니다. 아델라인은 역시 거절하지만 한 번도 가보지 않은 곳에 데려가주겠다는 말을 듣고 데이트를 허락합니다. 그리고 둘은 아름다운 밤을 보내게 되지요.

하지만 아델라인이 키우던 강아지가 늙어 죽게 되자 사랑하는 것들을 먼저 보내야 하는 자신의 운명에 대해 다시금 낙담합니다. 과거에 약혼반지를 들고 기다리던 사랑하는 남자에게 가지 못하고 택시를 탄 채 지나가야만 했던 자신의 모습도 오버랩되면서 엘리스와 헤어질 결심을 합니다. 나중에 알게 되지만 그때 떠나보내야 했던 그 남자가 바로 엘리스의 아버지인 윌리엄입니다. 아델라인이 이삿짐 싸는 것을 도와주러 온 딸... 나이 들어 엄마처럼 보이는 딸은 사랑을 피해 도망치기에 지친 그녀에게 도망가지 말고 사랑을 찾으라고 용기를 줍니다. 결국 아델라인은 엘리스와 우여곡절 끝에 다시 만나게 되고 서로의 사랑을 확인합니다. 그리고 엘리스는 부모님의 집에서 열리는 결혼 40주년 파티에 함께 가자고 제안합니다.

부모님의 집에 도착해서 인사를 하는 순간 아버지인 윌리엄은 그녀를 한눈에 알아보더니 아델리안이라는 이름으로 그녀를 부릅니다. 40년을 함께 살아온 아내와 식구들이 모두 의아해할 정도로 윌리엄은 넋이 나간 표정입니다. 아델라인도 그를 한 번에 알아봤지만, 아델라인은 돌아가신 자신의 엄마 이름이라고 둘러댑니다. 다음 날 아침 산책 길에 우연히 아델라인과 마주친 윌리엄은 그녀의 왼손에 있는 흉터를 보게 됩니다. 수십 년 전 사랑에 빠진 윌리엄과 아델라인이 하이킹을 갔다가 아델라인이 손을 다치게 되자 의과대학생이었던 윌리엄

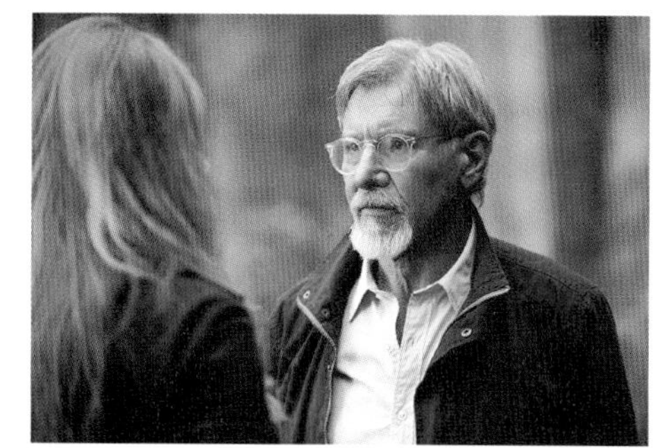

이 꿰매주었던 바로 그 상처였습니다. 제니퍼가 실제 아델라인이라는 것을 알게 된 윌리엄은 엘리스를 떠나지 말아 달라고 부탁합니다. 하지만 혼란에 빠진 아델라인은 편지를 남겨두고 윌리엄의 집을 떠나 또다시 도망을 치게 됩니다.

차를 몰아 도망치던 그녀가 마음을 돌려먹고 다시 돌아오려던 그때 트럭이 그녀의 차를 덮치게 되고 그녀는 저체온증에 빠져 다시 한번 심장이 멎게 됩니다. 107살의 나이로 또 한 번 죽게 된 것이죠. 이어 그녀를 허겁지겁 쫓아온 엘리스가 그녀를 발견하고 이어 구급대원이 심장 제세동기를 작동해서 전기충격을 가하자 처음 죽었을 때 그랬던 것처럼 그녀가 다시 기적적으로 깨어납니다. 그날 밤 아델라인은 병원에서 자신의 비밀을 엘리스에게 모두 털어놓습니다. 엄마를 찾아와 자신이 할머니라고 소개하는 딸과도 처음으로 제대로 인사를 합니다.

일 년이 지나고 둘은 새해 전야 파티에 함께 갈 준비를 하고 있습니다. 거울 앞에 앉아 나갈 준비를 하고 있던 그녀는 자신에게 흰머리가 생긴 것을 발견합니다. 그녀도 늙기 시작한 것이죠. 멍하게 앉아 있는 그녀에게 엘리스가 괜찮냐고 물어봅니다. 그녀는 대답합니다. “완벽해요.”

02

고령화의 숙제: 자산기반 복지(Asset-based Welfare)[5)]

2.1. 복지국가 레짐과 주택

복지국가는 '모든 국민이 적어도 사회적으로 수용가능한 최소한의 기초적인 물질적 복지를 누릴 수 있도록 기회를 제공해야 할 의무를 지는 국가'를 의미[7)]합니다. 사회보장 체제가 정비된 서구 선진국과 달리 노후생활의 비용을 대부분 개인이 부담해야 하는 우리나라의 현실을 감안할 때 고령사회 진입은 국가의 복지정책에도 커다란 변화를 요구할 것으로 전망됩니다. 다양한 노인 복지 정책 가운데 주거복지 정책은 기본적인 삶을 보장하는 정주여건과 관련되어 있다는 점에서 시급성과 중요성이 특히 큰 분야라고 할 수 있습니다.

국가별 주택정책을 복지정책 연계하여 비교한 연구는 대부분 Esping-Andersen의 복지국가 레짐[8)]을 따르고 있습니다. 그의 유형에 따라 주거복지의 특징을 구분해 보면 자유주의 레짐(Liberal regime)은 자가보유나 민간임대와 같이 주로 시장기구에 의한 공급이 이루어지는 체제로 영국, 미국, 아일랜드 등이 속하는 유형입니다.

▶ 복지국가(welfare state)
당초 복지제도 도입은 어려운 사람들을 위해서가 아니라 국가의 이익을 위해서였다고 합니다. 19세기에 독일이 국민연금과 사회보장제도를 도입한 목적도 '국민의 행복'이 아닌 '국민의 충성'을 확보하기 위한 것으로, 청년일 때 나라를 위해 싸우고 중년일 때 세금을 내면 노년일 때는 국가가 보살펴주겠다[6)]는 취지였다고 합니다.

▶ Esping-Andersen의 복지국가 레짐(welfare state regimes)
그는 탈상품화(decommodification, 서비스 제공을 받는 것이 권리로서 인정되어 시장에 의지하고 않고도 누릴 수 있는 정도), 사회적 계층화 수준(level of social stratification, 사회적 계층을 유지하거나 분해시키기 위한 복지국가의 역할), 민관혼합(private-public mix, 국가, 시장, 가족 간의 상대적 역할)을 계량적으로 분석하여 복지국가를 자유주의, 보수주의, 사회민주주의라는 세 가지의 유형으로 분류하였습니다. 이 중 탈상품화는 연금, 실업, 질병이라는 세 가지의 하위지표로 구성되는데 연금의 경우 표준근로소득 대비 최저 및 표준연금액(연간 총소득 대비 세전 연금소득의 비율), 표준연금 수령에 필요한 불입연수, 연금재원에 대한 개인의 기여 등을 측정하여 탈상품화가 낮으면 1점, 보통이면 2점, 높으면 3점을 부여한 값을 가중합산하였습니다. 이 값이 클수록 시장의존이 낮고 탈상품화가 높아서 관용적이고 재분배적인 시스템이라는 것을 의미합니다.

직접적인 정부보조는 작은 규모로만 이루어지고 최하위층만을 대상으로 시장을 통한 선택기회를 부여하는 데 주안점을 둡니다. 사회민주주의 레짐(Social democratic regime)은 스웨덴이나 덴마크 같은 국가가 속하는 유형으로 정부가 최하위층에 한정하지 않고 직접적인 주택공급을 담당하는 형태입니다. 주택은 시민의 권리로 인정되며 홈리스를 구제하는 것도 정부의 책무로 인식되므로 주택시장에 대한 정부개입은 포괄적입니다. 보수주의 또는 조합주의 레짐(Conservative or Corporative regime)은 독일이나 프랑스가 속하는 유형으로, 교회나 직능집단과 정부와의 오래된 파트너십에 의한 조합주의적 관계를 특징으로 합니다. 주택공급은 이러한 기구들에 의하거나 조합원들의 이익에 봉사하기 위해 설립되는 주택조합(housing association)이 담당하며, 가구들의 주택구매는 시장 참여보다 이러한 기구들과의 관계에 의해 이루어집니다. 보완적 분류의 하나로 동아시아 모형을 추가해야 한다는 논의[9]도 있습니다. 홍콩, 싱가포르, 한국, 타이완과 같은 나라들은 서유럽에 비해 정부의 역할이 매우 큰 일종의 고안된(contrived) 복지국가 유형에 해당하기 때문입니다. 이들은 유교주의에 입각하여 가족의 역할을 중시하고 조화와 연대, 긍지와 충성을 강조하는 공통점을 갖고 있어서 가족이 하나의 주체이자 사회를 지키는 방파제로 간주되고 국가의 주택서비스가 대규모 국영기업에 의해 공급되는 특징을 갖고 있다고 합니다.

그러나 주택은 기본적인 복지를 영위하는 데 중요한 의미를 가짐에도 불구하고 실제로는 '복지국가의 불안정한 기둥(wobbly pillar in welfare state)'[10]으로 불릴 만큼 그 위상이 지속적으로 변화되어 왔습니다. 보편적인 형태로 제공되는 교육이나 의료와 달리 주택은 시장을 통해 대부분의 공급과 소비가 이루어질 수 있으므로 국가의 역할이 잔여적(residual) 수준에 그친다고 여겨져 왔기 때문입니다. 결과적으로 복지국가 체제에 관한 대표적인 비교연구인 Esping-Anderson(1990) 모델에서도 주택에 대해서는 사실 별다른 언급이 없었고, '요람에서 무덤까지'라는 키워드로 유명한 1942년 Beveridge 보고서에서도 사회보장이나 의료 분야와 달리 주택공급에 관해서는 획기적인 개혁안을 제시하지 않은 것은 물론 정부의 지속적인 개입에 대해서도 신중한 입장[11]을 취한 바 있습니다.

우리나라의 경우 양로원과 같이 최하위 계층을 위한 집단시설 외에 노인계층을 위한 주거복지 정책수단은 노인복지법에 의한 노인복지주택이 거의 유일한 실정입니다. 노인복지주택은 최하위 소득계층이 아닌 저소득 노인을 대상으로 분양 또는 임대로 공급되는 실비양로 및 요양시설에 해당하지만 수요에 비해 공급이 미흡하고 법적·제도적 지원 미비, 경제성 등의 이유로 활성화되지 못한 실정[12)]이지요. 한편 상대적으로 고소득층 노인을 대상으로 운영되는 다양한 형태의 '실버타운'은 고가의 보증금 및 월임대료에 기반을 둔 것이므로 국가의 개입대상이라고 보기 어렵습니다. 이러한 현실을 감안할 때 자가를 보유하고 있어서 저소득층은 아니더라도 은퇴 후 고정수입이 없는 노인을 대상으로 한 주거복지는 적절한 프로그램이 없는 정책사각에 해당합니다. 다시 말하면 노인계층의 소득별 스펙트럼에서 최하위층을 위한 양로원, 저소득층을 위한 노인복지주택, 최상위층을 위한 실버타운 등 외에 고정수입이 없는 자가주택 보유자를 대상으로 한 주거복지 프로그램이 존재하지 않는다는 것입니다. 이들은 주택을 보유한 점에서 상대적으로 저소득층이라고 보기 어려울 수도 있지만 주택의 가치에 따라 하위층에 해당할 수도 있고 고정수입의 존재여부나 규모에 따라서도 경제수준의 차이가 크기 때문에 단순히 '주택보유자'라는 한 가지 프레임만으로 평가할 수 없습니다.

그럼에도 불구하고 우리나라에서는 주택을 보유한 경우 저소득층이라고 보지 않는 경향이 강합니다. 선진국에 비해 복지재정 규모가 상대적으로 낮기 때문에 한정된 복지예산을 배분하는 데 있어 우선순위가 밀릴 수밖에 없다는 것은 이해하더라도 은퇴 후 집 한 채밖에 없는 사람들(물론 집 한 채 값이 얼마냐에 따른 차이는 있겠지만)에게 고정수입이 없는 데 비해 과도한 세금을 물리는 등의 방식으로 역차별을 하기도 합니다. 정부의 주거복지 정책도 임대주택 확대에 중점을 두고 있어서 노인주거복지 차원에서 주택을 보유하도록 촉진하는 방향은 찾아보기 어렵습니다. 그러나 이러한 계층들은 별도의 주거복지 지원이 없더라도 주택연금을 통하거나 주택매각을 통해 생활비를 충당할 수 있다는 점에서 새로운 관심을 갖고 대할 필요가 있습니다. 사람들로 하여금 고정수입이 있는 시기에 마련한 주택을 기초로 노년기에 생활비를 충당할 수 있도록 생애주기별 지원을 강화하고, 한정된 국가재원은 잔여 계층에게 선별적으로 지원함으로써 과도한 복지부담을 덜 수 있기 때문입니다. 여기서 투기나 투자목적이 아닌 복지차원에서 노인이 되기 전에 자기주택을 보유하도록 해야 할 필요성이 생깁니다. 바로 '자산기반 복지'의 가능성 때문입니다.

2.2. 자산기반 복지(Asset-based Welfare)

자산기반 복지(asset-based welfare)는 주택의 가치 상승, 복지국가 수준의 저하, 주택을 활용한 담보대출 기회의 증가가 어우러지면서 기존의 소득기준 복지(means-tested welfare)를 대체하여 등장한 것으로 주택의 구입과 매각을 통해 노년기에 필요한 비용을 스스로 충당할 수 있도록 하는 것을 의미[13]합니다(Doling & Ronald, 2010a and 2010b; Lowe et al., 2012).

복지국가를 구현하기 위해 주택을 대체적인 복지재원으로 활용할 수 있다는 가능성은 모기지 시장의 확대와 주택가격의 상승에 따른 '주택 재산 복지(housing-wealth-fare)'의 심화에 기인[14]합니다. 신자유주의 차원에서 은행에 대한 규제가 완화되고 다양한 형태의 주택관련 금융상품이 개발되면서 주택구입을 위한 자금조달이 용이해지자 일부 불경기 때를 제외하고 주택가격이 꾸준히 상승하였기 때문입니다. 유럽과 미국의 경우 모기지 시장의 발달과 주택가격의 상승으로 자가보유가 계속 확대되었고 주택을 통한 부의 소유도 증가[15]하였습니다. 금융기법이 발달하면서 과거 주택을 매각할 시점에서야 가능했던 유동화가 저당대출(mortgage equity release) 등을 통해 주택을 보유한 상태에서도 가능하게 되자 주택을 일종의 현금인출기(ATM)처럼 이용[16]할 수 있게도 되었습니다. 결과적으로 많은 사람들이 실업이나 노년기의 재무적 어려움으로부터 스스로를 보호하기 위해 자족적인 사적 안전망을 구축하는 것이 중요하게 되었고 이 과정에서 개인의 가장 중요한 자산에 해당하는 주택이 재무적 안전핀 역할을 수행하게 된 것입니다. 한편, 개인들이 소유한 주택의 가치(housing wealth)가 복지(welfare)를 대체할 수 있는 재무적 수단(financial security)이라고 여기게 되면서 집단적인 복지 안전망의 필요성을 덜 느끼게 되었고, 자가보유에 들어가는 비용이 커질수록 집단적인 복지에 필요한 세금부담에 저항[17]하게 됩니다. 이처럼 주택의 가치 상승, 복지국가 수준의 저하, 주택을 활용한 담보대출 기회의 증가가 어우러지면서 기존의 소득기준 복지(means-tested welfare)를 대체할 수 있는 개념으로 등장한 것이 '자가점유를 통한 자산기반 복지(housing asset-based welfare)'라고 할 수 있습니다.

자산기반 복지에 관한 이론[18]은 정책적 차원(asset-based welfare policies)과 가구의 전략적 선택차원(household strategy)으로 나누어볼 수 있습니다. 정책적 차원의 자산기반 복지이론은 사람들을 시혜적 복지에 의존하게 할 것이 아니라 안전망이 될 수 있는 자산을 스스로 축적하도록 장려하는 것이 바람직하다는 사고에 바탕하고 있는데 자산기반 복지정책을 제안한 Sherraden(1991)[19]은 소득에 따라 차등지원하는 복지정책은 수혜자들을 더 가난하고 무능력하게 만든다고 하면서 복지

정책에 있어서 자산축적의 역할에 주목한 바 있습니다. 그는 자산이 사람들의 세계관을 바뀌게 하고 보다 장기적인 목표를 세우도록 해줄 뿐 아니라 자산을 보유함으로써 공동체 참여가 활발해지고 재무적 수단에 대한 투자를 늘려 더 나은 수익을 창출할 수 있도록 해 준다고 합니다. 자산기반 정책의 필요성[20]은 첫째 경제적인 차원에서 볼 때 빈곤에서 벗어나는 방법은 소비가 아니라 저축과 자산축적에 있기 때문이고, 둘째 자산을 축적하게 되면 가정의 안정감을 높여주고 장기적인 계획을 가능하게 하며, 자산관리를 위한 더 많은 노력 투자, 인적 자본의 개발 증대, 위험감수의 기반 제공, 개인적 만족감과 웰빙 향상, 사회적 지위와 관계망의 확충, 공동체 및 시민사회 참여 확대, 자손들의 웰빙 개선과 같은 긍정적 효과를 주기 때문입니다. 자산기반 복지정책을 선도하고 있는 영국에서는 자가소유가 노년기의 안정적 연금(pension)의 하나가 될 수 있다는 인식하에 주택을 복지국가의 다른 기둥(additional pillar of welfare system)으로 삼고자 자가보유를 정책적으로 장려[24]한 바 있습니다. 이를 위해 구매권(right to buy), 지분공유(shared ownership), 주택구매(homebuy) 제도 등을 활용한 공공임대주택 구입을 촉진하는 한편, 저당대출 확대를 위한 규제완화 등을 추진[25]하였습니다. 다른 유럽국가들도 자산가치를 높이고 이웃공동체와 사회에 대한 참여와 책임을 향상시키는 수단으로 자가보유 촉진을 정책적으로 추진[26]한 바 있습니다.

자산기반 복지를 가구의 전략적 선택 차원에서 접근한 연구는 Kemeny(1981)[27]와 Castles(1998)[28]의 연구가 선구적이라고 할 수 있습니다. 두 연구는 '매우 큰 상충관계(The Really Big Trade-Off)'라고 이름 붙인 자가보유와 복지지출 간의 역관계를 규명한 것으로 주택과 복지국가 이론에 큰 영향을 미친 바 있습니다. 우선 Kemeny(1981)는 주택시스템의 유형을 이원 임대시장과 단일 임대시장으로 구분하고 정부개입이 미약한 이원 임대시장 체제는 자가보유율이 높을 것이라는 가정하에 8개 OECD 국

▶ 영국

영국에서는 복지국가 체제를 유지하는 데 들어가는 비용부담을 경감하고자 1990년대 이후 주택을 담보로 한 역모기지(equity release)에 주목한 바 있습니다. 주택보유가 거처의 제공이나 부의 축적, 세대 간 부의 대물림과 같은 기본적 기능 외에 은퇴 후 생활을 영위하는 데 축적된 자산가치를 활용할 수 있는 기회도 제공하기 때문입니다. 2000년대 이후 들어서는 임대 위주의 공공주택 공급 확대가 아니라 자가보유 촉진과 시장의 효율성을 높이려는 자산보유형 복지국가(property-owning welfare state) 체제로 주택정책의 방향을 전환[21]하게 되었습니다. 영국(66.4%)뿐 아니라 헝가리(92%), 스페인(85%), 아일랜드(79%), 포르투갈(75%), 그리스(74%), 이탈리아(68.5%), 벨기에(68%), 핀란드(66%) 등 유럽의 많은 국가들이 높은 자가점유율[22]을 보이는 것도 같은 맥락으로 풀이[23]됩니다.

▶ 이원 임대시장(dual rental market)과 단일 임대시장(unitary rental market)

이원 임대시장은 공공임대주택 분야(social rental sector)가 민간임대주택 분야(private rental sector)와 분리되어 취약계층을 위한 대안적인 사회안전망의 역할을 수행하는 시스템으로 민영화와 경제자유주의가 지배적인 국가에서 발견됩니다. 이러한 시스템에서는 민간임대주택 분야의 임대료가 비싸고 임대료 규제와 임차인 보호가 없으므로 취약계층이 아

닌 사람들은 임대 대신 주택을 구매하는 행태를 보이게 됩니다. 반면 단일 임대시장 체제는 공공임대주택 분야가 민간임대주택 분야와 분리되어 있지 않아 수익형 임대주택 분야와 비수익형 임대주택 분야가 직접 경쟁하는 시스템으로 시장에 대한 정부개입이 당위적인 것으로 인식되는 국가에서 나타납니다. 이러한 시스템에서는 임대료 규제와 임차인 보호가 이루어지고 있으므로 주택을 임대하는 것이 자가보유의 매력적인 대안으로 작용하게 됩니다.

가에 대해 분석한 결과 자가보유율이 복지수준(정부지출, 총조세, 소득세율)과 상반관계를 가짐을 확인한 바 있습니다. 이원 임대시스템을 가진 나라가 복지수준이 낮은 이유는 자가보유가 가구의 수입을 생애주기별로 재분배하는 과정에서 찾을 수 있는데 처음으로 주택을 구입하는 가구는 모기지 부담이 크기 때문에 복지지출을 위한 높은 조세에 저항하게 되고, 나이를 먹어 모기지를 상환하고 나면 주거비가 경감될 뿐 아니라 주택을 매각하거나 담보대출을 받음으로써 노후연금에 의존하지 않을 수 있기 때문이라는 것입니다. 그는 이후 연구[29]에서 신보수주의적인 복지예산 감축이 개인차원의 자구대책 강구로 이어진다고 하는 '자가보유와 개인화 가설(Home Ownership and Privatisation Hypothesis)'을 제시합니다. 이는 자가보유가 생애주기에서 소득재분배 효과를 갖는다는 것으로 퇴직연금과 같은 공적 지원이 줄어들게 될 경우 노후보장을 위한 개인연금이나 저축 등에 의존할 수도 있지만 자가주택을 소유하는 것이 훨씬 더 매력적인 수단이라는 점을 근거로 들고 있습니다. 자가보유가 월세와 같은 임대료 부담을 더는 것은 물론 담보재설정(re-mortgage)이나 담보대출, 작은 집으로의 이주(trading down) 등 다양한 수단으로 활용될 수 있기 때문입니다. Castles(1998)도 20개 OECD 국가를 대상으로 1960-1990년대 자가보유율과 복지수준을 분석한 결과 양자 간에 상반관계가 있음을 확인한 바 있습니다. 낮은 복지수준은 젊은 계층이 자산축적을 위해 집을 구매하는 유인(incentive)으로 작용하게 되므로 복지시스템이 자가보유 증가에 영향을 미치게 되고, 특히 은퇴 시에 자가를 보유한 고령자들은 임대료를 지불할 필요가 없어 더 적은 연금으로도 생활할 수 있으므로 정부의 연금보조가 크지 않더라도 만족할 수 있기 때문이라는 것입니다.

반면, 자가보유의 긍정적 효과를 비판하는 견해[30]는 경제적 여유가 없는 저소득계층의 경우 자가보유를 위한 금전적 부담이 삶의 질을 저하시킬 수 있고 자산가치가 하락할 경우에는 개인차원의 소득감소 효과는 물론 사회·경제적인 문제를 야기할 우려도 있기 때문이라고 합니다. 자산가치 하락에 따른 부정적 영향은 2008년 미국에서 발생한 서브프라임 모기지 사태나 부동산 거품 붕괴와 함께 일본이 겪었던 '잃어버린 10년'에서도 이미 나타난 바 있습니다. 고령화 사회에 접어든 일본의 경우 거품 붕괴 이후 자산가치의 하락이 자가보유 확대정책의 지속가능성을 저해했다는 연구[31]도 있는데 우리나라에서도 참고할 사항이라고 할 수 있습니다. 다만 이와 같은 부정적 상황은 집값이 필요 이상으로 올랐다가 갑자기 하락했거나, 개인이 부담가능 범위를 넘어 무리하게 투자(투기)했다거나 하는 상황에서 주로 발생할 것입니다. 앞서 소개한 연구에서 밝혀진 것처럼 개인의 자구적 복지수단 마련이 조세저항으로 이어지고 정부 재원조달 감소로 이어질 경우 정부의 복지지원 역할이 감소할 수도 있겠지만 정부실패를 중시하는 입장에서는 반드시 부정적인 것만도 아닐 수 있습니다.

여기에서 자산기반 복지는 단순한 경제적 가치를 넘는 사회적 효과나 편익(social impact or benefit)이 있다는 점에 주목할 필요가 있습니다. 여러 연구에 따르면 자가보유의 확대가 지역의 안정성, 활발한 지역사회 참여, 바람직한 청소년 교육, 어메니티의 향상, 육체 및 정신적 건강증진 등에 다음과 같이 다양한 긍정적 효과를 미친다고 합니다.

- 자가점유자들은 경제적·심리적으로 거주지에 투자한 것을 유지하고자 하므로 자가보유가 지역사회 현안에 대한 사회적 관여(social involvement)를 높여 지역사회 전체의 건전성(health of society)을 높이는 데 기여[32]
- 자가점유는 정부의 재정적인 부담을 가중시키지 않으면서 노년기에 주택자산을 활용하여 재정적인 혜택(financial well-being)을 스스로 얻을 수 있게 해 준다는 점에서 지속가능한 주거복지를 달성하는 데도 도움[33]
- 지역사회 참여와 관련하여 자가점유자들이 거주지에 대해 강한 애착을 갖기 때문에 자원봉사단체 등 지역사회 활동에 참여할 유인[34]이 발생
- 지역여건의 악화가 주택매매 시 금전적 손실을 야기하므로 이를 방지하기 위한 경제적 차원에서 지역사회 참여가 활발[35]
- 자가점유가 시민의 자질(good citizenship)과 높은 상관성을 가지며 지역 편의시설에 투자하도록 동기부여[36]
- 자가점유자들은 삶에 대한 만족 및 자기효능감이 더 높은 수준 유지[37]
- 자가점유율이 높은 지역일수록 청소년들의 교육성과 향상 가능[38]
- 자가보유자들이 거주지를 더 적극적으로 관리하기 때문에 지역의 쾌적성 향상[39]
- 임차가구에 비해 주택의 질과 환경이 좋은 자가점유자가 육체적으로 건강[40]
- 미국 사회조사(GSS) 자료를 바탕으로 자가점유의 효과를 투표행위와의 관계에서 검토한 결과, 자가점유자가 세입자에 비해 높은 투표율을 보이는 것은 사실이지만, 그들이 시민의 자유, 여성인권, 성적 관용, 정부지출, 도시문제, 사회주의와 같은 정치적 이슈에 대해 일반적인 믿음과 달리 더 보수적인 성향(conservative political ideology)을 보이지는 않는다고 분석[41]
- 자가점유자들은 세입자에 비해 지방선거에서 더 높은 투표율을 보이고 있으며,

경제적으로 낙후된 지역의 자가점유자일수록 다른 지역 자가점유자에 비해 더 높은 투표율을 보이는 경향[42]

우리나라를 대상으로 한 연구에서도 다음과 같은 다양한 긍정적 관계가 제시된 바 있습니다.

- 자가점유가 범죄율에 미치는 영향을 분석한 결과 인구통계·환경적 변수들을 통제한 후에도 자가점유율이 모든 범죄유형 전반에 걸쳐서 부(−)적인 영향을 미치는 것으로 나타나 자가점유가 지역범죄 발생을 억제[43]하는 효과
- 유권자의 자산소유를 나타내는 변수인 자가점유 형태에 따라 월세에 거주하는 유권자일수록 투표에 기권할 가능성이 높으므로 자가점유가 투표율 제고를 통한 정치참여에 긍정적 영향을 미치는 것으로 분석[44]
- 자가보유자들은 세입자보다 지역선거 및 지역활동에 더 많이 참여[45]
- 주택을 소유하고 주거기간이 길수록 투표 참여율이 높은 것으로 확인[46]
- 주택자가점유는 공동체에 소유지분을 지닌 것을 의미하므로 지역공동체의 구성원이라는 의식을 제고[47]
- 사회경제적·인구통계적·정치적·지역적 차원의 변수들을 통제하고도 자가점유율은 기초자치단체장 선거 투표율과 통계적으로 유의미한 정의 관계를 갖는 것으로 확인[49]

▶ 유의미한 정의 관계

물론 이와 달리 도시지역 지방선거 투표율에 영향을 미치는 요인을 분석한 결과 노년인구비율이나 여성인구비율이 양의 상관관계를 보인 반면, 자가거주율은 1인당 지방세 부담액 및 대학졸업자 비율과 함께 음의 상관관계를 보이는 것[48]으로 나타난 경우도 있습니다. 이렇듯 기존 통념과 상반된 결과가 나타난 것은 도시지역의 경우 인구이동이 잦고 거주기간이 짧아 자가점유인 경우에도 지역에 대한 관심이 떨어질 수 있기 때문으로 풀이됩니다.

주택의 양적 부족 문제가 기본적으로 해소되었고 주택가격 상승도 국지적·일시적인 수급불일치에 그칠 가능성이 커진 현 상황에서는 자가점유의 가격효과 외에 사회적 차원의 긍정적 효과를 분석하여 일정 수준의 주택보유를 촉진하기 위해 구매력(affordability)을 높여주는 방안을 보완적으로 검토할 필요가 있습니다. 기존의 공공주택정책은 주택의 투기적 수요를 방지하고자 '소유가 아닌 거주', '사는 것이 아니라 사는 곳' 등을 강조하면서 임대주택 공급 확대를 가장 중요한 정책의제로 다루고 있기 때문입니다. 자가점유 확대 지원은 주택청약제도, 주택 구입 시 금융지원, 양도세와 같은 부동산세제의 일시적인 감면과 같은 소극적인 수준에 그쳐왔고 사회적으로는 다주택 소유자에 대한 중과세라는 경제적 제재마저 용인되어 왔습니다. 하지만 공공임대아파트를 위주로 한 임대주택은 임대료뿐 아니라 관리비를 부

담해야 하는 점에서 고정수입이 없는 노인세대 등 소득수준이 낮은 계층의 지속가능한 주거복지를 저해할 우려가 있습니다. 정부가 주거급여를 지원할 경우 복지비 부담이 날로 커지는 상황에서 재정건전성 악화를 초래하는 요인으로 작용할 가능성도 큽니다. 과거 영구임대주택에서 보듯이 자가가 아닌 임대주택은 소유의식과 애착이 없는 관계로 적절한 수준의 유지관리와 개보수가 이루어지기 어렵고 거주자에 대한 사회적 배제(social exclusion)가 심화될 경우 거대한 슬럼지역으로 변화하기도 쉽습니다.

고령화와 1인 가구화, 투기적 목적의 감소 등으로 임대주택에 대한 수요가 늘어나고 있지만 공공임대주택 공급 및 주거비 지원을 위한 재원 부족과 유지관리의 어려움 등을 감안할 때 앞으로의 공공주택정책은 임대주택 확대와 함께 적정 수준의 자가점유 촉진을 병행할 필요가 있습니다. 자가점유가 정부의 재정부담을 가중시키지 않으면서 고령화 시대에 필요한 자산기반형 복지(asset-based welfare)를 실현하는 데 크게 기여할 수 있고 긍정적인 사회적 영향을 미칠 수 있기 때문입니다. 우리나라 사람들에게 주택은 단순한 거주지(shelter)가 아니라 안정적인 주거기반(home)의 의미를 갖고 있습니다. 전월세 가격 상승으로 가장 큰 피해를 보는 것은 결국 무주택자라고 할 수 있다. 이러한 상황에서는 월세 위주의 공공임대주택을 늘리는 것도 필요하지만 보다 근본적으로는 '월세 사는 사람 전세 살게 해 주고, 전세 사는 사람 내 집 갖게 해 주는'[50] 정책도 필요합니다. 반면 실질소득의 증가가 뒷받침되지 않는 상황에서 은행대출 등을 통해 자가를 구입하도록 할 경우 2008년 미국발 금융위기에서 보았듯이 주택시장과 금융시장의 동반부실이 초래될 수 있다는 점은 여전히 유념할 필요가 있습니다. 특히 자가점유 선택이 향후 주택가격 인상에 대한 기대감에 좌우될 경우 복지 패러다임이 아니라 야성적 충동(animal spirit)[51]에 휘둘릴 수 있기 때문입니다.

03

더 생각해 볼 문제

- 고령화가 진행되면서 예기치 않은 세대 간 갈등양상이 발생하기도 합니다. 우리나라는 지하철 등 대중교통을 이용할 때 노인들에게 자발적으로 자리를 양보하는 아름다운 전통이 있습니다. 그런데 노인 숫자가 급격히 늘어나면서 여기저기서 자리양보를 둘러싼 잡음이 발생하고 있습니다. 취업난에 시달리고 직장과 집이 먼 직주불일치를 겪는 경제활동층은 출퇴근을 지옥철에서 여러 시간씩 보내야 하는 일이 허다합니다. 하지만 이들은 노약자석에 자리가 비어 있어도 눈치가 보여 앉지를 못합니다(☞ "노약자석 비어 있어도 젊은이는 무조건 앉지 말아야 하나요?").[52] 나이만 젊지 힘든 일에 지친 경제활동층이 보기에 등산 가방 메고 산에 다니면서 당당하게 자리를 요구하는 노인들은 나보다 더 건강한 사람들입니다(☞ 지하철 자리 양보 강요하는 등산복 입은 중년들… "산에는 어찌 그리 잘 가시나").[53] 노인 인구수가 적을 때에는 아름다운 미풍양속이었던 자리양보와 노인 무임승차가 노인 인구수가 급증하는 고령화 시대에는 젊은 세대에게 갈등과 부담요인으로 작용할 수 있는 것입니다. 최근에 중국에서는 자발적으로 자리양보를 거절하는 노인이 등장하기도 했다고 합니다(☞ "자리 양보 안해도 돼"… 中 노인, 지하철서 배지 달고 다닌 사연).[54] 현실로 닥쳐온 고령화 시대에 지하철에서부터 세대 간 갈등을 줄일 수 있는 방안은 무엇이 있을까요?
- '노인은 힘이 세다'는 말이 있습니다. 무슨 소리일까요? 바로 노인층의 선거참여와 지지 여부에 따라 선거결과와 정부정책이 결정될 수 있다는 '노인 민주주의(silver democracy)' 때문입니다. 지난 2017년 치러진 19대 대선결과 분석에 따르면 연령대별 투표율은 60대와 70대가 각각 84.1%와 81.8%로 가장 높게 나타났습니다. 반면 20대와 30대는 각각 76.1%와 74.2%에 그치고 있습니다. 40대 이하는 선거인 비중보다 투표자 비중이 낮은 반면, 50-70대는 선거인 비중보다 투표자 비중이 더 높다는 것도 주목할 필요가 있습니다. 50대 이상

중·노년층은 인구비중에 비해 더 적극적으로 투표에 참여한다는 것이기 때문입니다. 최근 선거에서의 연령대별 투표율을 보면 모든 선거에서 50대 이상 투표율이 젊은 층에 비해 훨씬 높다는 것을 알 수 있습니다.

최근 선거의 연령대별 투표율 결과(%)[55]

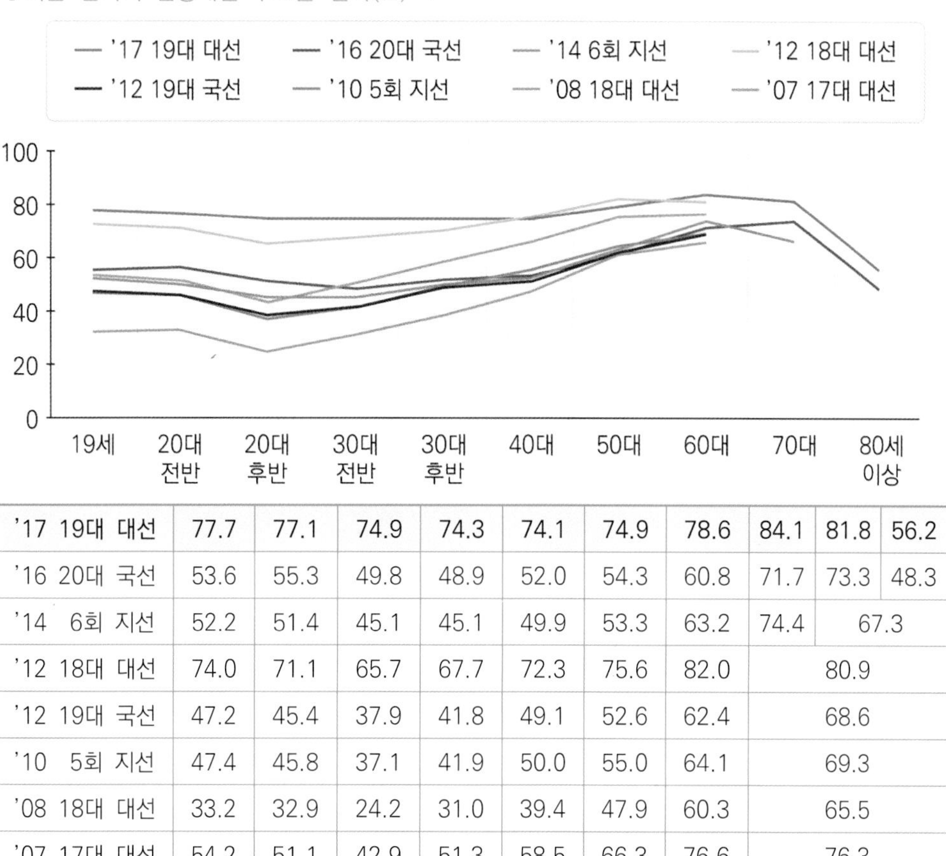

	19세	20대 전반	20대 후반	30대 전반	30대 후반	40대	50대	60대	70대	80세 이상
'17 19대 대선	77.7	77.1	74.9	74.3	74.1	74.9	78.6	84.1	81.8	56.2
'16 20대 국선	53.6	55.3	49.8	48.9	52.0	54.3	60.8	71.7	73.3	48.3
'14 6회 지선	52.2	51.4	45.1	45.1	49.9	53.3	63.2	74.4	67.3	
'12 18대 대선	74.0	71.1	65.7	67.7	72.3	75.6	82.0	80.9		
'12 19대 국선	47.2	45.4	37.9	41.8	49.1	52.6	62.4	68.6		
'10 5회 지선	47.4	45.8	37.1	41.9	50.0	55.0	64.1	69.3		
'08 18대 대선	33.2	32.9	24.2	31.0	39.4	47.9	60.3	65.5		
'07 17대 대선	54.2	51.1	42.9	51.3	58.5	66.3	76.6	76.3		

성별까지 고려한다면 60대와 70대 남성이 85.2%와 86.1%로 가장 높게 나타났고 25-29세 남성이 71.1%로 가장 낮게 나타났다고 합니다. 그나마 18대 대통령 선거에 비해서는 30대 이하 젊은 층의 투표율이 큰 폭으로 상승했음에도 여전히 격차가 크다는 것이 확인됩니다. 2016년 20대 총선 때부터는 60대 이상 유권자 수가 154만 명 늘어난 반면, 20-30세대는 60만 명이 줄어 고령층이 최대 유권자 집단으로 부상(☞ "60代 이상이 40代보다 많아 처음으로 최대 유권자 됐다")[56]하게 되었고 그 결과 각 정당들은 노인들을 위한 만족시킬 수 있는 공약개발에 몰두하게 되었습니다(☞ "60대 이상 잡아라, 노인에 의한 노인을 위한

지방선거").[57]

선거라는 것은 미래를 위한 투자여야 하는데 정작 미래 세대의 주인공이 아니라 과거 세대의 주인공들이 미래 세대의 일을 결정하는 투표에 주도권을 행사하게 됨에 따라 젊은 층의 거부감이 커지고 있는 현실인 것입니다(☞ "노인 보는 청년 시선이 어둡다").[58] 이러한 문제를 해소하려면 노인층의 투표권을 차등적으로 제한해야 한다는 의견도 있지만 1인 1표제를 원칙으로 하는 민주주의 이념상 당장 수용되기는 어려운 주장으로 보입니다(☞ "영국서 노인 투표권 제한론까지… 유엔 '국제인권법상 용납안돼").[59] 하지만 최근 고령운전자 면허증 자진반납 운동에서 보듯이 노인층의 피선거권을 일부 제한해야 한다는 움직임이 점차 힘을 얻게 될 것으로 보이기도 합니다(☞ "65세 피선거권 제한 실현가능성 있나?").[60] 이러한 실버 데모크라시를 통해 노인에 의한, 노인을 위한 나라로 바뀌게 되는 것일까요? 아니면 쓸데없는 기우에 불과할까요? 1인 1표제라는 민주주의 원칙이 고령화 시대에 어떻게 현실적으로 진화해 나가야 할까요?

- 고령화 시대에 대두할 수 있는 윤리적 문제 중 하나가 '안락사'에 관한 이슈입니다. 과거 자연사 외에 인간의 죽음을 초래했던 것이 가장 흔한 원인이었던 굶주림과 전쟁, 그리고 질병은 이제 비만, 자살, 고령화가 대신[61]하게 되었습니다. 굶어 죽는 사람보다 많이 먹어서 죽는 사람이 더 많고 전쟁이나 테러로 죽는 사람보다 자살로 죽는 사람이 더 많으며, 병들어 죽는 것이 아니라 갖은 연명치료 끝에 주어진 수명을 넘길 때까지 (병상에 누워) 살다가 죽는다는 것이지요. 하지만 인간의 존엄성을 유지할 수 없는 상태에서 생활이 아니라 생존만 하고 있다는 것이 무슨 의미가 있을까요? 내가 태어날 때는 아무도 나의 동의를 구하지 않았지만 내가 세상을 떠날 때가 언제인지는 내가 선택할 수 있어야 하는 것 아닐까요?

안락사 문제가 아직은 스위스 같은 일부 나라에서 예외적으로만 인정되고 있는 수준이지만 머지않아 본인뿐 아니라 사회나 국가, 나아가 지구 전체를 위해서라도 허용 폭을 넓히는 방안이 현실적 이슈로 다가올 것입니다. 인간이 죽음을 두려워하는 것은 죽음의 고통이 얼마나 클 것인지, 그리고 죽음 뒤에 어떤 일이 벌어질지 알지 못하기 때문입니다. 고통 없이 죽을 수 있는 방법이 있고 죽음 뒤에는 유기체의 종말 외에 아무것도 없다는 것을 확신할 수 있다면 영생을 얻고자 몸부림치는 인간의 모습은 더 이상 의미가 없을 것입니다. 종교의 역할과 지향점도 바뀌어야 할 것입니다. 죽음 뒤의 보상과 처벌이라는 고전적 협박(?)이나 자기 위안에서 벗어나 살아 있는 동안 함께 공존할 수 있는 공동체적 가치와 심적 평화라는 형이상학적 수단으로 말입니다. 고령화 시대의 궁극적 이슈 중 하나로 정부는 안락사 문제를 어떻게 준비해야 할까요?

04

한 걸음 더 들어가고 싶다면: Ageing in Place

자산기반 복지는 노인주거복지 차원에서 '살던 곳에서 나이 들기(Ageing in Place, 在家老後)'에 기여한다는 장점도 있습니다. OECD(1994: 3)[62]에 따르면 AIP는 "돌봄과 지원이 필요한 노인들이 가능하다면 그들의 자택에서, 자택이 어렵다면 그들이 속한 공동체와 사회적·지리적으로 가장 가까운 곳에 위치한 보호시설에서 삶을 이어갈 수 있도록 하는 것"을 의미합니다. 노인들을 사회로부터 격리된 별도의 시설에서 연명하도록 하는 것은 바람직하지 않으므로 다른 보호시설로 이동하는 대신 그들이 속한 공동체에 있는 자신 또는 가족이 혹은 다른 재가지원 서비스를 받는 숙소에서 독립적으로 계속 거주하는 것을 의미합니다. 가정에서 기거하고 있으나 혼자서는 생활하기 힘든 병약자나 노인, 장애인을 도와주는 사회복지 서비스인 재가복지(在家福祉)가 노인복지와 접목된 것으로 미국의 은퇴자 조사 등에 따르면 90%에 달하는 고령자들이 AIP를 원하는 것[63]으로 나타났다고 합니다. 우리나라의 통계청 사회조사(2015)에서도 75.1%의 응답자가 노후에 자녀와 동거하고 싶지 않다고 했고, 장래 희망하는 거주 유형은 86.0%가 자기 집이라고 답한 것으로 나타났습니다.

▍향후 자녀와 동거 의향 및 살고 싶은 곳(60세 이상, %)[64]

	계	같이 살고 싶음	같이 살고 싶지 않음	살고 싶은 곳			
				소계	자기 집	양로 · 요양시설	기타
2013년	100.0	27.0	73.0	100.0	78.8	20.5	0.7
2015년	100.0	24.9	75.1	100.0	86.0	13.3	0.7
도시(동부)	100.0	25.2	74.8	100.0	85.9	13.3	0.7
농어촌(읍면부)	100.0	23.9	76.1	100.0	86.1	13.1	0.7

남자	100.0	22.6	77.4	100.0	89.2	10.2	0.7
여자	100.0	26.7	73.3	100.0	83.3	15.9	0.8
60-64세	100.0	20.5	79.5	100.0	87.7	11.3	1.0
65-69세	100.0	21.1	78.9	100.0	86.9	12.3	0.8
70-79세	100.0	27.3	72.7	100.0	85.1	14.3	0.6
80세 이상	100.0	35.2	64.8	100.0	81.6	18.0	0.4

고령자가 독립적으로 안전하게 자기 집에서 살 수 있도록 하려면 주택리모델링 등을 통한 안전도 제고와 건강관리 지원체계 구축 등이 중요한 정책과제로 대두하게 됩니다. 최근에는 고령자의 주거 내 사고발생을 방지하기 위해 '장애 없는 디자인(barrier–free design)' 개념에서 확장된 '유니버설 디자인' 개념이 주목받고 있습니다. 유니버설 디자인의 핵심은 이 개념을 제안한 로널드 메이스가 이끌었던 노스 캐롤라이나 주립대학의 유니버설 디자인센터(North Carolina State University, Center for Universal Design)가 1997년 제시한 유니버설 디자인 7대 원칙[68]에 잘 나타나 있습니다. 첫째, 누구나 공평한 이용(equitable use), 둘째, 자유로운 사용(flexibility in use), 셋째, 간단하고 쉬운 사용법(simple and intuitive use), 넷째, 필요한 정보의 이해 가능성(perceptible information), 다섯째, 실수나 위험에 빠지지 않는 디자인(tolerance for error), 여섯째, 적은 힘으로도 편리한 이용(low physical effort), 일곱째, 취급하기 쉬운 공간과 크기(size and space for approach and use)인데 공공정책을 설계할 때도 범용적으로 고려할 만한 지표로 구성되어 있습니다.

자산기반 복지 관점에서는 주택의 구입과 매각을 통해 노년기의 삶을 스스로 보호하는 것에 가치를 두는데 이때 중요한 수단으로 작용하는 것이 주택을 담보로 하는 주택연금입니다. 주택연금은 다른 집단시설 등으로 이주할 필요가 없다는 점에서 노인들이 자신이 속한 공동체에 계속 머무를 수 있는 AIP에도 기여할 수 있습니다. 일례로

▶ 유니버설 디자인(universal design)[67]

유니버설 디자인의 개념은 미국의 건축가인 로널드 메이스(Ronald L. Mace)가 자신의 철학인 '모든 나이와 능력을 위한 디자인(design for all ages and abilities)'을 나타내기 위해 처음 제시한 개념입니다. 그 자신이 아홉 살에 척수성 소아마비에 걸린 이후 휠체어를 이용해야 했기 때문에 건축물의 접근성 제고에 관심이 많았다고 하네요. 유니버설 디자인은 장애인이나 노약자를 주 대상으로 하여 이동의 불편성을 제거하는 것을 목적으로 하는 '장애 없는 디자인(barrier-free design)'보다 넓은 개념으로, 사회적 약자뿐 아니라 모든 사람들이 연령, 성별, 국적, 장애의 유무와 같은 개인 능력이나 개성의 차이와 관계없이 제품, 건축 · 환경, 서비스 등을 공평하고 편리하게 사용할 수 있도록 구현하는 철학을 의미합니다.
따라서 '장애 없는 디자인' 외에 접근가능 디자인(accessible design), 수용가능 디자인(adaptable design), 생애주기 디자인(lifespan design) 개념을 포괄하고 있습니다.

▶ 주택연금(housing pension)

우리나라의 초기 주택연금은 민간 금융기관에 의해 낮은 담보인정비율(LTV 적용)과 고금리(3-6% 내외), 기한부 대출(5-20년) 등의 제약이 많은 상품으로 변형된 주택담보대출의 일종으로 시작되었습니다. 1995년 처음으로 도입되어 판매되었으나 미미한 실적으로 중단되었다가 2004년 이후 일부 금융

기관에 의해 재판매되었지만 2005년 6월 체결 건수 347건에 약정금액은 416억 원에 그치는 등 여전히 미흡한 실적[65]에 불과했습니다. 이후 한국주택금융공사에 의해 주택연금 형태로 출시되면서 2007년 515건이 가입된 후 꾸준히 증가하여 2018년에는 누적 가입자 수가 60,052명에 달하고 있습니다.

〈연도별 누적 가입자 수(명)〉[66]

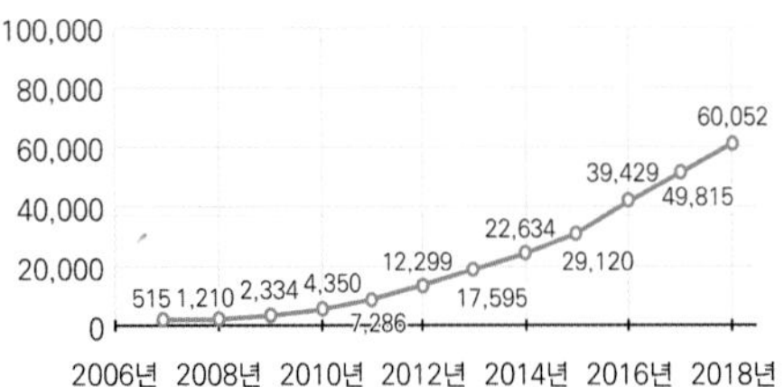

영국에서는 1990년대 이후 주택보유가 부의 축적이나 세대 간 부의 대물림 외에 주택연금을 통해 은퇴 후 생활을 영위하는 기능이 있음에 주목[69]하고 있습니다. 주택연금[70]은 1961년 미국에서 최초로 도입되었는데 고정자산인 주택의 가치를 담보로 하는 대출을 연금형태로 지급받는 특수한 형태의 금융상품입니다. 대출상품과 연금 및 보험상품이 결합된 형태[71]로 역저당담보금융(reverse mortgage)으로 불리기도 합니다. 제도로서의 주택연금은 공적 금융은 아니지만 공적 기능을 수행하는 사적 영역의 금융상품에 해당하며, 부부 중 1명이 만 60세 이상, 부부기준 9억 원 이하 주택 소유자인 고령자가 소유하고 있는 주택을 담보로 주거안정과 더불어 소득보장까지도 확보할 수 있도록 국가가 위험을 보증하는 정책금융의 성격을 지니고 있습니다. 주택을 담보로 주택구입자금을 장기간 대출받아 대출 원리금과 이자를 매월 상환하는 일반 모기지에 비해 주택연금은 상환청구가 없는 대출제도입니다. 주택연금에 대한 상환청구[72]는 차용인이 사망하거나 더 이상 주택을 점유하거나 거주하지 않는 경우 또는 차용인이 약관을 위반하여 대상주택에 일정기간 거주하지 않을 경우 등의 사유가 발생하면 만기로 환산하여 1회의 변제로서 정산하는 형태이기 때문입니다. 주택연금의 소유권은 저당권 여부와 관계없이 차용인에게 귀속되기 때문에 주택가격의 상승분에 대한 이익이 차용인에게 귀속되고, 정산 시점에 시장상황의 악화로 인해 담보주택의 가격이 하락하게 되더라도 차용인은 손해보전에 대한 책임이 없다는 장점이 있습니다. 이렇듯 주택연금제도는 소유한 주택은 있으나 일정한 소득이 없어 경제적 빈곤에 처한 노인들에게 주택을 담보로 노후생활에 필요한 자금을 연금형식으로 대출받아 활용하도록 함으로써 자산기반 복지와 AIP를 실현하는 데 중요한 수단[73]이 됩니다(보험개발원, 2004: 2).

미주

1) http://kostat.go.kr/portal/korea/kor_nw/1/1/index.board?bmode=read&aSeq=370779
2) 한국은행 경제용어사전, https://www.bok.or.kr/portal/ecEdu/ecWordDicary/search.do?menuNo=200688
3) 김도완 · 한진현 · 이은경. (2017). 우리경제의 잠재성장률 추정. 한국은행 조사통계 월보, 2017년 8월호.
4) 현대경제연구원. (2019). 잠재성장률 하락의 원인과 제고방안.
5) 우윤석. (2015). 세대별 자가선택요인 분석을 통한 자가점유 제고방안. 국토연구 제85권: 157–174.; 이소정 · 우윤석. (2014). 도시지역의 자가점유율과 투표율의 관계에 관한 연구: 2010년 지방선거를 중심으로. 국토연구 제83권: 151–165.; 김신우 · 우윤석. (2016). 고령화시대 자산기반 복지를 위한 주택연금 가입의사 결정요인 연구. 숭실대학교 사회과학논총 제18집: 79–94를 주로 인용하였음.
6) Hannock, E. P. (2007). The Origin of the Welfare State in England and Germany, 1850–1914. Cambridge: Cambridge Univ. Press. (유발 하라리 저/김명주 역. (2017). 호모 데우스: 미래의 역사. 김영사. p. 53에서 재인용)
7) Malpass, P. (2005). Housing and the Welfare State: the Development of Housing Policy in Britain. Basingstoke: Palgrave Macmillan.
8) Esping–Andersen, G. (1990). The Three Worlds of Welfare Capitalism. Cambridge: Polity Press.
9) Groves, R., Murie, A. and Watson, C. (2007). Four Worlds of Welfare and Housing. In Groves, R., Murie, A. and Watson, C. (Eds.) Housing and the New Welfare State: Perspectives from East Asia and Europe. Aldershot: Ashgate Publishing Limited.
10) Torgensen, U. (1987). Housing; the Wobbly Pillar under the Welfare State. In Turner, B., Kemeny, J. and Lundqvist, L. (Eds.) Between State and Market: Housing in the Post–Industrial Era. Stockholm: Almqvist & Wiksell.
11) Groves, R., Murie, A. and Watson, C., 앞의 책.
12) 이영숙 · 유선종 · 김병량. (2013). 노인복지주택의 특성요인이 입주가격에 미치는 영향. 주택연구. 21(1): 155–185.
13) Doling, J. and Ronald, R. 2010a. Home Ownership and Asset–based Welfare. Journal of Housing and Built Environment, 25(2): 165–173.; Doling, J. and Ronald, R. 2010b. Property–based Welfare and European Homeowners: How Would Housing Perform as a Pension? Journal of Housing and Built Environment, 25(2): 227–241.; Lowe, S., Searle, B. and Smith, S. (2012). From Housing Wealth to Mortgage Debt: The Emergence of Britain's Asset–Shaped Welfare State. Social Policy and Society, 11(1): 105–116.
14) Lowe, S., Searle, B. and Smith, S. (2012). 앞의 논문.
15) Horsewood, N. and Neuteboom, P. (2006). The Social Limits to Growth: Security and Insecurity Aspects of Home Ownership, Amsterdam: IOS Press.
16) Klyuev, V. and Mills, P. (2007). Is Housing Wealth an 'ATM'? The Relationship between Housing Wealth, Home Equity Withdrawal and Saving Rates. IMF Staff Papers, 54: 539–561.
17) Smith, S.J., Searle, B.A. and Cook, N. (2009). Rethinking the Risks of Home Ownership. Journal of Social Policy, 38: 83–102.

18) Toussaint, J. and Elsinga, M. (2009). Exploring 'Housing Asset-based Welfare': Can the UK be Held Up as an Example for Europe? Housing Studies, 24(5): 669-692.

19) Sherraden, M. (1991). Assets and the Poor: A New American Welfare Policy, NY: M.E. Sharpe.

20) Sherraden, M. and Page-Adams, D. (1995). Asset-based Alternative in Social Policy. Increasing Understanding of Public Problems and Policies, Oak Brook: Farm Foundation.

21) ODPM. 2005. Sustainable Communities: Homes for All, London: ODPM.

22) 이와 달리 스웨덴(41%), 독일(42%), 프랑스(57%) 등이 상대적으로 낮은 자가율을 보이는 것은 국가나 지방정부가 풍부한 복지재원을 활용하여 양질의 공공임대주택을 공급하고 있기 때문인 것으로 풀이됨.

23) 서원석. (2012). 유럽국가의 주택 및 주거복지 정책. 한국주거복지 정책: 과제와 전망. 박영사: 97-136.

24) Rowlingson, K. (2006). Living Poor to Die Rich? or Spending the Kids Inheritance? Attitudes to Assets and Inheritance in Later Life. Journal of Social Policy, 35: 175-192.

25) Quilgars, D. and Jones, A. (2007). United Kingdon: Safe as Houses. In Elsinga, M., De Decker, P., Teller, N. and Toussaint, J. (Eds.). Home Ownership Beyond Asset and Security: Perceptions of Housing Related Security and Insecurity in Eight European Countries. Amsterdam: IOS Press.

26) De Decker, P. (2007). Belgium: Between Confidence and Prudence. In Elsinga, M., De Decker, P., Teller, N. and Toussaint, J. (Eds.) Home Ownership Beyond Asset and Security: Perceptions of Housing Related Security and Insecurity in Eight European Countries, Amsterdam: IOS Press.; Rohe, W. M., Van Zandt, S. and McCarthy, G. (2001). The Social Benefits and Costs of Homeownership: A Critical Assessment of the Research. Low-Income Homeownership Working Paper Series-01.12, Joint Center for Housing Studies of Harvard University.

27) Kemeny, J. (1981). The Myth of Home Ownership: Public versus Private Choices in Housing Tenure. London: Routledge.

28) Castles, F. (1998). The Really Big Trade-Off: Home Ownership and the Welfare State in New World and the Old. Acta Politica, 33(1): 5-19.

29) Kemeny, J. (2005). The Really Big Trade-Off between Home Ownership and Welfare: Castles' Evaluation of the 1980 Thesis, and a Reformulation 25 Years on. Housing Theory and Society, 22(2): 59-75.

30) Ford, J., Burrows, R. and Nettleton, S. (2001). Home Ownership in a Risky Society, Bristol: The Policy Press.; Nettleton, S. and Burrows, R. (1998). Mortgage Debt, Insecure Home Ownership and Health: An Exploratory Analysis. Sociology of Health & Illness, 20(5): 731-753.; Shlay, A.B. (2006). Low-income Home Ownership: American Dream of Delusion? Urban Studies, 43(3): 511-531.

31) Hirayama, Y. 2010. The Role of Home Ownership in Japan's Aged Society. Journal of Housing and the Built Environment, 25(2): 175-191.

32) Rohe et al. (2001). 앞의 논문.

33) Toussaint, J. and Elsinga, M. (2009). 앞의 논문.

34) Baum, T. and P. Kingston. (1984). Homeownership and Social Attachment. Sociological

Perspectives vol. 27, no. 2. pp. 159 – 180.

35) Cox, Gary W. (1982). Housing Tenure and Neighborhood Activism. Urban Affairs Quarterly, vol. 18, no. 1. pp. 107 – 129.

36) DiPasquale, D. and E. L. Glaeser. (1999). Incentives and Social Capital: Are Homeowners Better Citizen? Journal of Urban Economics vol. 45. pp. 354 – 384.

37) Rossi P. H. and E. Weber. (1996). The Social Benefits of Homeownership: Empirical Evidence From National Surveys. Housing Policy Debate vol. 7, no. 1. pp. 1 – 35.

38) Boehm, T. P. and A. Schlottmann. (1999). Does Home Ownership by Parents Have and Economic Impact on Their Children? Paper presented at the American Real Estate and Urban Economics Association Mid Year Meeting.

39) Harding, J., T. Miceli and C. Sirmans. (2000). Do Owners Take Better Care of Their Housing than Renters? Real Estate Economic vol. 28. pp. 663 – 681.

40) Greene, V. L. and J. I. Ondrich. (1990). Risk Factors for Nursing Home Admissions and Exits: A Discrete Time – Hazard Function Approach. Journal of Gerontology vol. 45, no. 6. pp. 250 – 258.

41) Gilderbloom, J. I. and J. P. Markham. (1995). The Impact of Homeownership on Political Beliefs. Social Forces vol. 73, no. 4. pp. 1589 – 1607.

42) Manturuk, K., M. Lindblad, and R. G. Querica. (2009). Homeownership and Local Voting in Disadvantaged Urban Neighborhoods. Cityscape. A Journal of Policy Development and Research vol. 11, no. 3. pp. 213 – 230.

43) 박윤환 · 황의갑. (2011). 자가점유율이 범죄율에 미치는 영향. 형사정책 제23권 제2호. pp. 265 – 289.

44) 강우진. (2012). 경제정책에 대한 인식과 주택소유 형태가 투표불참에 미치는 영향 연구: 18대 총선의 경우. 한국정당학회보 제11권 제2호. pp. 67 – 94.

45) 박종민 · 최승범 · 신수경. (2001). 지방사회의 정치균열의 기초: 부동산 이익. 한국정책학회보 제10권 제2호 pp. 269 – 385.

46) 곽현근. (2007). 지방정치 참여의 영향요인에 관한 다수준분석: 동네의 사회경제적 지위에 따른 동네효과를 중심으로. 한국행정학보 제41권 제4호. pp. 229 – 259.

47) 박상수 · 임민영. (2013). 주택 임차 수요의 매수 전환 필요성과 세제지원방안. 한국지방세연구원.

48) 백정우 · 최석현. (2013). 지역사회 정치 참여의 구조적 성격 고찰. 한국사회학회 사회학대회 논문집. pp. 597 – 612.

49) 이소정 · 우윤석. (2014). 앞의 논문.

50) 주택금융공사의 서종대 전 사장이 취임 이후 강조한 내용임(머니투데이, 2012.8.20.).

51) Akerlof, G. A., & Shiller, R. J. (2010). Animal Spirits: How Human Psychology Drives the Economy, and Why It Matters for Global Capitalism. NY: Princeton university press.

52) 2019.3.14., 국민일보, http://news.kmib.co.kr/article/view.asp?arcid=0924067136

53) 2015.5.11., 국민일보, http://news.kmib.co.kr/article/view.asp?arcid=0009427147

54) 2019.7.6., 조선일보, http://news.chosun.com/site/data/html_dir/2019/07/06/2019070600460.html

55) 중앙선거관리위원회. (2017). 제19대 대통령선거 투표율 분석. p. 23

56) 2016.2.17., 조선일보, http://news.chosun.com/site/data/html_dir/2016/02/17/2016021700

227.html?related_all
57) 2018.4.25., 중앙일보, https://news.joins.com/article/22565721
58) 2018.3.17., 조선일보, http://news.chosun.com/site/data/html_dir/2018/03/17/2018031700236.html
59) 2016.7.6., 연합뉴스, https://www.yna.co.kr/view/AKR20160706070200009
60) 2017.1.17., JTBC, https://news.jtbc.joins.com/article/Article.aspx?news_id=NB11402682
61) Harari, Y. (2015). Homo Deus: A Brief History of Tomorrow. 김명주 역. (2017). 호모 데우스: 미래의 역사. 김영사.
62) OECD. (1994). Caring for Frail Elderly People: New Directions in Care. Paris: OECD.
63) 우리금융경제연구소. (2013). 100세 시대 도래와 실버산업의 트렌드 변화.
64) 통계청. (2015). 2015년 사회조사 결과.
65) 김종호. (2012). 장수는 축복인가? 사회보장제도의 보완수단으로서의 역모기지론의 활성화방안에 관한 법적연구－미국의 경험을 중심으로－. 고려법학. 64: 269－317.
66) 한국주택금융공사 홈페이지, https://www.hf.go.kr/hf/sub03/sub03.do
67) 최석준. (2010). 유니버설 디자인 개념 적용의 공공시설물디자인 사례 분석. 한국디자인문화학회지, 16(2): 465－473.; 한국 유니버설 디자인 센터 홈페이지, http://www.kudc.or.kr/sub.html?code=02_01
68) Centre for Execellence in Universal Design 홈페이지, http://universaldesign.ie/What－is－Universal－Design/The－7－Principles/
69) Groves, R. Murie, A. and Watson, C. (2007). From Tenants to Home－Owners: Change in the Old Welfare Sate. In Groves, R., Murie, A. and Watson, C. (Eds.) Housing and the New Welfare State: Perspectives from East Asia and Europe. Aldershot: Ashgate Publishing Limited.
70) 김신우·우윤석. (2016). 고령화시대 자산기반 복지를 위한 주택연금 가입의사 결정요인 연구. 숭실대학교 사회과학논총 제18집: 79－94을 주로 참조
71) 권대중·장정민. (2012). 역모기지제도 활성화 방안에 관한 연구－서울·수도권 지역의 주택소유자 50세 이상 잠재수요자를 대상으로－. 대한부동산학회지. 30(1): 21－46.
72) 김정주. (2013). 역모기지 조기상환율의 확률적 모델링에 관한 연구. 보험학회지. 94(13－04): 1－37.
73) 보험개발원. (2004). 역모기지 시장전망 및 대응방안.

PART 07

너의 잘못이 아니다!
정부실패가 문제

영 화 로 보 는 행 정 관 람

나, 다니엘 블레이크
(I, Daniel Blake, 2016)

감독: Ken Loach
출연: Dave Johns(다니엘 역), Hayley Squires (케이티 역) 외
수상: 칸 영화제 황금종려상, 영국 독립영화상 최우수 남자배우상 등

"나는 의뢰인도 아니고 고객도 아니고 서비스 이용자도 아닙니다. 나는 게으름뱅이도 아니고, 식충이도 아니고, 거지도, 도둑도 아닙니다. 나는 국민연금번호나 컴퓨터 스크린 속의 깜빡거림도 아닙니다. 나는 비겁하게 머리를 조아리지도 않고 내 이웃의 어려움이 있으면 기꺼이 돕는 사람입니다. 나는 동정이나 자선을 바라지도 않습니다.

내 이름은 다니엘 블레이크입니다. 나는 개가 아니라 사람입니다. 그렇기 때문에 나는 나의 권리를 요구합니다. 나는 당신이 나를 존경심을 갖고 대해 줄 것을 요구합니다.

나, 다니엘 블레이크는 시민입니다. 그 이상도 그 이하도 아닌 시민입니다."

(I am not a client, a customer, nor a service user. I am not a shirker, a scrounger, a begger, nor a thief. I am not a National Insurance Number or blip on the screen. I don't tug the forelock, but look my neighbor in the eye and help him if I can. I don't accept or seek charity.

My name is Daniel Blake. I'm a man, not a dog. As such, I demand my right. I demand you treat me with respect.

I, Daniel Blake, am a citizen, nothing more and nothing less.)

이 편지는 다니엘이 갑자기 돌연사한 후 장례식에서 캐티가 대신 읽어주는 다니엘의 못다 한 외침입니다. 평생 열심히 살아왔던 그가 건강 문제로 실직하고 관공서로 대변되는 정부를 상대하며 겪게 되는 분노와 억울함을 담고 있습니다. 그는 무엇이 그렇게 억울하고 답답했던 걸까요? 다니엘이 겪게 되는 어려움은 세금을 열심히 내면서 살아온 그의 잘못 때문이 아닙니다. 이 영화에서는 그 이유를 정부가 해야 할 일을 제대로 못해 주었기 때문이라고 간접적으로 얘기해 주고 있습니다. 바로 정부실패가 발생하기 때문이지요.

01

영화 들여다보기: 나라의 주인이 국민인가 공무원인가?

뉴캐슬에 사는 다니엘은 평생 목수로 살아왔습니다. 아내도 없이 홀아비로 살던 그는 심장병으로 쓰러진 후 의사의 조언에 따라 일을 쉬게 되고 질병급여를 신청하기 위해 고용센터(영화의 배경인 영국에서는 사회보장부, 즉 Dept. of Social Security가 이런 일을 담당하는데 지역 센터에 가면 언제나 많은 사람들이 길게 줄을 서 있는 것을 볼 수 있습니다)를 방문합니다. 하지만 블루칼라로 살아온 그에게는 질병급여를 신청하는 것 자체가 보통 어려운 일이 아닙니다. 제대로 마우스를 클릭하지도 못하는데 이런 걸 왜 물어보나 싶은 질문박스가 끝없이 이어졌기 때문이지요. 관계 공무원의 도움으로 그럭저럭 신청을 마무리했지만 그가 나중에 통보받은 결과는 거절....

다니엘은 거절당한 이유가 뭔지나 알아보기 위해 관계기관에 전화를 걸지만 우리도 종종 느끼듯이... '빌어먹을' 대기음악과 멘트만 나올 뿐 통화연결이 되지 않습니다. 겨우 전화가 연결되었지만 담당자는 상급자가 결정했다는 핑계만 댈 뿐 뭔가 해결해 주려는 생각은 없는 것 같습니다. 이는 뒤에서 보게될 관료제의 특징 중 하나인 비정의적(非情誼的) 또는 몰인격적(沒人格的) 관계(impersonal relationship)가 단점으로 변질되었기 때문입니다. 당초 의미는 특정한 사람에게 이익이나 불이익이 돌아가지 않도록 하겠다는 좋은 취지였지만 개인별 차이와 여건을 고려하지 않다 보니 불이익을 보는 입장에서는 관료제의 폐해로 다가오게 되는 것입니다.

마음이 급해진 다니엘은 고용센터로 직접 찾아가는데 질병급여 거절에 재심을 청구하려면 모든 과정을 온라인으로 진행해야 하기 때문에 컴맹인 다니엘은 계속 벽에 부딪치게 됩니다. 질병급여를 받을 수 없으면 실업급여를 신청해야 하는데 구직활동을 했다는 증빙이 필요하구요. 하지만 바쁜 고용센터에서는 신청을 도와주지 않고 도서관에 가서 시도하려 해도 사이트 접속에 계속 에러가 나거나 컴퓨터가 다운되어 버립니다. 할 수 없이 또 사무실에 찾아가 번호표를 뽑고 기다리고 있는데 아이 둘을 데리고 온 케이티를 직원들이 쫓아내는 것을 보게 됩니다. 런던의 보호소에 있다가 뉴캐슬에 있는 헐값의 집으로 이사를 오면서 길을 잘못 찾아 약속시간에 조금 늦었는데 그 때문에 보조금을 받지 못하자 항의했기 때문입니다. 케이티를 안쓰럽게 생각한 다니엘은 엉망인 케이티의 집을 고쳐주고 전기요금을 내지 못하는 케이티의 집에 자기도 없는 돈을 남겨두고 옵니다.

한편 질병급여가 안 되면 실업급여라도 받아야 하는 다니엘은 손으로 쓴 이력서를 들고 온 동네를 돌아다니며 일을 찾습니다. 진짜로 일을 하려는 것이 아니라 구직활동을 했다는 증빙이 필요했기 때문입니다. 하지만 돌아온 것은 역시나 허탈과 분노입니다. 다니엘에게 취업기회를 주고자 했던 고용주에게는 심장병으로 실제 일을 할 수 없지만 구직활동 실적이 필요했다며 사기를 친(?) 나쁜 사람 취급을 당하고, 고용센터에서는 구직활동을 했다는 증거가 없다는 이유로 실업급여 지급을 거절당했기 때문입니다.

어느 날 다니엘이 푸드뱅크(기부받은 음식을 모아 저소득층에게 무료로 제공하는 자선활동)에 케이티 가족을 데리고 가는데 자원봉사자가 봉투에 음식을 담는 사이 케이티가 무엇에 홀린 듯 통조림 캔을 구석으로 들고 가서 손으로 마구 퍼먹습니다. 없는 음식을 자식들에게 먹이느라 정작 본인은 계속 굶었기 때문이죠. 이 모습을 들키자 미안하다고 하염없이 우는 케이티... 다니엘의 순수한 연민은 더 커져갑니다. 그런데 이상한 방향으로 문제가 흘러갑니다. 케이티가 생리대를 구하지 못해 동네 마트에서 생리대를 슬쩍하다가 보안요원에게 발각되었는데... 정작 매니저는 케이티를 그냥 보내주지만 보안요원은 자신의 전화번호를 주면서 도움이 필요하면 연락하라고 하는 겁니다. 케이티같이 아름다운 여인은 처음 보았다면서요. 안 봐도 뻔한 스토리입니다. 지쳐 집에 돌아온 케이티가 잠을 청하는데 난방도 되지 않아 추위를 참다못해 밤중에 엄마의 침대로 찾아온 딸이 운동화가 헤어져 친구들이 놀린다고 털어놓습니다. 돈이 필요한 케이티는 결국 다음 날 보안요원에게 전화를 걸게 되고, 그녀가 일하게 된 곳은 소위 Escort service라고 하는 매춘업소입니다. 여기를 또 오지랖 넓은 다니엘이 찾아가서 그녀를 데리고 나옵니다. 부끄러움과 민망함에 케이티는 다니엘에게 더 이상 만나지 말자고 하고 다니엘과 케이티네 가족은 거리가 멀어지게 됩니다.

만사가 헝클어진 다니엘은 고용센터에 찾아가 실업급여고 뭐고 다 필요 없으니 내 이름을 빼달라고 하고는 밖에 나와 벽에다 래카로 "I Daniel Blake demand my appeal date before I starve and change that shit music on the phone"이라고 크게 휘갈깁니다. "나 다니엘 블레이크는 굶어 죽기 전에 이의신청 날짜를 정해 줄 것과 거지 같은 전화기 대기음악을 바꿔줄 것을 요구한다"라고 한 것이죠. 그 앞을 지나던 사람들은 모두 환호하며 응원하지만 다니엘은 신고를 받고 출동한 경찰에게 연행됩니다. 다행히 다니엘은 경고 정도로 풀려나게 되지만 아내와의 추억이 담긴 가구들을 싼값에 팔아 겨우 생계를 이어갈 정도로 점점 더 힘든 생활고를 겪게 됩니다.

어느 추운 날 케이티의 딸 데이지가 다니엘의 집을 찾아오면서 다니엘과 케이티 가족은 다시 전과 같은 관계를 회복하게 되고 다니엘도 드디어 이의신청 기회를 얻게 됩니다. 이의신청 심사가 있는 날, 케이티가 고용센터에 다니엘과 함께 가주는데 심사를 앞두고 화장실에 간 다니엘은 갑자기 심장병으로 쓰러지게 되고... 싸늘한 주검으로 발견됩니다.

얼마 후 가장 싼 시간대에 치러진다는 장례식(pauper's funeral)장에서 케이티는 다니엘이 이의신청 심사 때 읽으려고 했던 메모를 울음을 참으며 읽어 내려갑니다. 앞에서 보았던 그 메모를 말입니다.

02

왜 정부실패(Government Failure)가 발생하는가?

2.1. 정부실패의 일반론

▶ **시장실패(market failure)**
시장은 자원의 효율적인 배분에는 적합하지만 부의 재분배나 경제안정 분야에서는 적합하지 않은 것이 알려져 왔습니다. 따라서 부의 재분배나 경제안정과 관련한 시장의 비효율성은 시장실패로 불리지 않습니다. 시장실패는 시장이 효율적이라고 생각되는 자원의 배분 분야에서 제 기능을 발휘하지 못할 때 발생합니다. 일반적으로 불완전한 정보(imperfect information), 외부효과(externality), 공공재의 무임승차(free-riding), 정보 비대칭에 따른 도덕적 해이(asymmetry of information and moral hazard), 독점에 의한 수확체증(increasing returns to scale) 등이 시장실패의 주요 원인으로 지목되고 있습니다.

정부실패는 **시장실패**를 치유하기 위해 정부 개입이 정당화되는 영역에서 추진한 정부활동이 당초 기대한 효과를 거두지 못하거나 오히려 문제를 악화시키는 결과가 초래되는 것[1]을 말합니다. 정부실패에 대해서는 울프(Charles Wolf Jr.)가 시장실패(market failure)에 빗대어 제시한 이론적 틀(non－market failure[2]; 1986, 1979)이 가장 기념비적인 것으로 인정[3]받고 있습니다.

그는 비시장적 영역(정부영역)에서 나타나는 수요와 공급의 특성을 다음과 같이 설명합니다. 비시장적 수요는 시장실패에 대한 인식의 증대(increased public awareness of market shortcomings)와; 이익집단들의 정치적 조직화 및 참정권 증가(political organization and enfranchisement)라는 외부 압력에 대해; 자신들의 정치적 지위를 유지하고 제한된 임기 내에 가시적인 성과를 도출하려는 정치인들의 이해관계(즉, 정치적 보상구조와 높은 시간할인율, structure of political rewards and high time－discount of political actors)가; 정책으로 인한 편익수혜자와 비용부담자가 상이한 구조(decoupling between burdens and benefits, 즉 다수 비용부담자보다 소수 편익수혜자의 이익이 정치과정에 과도하게 투입되는) 속에서 확대 재생산된다고 합니다. 비시장적 공급도 정부활동의 산출에 대한 정의와 측정 곤란(difficulty in identifying and measuring output); 독점적 생산에 따른 비교대상 부재(single-sourced production); 생산기술의 불확실성(uncertainty of production technology, 예를 들어 어떤 방식의 교육이 더 효과적일지 등에 대한); 하한선과 종결 메커니즘의 부재(absence of bottom-line and termination mechanism, 즉 민간처럼 최소한으로 요구되는 수익수준이 없는 관계로 성공적이지 못한 경우라도 사업종결이 곤란)에 따라 정부의 세수나 수입이 많아질수록 계속 증가하게 됩니다. 이러한 비시장적 수요과 공급이 특성이 정부의 시장개입을 비효율적으로 만드는 정부실패를 초래한다고 하면서 정부실패의 유형과 원천, 메커니즘을 다음과 같이 네 가지로 제시하였습니다.

① 비용과 수입의 괴리에 따른 부가비용 증가 (Disjunction between Costs and Revenues: Redundant and Rising Costs)

시장은 가격을 통해 생산활동에 드는 비용과 그 행위를 유지시키는 수입을 연계합니다. 하지만 정부활동은 세금 또는 기부금이나 보조금 같은 비가격적 원천(nonprice sources)에 근거하기 때문에 그러한 연결고리가 없습니다. 연결고리의 부재는 비시장적 산출의 적절성과 가치를 그 생산비용과 분리시키기 때문에 자원배분의 부적절성이 매우 커질 우려가 생기게 됩니다. 주어진 산출을 생산하는 데 더 많은 자원이 소비되거나 시장실패를 치유하기 위해 필요한 양보다 더 많은 비시장적 활동이 공급될 수 있기 때문입니다. 아울러 시장적 활동과 달리 생산비용을 낮추거나 생산성을 높이는 기술 또는 규모의 경제를 실현시키는 기회가 있더라도 비시장적 활동은 이를 무시하거나 적극적으로 활용하지 않을 가능성이 커집니다. 비시장적 활동의 경우 비용과 수입이 연결되지 않기 때문에 부가적인 비용(redundant costs, X-비효율성과 유사)이 발생하기 쉽습니다. 생산과 무관한 개인적 권한 확대를 위해 직원 또는 조직을 늘리려는 유혹을 받거나 생산증가에 따른 가치상승이 비용상승보다 작더라도 산출을 확대시키는 것이 가능하기 때문에 부가적인 비용은 계속 상승하게 됩니다.

▶ **X-비효율성**[4)]

X-비효율은 자원배분의 비효율성 외에 추가적인(eXtra) 요소에 의한 비효율성을 의미합니다. 경쟁상태에 놓인 기업과 달리 경쟁의 위협이 없는 공공부문이나 독점기업은 배분적 효율성을 높일 유인이 없기 때문에 적극적으로 효율성을 추구하지 않음에 따라 발생하는 비효율성, 즉 X-비효율성이 발생하기 쉽습니다. 2장에서 이미 설명한 바 있습니다.

② 내부성과 조직목표(Internalities and Organizational Goals)

내부성(internalities)이란 비시장적 조직이 기관 및 인력의 성과를 유도, 규제, 평가하기 위해 내부적으로 적용하는 목표(goals)를 말합니다. 비시장적 조직은 시장조직과 달리 수익, 시장점유율, 손익분기점과 같은 직접적인 성과지표가 없기 때문에 그 기관 고유의 역할과 기능에 부합하는 표준이나 목표를 기준으로 삼아야 하기 때문입니다. 그러나 비시장적 조직은 산출물의 질적 수준을 측정하기 곤란하고 소비자, 즉 국민으로부터의 환류가 없거나 (정치적인 선호 등에 따라 좌우될 수 있어) 신뢰하기 어려울 뿐 아니라 경쟁을 통한 효율성 제고 유인이 없으므로 조직의 미션이나 비전과 관련이 없는 내부성을 추구할 가능성이 있습니다. 그러한 목표는 예산극대화(more is better)가 될 수도 있고 기술진보(new and complex is better) 또는 정보획득(knowing what others don't know is better)이 될 수도 있으므로 효율성 추구를 통한 공익 실현과 거리가 멀어지게 됩니다. 내부성이 (수익창출과 관련 없는) 비용을 늘리고 기관의 공급을 확대하는 결과를 가져올 경우 비효율적인 수준의 산출을 생산하게 되는 것입니다. 시장조직도 조직을 관리하고 조직구성원의 동기유발을 위해 내부성이 필요한 것은 사실이지만 내부성이 수익창출(profitability)에 기여할 수 있는지가 중요한 판단기준이 되기 때문에 외부 가격체계와 반드시 연계되어야 합니다. 그렇지 않을 경우 소비자, 경쟁자 또는 주주들의 외면으로 조직의 생존이 위협받게 되기 때문입니다.

③ 파생적 외부성(Derived Externalities)

시장실패를 치료하기 위한 정부의 간섭은 예상치 못한 부작용을 발생시킬 수 있지만 이를 발생시킨 책임이 있는 기관은 그러한 사실을 모르기 때문에 부작용의 발생이 기관의 활동에 영향을 미치지 못하게 됩니다. 이런 점에서 그 부작용은 파생적(derived)이면서 외부적(external)이라는 성격을 갖게 됩니다. 앞의 내부성이 시장실패의 외부성과 연관된 것이 아닌 것처럼 파생적 외부성도 시장실패의 외부성과는 다른 개념입니다. 시장실패를 유발하는 외부성은 미리 예측을 할 수 있건 없건 간에 가격 메커니즘에 반영되지 않는다는 것을 의미하기 때문입니다. 정부 활동은 개입범위가 매우 크기 때문에 그 영향력이 미치는 범위가 넓고 예측하기도 어려운 둔감한 성격(blunt)을 갖습니다. 아울러 대부분의 파생적 외부성은 효과가 장기적인 반면, 정치적 통제를 받는 정부조직은 단기적인 성과를 내야 한다는 압박에 노출되기 때문에 잠재적인 외부성은 간과하기 쉽다고 합니다.

④ 분배의 불공평(Distributional Inequity)

시장은 소득이나 부(income or wealth)의 불공평을 가져오는 반면, 이를 치유하기 위한 정부의 비시장적 활동은 권력이나 특권(power and privilege)의 불공평을 초래할 수 있습니다. 정부의 정책수단은 분배의 불공평을 시정하기 위한 것이든, 산업을 규제하거나 공공재를 공급하는 것이든, 또는 시장실패를 치유하기 위한 것이든 간에 특정 기관 또는 사람에게 이를 행사할 수 있는 권한(authority)을 제한적으로 부여하는 것이기 때문입니다. 이러한 과정에서 권한남용에 따른 부정부패가 발생할 수도 있습니다. 비시장적 활동은 소득의 불공평을 초래할 수도 있습니다. 공공정책은 어떤 기술이나 서비스 그리고 산출물에 대한 수요를 증진시켜서 생산자들에게 이익을 발생시킬 수 있는 반면, 그 비용은 다른 사람들에게 (세금의 형태 등으로) 부과될 수도 있기 때문입니다. 따라서 시장실패 치유를 위한 정부개입에 따라 잠재적인 혜택을 볼 수 있는 계층은 적정 수준보다 더 많은 공공정책이 필요하다고 요구하기 쉽습니다. 비시장적 활동이 권력이나 부의 불공평을 초래할 수 있음에도 비시장적 산출물에 대한 수요와 공급의 특성 때문에 더 많은 개입이 이루어지게 됩니다. 수요 측면에서는 시장실패에 따른 불공평에 대한 대중의 인식이 커질수록 비시장적 활동의 부작용에도 불구하고 정부개입에 대한 수요가 커지게 됩니다. 공급 측면에서는 비시장적 활동에 의해 (자의적 행정행위에 따른 피해나 세금납부 등의 형태로) 비용을 부담해야 하는 계층은 시장의 소비자와 달리 다른 선택대안(예를 들어 구매하지 않거나 다른 제품을 이용)이 없는 관계로 그들의 불만을 표출할 직간접적 수단이 없는 반면, 혜택을 받게 되는 계층은 조직적인 로비 등의 형태로 그들의 지지를 적극적으로 표출하기 때문에 긍정적인 피드백이 늘어나게 되고 공급확대의 당위성도 커지게 됩니다. 결과는 필요 이상으로 많은 정부개입으로 나타나게 될 것입니다.

▶ 불공평(Inequity)

평등(equality)과 형평(equity)은 구별할 필요가 있습니다. 평등은 다른 것도 같게 대하는 절대적 개념이라면 형평은 다른 것은 다르게 대한다는 상대적 개념이기 때문입니다. 예를 들어 모든 사람이 똑같은 출발선에서 달리기 시합을 한다면 평등한 것이고, 장애가 있거나 노인에게 몇 발 앞서 출발하게 한다면 형평성이 있는 것입니다(11장 참조). Wolf는 Inequity란 용어를 쓰고 있으므로 엄밀히 말하면 비형평성이라고 옮겨야겠지만 우리나라에서는 분배의 비형평보다 불평등이라는 용어를 더 관용적으로 사용하고 있고 Wolf는 inequity를 unfair(불공평)의 의미로 사용하고 있으므로 여기서는 다른 대안인 불공평으로 옮기고자 합니다.

2.2. 정부실패의 실재

2.2.1. 조세의 초과부담

모든 국민은 납세의무를 집니다. 하지만 세금납부를 통해 정부로부터 얻게 되는 복지혜택과 같은 편익은 납부액보다 작을 수밖에 없습니다. 세금을 징수하고 정부기관을 운영하는 데 필요한 비용을 공제해야 하고 납세과정에서 납세협력비용도 발생하기 때문입니다. 문제는 정부가 세금을 징수하고 정부를 운영하고 복지혜택을 제공하는 과정에서 비용을 절감해야 할 유인이 별로 크지 않다는 것입니다. 효율적인 운영을 한다고 해도 내가 납부한 것보다 적게 돌려받는 것이 사실입니다.

> **▶ 납세협력비용**
> 세금을 신고하고 내기까지 세금 자체 외에 납세자가 부담하는 경제적·시간적 제반 비용을 말합니다. 예컨대 세금을 신고하기 전에 재무제표를 작성하는 비용에서부터 외부 회계법인이나 세무사에 감수 내지 자문을 의뢰한 비용, 세금신고서 작성에 든 인건비, 일선 세무창구에서 세금을 내기 위해 기다린 시간 등이 총망라됩니다. 한 연구[5)]에 따르면 우리나라의 2007년 기준 납세협력비용은 부가가치세의 경우 법인은 평균 연 2,266만 원, 개인은 평균 연 597만 원으로 부가가치세액의 약 15.46%와 15.10%에 해당하는 것으로 나타났습니다. 법인세의 경우 기업당 평균 연 4,064만 원으로 법인세액 대비 21.82%를 부담하였다고 합니다. 종합소득세는 개인사업자당 평균 연 306만 원으로 종합소득세의 20.17%를 차지하는 것으로 나타났습니다.

용케 세금납부를 피할 수 있다면 어떤 일이 발생할까요? 17세기 영국에서는 건물의 유리창에 세금을 매겼다고 합니다. 그 당시 유리는 고가 사치품이었기 때문에 어찌 보면 부자에게 더 많은 세금을 거두는 좋은 수단이었을 수 있습니다. 하지만 사람들은 세금을 피하기 위해 창문의 유리창을 떼어내고 벽돌로 막아버립니다. 지금도 영국에 가면 오래된 저택들의 창문에 유리창이 없는 것은 종종 볼 수 있는데 그 당시 건축물이 그대로 남아 있는 결과입니다. 정부의 세금부과를 피하기는 했지만 결국 후생감소(welfare loss) 효과가 발생한 것이라고 볼 수 있습니다.

▍창문세를 피하기 위한 흔적

2.2.2. 제한된 정보와 시차

정부가 정책의 효과에 대한 사전예측을 정확히 할 수 있는 정보와 지식이 없기 때문에 의도치 않은 역기능이나 부작용이 발생하게 되는 것을 말합니다. 정보와 지식 부족에 따른 정부실패의 예로 코브라 효과(Cobra effect)라는 것이 있습니다. 과거 인도의 영국 식민지 시절, 영국 관리들이 독사들의 피해를 막기 위해 죽은 코브라를 가져올 경우 일정한 보상금을 지불하는 정책을 취했다고 합니다. 초기에는 독사의 수가 줄어드는 데 기여한 것으로 나타났지만 날이 갈수록 반입되는 코브라의 수가 줄기는커녕 계속 증가하는 기현상을 목도하게 됩니다. 이유는 무엇 때문이었을까요? 가난한 인도인들이 부가수입을 올리기 위해 집에서 뱀을 키워서 그 뱀들을 가져왔기 때문이라고 합니다. 결국 보상정책은 중단되었고 뱀을 키우던 인도인들이 뱀을 야생에 풀어버림에 따라 코브라 개체 수는 오히려 증가하는 우스꽝스런 일이 발생하게 됩니다.

사실 정보와 지식의 부족은 시장실패의 원인이 되기도 합니다. 시장은 완전한 정보를 가정하고 있기 때문에 이 조건이 충족되지 않으면 가격신호가 완벽하게 작동하지 않을 수 있고 민간 기업들도 시장상황이나 미래예측에 있어서 잘못된 의사결정을 할 수 있기 때문입니다. 하지만 시장이나 민간은 불완전한 정보라는 한계가 있더라도 신속한 의사결정으로 리스크를 감소시킬 수 있고 모든 이용가능한 정보(all available information)가 시장에 즉각적으로 반영될 수 있다는 차이점이 있습니다. 이러한 점을 주장하는 것이 소위 **효율적 시장가설** 이론입니다. 반면 공공분야에서는 제한된 정보 외에 시차(time－lag)의 문제[8]가 추가되기 쉽다는 또 다른 한계가 있습니다.

첫째, 정책이 집행될 때까지 소요시간(duration)의 문제가 있습니다. 우선 정책문제를 인지하고 의제로 설정하는 데 시간이 걸립니다. 코로나로 자영업자들이 어려움을 겪고 있다는 것을 현장 당사자들은 즉각적으로 알 수 있지만 정부나 정치권에서 이러한 문제를 실질적인 정책의제로 채택하려면 언론 등을 통해 사회적 이슈로 숙성될 시간이 필요하기 때문입니다. 정책의제로 대두하였더라도 정책결정 과정에 시간이 걸립니다. 실

▶ 효율적 시장가설 (efficient market hypothesis)[6]

효율적 시장가설은 금융시장, 특히 주식가격에는 이용가능한 모든 정보(all available information)가 이미 반영되어 있다고 주장합니다. 오늘 주가에 오늘까지 정보가 모두 반영되어 있고 내일 주가는 내일 정보에 따라 움직이므로 주가의 변화는 랜덤워크(random walk)가 될 수밖에 없고 따라서 아무도 내일 주가를 예측할 수 없다는 것입니다. 이러한 이론에 따르면 아무리 뛰어난 예측력이 있는 사람도 시장을 이길 수 없다는 결론에 도달하지만 전설적인 수익률을 올린 투자가들이 왜 존재하는지, 주가 거품이나 주식시장 대폭락(Black Monday)이 왜 발생하는지, 2008년 글로벌 금융위기가 왜 나타났는지 등에 대해 설명하지 못한다는 비난을 받기도 합니다. 효율적 시장가설 신봉자라면 길거리에 떨어진 5만 원권 지폐를 줍지 않을 것입니다. 진짜 5만 원권 지폐라면 내가 주울 때까지 길거리에 남아 있을 리가 없기 때문[7]입니다.

제 시장여건도 객관적으로 확인해야 하고 여러 이해관계자들의 의견도 수렴해야 하기 때문입니다. 정책결정이 이루어졌더라도 실제 집행까지 실행시차가 발생합니다. 관련 정책을 실행하려면 법적 근거와 재원을 마련하고 필요한 인허가 등이 우선되어야 하기 때문입니다. 입법화나 예산통과에는 1년 이상의 시간이 걸릴 수도 있습니다.

둘째, 어느 시점에 개입하는 것이 적절할 것인가와 관련된 적시성(timing)의 문제도 있습니다. 섣부른 개입이나 때늦은 개입 모두 문제가 되기 때문입니다. 이 문제는 정보부족과 연계될 경우 파괴력이 더 커질 수도 있는데 예를 들어 세계적인 경기침체가 도래할 것을 예상하지 못한 상태에서 반시장적 정책(급격한 최저임금 인상, 주 52시간 도입, 대출규제 강화, 대일 강경 정책 등)을 추진했는데 코로나 바이러스 발생으로 글로벌 경제위기가 닥쳤다면 경기침체 효과가 더 커질 수 있는 것입니다.

셋째, 숙성기간(maturation)의 문제가 있습니다. 앞서 살펴본 소요시간(duration)을 거쳐 정책이 집행되었더라도 그 효과가 발생하려면 일정한 시간이 필요하다는 것입니다. 숙성기간이 필요하다는 것을 무시하고 정책효과가 나타나지 않는다고 해서 성급하게 정책을 변경하거나 다른 정책을 집행할 경우 정부는 노벨상 수상자인 밀톤 프리드먼(M. Friedman)이 말했던 '샤워실의 바보(fool in the shower room)'[9]가 될 수도 있습니다. 샤워기 물을 틀었을 때 찬물이 나온다고 성급하게 온수 쪽으로 샤워 꼭지를 돌리면 갑자기 물이 뜨거워지게 되고 물이 뜨겁다고 해서 성급하게 냉수 쪽으로 샤워 꼭지를 돌리면 갑자기 물이 차가워지게 되겠죠. 이럴 때는 적당한 위치에 샤워 꼭지를 맞춰 놓고 기다려야 바보가 되지 않습니다. 숙성기간이 필요하다는 소리입니다.

넷째, 속도(pace, speed)와 행위주체의 시간적 지평(time perspective or time horizon) 문제도 있습니다. 장관 또는 자치단체장의 리더십 유형에 따라 같은 종류의 정책이라도 신속하거나 느리게 이루어질 수 있고, 정책의 시간적 단위가 1년 단위일 수도 5년 단위일 수도 있다는 것입니다. 속도감을 갖춘 교육부 장관이 본인의 재임 기간 동안 가시적인 성과를 내고자 한다면 대입제도가 매년 바뀌면서 누더기가 될 수도 있을 것입니다. 우리나라에서는 매번 그래왔기도 합니다.

2.2.3. 정치적 비효율성과 취약성

우리나라는 삼권분립을 채택하고 있지만 국민이 뽑은 국민의 대표로 구성되는 국회에게 국정감사나 예산안 심사와 같이 행정부를 견제할 수 있는 강력한 권한을 부여하고 있습니다. 물론 공무원에게도 정치적 여건 변화에 관계없이 전문성을 바탕으로 공직을 수행하도록 법적인 신분보장을 하고는 있지만 국회가 사실상의 정치적 우위를 점한 상황에서는 정부정책이 정치논리에 휘말릴 가능성이 있습니다. 국회의원들이 공무원들을 불러놓고 호통치고 야단치는 장면은 TV에서도 많이 본 적이 있을 겁니다. 문제는 정치논리라는 것이 경제적 효율성과 효과성을 중시하지 않고, 이익집단에 포획(capture)되기 쉬우며, 로그 롤링(log-rolling)을 통해 비합리적인 의사결정을 내리기 쉽다는 점입니다. 그리고 그러한 정치논리를 공무원에게 주입시킬 때는 국정감사 같은 공개된 자리가 아니라 은밀한 사석에서 이루어질 것이기 때문에 국민들은 알 길이 없습니다. 전형적인 주인-대리인 문제가 발생하게 되는 것입니다. 하지만 이러한 가능성을 미루어 짐작하더라도 또는 비록 공개되더라도 일반 국민들은 굳이 나서서 반대할 실익이 없습니다. 반대에 필요한 비용이 개인이 얻을 수 있는 실익보다 크기 때문에 합리적 무시를 하는 것이 효율적이기 때문입니다.

선거로 선출되는 지방자치단체장도 정치적 논리에 좌우되기 쉽습니다. 아래 표는 여름철 1,000가구가 사는 군 지역에 1,000만 원의 예산으로 살충제를 뿌리는 경우를 예로 든 사례입니다. 살충제 종류에 따라 가구당 소요 비용과 효과가 상이하게 발생합니다. 박멸효과가 가장 좋은 A 살충제는 가격이 비싼 관계로 200가구에만 뿌릴 수 있는 반면, C 살충제는 효과는 낮지만 가격이 높지 않아 전 가구가 (효과적이진 않지만) 혜택을 볼 수

▶ **합리적 무시(rational ignorance)**

'합리적 무시'는 Downs(1957)[10]가 국민들이 투표과정에서 정작 중요한 이슈에 대해 별로 아는 것이 없는 이유를 설명하기 위해 처음 소개한 개념입니다. 중요 이슈에 관한 정보라고 해도 그 정보를 통해 얻게 되는 이익이 크지 않다면 굳이 비용을 들여 구매, 즉 알려고 하지 않는다는 것입니다. 이어 Olson(1965)[11]과 같은 공공선택이론가들에 의해 발전되어 일반 국민들은 집단행동을 통해 의사표현을 하기 어려운 반면 이익단체들은 자신들의 이익을 위해 쉽게 결집하는 이유를 설명하는 데 활용되기도 했습니다. 한국경제신문의 경제용어사전에서는 다음과 같은 예[12]를 들고 있는데 참고하기 바랍니다.

"비판을 했을 때 얻는 소득이 비판을 하지 않았을 때 주어지는 소득보다 적은 경우 무시를 택하는 것을 말한다. 한 국가에 특수이익집단이 존재한다고 치자. 또 이익집단이 정부에 10억 원가량의 로비를 해 사업 독점권을 따낸다면 100억 원의 이익을 보게 된다고 가정하자. 또 소비자 개개인은 500원의 손해를 보고, 소비자들이 이에 항의해 이익집단의 행동을 무산시키는 데 드는 비용은 5억 원이라고 생각해 보자. 이 경우 소비자 1명은 도저히 막대한 소송비용을 감당할 수가 없다. 소비자 10만 명이 모여 각각 5,000원의 소송비용을 감당한다 해도 손해금액 500원보다 소송비용이 더 크다. 그렇다고 수백만 명이 단체소송을 거는 일도 쉬운 일은 아니다. 여기에 이익단체에 항의할 사람들을 조직하는 데도 추가 비용이 든다. 소비자단체 같은 거대 그룹은 집단행동을 하기가 이익단체보다 훨씬 어렵기 때문이다. 이익단체 같은 작은 그룹은 원래 뭉치기가 쉽다. 이해관계가 같기 때문에 의견을 하나로 묶고 밀어붙이기도 용이하다. 그러나 소비자, 납세자, 노인 등의 그룹은 규모가 너무 커 뭉치기가 어렵다. 의견도 엇갈릴 가능성이 높다. 따라서 소비자들은 이런 불공정함에도 이익단체의 행동을 무시하게 되는데, 이를 합리적 무시라고 한다."

있습니다. B 살충제는 중간 정도의 가격과 박멸효과가 있습니다. 실제 효과는 수혜가구 수와 박멸효과를 곱한 값으로 확인할 수 있을 것입니다.

▎살충제 종류별 비용과 효과

종류	가구당 비용	박멸효과	수혜가구 수	실제 효과 (박멸효과×수혜가구 수)	의사결정
A	5	80%	200	160	
B	2.5	50%	400	200	경제적 합리성
C	1	10%	1,000	100	정치적 합리성

만일 군수가 경제적 효율성과 효과성을 중시하는 입장이라면 같은 투입 예산으로 실제 효과가 가장 큰 B 살충제를 선택하는 것이 경제적으로 합리적입니다. C 살충제는 경제적 효율성과 효과성이 가장 낮은 점에서 고려할 수 있는 대안이 못됩니다. 그러나 만일 군수가 내년 선거에서 재선을 노리는 경우라면 어떨까요? 400가구가 대상이 되고 실제로는 200가구가 박멸효과를 보는 B 살충제보다 실제 효과는 100가구에 불과하지만 전체 1,000가구가 대상이 되는 C 살충제를 선택하는 것이 자신의 지명도와 살충제 배포의 홍보효과를 높이고 내년 선거에 자신의 업적으로 내세우는 데 더 유리하지 않을까요? 바로 정치적 합리성 때문입니다. 최근 자치단체장들이 경쟁적으로 청년수당 등을 신설하고 있는 이유도 정치적 합리성을 높이기 위한 일환으로 해석할 수 있을 것입니다. 이러한 지방자치단체장의 정치적 포석에 대해 임명직이 아닌 선출직 공무원이 적극적으로 반대의견을 개진할 수 있을까요? 다음 선거에서 현 단체장이 확실히 낙선할 것이라면 모를까 그럴 수 없을 것입니다. 주민들의 선거로 뽑힌 선출직 단체장이 대표성을 더 확보하고 있기도 하고 말입니다.

이익집단에 취약하다는 문제도 갖고 있습니다. 로비력이 있는 집단인 경우 **지대추구**를 통해 공동이익을 취할 수도 있고 회원 수가 많은 경우 자신을 지지하는 표(vote)를 확보할 수 있기 때문입니다. 이와 관련된 유명한 사례 중 하나가 영국의 '붉은 깃발법(The Red Flag Act)'입니다. 일찍이 산업혁명이 시작된 영국에서는 1826년 세계 최초로 28인승 증기자동차가 등장했다고 합니다. 많은 인원을 태우고 시속 30km의 속도로 달릴 수 있는

▶ **지대추구(rent seeking)**
지대는 토지처럼 공급이 제한된 제품이나 서비스를 제공하는 공급자에게 일반적인 사용가치보다 높은 수준에서 지급되는 대가를 의미합니다. EPL에서 활약하는 손흥민 선수의 연봉은 그 또래 젊은 남자가 거둘 수 있는 수입이라고는 상상할 수 없이 높은 수준입니다. 이는 손흥민 선수와 같은 나이 또래에 비슷한 조건을 갖춘 선수는 많지만 그와 같은 수준의 득점을 올릴 수 있는 선수는 세계에서도 손꼽힐 만

증기자동차의 출현에 위기감을 느낀 마부들은 마차를 타는 귀족과 말들이 놀란다는 이유로 규제를 도입할 것을 주장했습니다. 사태가 격화되자 (마부 단체와 함께 지대를 추구한 것인지 정말로 마차와 보행자의 안전을 위한 것인지는 모르겠지만 하여튼) 영국 의회는 1865년 증기자동차를 규제하는 붉은 깃발법을 시행하게 됩니다. 이 법에 따라 증기자동차는 교외에서는 시속 6km, 시내에서는 시속 3km까지로 속도가 제한됩니다. 더욱 가관인 것은 증기자동차를 운행하려면 운전사와 석탄을 넣는 화부 외에 붉은 깃발을 든 기수가 증기자동차 보다 60야드(약 55m) 앞에 달려가면서 다른 증기자동차나 마차의 마부에게 뒤에 증기자동차 오고 있음을 알리게 했다는 것입니다. 증기자동차의 속도가 기수의 달리는 속도를 앞지르지 못하게 된 것입니다. 이 법은 1896년까지 31년이나 지속되었고 자동차 산업을 처음 시작한 영국은 후발 주자인 독일이나 프랑스에게 산업화 과정에서 뒤처지는 결과[13]를 낳게 되었습니다. 세계 최고의 자동차로 꼽히는 양산차가 모두 독일 차라는 것은 우연의 일치가 아닌 셈입니다.[14]

큼 적기 때문입니다. 즉, 공급이 제한된 것이지요. 행정학적 관점에서 부정적인 의미로 지대를 추구한다는 것은 공공서비스의 공급을 제한한다는 것을 의미합니다. 예를 들어 신규사업의 진입을 허용할 때 신고제, 등록제, 면허제를 택한다는 것은 서로 다른 공급제한 효과를 갖게 됩니다. 신고제는 사업자가 사업을 시작한다고 신고할 경우 행정청이 수동적으로 접수해야 하는 기속행위인 점에서 공급을 전혀 제한하지 않는 경우입니다. 등록제는 신고제와 달리 등록요건에 맞는지는 행정청이 확인해야 한다는 점에서 등록을 거부할 수 있기 때문에 등록기준 변경을 통해 어느 정도 공급제한이 가능합니다. 면허제의 경우 면허기준에 맞더라도 행정청이 판단하여 면허를 발급하지 않을 수도 있는 재량행위인 점에서 직접적인 공급제한이 가능합니다. 만일 공무원이 이익집단, 즉 기존에 면허를 취득한 사업자와 공동으로 지대를 추구한다면 어떤 행위를 할까요? 바로 면허제를 적극적으로 유지하는 전략을 취하게 될 것입니다. 최근에 기존의 택시와 다른 서비스를 제공하는 '타다'라는 브랜드가 선풍적인 인기를 얻고 있고, 카풀서비스 업체도 등장한 바 있습니다만 모두 기존 택시면허사업과 배치된다고 하여 정부가 직간접적인 규제에 나선 바 있습니다. 국민들이 원하는 서비스임에도 그러한 규제장치가 작동된 이유가 무엇일지 각자 생각해 보면 어떨까요.

▶ 이어 마킹(ear-marking), 포크 배럴(pork barrel)[15)]

이어 마킹, 포크 배럴 등은 로그 롤링과 유사한 입법 내지 정치행태를 의미합니다. 이어 마킹은 소위 꼬리표 붙이기란 것으로 특정 예산을 특정 집단이나 사업을 위해 쓰도록 미리 지정한다는 의미로 쓰입니다. 로비산업이 발달한 미국에서는 로비업체가 1달러를 쓰면 평균적으로 특정 산업 분야나 업체에게 돌아가는 혜택성 예산(earmark revenue)이 평균 28달러[16)]에 달한다고 합니다. 포크 배럴은 지역 선거구에 뿌릴 선심성 예산(pork)을 미끼로 정치적 지지, 즉 투표권을 거래한다는 것을 의미합니다. 과거 미국에서 흑인 노예에게 돼지 구유통(pork barrel)에 담긴 음식을 나눠주고 그들의 노동력을 착취했다는 것을 빗댄 표현으로 알려져 있습니다. 여러분도 지역구 국회의원 뽑을 때 지명도가 높거나 여당 실세거나 청와대와 관련이 있는 사람을 지지하는 경향이 있지 않나요? 우리 지역구에 무엇인가(pork)를 가져올 것이라고 믿고 표(vote)를 밀어주는 것이 바로 포크 배럴 정치(pork barrel politics)인 것입니다.

정치적 비효율성은 정치인들이 로그 롤링을 택할 때 더 크게 드러납니다. 이어 마킹이나 포크 배럴도 마찬가지입니다. 로그 롤링(log-rolling)은 글자 그대로 서로 통나무 굴리기를 번갈아 도와주는 것을 의미합니다. 행정학에서는 의회 의원끼리 자신이 지지하는 법안이나 예산안을 통과시키기 위해 다른 로그 롤링 상대방의 법안이나 예산안을 번갈아 지지해 주는 행태를 표현하는 의미로 사용됩니다. 쉽게 말해서 내가 발의한 법안이나 내 지역구를 위한 예산이 통과되는 것을 도와주면 다음에 당신이 발의하는 법안이나 당신 지역구를 위한 예산이 통과되도록 나도 도와주겠다는 일종의 짜고 치기 비슷한 전략을 말하는 것입니다. 문제는 이를 통해 사회적으로 바람직한 법안이나 예산이 통과되는 경우도 있지만 때로는 사회적으로 바람직하지 않은 결과가 초래[17)]될 수도 있다는 것입니다. 아래 표는 1-5까지의 의원들과 그들이 각각 지지하는 A-E까지의 예산안이 있고(의원 1이 예산안 A를 지지한다는 의미) 각 예산안이 가져올 편익과 비용이 표시되어 있습니다. 편익은 각각의 예산안이 통과되었을 때 내가 속한 지역구가 받게 될 편익을 의미하고 비용은 예산안 집행에 필요한 실제 투입비용으로 각각의 지역구에서 분담하는 형태(세금일 경우)라고 가정할 수 있겠습니다.

▌로그 롤링 사례 1

예산안 \ 의원	1	2	3	4	5
A	2	-1	-1	-1	-1
B	-1	2	-1	-1	-1
C	-1	-1	2	-1	-1
D	-1	-1	-1	2	-1
E	-1	-1	-1	-1	2

위 표는 의원별로 지지하는 예산안이 통과될 때 얻는 편익은 3, 각자 분담해야 하는 비용은 -1인 경우입니다. 의원 1의 경우 A가 통과될 경우 3의 편익을 얻고

−1을 부담하기 때문에 2의 순편익을 얻게 되지만, 나머지 2−5 의원은 −1의 비용만 부담하게 됩니다. 이때 전체 편익을 더하게 되면 2×5=10이 되고 전체 비용은 −1×4×5=−20이 됩니다. 사회적으로 볼 때 A−E 예산안이 모두 통과된다면 전체적인 편익은 10인 반면 비용은 −20이 되므로 바람직하지 않은 결과가 초래될 것입니다. 다행인 것은 의원끼리 로그 롤링 전략을 취하더라도 각 예산안이 통과되기는 어렵다는 것입니다. 의원 수가 5명이므로 과반수가 되려면 3명, 즉 나 외에 내가 제안하는 예산안을 2명이 더 지지해 줘야 합니다. 의원 1이 다른 의원 2명, 예컨대 의원 2와 3을 포섭하려면 그들의 비용을 보전해 줘야 할 텐데 내게 남은 2로 다른 의원 2명의 손해를 보전해 주고 나면 나에겐 남는 것이 없습니다. 즉 로그 롤링을 제안할 실익이 없다는 것입니다.

다음 사례는 사회적 편익이 45, 사회적 비용이 −20인 경우입니다. 사회적 편익이 비용보다 크므로 전체 예산이 통과되는 것이 바람직하고 의원별로 얻는 편익이 9나 되기 때문에 나머지 두 명의 비용을 보전해 주고도 7이 남아 로그 롤링을 시도할 실익 또한 충분합니다. 즉, 로그 롤링을 통해 사회적으로 바람직한 결과가 가능한 경우입니다.

▎로그 롤링 사례 2

예산안 \ 의원	1	2	3	4	5
A	9	-1	-1	-1	-1
B	-1	9	-1	-1	-1
C	-1	-1	9	-1	-1
D	-1	-1	-1	9	-1
E	-1	-1	-1	-1	9

문제는 다음 사례입니다. 아래 경우 각각의 편익이 4이므로 사회적 편익은 15, 사회적 비용은 −20이 됩니다. 각 예산안이 모두 시행된다면 사회적인 비용이 더 크다는 의미입니다. 그런데 각 의원별 편익으로 3이 남기 때문에 2명의 의원이 부담해야 할 비용을 보전하고도 1이 남습니다. 로그 롤링을 시도할 가치가 있다는 것이지요. 어떤 결과가 발생할까요? 로그 롤링이 발생하고 그 결과 사회적으로 바람직하지 않은 결과가 나타나게 됩니다. 지방에 인구는 계속 감소하고 있는데 지역구에 세워지는 복지시설은 계속 증가한다거나 통행량도 없는 왕복 4차로 도로가 계속 건설되는 것은 이런 로그 롤링 때문에 가능해진 것일지도 모릅니다.

❙ 로그 롤링 사례 3

예산안 \ 의원	1	2	3	4	5
A	3	−1	−1	−1	−1
B	−1	3	−1	−1	−1
C	−1	−1	3	−1	−1
D	−1	−1	−1	3	−1
E	−1	−1	−1	−1	3

이렇듯 자기 이익을 추구하는 것은 정치인뿐 아니라 공무원도 가능할 수 있습니다. 개인의 이익이 아니라 자기가 속한 조직의 이익을 위하는 것도 공익이 아닌 점에서 사익 추구의 하나라고 볼 수 있습니다. 따라서 정치적 비효율성과 취약성은 정치인의 압력에 의한 것이든 공무원의 자가발전이든 정부실패를 야기할 가능성을 크게 하는 요인이 됩니다.

2.2.4. 관료제의 병폐

직업공무원제는 엽관제의 폐해를 막기 위해 도입된 것으로 공무원이 정치적 변동에 구애받지 않고 오로지 전문성을 바탕으로 중립적이고 객관적인 행정활동을 추진하라는 취지로 공무원의 신분을 법적으로 보장하는 것을 말합니다. 당초 목적이 이러함에도 공무원의 신분보장은 많은 부작용을 초래할 가능성이 있습니다. 소위 말하는 관료제의 역기능이 발생하는 것입니다.

① 가장 대표적인 것이 2장에서도 설명한 바 있는 X−비효율성입니다. 정부업무 자체가 그 성과를 계량적으로 판단하기 어려운 상황에서 그 업무를 담당하는 공무원의 신분까지 보장해 줌으로써 민간에서 필요한 경쟁력이나 동기부여가 작동하지 않기 때문에 발생하는 비효율성입니다. 공무원 개인에 대한 신분보장이 그의 업무나 그가 속한 조직의 영속화를 초래하기도 합니다. 기업가적 정부(entrepreneurial government)를 추진했던 클린턴 정부 시절 고어 부통령의 주도로 작성된 보고서 「From Red Tape to Results: Creating a Government that Works Better & Costs Less」(1993)[18]의 첫 번째 제안인 '불필요한 업무 삭감(Eliminate what we

▶ **Red Tape**
Red Tape는 문서주의(文書主義) 또는 전례답습주의(前例踏襲主義)로 이해할 수 있습니다. 별다른 고민 없이 기존에 해 오던 방식대로 처리한다는 의미

don't need)'에 보면 제2차 대전 이후 정부 업부 근대화 위원회에서 스페인 함대가 침략하면 도버 해안으로부터 봉화를 피워 알리는 업무를 담당하는 공무원이 여전히 존재하면서 월급을 타가고 있는 것을 발견했다는 일화가 소개되어 있습니다. 참고로 스페인 함대가 침략했던 마지막 연도는 1588년이었다고 하면서 말이지요. 물론 출처가 불분명한 일화이긴 합니다만 유사한 사례는 지금도 나타날 수 있습니다. 적어도 임기를 보장받는 동안에는 다른 기관으로 옮겨갈 수도 있으니까요. 조직의 임무가 다한 경우에도 신분보장을 받는 공무원들이 남아서 다른 업무를 계속 만들어낼 수도 있습니다. 그러한 예가 바로 '파킨슨 법칙(Parkinson's law)'[19]입니다. 그는 영국 해군에 근무하면서 이상한 점을 발견하게 됩니다. 1914－1928년의 14년 동안 해군 장병은 14만 6,000명에서 10만 명으로, 해군 함정은 62척에서 20척으로 감소했는데 같은 기간 동안 해군본부에 근무하는 공무원의 숫자는 2,000명에서 3,569명으로 오히려 80% 가까이 늘어난 것입니다. 영국 식민성의 공무원 수 증가도 마찬가지였습니다. 1940년대를 전후하여 대부분의 영국 식민지가 독립했음에도 불구하고 영국 식민성의 공무원 수는 1935년 372명에서 1954년 1,661명으로 증가[20]한 것입니다.

입니다. 과거 대영제국에서는 공문서를 처리한 다음에 붉은색 끈(red tape)으로 묶어서 보관했다고 하는데 이 끈을 풀어서 다시 본다는 것이 기존 문서를 뒤져서 그대로 따라한다는 의미로 활용되는 것입니다. 사실 영국인들의 붉은색 사랑은 유별납니다. 매년 재무장관이 정부 예산안을 국회에 제출할 때도 붉은색 가방에 넣어 전달하는데 이 가방을 들어 보이는 것이 예산안 제출의 신호로 여겨지기도 합니다.

② 대규모 조직은 본래의 업무 외에 조직을 운영하고 통제하는 메커니즘이 필요하고 이러한 부가적인 업무는 일방향적, 하향적인 명령과 통제(command & control)에 의존하게 됩니다. 조직구성원들은 외부 변화보다 내부경쟁에 치중하게 되고 다층적인 계층제하에서 의사결정을 하는 데 시간지체(time lag)가 발생하게 되면 조직이 경직화(rigidity cycle)하고 쇠퇴하는 경로(decline path)에 빠지게 됩니다. 이러한 대규모 조직의 문제는 민간부문에서도 나타날 수 있지만 경쟁압력에 노출된 민간과 달리 관료제 조직은 외부와의 경쟁이 없기 때문에 역기능이 필연적으로 나타난다[21]는 데 문제가 있습니다. 통일적인 기준을 적용하는 과정에서 환경변화에 대응하기 어렵고 각각의 사안들을 개별적으로 처리하지 못한다는 문제도 발생합니다. 인천공항에 제2터미널이 신설되면서 국적 허브항공사가 1터미널은 아시아나항공, 2터미널은 대한항공으

로 달라지게 되자 출국자 편의를 위해 도로표지판에 터미널명과 국적 허브 항공사명을 병기해 줄 것을 항공사가 요구했지만 주무부처인 국토부가 법적 근거 없음을 이유로 거부했다는 사례[22]는 이런 이유로 발생하게 됩니다.

③ 관료제의 병폐에 따라 나타나는 현상 중 하나가 무사안일(無事安逸), 소위 복지부동(伏地不動)입니다. 땅에 납작 엎드려서 움직이지 않는다는 것이지요. 어차피 나는 신분을 보장받는 공무원이니까 괜히 분란 만들 필요 없이 가만히 있자는 보신주의를 의미합니다. 이런 의식을 가진 공무원들에게 국민은 안중에 없을 것입니다. 평생을 함께 할 조직의 상관과 동료, 부하직원이 가장 중요한 고객이 되기 때문입니다. 하지만 이러한 문제는 합리적 의사결정과 문제해결을 위해 감정을 배제하고 사전에 마련된 규칙을 따르려고 하는 베버주의적 관료제(Weberian bureaucracy)의 전통에 따른 결과일 수도 있다는 점을 염두에 둘 필요가 있습니다. 당초 의도는 나쁘지 않았다는 것이지요. 아래는 여러분들도 겪어 보았을, 그리고 이 영화에서 다니엘이 겪게 되는 국민들을 화나게 하는 공무원 유형[23]입니다. 다들 경험한 기억이 있지 않습니까?

- 무관심형("나 몰라라"): 나와 상관없다는 태도
- 무시형("그래서요?"): 고객의 요구를 무시하거나 회피
- 냉담형("왜 저한테 그러세요?"): 차갑고 퉁명스러운 태도
- 어린애 취급형("그것도 모르세요?"): 고객을 어린애와 같이 다루는 태도
- 로봇형("기계인가 사람인가?"): 인사나 응대가 완전히 기계적
- 규정 제일형("규정상 안 되는데요"): 규정만을 따지는 서비스의 경직화
- 발뺌형("제 소관이 아닌데요"): 자신들의 업무영역, 책임한계만을 말하며 업무를 떠넘김

④ 조직 내·조직 간 할거(割據)주의(sectionalism)도 나타나게 됩니다. 각각의 업무가 직제규정을 통해 상세히 규정되어 있기 때문에 자기 업무에 대해서는 자기 영역을 최대한 지키려는 행태가 발생하는 것인데 부처이기주의로 변질되기 십상입니다. 분업과 전문화의 폐해라고도 할 수 있는데 내가 속한 것 외에는 모른다는 점에서 Silo 효과로 불리기도 합니다. 조직이 사일로 의식을 갖게 되는 것은 다음과 같은 이유 때문으로 설명[27]됩니다.

▶ Silo 효과(organizational silo effect)
사일로 효과는 조직이나 부서 간에 서로 협력하지 않고 내부 이익만을 추구하는 현상을 의미[24]합니다. 서로 담을 쌓고 각자의 이익에만 몰두하는 것이 곡식이나 사료를 분리하여 저장하는 원통형 모양의

- 영역다툼(turf): 조직의 영향력을 확대하기 위해 내가 맡고 있는 책임 범위를 유지하거나 확장하려는 욕구가 강하기 때문에 협력 곤란
- 예산보호(budget protection): 조직의 핵심업무에 해당하거나 협업이 필요한 업무에 소요되는 비용부담 원칙이 명확하지 않은 이상 다른 조직의 업무에 당해 조직의 예산 지원을 꺼리는 행태 때문에 협력 곤란
- 관료정치(bureaucratic politics): Allison 모형(1962)에서 지적된 것처럼 같은 이슈에 대해서도 조직에 따라 관점(perspective)과 반응(reaction)이 상이하기 때문에 협력 곤란
- 무지(ignorance): 다른 조직이 유사한 업무를 수행하거나 이해관계가 있음을 모르는 상황일 때 협력 곤란

사일로와 닮았다고 해서 생긴 비유입니다.

출처[25]

출처[26]

- 기술적 문제(technical reasons): 협업이 필요함에도 데이터베이스 시스템의 차이 등으로 적절한 커뮤니케이션이 이루어지기 어려운 경우 협력 곤란

⑤ 비난회피(blame avoidance) 동기에서 발현[28]되기도 합니다. 정책결정자의 동기유발 요인은 크게 적극적인 호평추구(credit claiming)와 비난회피(blame-avoidance)로 나눌 수 있다고 할 때 호평극대화(credit maximization)보다는 비난최소화(blame minimization) 동기가 더 크게 작동한다는 것입니다. 열심히 일해서 호평을 받을 수도 있지만 동시에 비난을 받을 수 있는 위험을 감수하느니 차라리 아무 일도 하지 않아서 호평도 없고 비난도 없는 것을 더 선호한다는 것입니다. 이는 호평추구에 따른 만족보다 비난에 따른 불만족에 더 민감한 것을 강조했다는 점에서 행동경제학에서 말하는 손실회피성(loss aversion) 또는 선물효과(endowment effect)와 연계하여 설명할 수도 있습니다. 일반적으로 받았을 때 고마운 감정은 크지 않았더라도(특히 내가 간절히 원해서 받은 게 아니라 그냥 주어진 경우) 기왕에 받았던 것을 도로 달라고 하면 느끼게 될 서운한 감정이 매우 크다는 것을 생각해 보면 쉽게 이해가 갈 것입니다.

▶ 목표전치(目標轉置, goal-displacement)
목표전치 사례의 하나인 것이 황필상 박사의 기부금에 대한 세금부과[29]였습니다. 가난한 어린 시절을 보낸 황씨는 프랑스에서 국비 장학생으로 박사학위를 딴 후 카이스트 교수를 거쳐 생활정보지인 수원교차로를 창간해 큰돈을 벌었다고 합니다. 황 박사는 2002년 평생 모은 재산 200억 원을 모교인 아주대에 기부해 장학재단을 설립했으나, 6년 뒤 세무당국이 증여세 140억 원을 재단에 부과하면서 소송전이 시작된 것입니다. 세무당국은 '재벌의 편법 증여 등을 막기 위해, 공익재단이라도 회사 주식의 5% 이상을 기부받으면 증여세를 내도록 한' 법을 적용한 것이었습니다. 편법 증여를 방지하고자 했던 목적을 감안하면 세금을 부과하면 안 되는 사안이었지만 증여세를 부과한다는 규정 자체가 목적이 되어버린 것이었죠. 1심은 장학재단의 손을 들어주었지만 2심에서는 세무 당국이 승소했고 대법원이 판단을 미루는 사이, 2015년 세무서는 황 박사에게 연대 책임을 물어 가산세까지 더해 225억 원을 내라고 통보합니다. 지루한 공방 끝에 2017년 4월 대법원이 "경제력 세습과 무관하게 기부를 목적으로 한 주식 증여에까지 거액의 증여세를 부과하는 것은 부당하다"고 판결함으로써 결국 종료되었지만 황 박사는 소임을 다했다는 듯 그 이듬해인 2018년 12월 31일 별세합니다.

사회

'기부왕 빌게이츠' 한국서도 나올수 있게 물꼬 텄다

대법원, '주식기부 과세' 명확한 기준 첫 제시

7년만에 웃은 황필상씨 "역시 제 선택이 옳았죠?"

최고 50% 증여세 부과 '5% 주식룰' 개정 시급

무료변론 소순무 변호사 "稅制 새 틀 짜야"

⑥ 법령과 전례에 따르면 최소한 책임질 일은 없으나 따르지 않았을 경우 혼자 책임지는 일이 발생하기 때문에 규정에 집착하는 과잉동조(過剩同調, overconformity)의 문제도 있습니다. 물론 규칙을 지키지 않는 과소동조도 문제이긴 합니다. 과잉동조가 발생할 경우 당초 이도했던 목적이 아니라 수단에 더 집중하는 목표전치가 발생하게 됩니다. 예를 들어 교통경찰이 과속이나 차선변경, 불법 주정차 단속 등을 실시하는 것은 원활한 차량흐름(목표)을 위한 수단에 불과한 것인데 차량이 다니지 않아 막히지도 않는 한적한 곳에 몰래 숨어 있다가 일부러 단속하는 것은 교통흐름 원활화라는 목표가 단속 건수 확대라는 목표로 전환된 사례로 볼 수 있습니다. 기타 계급제에 따라 상명하복을 중시하는 권위적 행정문화, 본인이 습득한 지식·기존 규칙 외에 다른 대안을 생각하지 못하는 훈련된 무능(trained incapacity), 돈벌이가 목적이 아니라 돈을 쓰는 것이 목적인 조직(cost center)인 관계로 비용개념이 부족하다는 한계 등도 들 수 있습니다.

03

더 생각해 볼 문제

- 정부실패는 결국 정책실패의 문제로 귀결됩니다. 정부에서 아파트값 상승을 막기 위해 분양가 상한제를 도입한다고 하면 신축 아파트 값이 증가하는 현상이 나타나게 됩니다. 최저임금을 올리자 중소기업에서는 직원을 뽑는 대신 외국인 근로자를 고용하거나 자동화 설비를 도입함으로써 오히려 일자리가 줄어드는 현상, 대학의 시간강사를 처우하기 위한 법을 시행하자 대학들이 시간강사 수를 대폭 줄임으로써 강사자리가 사라지는 문제, 저소득층 학생에게 컴퓨터를 무상으로 보급하자 학업성적이 오히려 떨어지는 현상, 다주택자 부담을 늘렸더니 매도하는 대신 자녀에게 증여하는 일이 늘어나는 일 등등 이러한 사례들은 너무나 많이 발생하고 있습니다. 이런 정책 중에는 정부가 조금만 더 신중을 기했더라면 사전에 발생가능한 문제점을 충분히 예상하고 대비책을 마련할 수 있었을 것이란 아쉬움이 드는 사례도 많습니다. 정부가 새로운 정책을 시행하기 전에 어떤 조치를 취해야 정책실패를 최대한 방지할 수 있을까요? 온 국민의 관심사 중 하나인 대입제도와 관련해서 의견을 나눠보도록 합시다.
- 부동산 중개업 수수료는 거래가격에 비례하여 상한요율과 한도액 내에서 협의에 따라 정해지도록 되어 있는데 실상은 모두 한도액까지 수수료를 받고 있습니다. 최근 들어 방을 구하는 여러 앱이 출시되어 있긴 하지만 공인중개업소를 이용할 경우 여전히 법에서 정한 동일한 상한선을 받고 있습니다. 거래대상인 주택가격이 계속 올라가는 점을 감안한다면 공인중개사 입장에서는 동일한 서비스를 제공하고도 수수료가 계속 올라가는 효과를 볼 수 있게 됩니다. 서울의 중개수수료율은 6억–9억 원 사이 매매교환인 경우 상한요율이 1천분의 5이고 한도액이 없으므로 만일 6억 원짜리 아파트를 거래한다면 중개수수료가 300만 원이 됩니다. 그것도 거래 당사자가 모두 지불하니 중개업자는 600만 원을 넘게 버는 셈입니다. 중개업자 입장에서는 당연히 자신들의 입장이 있긴 하겠지만 가뜩이나 대출을 끌어안고 집을 거래하는

소비자 입장에서는 큰 부담으로 작용하는 것이 틀림없습니다. 그런데 특별할 것도 없는 중개서비스를 제공하는 대가인 중개수수료를 왜 자율화하지 못하는 것일까요? 아파트단지 1층에 제일 좋은 상권을 독차지하고 있는 중개업소들은 왜 수수료 인하 경쟁을 하지 않고 있는 걸까요?

- 정부가 국회에 제출한 예산안은 국회의 심의과정에서 대체로 삭감되기 쉽습니다. 그런데 SOC 예산은 오히려 증가하는 경우가 많은 것은 무슨 이유 때문일까요? 지역구에서 생색내기 쉬운 SOC 예산을 의원끼리 나눠먹기 때문은 아닐까요?

미주

1) 행정학 온라인 전자사전. http://kapa21.or.kr/epadic/epadic_view.php?num=678&page=48&term_cate=&term_word=&term_key=&term_auth=
2) Wolf, C. Jr. (1986). Market or Government: Choosing between Imperfect Alternatives. A RAND NOTE, N-2505-SF, The Rand Corporation.; Wolf, C. Jr. (1979). A Theory of Nonmarket Failure. Journal of Law and Economics, 22(1): 107-139.
3) Julian Le Grand. (1991). The Theory of Government Failure. British Journal of Political Science, 21(4): 423-442.
4) Leibenstein, H. (1966). Allocative Efficiency vs. "X-Efficiency." American Economic Association, 56(3): 392-415.
5) 김형준·박명호. (2007). 납세협력비용의 추정에 관한 연구. 한국조세재정연구원.
6) Open University의 금융시장 강좌에 가면 간략한 소개자료를 확인할 수 있음. https://www.open.edu/openlearn/money-management/money/accounting-and-finance/the-financial-markets-context/content-section-3
7) 2010.2.2., 매일경제, https://www.mk.co.kr/opinion/columnists/view/2010/02/54139/
8) 정정길·정준금. (2003). '정책과 제도변화의 시차적 요소' 등 참조, http://s-space.snu.ac.kr/handle/10371/71293
9) IBK 기업은행 금융정보 블로그, '조금씩, 천천히! 샤워실의 바보' 참조, https://blog.ibk.co.kr/2222
10) Downs, A. (1957). An Economic Theory of Democracy. NY: Harper.
11) Olson, M. (1965). The Logic of Collective Action: Public Goods and the Theory of Groups. Cambridge: Harvard Univ. Press.
12) http://dic.hankyung.com/apps/economy.view?seq=11755
13) http://www.edaily.co.kr/news/news_detail.asp?newsId=01220166609500448
14) http://www.oceansplasticleanup.com/Politics_Plastics_Oceans_Cleanup/Red_Flag_Act_Locomotive_1865_Cars_Speed_Limits_Man_Running_Carrying_A.htm
15) https://politicaldictionary.com/words/logrolling/
16) 2007.9.17., Business Week, https://www.bloomberg.com/news/articles/2007-09-16/inside-the-hidden-world-of-earmarks
17) 세부적인 내용은 이정전. (2008). 경제학에서 본 정치와 정부: 공공경제학 입문. 박영사.
18) Vice President Al Gore. (1993). From Red Tape to Results: Creating a Government that Works Better & Costs Less. Report of the National Performance Review.
19) Parkinson, C. Northcote. (1958). Parkinson's Law Or The Pursuit of Progress. London: John Murray.
20) 2017.8.18., 조선일보, http://newsteacher.chosun.com/site/data/html_dir/2017/08/17/2017081700412.html
21) Downs, A. (1967). Inside Bureaucracy. Boston: Little, Brown & Co.
22) 2017.10.12., 조선일보, http://news.chosun.com/site/data/html_dir/2017/10/12/2017101200202.html
23) 국민권익위원회 블로그, http://blog.daum.net/_blog/BlogTypeView.do?blogid=0PEHG&articleno=463
24) 연합인포맥스 시사금융용어, 2019.3.28., http://news.einfomax.co.kr/news/articleView.ht

ml?idxno=4022930

25) https://incheonport.tistory.com/1392

26) https://www.linkedin.com/pulse/20140620140642-31698954-a-new-silo-a-new-obstacle

27) Page, E. (2008). Joined-Up Government and the Civil Service. In Bogdanor, V. (ed.) Joined-Up Government. Oxford: Oxford Univ. Press, pp. 139-155 중 pp. 141-145.

28) Weaver, R.K. (1986). The Politics of Blame Avoidance. Journal of Public Policy. Vol.6, No.4. pp. 371-398.

29) 2018.12.31., Huff Post, https://www.huffingtonpost.kr/entry/story_kr_5c29a844e4b05c88b701bb3f

PART 08

나를 참을 수 없게 만드는 정부는 혁신대상?

영 화 로 보 는 행 정 관 람

와일드 테일즈, 참을 수 없는 순간
(Wild Tales, Relatos salvajes, 2014)

감독: Damian SZIFRON
출연: Ricardo Darin(시몬 역), Leonardo Sbaraglia (디에고 역), Erica Rivas(로미나 역) 외
수상: 2014 칸 영화제 황금종려상 및 아카데미 시상식 외국어 영화상 노미네이트, 세계 영화제 및 시상식 23개 부문 수상, 36개 부문 노미네이트 등

'와일드 테일즈, 참을 수 없는 순간'이라는 영화는 아르헨티나의 데미안 스지프론(Damian Szifron)이 각본을 쓰고 직접 감독을 맡았던 영화로 6편의 '참을 수 없는' 분노유발 에피소드를 모은 일종의 옴니버스 영화입니다. 미국 시사주간지 '더 타임즈(The Times)'가 뽑은 '2014년 최고의 영화 10편'에 이름을 올리기도 했던 영화로 초반부 분노 게이지를 극도로 상승시킨 후 유쾌상쾌통쾌한 복수극으로 카타르시스를 일으키게 하는 점에서 완성도와 작품성은 물론 오락성까지 갖춘 작품입니다.

난 누군가 또 여긴 어딘가? 비행기 안에서 모처럼의 여행으로 들떠 있는 승객들이 우연히 서로 인사를 나누다가 그들 모두 가브리엘 파스테르나크라는 한 남자와 별로 좋지 않은 관계를 맺고 있다는 사실을 알게 되는데.... 이들은 왜 한 비행기를 타게 되었고 지금 어디로 향하고 있는 걸까요...?

원수는 외나무 식당에서? 식당에 찾아온 한 손님을 본 웨이트리스는 그 사람이 아버지를 자살로 몰고 간 양아치 사채업자라는 것을 알아차립니다. 이 얘기를 들은 후덕한 몸집의 주방장 아주머니(전과 경력이 있는)는 그녀에게 음식에 쥐약을 넣자고 제안하고 그녀가 (모르는 척) 가만히 있는 사이 쥐약을 넣어버립니다. 하지만 그 남자가 죽기는커녕 멀쩡히 음식을 먹고 있자 쥐약이 유통기한이 지난 것 아니냐며 허둥대는 사이 그의 아들이 찾아와 쥐약이 들어 있는 음식을 같이 먹게 되는데....

분노의 질주 끝에 다 죽자? 한적한 도로에서 차를 몰고 달려가던 고급차 운전자가 깐죽거리며 추월을 방해하는 고물 화물차 운전자에게 열 받아 욕을 날리며 고물차를 추월하지만 곧 타이어가 펑크 나게 되고... 타이어를 교체하는 사이 그의 옆으로 나타난 고물차 운전자가 그를 협박하기 시작합니다.

결국 둘은 폭발된 차량에서 끌어안고 죽은 시체로 발견되는데....

합법적인 주차와 불법적인 견인? 자신의 차가 불법주차로 견인되자 불법주차가 아니었다고 공무원에게 항의해 보지만 전혀 들어주지 않자 점점 화가 나는데.... 이 에피소드가 바로 아래에서 소개될 내용이니 여기까지만.

뺑소니범 아버지의 돈놀음? 뺑소니 사고를 친 말썽꾼 아들 때문에 아침부터 정신이 없는 아버지는 경찰이 오기 전에 모든 것을 해결하기 위해 고군분투합니다. 그는 결국 집안 정원사에게 대신 죄를 뒤집어 써달라는 거래를 제안하게 되고 이 사실을 눈치 챈 경찰과 검사까지 아버지의 돈을 갈취할 목적으로 서로 돕겠다고 나서게 되는데....

결혼식인가 이혼식인가? 결혼식 날 행복에 겨워 있던 신부가 결혼식장에 신랑의 불륜녀가 와 있는 것을 알게 되자 분노가 폭발하게 되고... 연회장을 박차고 나온 그녀는 자신을 위로해 주던 주방장과 옥상에서 불륜을 저지르다가 신랑에게 들키게 되는데....

이 중 주목하고 싶은 것은 바로 네 번째 에피소드입니다. 사실 다른 에피소드들은 우리나라 정서와 다소 맞지 않는 억지(?)스러운 측면이 없지 않습니다만 이 에피소드는 우리 현실에서도 그대로 재현되는 스토리이기 때문입니다. 이 영화에서는 견인업체의 지나치게 적극적인 견인행태가 견인료 수입을 더 올리려는 업체이익과 정치권 및 시청의 동조 때문이라고 암시되는데 주인공은 그 해결책으로 정부혁신이 아닌 정부(업체)폭파를 선택합니다. 하지만 이런 문제는 정부혁신의 문제로 풀어가야 할 사안이 아닐까요?

01

영화 들여다보기: 합법주차와 불법견인?

시몬 피셔는 폭파전문가로 건물해체 작업을 주로 담당하는 고참 엔지니어입니다. 오늘도 대형 사일로를 가뿐하게 폭파시키고 난 뒤 딸의 생일 파티에 쓸 케이크를 사러 제과점에 들립니다. 하지만 케이크를 사서 나와보니 불법주차로 견인해 간다는 딱지만 남아 있고 차는 온데간데없습니다.

택시를 타고 견인업체(VTA)를 찾아가서 자기 차를 세운 곳은 연석에 노란색 라인(유럽에서는 노란색 라인이 두 줄 쳐 있으면 주차금지, 한 줄이 쳐 있으면 정차만 가능, 줄이 없으면 주차허용 등으로 주정차 가능구역을 구분)이 쳐져 있지 않았기 때문에 불법주차가 아니었다고 항의합니다. 물론 담당 직원은 불친절한 사무적 말투로 견인료와 과태료를 먼저 내라고 말할 뿐 콧방귀도 뀌지 않습니다. 불법주차가 아니니 견인료와 과태료를 못 내는 것은 물론이고 여기까지 온 택시비까지 변상받아야겠다고 따지지만 차량국에 가서 항의하라는 핀잔만 듣게 됩니다. 뒤에서 기다리던 다른 견인차주들이 시몬에게 빨리 처리하고 가라고 독촉하자 결국 견인료를 내게 되고 담당자에게 당신은 도둑놈 밑에서 일하는 도둑놈이고 부패한 시스템의 하수인이라고 욕을 하고 돌아섭니다. 하지만 이 일로 5시까지 집에 도착하기로 한 약속을 못 지키게 되고 그간 쌓였던 불만이 폭발한 부인은 시몬에게 가정은 안중에도 없는 사람이라며 이혼을 선언합니다.

다음 날 시청에 찾아간 시몬에게 앞줄에 서 있던 사람이 "견인업체 배불리기에 정부가 방관하고 있고 우리가 뽑은 정치인들은 견인업체에게서 이미 자기 몫을 받아 챙겼을 것"이라고 말하는 장면은 의미심장합니다. 시몬이 자신은 불법 주차를 한 것이 아니라고 담당 공무원에게 항의해 보지만 돌아오는 대답은 역시 과태료를 내라는 말뿐입니다. 안 내고 버틸수록 연체료가 올라갈 뿐이라고 비아냥거리면서 말이죠. 불만접수는 시민의 권리인데 날 범법자 취급하냐며 흥분한 시몬은 소화기로 상담실 유리창을 부숴버리고 맙니다. 역시 폭파전문가답습니다. 하지만 결과는 경찰서 유치장행.... 이후 직장 동료가 찾아와 사장이 변호사 비용을 대줬다며 유치장 밖으로 빼줍니다. 그러나 고마운 것도 잠시, 시몬이 소화기로 유리창을 부수는 사진이 언론에 대서특필되고 회사 이름이 공개되는 바람에 시청을 상대로 하는 일이 많은 회사가 곤경에 빠졌다며 시몬이 해고된 사실도 알려줍니다. 이 와중에 아내와 이혼소송이 벌어지면서 실업자이기 때문에 딸의 양육권을 포기해야 한다는 날벼락 같은 통보까지 듣게 됩니다. 견인 때문에 벌어진 일 치고는 너무 가혹합니다.

재취업을 위해 새로운 회사에 이력서를 내러 갔다 오는 사이 시몬의 차는 또 견인을 당합니다. 시몬은 이제 모든 걸 체념한 듯 아무렇지도 않다는 듯이 견인업체 사무실에 가서 견인료를 내고 차를 가져 옵니다. 그리고 그날 밤... 뭔가를 결심한 듯한 시몬은 자기 차 트렁크에 무엇인지 알 수 없는 물건을 실어놓고 의미심장한 표정을 짓습니다.

다음 날 오후 시몬이 카페에서 커피 한잔을 하고 있는데 창밖으로 자기 차가 견인되는 것이 보입니다. 하지만 그냥 보고만 있는 시몬.... 이어 견인된 차가 견인업체 주차장에 주차되고 난 뒤 굉음과 함께 인근 차량 몇 대와 함께 폭발해 버립니다. 폭파 전문가의 통쾌한(?) 복수라고 생각되는 장면입니다. 언론은 이 사건을 대서특필하면서 테러라고 규정짓지만 시몬 측은 견인업체가 가한 충격으로 차가 폭발한 것이라고 변호합니다.

여기서 시민들의 반응이 변화하게 됩니다. 나도 올해만 견인을 4번 당했다, 견인업체 말고 세무서도 폭파해 달라, 견인업체가 혜택을 받고 있는 것이 정치권에서 봐주고 있기 때문 아니냐 등등 '미스터 다이너마이트'를 응원하는 쪽으로 바뀐 것이지요. SNS에서도 시몬을 석방해 주라는 요구가 빗발치게 됩니다. 그리고 감옥에서 생일을 맞게 된 시몬에게 이혼수속 중인 아내와 딸이 케이크를 들고 찾아옵니다. 케이크에 있는 초에 불을 붙이자 동료 재소자들이 모두 환호와 박수로 미스터 다이너마이트를 응원해 주는 것으로 영화는 언해피(unhappy)한지 해피(happy)한지 모를 엔딩을 맞게 됩니다. 혁신이 필요한 대상은 '합법적인 주차'를 한 시몬이 아니라 '불법적인 견인'을 한 정부라는 것을 시사하는 것은 아닐까요.

02

정부혁신이란 무엇인가?

2.1. 정부혁신의 일반론[1)]

2.1.1. 정부혁신의 개념 및 요소

혁신(innovation, reform)이란 묵은 제도나 방식을 고쳐서 새롭게 하는 변화를 의미합니다. 과거에는 '행정개혁(administrative reform)'이라는 용어가 많이 사용되었는데 행정개혁이 '행정 체제 내부'를 합리화(internal administrative rationalization)하는 협소한 개념이라면 '정부혁신(government innovation/reform)'은 하드웨어적인 구조만을 의미하는 것이 아니라 소프트웨어에 해당되는 일하는 방식과 행태의 개선을 포함하여 행정기관 내부의 변화를 넘어 국가사회의 재구조화를 의미하는 보다 넓은 개념[2)]으로 보는 것이 일반적입니다. 변화(change)라는 의미에서는 개혁(reform)과 같은 맥락에 있으나, 단순히 행정부 내부의 변화뿐 국가경쟁력과 고객만족도를 높이기 위해 과거에는 행하지 않았던 새로운 행정관행(조직문화, 제도, 업무 프로세스, 조직구조, 관리기법 등)을 정부부문에 도입하고 실천하며 정착시키는 총체적 활동[3)]이라는 차이가 있습니다. 이러한 맥락에서 '정부혁신'은 '정부정책 및 행정 관련 문제를 인지하고 관련 정보나 지식을 발굴, 생산하여 새로운 행정프로그램이나 정책으로 채택하는 것'[4)]으로, 행정혁신(administrative innovation)과 정책혁신(policy innovation)을 포함하는 개념[5)]으로 이해됩니다. 묵은 제도나 방식을 바꾸어 새롭게 하여 새로운 문화를 창출하고 이러한 변화가 국가 사회의 전면적인 재구조화로 이어지도록 추구하는 활동인 셈입니다. 한편, 상대적으로 좁은 범위인 행정관리 혁신(public management reform) 차원에서 '공공조직이 잘 움직이도록 구조와 절차를 계획적으로 변화시키는 것'을 의미하는 것으로 보는 견해[6)]도 있습니다. 이때 구조개혁(structural change)은 공공조직을 신설·폐지·통합·분할하는 조치를 말하고, 절차개혁(process change)은 인허가 절차 등을 재설계하거나 공공서비스의 질적 수준을 제고하기 위한 과정개선 등을 의미[7]합니다.

넓은 의미의 정부혁신은 물리적이고 가시적인 행정조직의 재구조화뿐만 아니라 행정문화, 일하는 방식과 행태를 바꾸는 광범위한 요소를 포괄합니다. 정부혁신의 첫 번째 요소는 지향하는 가치 내지 이념의 재정립이라고 할 수 있습니다. 민주성, 능률성, 효과성 등 무엇을 지향하느냐에 따라 구체적인 대응전략이 달라지기 때문이지요. 두 번째 요소는 관련 제도의 정비인데 정부 조직과 직제를 바꾸거나 의사결정 절차와 업무 프로세스를 바꾸는 것, 그리고 이러한 업무를 수행하는 공무원의 인사체계를 바꾸는 것도 포함됩니다. 세 번째 요소는 의식의 변화에 따른 결과라고 할 수 있는 문화의 변화입니다. 혁신이 정착되고 조직에 내재화되기 위해서는 궁극적으로 조직문화 자체가 바뀌어야 하기 때문에 시간이 오래 걸린다고 할지라도 문화의 변화는 간과하지 말아야 할 중요한 요소라고 할 수 있습니다.

우리나라에서도 해방 이후 정국의 변화 시기마다 서정쇄신, 행정개혁, 행정혁신 등의 새로운 변화를 도모해 왔는데 과거 정부 패러다임이 정치적 의도에 기초한 것이었다면 노무현 정부 들어 이론적 틀을 갖추고 본격 추진했던 정부혁신은 1980년대 들어 신자유주의 기치 아래 신공공관리론(New Public Management)과 신거버넌스(new governance) 이론을 통해 전 세계적으로 촉발되었던 정부혁신(innovation, reform, modernization) 운동과 궤를 같이 하는 차별적인 시도였던 것으로 평가받고 있습니다.

2.1.2. 혁신의 단계와 혁신리더십

정부혁신을 대상으로 한 것은 아니지만 경영학의 구루(guru) 중 한 사람으로 평가받고 있는 게리 해멀(G. Hamel)은 관리혁신이 운영혁신이나 제품/서비스 혁신, 전략혁신보다 상위에 있는 개념이라고 주장한 바 있는데 정부혁신에 있어서도 참고할 만한 시사점을 주고 있습니다. 우선 가장 아랫단의 운영혁신(operational innovation)은 새로운 IT 기술을 적용한다거나 생산방식을 변경하는 등 뭔가를 다르게 함(do differently)을 의미하는데 비용절감을 주목적으로 하는 것입니다. 다음 단계인 제품/서비스 혁신(product/service innovation)은 스마트폰이나 다이슨의 날개 없는 선풍기처럼 전에 없던 새로운 제품이나 서비스를 다르게 만드는(make differently) 것을 의미하고 첫 번째가 되는 것을 목적으로 합니다. 전략혁신(strategic innovation)은 다르게 파는 것(sell differently)을 의미하는데 유명한 SPA(Specialty Retailer of Private Label Apparatus) 브랜드인 Zara나 H&M이 의류 분야에서 fast food에 해당하는 fast fashion이라는 아예 새로운 비즈니스 생태계를 형성한 것이 그러한 예입니다. 애플이 iTunes를 통해 앱을 사고팔게 한 것도 마찬가지 사례에 해당합니다. 그러나 해멀에 따르면 이러한 모든 것을 가능하게 하는 것은 관리혁신(management innovation)이라고 합니다. 새로운 의제를 제안하고 혁신을 조직구성원 모두의 일인 것으로 각인시킴으로써 각자의 능력을 최대치로 끌어올릴 수 있도록 조직문화를 바꾸는 등 달리 생각하기(think differently)를 주도하는 것을 말합니다.

▎혁신단계(The Innovation Stack)[8]

	Tools	Difference	Ex.
Management Innovation	• system management • corporate culture	Think Differently (to be innovative)	• Agenda setting • Be bold, Be nimble • Making inno. everybody's job • Making everyone give their best
Strategic Innovation	• new business model • growth engine	Sell Differently (to make new biz-ecosystem)	• i-Tunes store • Zara
Product/Service Innovation	• new product or service • 6-sigma	Make Differently (to be the first)	• Dyson bladeless fan/ bagless vacuum, smart phone, UHD TV • low % defection
Operational Innovation	• process change • EPR, SCM, CRM, BPR	Do Differently (to save money)	• applying, IT • outsourcing

이를 실천하기 위해서는 혁신적 리더십[9]이 필수적이라고 할 수 있는데 관리혁신에 필요한 중요한 리더십 덕목은 창의성 또는 창의적 문제해결 능력이라고 할 수 있습니다. 특히나 정부혁신을 추진해야 할 정부나 공공기관은 업무형태가 정형화될 가능성이 크고 기존의 서비스 공급방식을 그대로 답습하기 쉽기 때문에 환경변화에 따라 고려해야 할 위험요인이 크게 증가(complicated and complex)하는 상황에서는 조직에 긴장감을 불어넣고 기존 업무처리 방식에 매몰되지 않은 새로운 접근방법을 끊임없이 모색하는 리더의 역할이 중요하기 때문입니다. 그간 우리나라 정부혁신은 과제 위주로 시행되는 것이 많았는데 마치 공부할 시간은 안 주고 공부 잘하는 방법만 공부하라고 하는 격입니다. 따라서 공무원들에게 창의성을 발휘할 수 있도록 하는 것이 우선될 필요가 있습니다. 하나하나가 창의성을 갖춘 혁

신리더가 되어야 한다는 것입니다.

DESK모형[10]에 따르면 창의성(creativity)은 성향(disposition), 경험(experience), 기술(skill), 지식(knowledge)의 함수이기 때문에 개선될 수 있다고 합니다. 성향의 경우 호기심과 탐구심, 자신감, 자발성, 개방성, 독자성, 집중성 등이 창의성에 중요한 요인이지만 비록 성향은 타고나지 않았더라도 주변의 사물이나 사태에 대해서 '왜 그럴까?' 또는 '무슨 일일까?' 하는 질문을 의식적으로 제기한다거나 문제 상황에서 문제와 관련된 정보를 가능한 한 많이 찾아보는 노력 등을 통해 보다 창의적인 방향으로 개선될 수 있다는 것입니다. 경험의 경우 자신의 경험에 대한 반성 외에 주변에 있는 창의적인 사람의 경험을 관찰함으로써 창의성을 높일 수 있고 기술은 친밀한 것을 이상한 것으로 생각해 본다거나 서로 관계가 없는 현상 간의 관련성을 찾아보는 방식 등을 통해서, 그리고 지식은 창의적인 사람들의 사고 과정 학습이나 타인에 대한 감정이입 등을 통해 창의성을 높이는 데 기여할 수 있다고 하는 것이죠. 이러한 방식으로 리더가 스스로의 창의성을 높일 수도 있고 조직원들의 창의성을 높이는 수단으로 활용할 수도 있을 것입니다.

예를 들어 정부나 공공기관은 형식적인 회의체 운영을 하기 쉬운데 다음과 같이 '살아 숨쉬는 회의 원칙'[11]을 도입할 경우 공적 회의를 창의적인 의사소통의 장으로 만드는 작은 출발점이 될 수 있을 것입니다.

▌여섯 가지 회의원칙

절대 상사가 먼저 말하지 마라	상사가 먼저 말하는 순간, 참석자들은 상사의 말에 '예'라고 답한다. 아이디어 회의에서는 말을 자제하라.
한 사람씩 돌아가면서 발표하게 하지 마라	모든 사람이 몇 분씩 발표하는 것은 민주적으로 보일지는 몰라도, 아이디어는 나오지 않는다. 고통일 뿐이다. 회의의 초점은 사람이 아니라 아이디어임을 명심하라.
전문가의 조언만 찾지 마라	특정 분야의 전문가의 이야기에 너무 의존하지 마라. 생각이 좁아질 수 있다. 다양한 분야, 서로 다른 관점에서의 이야기가 혁신적 아이디어를 낳는다.
사무실 밖으로 나가지 마라	사무실에서 멀리 떨어진 곳으로 나가면 기분 전환은 될 수 있다. 그러나 일과 관련한 아이디어는 일과 관련된 곳(사무실)에 있을 때 가장 잘 떠오른다.
바보 같은 말이라도 면박 주지 마라	때로는 바보 같은 이야기를 하더라도 면박 주거나 말을 끊지 마라. '혼나지 않는 것', '쉽게 할 수 있는 것'만 생각하게 된다. 진일보한 생각은 기대할 수 없다.
완벽하게 회의록을 작성하지 마라	회의에서 이야기되는 모든 것을 적으려 하다 보면, 정작 손만 아프고 회의에는 집중하지 못한다. 자신의 아이디어를 내고 상대방의 이야기를 듣는 것을 하지 못한다.

창조적이고 혁신적인 성과창출을 위해서는 조직 내에 의도적인 갈등 조장도 필요합니다. 조직 내에 '지적 다양성'을 확보하기 위해서는 나이, 성별, 출신지역 등 외적 다양성뿐 아니라 가치관, 지식, 경험 등 내적 다양성을 확보하는 것이 중요하므로 직무순환, 직무공모 등을 통해 조직원들이 다양한 직무를 경험할 기회를 제공하고 서로 교류할 수 있는 장을 마련할 필요가 있습니다. 이러한 상황에서 필연적으로 발생하는 '나쁜 갈등'은 제거하고 '좋은 갈등'은 촉진하는 것도 혁신적인 리더의 역할이라고 할 수 있습니다. 나쁜 갈등은 감정적 갈등을 의미하므로 직원 간의 의사소통을 활성화하여 상호이해와 지식교환을 촉진하고 성과평가 시 개인주의가 발생하지 않도록 개인과 팀 성과를 균형적으로 평가하는 등의 처리방안을 강구할 수 있을 것입니다. 좋은 갈등은 업무 과정에서의 건강한 이견을 의미하므로 리더가 집단의 지배적 인식을 반대로 바라보기 위해 일부러 반대의견을 제시하는 '악마의 옹호자(devil's advocate)' 역할을 맡아야 할 필요도 있습니다.

정부나 공공기관의 규모와 사업범위가 커지고 복잡해지는 만큼 조직 내 갈등관리를 위해서는 부서 간의 수평적인 협력을 통하여 문제를 해결하는 협력적 거버넌스(collaborative governance)를 구축하는 것도 필요합니다. 협력적 거버넌스는 자율적인 행위자와 조직들 사이의 상호작용을 통하여 기존의 조직적 경계와 정책을 초월하여 새로운 공공가치를 창조하는 새로운 사회문제 해결방식[12)]을 의미하는데 이를 실현하기 위해서 다음과 같은 리더십 역량[13)]을 갖출 필요가 있습니다(Goldsmith & Kettle, 2009).

- 관련 당사자 간의 네트워크를 형성하고, 조직 간 경계를 초월한 협력을 도출할 수 있는 역량(partnering)
- 참여자들을 설득하여 윈윈할 수 있는 능력(influencing and negotiating)
- 참여자들을 배려하는 기술(interpersonal skill)
- 새로운 해결책을 제시할 수 있는 역량(creativity and innovation)
- 최신 환경변화를 실시간으로 파악하는 능력(external awareness)
- 위험을 감수하고 실행에 옮기는 기업가정신(entrepreneurship)
- 사회문제를 해결하는 역량(problem solving)
- 건설적인 방법으로 갈등을 해소하는 갈등관리 역량(conflict resolution)

정부나 공공기관이 경직적이고 계층제적 구조를 갖기 쉬운 점에서 리더십 행사는 통제와 명령이 아닌 자립적 권한부여(empowering)가 되도록 하는 것도 중요합니다. 권한부여(empowerment)는 단순히 권한을 나누는 것에 한정되지 않고 권한공유를 통해 역량과 자율성을 높임으로써 대상집단의 내재적 동기부여를 고양하고 결과적으로 성과를 제고하는 데 기여할 수 있음이 여러 연구에서 경험적으로 증명[14]되었기 때문이죠. 특히 리더십 연구에 있어서 권한부여는 독립적인 행위의 장려, 문제를 기회로 인식하는 능력제고, 팀협력의 강화, 자기발전 촉진, 참여적 목표설정, 자기보상 부여 등에 기여[15]할 수 있다고 합니다. 아울러 리더는 집단 내부의 관계자를 연결하는 bonding과 외부 집단과의 관계를 설정하는 bridging뿐 아니라 정치경제적 영향력이 있는 외부인사와의 접촉을 의미하는 linking도 중요한 덕목[16]으로 갖출 필요가 있습니다.

2.2. 정부혁신의 확산과 혁신체계론

정부혁신은 한 부처나 한 공공기관에서 끝날 것이 아니라 범부처, 범정부적으로 확산될 때 의의가 있을 것입니다. 다른 나라의 수범사례를 벤치마킹하거나 우리나라의 혁신사례를 다른 나라와 공유하는 것도 확산의 일환으로 해석될 수 있습니다. 혁신의 확산(innovation diffusion)이란 '어떤 공동체의 구성원에 의해 혁신이 채택되고 수용되는 과정',[17] '혁신이 시간의 흐름에 따라 사회공동체 구성원들 사이에 어떤 경로를 따라 전파되는 과정(Rogers, 1983: 5)',[18] 또는 '개인이나 집단 등에 의해 어떤 혁신이 구체적인 의사소통 채널을 통해 시간을 두고 수용되어 그 수용자의 수가 확대되는 것'[19] 등으로 정의됩니다. 이를 바탕으로 정부혁신의 확산을 개념 정의한다면 '성공적인 정부혁신의 경험을 공유할 수 있도록 공급자의 입장에서 컨설팅·교육하거나 수요자 입장에서 벤치마킹하여 정부혁신의 과정·성과·방법론·제도 등을 전파(dissemination)·확산(diffusion)·이식(transplantation)하는 것'이라고 할 수 있을 것입니다.

정부혁신이 갖는 궁극적 의미는 정부부문의 혁신을 통해 국가발전에 기여하는 것이라고 할 수 있습니다. 정부혁신의 결과 정부의 기능과 범위가 축소될 수도 있고 확대될 수도 있겠으나 지향하는 목표가 '국가의 발전'이 될 때 의미가 있을 것입니다. 전자의 경우는 정부부문이 민간부문의 자율성을 지원하는 형태가 되고 후자의 경우는 정부부문이 국가발전을 주도하는 성장 전략으로 나타나게 됩니다. 정부혁신 확산의 의미도 상대적으로 정부부문의 혁신이 더딘 부문에 혁신에 요구되는 필요조건과 충분조건을 전파·확산함으로써 궁극적으로 국가발전에 기여하는 결과로 이어져야 할 것입니다.

혁신의 확산과 관련하여 왜 어떤 나라 또는 지역은 계속적인 혁신에 성공하고 또 어떤 나라나 지역은 그렇지 못한가 하는 의문이 제기됩니다. 이러한 의문에 답하는 접근법으로 국가나 지역단위의 혁신체계를 비교·분석하는 혁신체계론이 논의되고 있는데, 분석단위에 따라 국가혁신체계(NIS)와 지역혁신체계(RIS)로 나누어 볼 수 있습니다. 분석단위는 국가와 지역으로 상이하지만 기존의 비교우위론과 달리 관련 주체 간의 상호작용과 학습, 진화적 과정 등에 주목하는 점은 유사합니다. 이러한 혁신관은 기존의 선형적 혹은 단선적 혁신관을 거부하고 혁신주체가 공유하는 제도와 문화 속에서 상호작용이 활발하면 할수록 혁신이 더 잘 창출되고 습득된다는 시스템적 성격을 강조[20]합니다(강현수, 2003).

국가혁신체계는 프리만(C. Freeman)과 룬트발(B. Lundvall) 등이 일본과 동아시아 신흥공업국들의 급속한 경제성장 과정에 주목하면서 본격화된 개념입니다. 프리만[21]은 국가혁신체계를 '공공 및 사부문에 있는 제도들이 상호작용하여 새로운 기술을 창안하고 받아들이고 확산시키는 네트워크'라고 정의하면서 정부정책의 역할, 기업 R&D의 역할, 교육과 훈련, 전반적인 산업구조를 국가혁신체계의 주요 구성요소로 꼽고 있습니다. 룬트발[22]은 혁신의 핵심을 상호학습하는 과정으로 보고 특히 생산자와 이용자 사이의 상호작용이 이용자의 욕구전달(수요견인 혁신)과 생산자의 기술적 가능성 전달(기술푸시 혁신) 과정을 통해 서로가 학습하면서 혁신을 창출하고 전파한다고 보았습니다. 이러한 차원에서 국가혁신체계의 핵심요소를 질적인 정보의 교환, 경제주체들 간의 의사교환 네트워크, 기업과 각 부문 사이의 연결관계라고 정의합니다. 지역혁신체계의 개념은 쿡크(P. Cooke)에 의해 처음 사용[23]되었지만 그 이전에도 이와 비슷한 개념이 기술단지(technology district), 산업단지(industrial district), 혁신환경(innovative milieu), 산업 클러스터(industry cluster) 등의 이론적·경험적 연구를 통해 이어져 왔습니다. 지역혁신체계는 국가혁신체계(NIS)의 하위 공간단위를 가리키는 개념으로 국가혁신체계 관점의 분석단위를 메조수준(meso-level)인 지역수준으로 한정하여 혁신과정을 분석하고자 하는 접근방법입니다. 세계화의 와중에도 혁신을 창출하는 데서 '지역'이 특별히 강조되는 이유는 지리적 근접성으로 인해 지역 내에서 혁신주체들 간 긴밀한 상호협력과 네트워킹을 통한 새로운 지식의 지속적 창출 및 확산이 가능하며, 지역사회 내에서 신뢰(trust)를 기반으로 하는 '사회적 자본(social capital)'의 축적이 용이하기 때문[24]입니다. 쿡크는 지역혁신체계를 "제품·공정·지식의 상업화를 촉진하는 기업과 제도들의 네트워크"라고 정의[25]하고 그 구성요소를 크게 하부구조(infra-structure)와 상부구조(super-structure)로 구분합니다. 여기서 하부구조란 도로, 공항, 통신망과 같은 물리적 하부구조와 대학, 연구소, 금융기관, 교육훈련기관, 지방정부 등과 같은 사회적 하부구조를 포함하고, 상부구조는 지역의 조직과 제도, 문화, 분위기, 규범 등을 의미합니다. 지역혁신체계론에 의하면 성공적인 혁신은 반복적인 학습과정에서 과학자, 혁신중개자, 혁신이용자 등이 포함되어 체계적인 연구와 협력을 통해 혁신을 달성한다는 것을 의미합니다.

이러한 이론적 측면을 바탕으로 정부혁신의 확산에 관한 혁신체계론의 시사점을 살펴보면, 정부혁신의 확산 자체를 일종의 상호학습 기회로 삼는 것이 중요합니다. 상호학습은 혁신주체 간의 교류와 네트워킹에 따라 발생하므로 단순한 물리적 접근성이나 형식적 요소와 같은 하부구조보다 실제 교류와 접촉이 이루어지는 제도와 문화차원의 상부구조를 제대로 마련하는 것이 필요합니다. 이를 위해서는 서로 대등한 신뢰관계 속에 상호작용할 수 있는 공감대 형성을 해야 하며, 이질적 요소보다 동질적 요소를 찾아내고 그에 기반한 상부구조를 마련할 필요가 있습니다.

03

정부를 어떻게 혁신할 것인가: 디지털 시대의 정부혁신[26)]

3.1. 디지털 시대의 도래와 변화의 흐름

3.1.1. 정보통신 환경의 변화: 웹의 진화와 빅 데이터의 등장

최근의 정부혁신은 웹 2.0이나 웹 3.0에서 보듯이 웹 기술의 진화와 흐름을 같이 하고 있습니다. 참여·공유·개방으로 특징 지워지는 웹 2.0은 O'Reilly의 부사장이었던 대일 도허티(Dale Dougherty)가 닷컴 버블 붕괴 이후에도 살아남은 구글이나 아마존과 같은 기업들이 다른 기업들과 차별화된 특징이 무엇이었는지 공통적인 특성을 표현하기 위해 2004년 열린 인터넷의 미래 관련 콘퍼런스에서 명명한 데서 비롯[29)]되었다고 합니다. 한편 웹 3.0은 2006년 뉴욕타임즈 기자인 존 마코프(John Markoff)가 처음 언급한 이후 아직 구체적인 개념정의는 이루어지지 않고 있지만 웹 2.0의 편리한 사용자 환경에 거대한 데이터 공간을 통합하고 보다 지능화된 시멘틱 웹이나 상황인식 등의 기술을 사용하여 개인별로 맞춤화된 서비스와 콘텐츠를 제공하는 미래형 웹을 의미하는 것으로 이해[30)]되고 있습니다. 이러한 웹의 발전 단계가 우리나라 공공부문의 정부혁신 어젠다로 적용된 것이 과거 박근혜 정부 시절의 정부 3.0이라고 할 수 있습니다.

한편 규모가 방대하고 규칙성이 적어 활용가치가 낮은 것으로 여겨졌던 각종 빅 데이터들이 최근 들어 소셜미디어(SNS)의 일상화와 정보처리

▶ **정부 3.0**
정부 1.0이 단순히 인터넷을 통해 정부의 정보와 서비스를 제공하는 의미라면, 정부 2.0은 웹 2.0 기반을 활용하여 공공부문 내부적으로는 부처 간 정보공유 및 커뮤니케이션 활성화를 통해 효율적인 행정업무를 수행하도록 하고, 대외적으로는 국민들이 행정서비스의 단순한 소비자가 아니라 정부가 생산한 공공정보와 다양한 민간정보를 손쉽게 매시업(mash up)하여 새로운 서비스를 창출하는 주체로서 자리매김하는 것을 의미[27)]합니다. 정부 3.0은 여기서 한 걸음 더 나아가

시멘틱 웹을 활용하여 모든 정부 서비스를 개인의 환경과 선호도에 따라 개인화 · 지능화하여 제공하는 유비쿼터스 정부, 웹 공간의 개인화를 통해 시간 및 장소에 구애됨이 없이 단절 없는 맞춤화된 지능형 서비스 등으로 정의[28]됩니다. 박근혜 정부는 정부개혁을 위한 새로운 국정 어젠다로 정부 3.0을 지향하면서 이를 구체화하기 위해 투명한 정부, 유능한 정부, 그리고 서비스 정부를 추진전략으로 제시한 바 있습니다. 기존의 정부개혁 논의가 주로 정부실패(government failure)에 대한 반성과 시장에 대한 신뢰를 바탕으로 한 신자유주의(Neo-Liberalism)적 전통을 배경으로 하고 있다면 정부 3.0과 관련된 정부개혁은 진화한 ICT 기술을 바탕으로 정부 내부는 물론 민간과의 협업을 통해 국민 개개인에게 맞춤형 서비스를 제공하는 것을 목적으로 하는 데 차이점이 있습니다.

기술의 발달에 힘입어 고객의 니즈를 파악하고 새로운 서비스 모델을 개발하는 수단으로 부상하고 있습니다. 빅 데이터는 메시지, 게시물, 위치정보, 동영상 등 수십에서 수천 테라(1조) 바이트에 이르는 방대하고 정형 · 비정형적인 데이터로 생성 · 유통 · 이용이 실시간으로 일어나 기존의 방식으로는 관리나 분석이 어려운 데이터 집합을 의미합니다. 공공부문에서도 민간부문과 빅 데이터를 공유함으로써 국가경쟁력을 높이려는 노력이 커지고 있는데 뒤에서 살펴볼 각국의 공공정보 개방 노력이 그러한 예에 해당합니다. 빅 데이터에 가장 큰 관심을 갖고 있는 국가 중 하나

▶ 빅 데이터(big data)

빅 데이터는 3V, 즉 양(Volume), 속도(Velocity), 그리고 다양성(Variety)이라는 특징을 갖고 있습니다. 기존 데이터가 주로 문서 형태였던 데 반해, 음성, 동영상, 그림 파일 등 다양한 형태의 데이터가 기하급수적으로 생산되고 실시간으로 확산된다는 것입니다. 스마트폰이나 태블릿 PC 같은 모바일 기기와 SNS의 활용이 일상화되면서 폭발적으로 늘어난 각종 데이터를 클라우드 컴퓨팅 등 새로운 기술을 통해 분석함으로써 부가적인 정보와 지식을 생산할 수 있게 됨에 따라 현 세태의 흐름파악이나 미래 예측, 새로운 비즈니스 창출에 크게 기여할 것으로 기대되는 대상이지요. 하지만 사실 빅 데이터 자체는 쓰레기 더미와 별 차이가 없습니다. 그 안에 무엇이 들어 있고 어떤 가치를 갖는지 알 수가 없기 때문입니다. 따라서 중요한 것은 빅 데이터 자체가 아니라 이를 분석하는 기술, 즉 데이터 마이닝(data mining)입니다. 데이터 마이닝은 글자 그대로 무엇이 파묻혀 있는지 모르는 광산에서 많은 양의 광물을 캐내고 그 안에서 소량의 다이아몬드를 끄집어내듯이 빅 데이터 안에서 의미 있는 무엇인가를 찾아내는 기법을 의미합니다. 통계적인 의미에서 본다면 빅 데이터는 표본, 즉 샘플이 아니라 모집단 전체를 의미합니다. 따라서 표본에 대한 분석을 통해 모집단에 대한 정보를 추론하거나 가설을 검증하는 통계적 방법을 적용하는 것이 불가능합니다. 잘 알려진 빅 데이터 분석 방법 중 하나인 장바구니 분석(cart analysis)도 사전에 가설을 세우지 않고 물품 구매 영수증 전체를 대상으로 짝짓기나 분류방식을 적용하여 일정한 패턴을 찾아내는 방식입니다. 초기 연구 중 하나인 월마트(Walmart) 장바구니 분석에 따르면 기저귀를 구매하는 소비자는 맥주를 구매하는 성향이 있는 것으로 나타났습니다. 가정을 한 것도 아니고 이유를 아는 것도 아닙니다만 사실이 그렇다는 것을 찾아낸 것이지요. 추측하건대 신생아를 돌봐야 하는 아내가 남편에게 마트에 가서 기저귀를 사오라고 심부름을 시키자 혼자 마트에 온 남편이 자기 멋대로(?) 맥주를 주워 담은 것이 아니었을까 짐작만 할 수 있을 뿐입니다. 중요한 것은 이러한 분석을 통해 기저귀 옆에 맥주 판매대를 배치했더니 맥주 판매량이 크게 증가했다는 것입니다. 아마존에서 책을 구매하면 나중에 다시 로그인했을 때 아마존이 제 마음에 들 법한 책을 권해 준 것이 기억나는지요? 저랑 같은 책을 구매한 사람들이 무슨 책을 추가로 샀는지 알려주는 것도 본 적이 있을 것입니다. 이런 마케팅 기법이 빅 데이터에 대한 데이터 마이닝 분석 결과에 따른 것입니다. 빅 데이터는 내가 작년에 무엇을 샀는지 다 알고 있다는 어찌 보면 무서운 이야기입니다. 최근에는 의미 없는 데이터 집합인 빅 데이터보다 소량일지라도 의미 있는 데이터 모음인 딥 데이터(deep data)에 대해 더 관심을 가져야 한다는 논의도 대두하고 있습니다.

인 미국은 2010년 12월 대통령과학자문위원회가 발간한 디지털 미래전략 보고서에서 모든 연방정부 기관이 빅 데이터 전략을 도입할 것을 강조하였고 오바마 정부는 빅 데이터 연구개발에 2억 달러를 투자하기로 결정한 바 있습니다. EU 차원에서도 27개 회원국에서 생산되는 모든 공공정보와 데이터를 의무적으로 공개하여 자유롭게 활용하도록 하는 공공정보 개방전략을 발표하였고 이에 부응하여 각 나라별로 공공정보 데이터 포털을 개발하여 운영[31]하고 있다고 합니다. 공공과 민간에서의 빅 데이터 확산과 이용은 단순히 정보를 전달하던 웹 1.0이나 참여와 소통을 중시하는 웹 2.0을 넘어 말하지 않아도 알아채는 웹 3.0을 통해 새로운 융합지식을 창출하는 기회를 제공하고 있으며 공공정보 개방을 통해 더욱 투명하고 효율적인 맞춤형 공공서비스 제공이 가능해지는 계기로 작용하게 될 것입니다.

3.1.2. 세계적 변화의 흐름: 세계화 3.0과 자본주의 4.0 패러다임의 대두

세계화 3.0은 프리드먼(T. Friedman)이 제시한 개념[32]으로, 디지털화·네트워크화된 개인이 전 세계적인 차원에서 협력하고 경쟁하게 된 시대를 의미합니다. 그는 지리상의 발견에 기반하여 국가가 주도했던 1500-1800년대를 세계화 1.0시대로, 대량생산과 시장지배력을 바탕으로 한 다국적기업이 주도했던 1800-2000년대를 세계화 2.0시대로 명명하고 그 이후의 세계화 3.0시대는 그 이전과 질적으로 전혀 다른 시대가 되었다고 합니다. 세계화 1.0시대의 변화의 동력이 국가였고 2.0시대에는 기업이었던 반면 3.0시대 변화의 주체는 개인이기 때문입니다. 그리고 세계화에 필요한 동력도 과거처럼 군사력과 같은 하드웨어가 아니라 네트워크와 소프트웨어라고 합니다. 세계화 3.0시대에 대처하기 위한 방안으로 프리드먼이 제시하고 있는 것은 수직적인 명령과 통제에서 수평적 연결과 협력으로 변화하라는 것입니다. 전통적인 위계질서가 무너지고 개인이 주역으로 등장한 평평한 세계에서는 보통 사람이 큰일을 할 수도 있고 높은 지위에 있는 사람도 보통 사람처럼 움직일 수 있기 때문이지요. 세계화 3.0시대의 주역으로 등장한 개인들이 네트워킹을 통한 협업으로 거대하고 역동적인 성과물을 창출하는 양상은 Wikinomics[33]라고 불리웁니다. 누구나 정보기술을 활용할 수 있는 가능성이 커지면서 개인들이 협업, 가치창출, 경쟁에 제한 없이 참여하여 대기업과 경쟁할 만한 새롭고 역동적인 제품과 서비스를 생산하는 시대가 된 것입니다. 그런 점에서 세계화 3.0과 위키노믹스 시대에 정부혁신이 성공하려면 과거와 같은 정보 독점을 통해 우월적 지위를 가지려할 것이 아니라, 공공정보를 개방하고 국민개개인에게 맞춤형으로 제공함으로써 협업을 유도하고 국민들을 정책과정에 참여시키는 전략으로 변화하는 것이 필수적입니다.

한편 최근의 정부혁신은 플랫폼으로서의 정부역할을 인정하는 추세로 변화하고 있는데 그 배경에는 금융위기 발생 이후 새롭게 부상한 자본주의 4.0이 자리하고 있습니다. 칼레츠키(Kaletsky)는 자본주의가 상황변화에 맞게 진화해 왔다고 하면서 그간의 발전단계를 자유방임적 자본주의 1.0, 정부가 주도한 수정자본주의적 자본주의 2.0, 시장이 주도한 신자유주의적 자본주의 3.0로 구분한 뒤 금융위기 이후의 최근 단계는 적응적 혼합경제인 자본주의 4.0시대라고 정의[34]한 바 있습니다. 자본주의 4.0은 더 자유로운 시장과 더 작은 정부가 필요하다고 생각하던 시장자본주의 이데올로기가 2008년 발생한 금융위기로 종언을 고하면서 새롭게 진화한 시스템이라고 할 수 있습니다. 시장자유화와 세계화에 근거한 거대자본이 붕괴는 단순한 금융위기뿐 아니라 사회적 불평등을 야기하면서 사회시스템 전체를 무너뜨리게 되었기 때문에 기존의 자유주의적 경제모델 대신 정부가 나서서 어느 정도의 규제를 하는 새로운 시스템이 필요하게 된 것입니다. 즉, '새로운 정상(New Normal)'의 시대가 도래한 것이지요. 자본주의 4.0은 세계가 예측하기 어려운 복잡성을 본질로 하고 있기 때문에 정부와 시장이 모두 불완전하고 오류를 범하기 쉽다는 인식에 기초합니다. 아울러 금융위기를 통해 시장이 언제나 옳다는 시장근본주의적 가정이 틀렸다는 것이 밝혀졌으므로 유능하고 적극적인 정부가 경제성장과 고용을 관리하는 더 큰 책임을 맡아야 시장경제가 존재할 수 있다고 합니다. 다만 정부의 역할과 영향력이 커지더라도 정부의 크기는 줄어들어야 한다는 점을 강조하고 있다는 점에 유의할 필요가 있습니다. 이러한 자본주의 4.0 패러다임은 시장만능주의적 관점에서 정부의 역할과 규모를 줄이고 정부 운영도 민간방식으로 대체하려고 했던 과거 정부혁신과 달리 정부의 고유한 역할을 일정 부분 인정한다는 점에서 차이를 갖습니다.

3.1.3. 이론적 차원: Post-NPM과 복잡계적 접근

최근까지 정부혁신의 이론적 근거는 정부실패에 대한 대응책으로 시장주의와 신관리주의적 효율성을 강조하는 신공공관리론(New Public Management)이 주[35]를 이루어 왔습니다. 시장주의(Market orientation)는 민영화와 민간위탁, 규제완화 등을 통해 정부의 독점적 공공서비스 제공을 민간과 경쟁적으로 공유함으로써 고객만족을 달성하려는 접근방법을 말하고, 신관리주의는 내부 규제완화와 분권, 재량권 부여 등을 통해 정부업무의 합리적 축소·조정을 유도하는 접근방법을 의미[36]합니다. 신공공관리론은 이러한 시장적·신관리주의적 접근방법에 의해 공공서비스도 민간과 같은 효율성을 달성할 수 있다고 하면서 분권화 및 탈규제화, 성과와 연계된 유인체계, 아웃소싱 등을 통한 공공부문에의 경쟁 도입, 민간의 관리기법 도입 등을 중시합니다. 그러나 기업가형 정부(Entrepreneurial government) 형태를 중시하는 신공공관리(NPM)적 정부혁신은 민영화, 권한위임, 시장화를 통해 정부기능의 분권화와 분절화를 유도하는 과정에서 정책연계가 약화되어 국가 전체의 장기적인 목표달성이나 여러 부처에 걸친 문제해결에 취약하다는 한계가 많이 지적[37]된 바 있습니다. 신공공관리가 정부 내에서 조직분화(fragmentation)를 통해 조직 간 경쟁을 유도하고 부처별·개인별 목표와 성과를 강조하는 수직적 효율성을 추구한 관계로 기관 간 칸막이가 높아져 상호협력과 같은 수평적 효율성이 높지 않았기 때문[38]입니다. 이러한 문제점을 방지하고자 기관별로 분산된 정부기능을 하나로 묶어(joined-up) 공동목표를 위해 협력하도록 함으로써 횡적인 조화를 도모하고 정부 전체의 효율성을 높여야 한다는 논의가 새롭게 대두하기 시작했는데 영국의 블레어 정권에서 추진하였던 연계형 정부(joined-up government)가 대표적입니다. 연계형 정부정책은 1999년 Modernising Government라는 정부백서[39] 발간을 통해 공식적으로 추진하게 되었고, 연계형 협력이 필요한 주요 분야로 소외계층 문제, 지역개발, 마약범죄, 교육문제, 교통문제 등을 우선적으로 선정하여 추진한 바 있습니다. 이러한 협력모형은 신공공관리론의 한계를 극복하려 한 점에서 '후기 신공공관리 모형(post-NPM-initiative)'[40]으로 불리고 있으며(Christensen and Lægreid, 2012), 정부 내 협업을 통해 국민들에게 보다 나은 공공서비스를 제공하려는 움직임으로 이어지게 됩니다.

한편, 앞서 살펴본 다양한 사회적 변화와 정보통신 기술의 발달, 개인들의 자기조직화는 조직과 계층 간의 경계를 무너뜨리면서 예측불가능하고 불확실한 양상을 보이게 됩니다. 그 결과 전체 시스템은 균형(equilibrium)을 찾아가는 뉴턴적 평형(Newtonian balance)이 아니라 계속 진화하는 변화상태[41]에 놓이게 됩니다. 따라서 안정적이고 유일한 균형과 달리 시스템의 변화에 따라 계속 변화하는 일시적 균형만 존재하는 복잡성[42]을 나타내게 되는데, 이러한 현상을 이해하려면 선형적 인과관계를 가정하는 기존의 환원주의적 세계관보다 비선형적 인과관계를 가정하는 복잡계(complexity system)적 관점이 더 유용하게 적용될 수 있습니다. 복잡계는 시스템 전체의 변화가 부분 간의 다양한 피드백 구조와 자기조직화에 의해 비선형적 방식으로 변화하는 세계(Klijn, 2008)이므로 부분 차원의 작은 변화가 시스템 전체의 변화를 가져올 수 있다고 인정[43]합니다. 부분들의 상호작용도 단순한 경쟁(competition)이나 협력(cooperation)이 아니라 협력적 경쟁(coopetition)과 공진화

(co-evolution)와 같은 다양한 형태로 나타나므로 모든 것이 발생가능한 혼돈스러운(chaotic) 상황이 나타날 수도 있습니다. 이러한 복잡한 상황에서는 상호의존성, 다양성, 자기조직화, 공진화 등에 따라 부분적인 불균형과 급격한 변화가 발생하더라도 개별 주체들의 협력과 조화를 통해 전체 생태계가 항상성을 유지하면서 발전할 수 있다는 생태계적 접근방법이 필요합니다. 포식자와 피식자가 존재하지만 개체 간에 균형을 이루면서 공진화하는 생태계 개념을 적용한다면 정부가 혼자만 진화할 것이 아니라 생태계의 일원으로서 국민이나 다른 행위자들과 함께 공진화하려는 노력이 필요합니다. 이러한 차원에서 볼 때 기존의 정부혁신에 관한 논의가 정부만의 진화를 위한 것이었다면 정부가 가진 정보를 공개하고 국민과의 협업을 유도하여 공진화하려는 노력이 새로운 정부혁신의 중점이 되어야 한다는 논리가 가능해집니다.

3.2. 플랫폼 정부로의 변화를 통한 정부혁신(예시)[44]

3.2.1. 플랫폼(platform)의 일반적 개념과 속성

"세계 최대의 택시회사 우버는 한 대의 자동차도 보유하지 않고, 세계 최대의 미디어회사 페이스북은 콘텐츠를 생산하지 않으며, 최대의 기업가치를 지닌 소매기업 알리바바는 재고가 없고, 세계 최대 숙박업체 에어비앤비는 부동산을 소유하고 있지 않다. 무언가 재미있는 일이 벌어지고 있는 것이다."

"Uber, the world's largest taxi company, owns no vehicles. Facebook, the world's most popular media owner, creates no content. Alibaba, the most valuable retailer, has no inventory. And Airbnb, the world's largest accommodation provider, owns no real estate. Something interesting is happening."

Goodwin(2015)[45]이 언급한 위 명제는 플랫폼의 성격을 가장 잘 나타내고 있는 설명이라고 할 수 있습니다. 택시가 없는 택시회사, 콘텐츠가 없는 미디어회사, 재고가 없는 소매기업, 호텔방이 없는 호텔이 갖고 있는 것은 기존의 기업들이 갖고 있던 자산이 아니라 플랫폼 그 자체이기 때문입니다. 플랫폼은 외부 생산자와 소비자가 상호작용을 하면서 가치를 창출할 수 있도록 참여를 독려하는 개방적인 인프라를 제공하고 그에 걸맞은 거버넌스를 구축하여 모든 참여자가 가치를 창출하도록 하는 비즈니스 모델을 의미[46]합니다. 공급자와 수요자가 모두 거래에 참여하는 판을 깔아주는 것입니다. 전통적 기업에 대한 플랫폼 기업의 승리는 자본의 투자와 자산 관리를 위한 비용투입 대신 플랫폼상에서 채무 불이행 보험을 통해 위험을 낮추고 스스로 올바른 처신을 하도록 유도하는 **평판시스템**을 도입함으로써 거래비용을 크게 낮춘 결과라고 할 수 있습니다.

> ▶ **평판시스템(reputation system)**
> 혹시 호텔 대신 airbnb를 이용해 본 적이 있나요? 집을 고를 때 가장 먼저 보는 것이 임대인(host)과 집에 대한 후기입니다. 여기에서 평판이 안 좋은 집은 당연히 우선순위에서 제외됩니다. 이용이 끝나고 나면 임대인도 이용자(guest)에 대한 후기를 남깁니다. 다른 임대인들이 참고할 수 있도록 말이죠. 만일 이용자가 집을 난장판으로 만들었거나 고성방가를 일삼았다면 다음에 집을 구하기 어려울 것입니다. 이런 시스템이 바로 평판시스템입니다. 플랫폼 기업에 대해 아무도 감시하거나 규제하고 있지만 바로 이러한 평판시스템이 작동하기 때문에 스스로의 자정작용이 가능해지고 양질의 서비스가 공급·소비될 수 있는 것입니다. 이런 메커니즘이 작동할 경우 감시와 규제에 필요한 비용, 즉 거래비용이 줄어들게 됩니다. 거래비용은 10장에서 소개됩니다.

플랫폼은 결국 생산자와 소비자, 공급자, 소유자가 함께 가치창출 활동에 참여할 수 있는 인프라와 규칙이 효율적으로 제공되는 장을 의미하는데, 참여자들을 다음과 같은 예시로 설명할 수 있습니다. 소유자(owner)는 플랫폼을 소유하고 통제하는 존재로 Android 시스템을 소유하는 구글을 예로 들 수 있습니다. 공급자(providers)는 플랫폼의 인터페이스를 담당하는 존재로 안드로이드상에서 작동하는 모바일 기기들에 해당합니다. 생산자(producers)는 플랫폼이 제공하는 것을 생산하는 존재로 안드로이드상의 앱에 해당하고, 마지막으로 소비자(consumers)는 플랫폼 서비스의 구매자와 이용자를 의미합니다. 이러한 플랫폼 행위자 모형은 다음 그림과 같이 개념화할 수 있습니다.

▌플랫폼 행위자 모형[47]

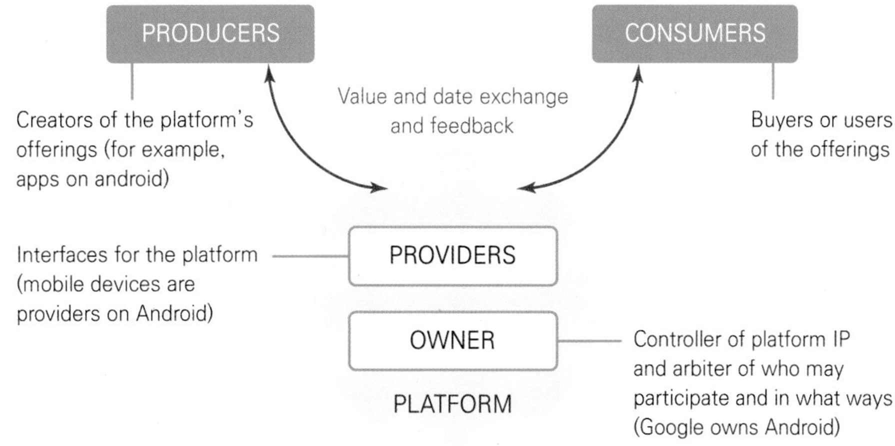

플랫폼의 의미는 과거의 기업들이 채택한 전통적인 시스템인 '파이프라인(pipeline)' 형태와 비교할 때 좀 더 쉽게 이해할 수 있습니다. 파이프라인은 양쪽 끝에 생산자와 소비자가 존재하며 선형적인 가치사슬(linear value chain)에 따른 일련의 과정을 거쳐 제품의 개발과 판매가 이루어지게 됩니다. 이 과정에서 가치의 흐름을 통제하는 규제자, 즉 게이트 키퍼(gate keeper)가 존재하는데 이들이 규제와 감시를 하는 과정에서 불필요한 시간과 비용이 소요되는 비효율성, 사적 이익을 우선하는 지대추구, 정보의 제약에 따른 판단착오 등이 발생하게 됩니다. 반면 플랫폼은 생산자와 소비자, 그리고 생산자와 소비자 역할을 동시에 수행하는 이용자들이 상호작용을 통해 가치 있는 무엇인가를 생산하고 교환하고 소비하는 과정이 다양한 장소에서 다양한 방식으로 이루어짐에 따라 전통적인 선형적 가치사슬이 복합·복잡한 가치매트릭스(complicated and complex value matrix)로 진화하게 되었습니다. 전통적인 게이트 키퍼 대신 전체 참여자가 제공하는 선호와 평판에 따라 생산과 소비, 교환이 이루어지는 자동적인 시장신호가 등장하게 된 것입니다. 예를 들어 과거 전통적인 출판산업에서는 편집자가 어떤 책을 발간할지 결정하고 책임을 졌지만 아마존에서는 킨들 플랫폼을 통해 출간한 전자책이 소비자의 피드백에 따라 성공이나 실패를 판정받게 됩니다. 과거 대학에서는 학교본부가 강의·학사행정·시설·연구 등 학위과정과 관련된 모든 사항을 결정했지만 Coursera와 같은 플랫폼 교육기관에서는 수강을 희망하는 학생들 스스로가 원하는 서비스와 과정을 직접 골라 선택할 수 있기 때문에 선택 여부에 따라 서비스와 교육과정의 존폐가 자동적으로 결정되는 것입니다.

기존의 파이프라인 모형이 이념형 플랫폼(Ideal Platform) 모형으로 변환된다는 것은 다음과 같은 세 가지 의미[48]를 갖고 있습니다.

① 자원 통제에서 자원 조합으로(From resource control to resource orchestration)

- 파이프라인 비즈니스에서는 유형 및 무형 자산을 효율적으로 통제함으로써 경쟁우위를 달성하는 데 집중
- 플랫폼 비즈니스에서는 이런 유무형 자산의 소유보다는 플랫폼에 참여하는 모든 구성원(network participants)들이 만들어내는 네트워크 그 자체(네트워크 내에는 이들이 새롭게 만들어내는 새로운 standard, protocol, policy 등이 존재)를 중시

② 내부 최적화에서 외부 상호작용으로(From internal optimization to external interaction)

- 파이프라인 비즈니스에서는 Inbound Logistics > Operations > Outbound Logistics > Marketing/Sales를 거쳐 고객에게 제품/서비스가 전달되는 과정에서 내부 가치사슬을 어떻게 최적화하느냐가 관건
- 플랫폼 비즈니스에서는 생산자-소비자 양면의 상호작용을 촉진하여 새로운 고객가치가 창출되며, 이 과정에서 플랫폼 운영사업자는 한계비용을 효율적으로 낮춤으로써 기존 파이프라인 비즈니스의 가치사슬을 완전히 해체(예: Uber가 기존 택시회사, airbnb가 기존 호텔 체인과 경쟁하는 방식)

③ 고객가치에서 생태계 가치로(From a focus on customer value to a focus on ecosystem value)

- 파이프라인 비즈니스는 기업이 타깃으로 하는 선형 프로세스 끝단의 고객집단 생애가치(LTV: Life Time Value)를 높이기 위해 다양한 미끼(10년 워런티 제공, 무상AS 등)를 제공
- 플랫폼 비즈니스는 플랫폼 공급자(운영자)가 양면-다면에 존재하는 플랫폼 참여자(network participants)들의 거래비용을 극소화하여 생태계 전체(플랫폼 공급자-플랫폼 공급자를 중심으로 양면/다면에 참여하는 생산자-소비자 등 플랫폼 후원자들)의 가치를 극대화하는 데 집중

3.2.2. 플랫폼으로서의 정부

Kettl(2008)[49]은 과거 정부모형을 자판기 정부(vending machine government)라고 비판한 바 있습니다. 세금을 내는 국민에게 사전에 결정된 공공서비스만 제공하는 정부의 제한적 역할을 돈을 지불하면 정해진 물품을 판매하는 자판기에 비유한 것입니다. 자판기에게 그 안에 있는 물품 외에는 다른 것을 요구할 수 없습니다. 자판기가 고장 나면 입금한 돈을 떼이거나 발로 걷어차는 화풀이를 할 수밖에 없습니다. 마찬가지로 과거의 정부는 급격히 변화하는 현실을 반영하지 못한 채 기존 정책과 제도 안에서 주어진 역할만 수동적으로 집행할 뿐입니다. 정부기능이 제대로 작동하지 않더라도 국민들은 불평불만을 쏟아내는 것 외에 달리 이를 시정할 수단이 없습니다.

이와 반대로 정부의 공공서비스 제공모형을 플랫폼 형태로 재설계한다는 것은 국민이 얻고자 하는 가치를 지속적으로 제공하고, 서비스 제공자인 공무원의 창의

적 활동이 가능하도록 하고, 기존의 공공서비스를 응용하거나 결합하기 쉽도록 변화시키고, 공통의 진화환경과 규칙이 이행되는 기반을 마련한다는 것으로 이해[50] 할 수 있습니다. O'Reilly(2010)는 웹 2.0에 기반한 플랫폼 정부를 제안하면서 민간부문의 플랫폼 사례를 벤치마킹할 것을 주장[51]합니다. 우선 혁신과 성장을 위해서는 열린 표준(open standards) 방식의 접근을 제안합니다. 과거 독점적 지위를 누리던 마이크로소프트의 영향력이 정부의 반독점 규제가 아닌 인터넷과 애플의 아이폰 등장에 따라 자연스럽게 상실되고 애플리케이션 개발과 같은 연관산업의 발전으로 이어진 것처럼, 사후적인 정부개입이나 규제 대신 다양한 정부서비스가 제공될 수 있는 기반을 마련하는 열린 표준 방식을 통해 혁신을 유도해야 한다는 것입니다. 두 번째로 트위터 개발자인 Jack Dorsey의 초기 개발모델이 다음 그림에서 보듯이 불과 몇 줄에 불과했다고 하면서 플랫폼 정부모형도 단순한 시스템에서 출발하여 스스로 진화하도록 유도해야 한다고 합니다. 세 번째로 참여를 유도하는 프로그램 디자인이 필요하다고 합니다. 허락을 받을 필요 없이 다른 페이지의 링크가 가능했던 인터넷의 자동개방성(open by default)처럼 초기 선택(default choice)을 설계할 때 자동적으로 참여가 이루어지도록 하는 방식을 도입하라는 것입니다. 예를 들어 우수한 이민자 유입을 위해 물리학이나 공학 분야 학위취득 시 졸업장에 그린카드를 자동으로 첨부하는 방식 등을 들 수 있습니다. 그 외에 플랫폼의 외부 침입자, 즉 해커에게서도 창의적 아이디어를 구해야 한다거나 데이터 마이닝 활용, 실패발생 용인, 성공사례 발굴 등을 제안하고 있습니다.

▶ Jack Dorsey의 초기 개발모델[52]

이러한 점을 감안할 때 플랫폼 형태의 정부모형은 다음과 같은 요소를 갖는 것으로 이해할 수 있습니다.

① 업무처리 차원

잘 설계되어 있고 잘 관리되어 있는 플랫폼처럼 투명한 업무절차에 따라 사람들의 요구에 발 빠르게 대응하면서 사용자 친화적이 되도록 정부 제공 서비스의 구조와 절차를 혁신적으로 재설계할 필요가 있습니다. 정부의 업무와 절차에 대해 투명하고 효율적인 rule setting을 사전에 완비하는 것도 중요합니다.

② 정책추진 차원

대상집단이 객체가 아니라 주체, 또는 공동생산자(co-producer or prosumer)가 될 수 있는 참여를 유도하고 기회와 선택권을 부여할 필요가 있습니다. 정책수요가 모두 상이하므로 다양한 모듈이 제공되는 일종의 정책메뉴판을 설계하고 모듈 재구성을 통해 제공된 맞춤형 서비스에 대한 피드백, 끊임없는 제안과 참여가 가능한 개방형 정책플랫폼 기반을 마련할 것이 요구됩니다.

③ 생태계 조성 차원

정부정책을 둘러싼 서비스 제공자와 수요자(공무원과 국민)가 상호 네트워킹함으로써 생태계에서 서로 공진화할 수 있는 매칭 플랫폼을 제공할 필요가 있습니다. 공진화는 어떤 개체(entity)가 다른 개체들의 진화에 부분적으로 의존하거나 다른 개체들과의 맥락에서 진화[55]하는 것으로, 정부와 국민이 상호작용한 결과 일방의 편익증가가 상대방의 비용증가를 유발하는 제로섬(zero-sum)이 아니라 서로가 시너지 효과를 통해 편익이 증가되는 포지티브섬(positive-sum)이 가능해지는 관계를 의미합니다.

▶ 개방형 정책플랫폼[53]
개방형 정책플랫폼 사례로 OECD와 World Bank가 공동으로 개발한 Innovation Policy Platform 사례를 들 수 있습니다.

IPP는 정책개념, 비교사례, 통계도출, 정책수단까지 일괄적인 자료생산이 가능하고, 기존 지식포털이 목록제공 전자게시판 방식에서 벗어나지 못한 것에 비해 콘텐츠 구성요소별로 상호참조가 가능하도록 설계되어 지식정보 간 참조 및 이동이 용이하며, 사용자가 원하는 방식으로 다양하게 시각화된 통계작업이 가능하다는 등의 장점[54]이 있습니다.

▶ 생태계
생태계(ecosystem)의 기본적인 개념은 영국의 생태학자인 Arthur Tansley가 1935년 처음 구체화한 것으로 특정 공간에서의 생물공동체(biotic community) 및 그와 관련된 물리적 환경을 의미합니다. 그가 물리학 용어인 시스템(system)을 차용한 이유는 생태계 내에서 생물과 무생물 간의 복잡한 상호작용을 나타내기 위한 것[56]이었습니다. 생태계가 갖는 주요 요소는 다음 네 가지로 설명 가능[57]합니다. 첫째, 생태계 내의 각 개체는 각각의 특성에 따른 차이가 있을 뿐 우열관계가 아니며 개체 간에 먹이사슬이 존재하지만 공존과 상생을 통해 공존하는 관계라는 상호관계성, 둘째, 자기조직화를 통한 자기조절과 순환이라는 자율적 메커니즘의 존재, 셋째, 환경적응력과 성장가능성을 배가시키는 다양성, 마지막으로 외부적 환경변화에 대응하는 내성의 보유가 그것입니다. 비자연과학 분야에서 생태계를 활용한 선구적 연구로는 Moore(1996)[58]의 비즈니스 생태계(business ecosystem)를 들 수 있습니다. 그는 전통적인 의미의 산업(industry)이나 경쟁(competition)은 종말을 고했다고 합니다. 마이크로소프트사가 개인컴퓨터, 소비자 가전, 정보산업, 통신산업이라는 최소 네 가지의 산업 분야에 걸치면서 인텔과 HP와 같은 수많은 공급자와 세분화된 시장의 소비자와 연계된 상황에서는 과거처럼 경계가 명확한 산업이라는 개념이 더 이상 의미가 없기 때문입니다. 그가 산업이라는 용어 대신 제안하는 것이 '상호작용하는 조직과 개인들에 의해 지원되는 경제공동체(economic community)이자 비즈니스계의 유기체(organisms of the business world)'로 정의되는 비즈니스 생태계입니다. 원료 공급자, 선도 생산자, 경쟁자, 기타 이해관계자를 포함하는 비즈니스 생태계는 소비자에게 재화와 서비스를 공급하는데 그 소비자들도 생태계의 일원이 되며, 시간경과에 따라 공진화하면서 중심기업에 의해 선도되는 방향으로 정렬해 나간다고 합니다. 이러한 비즈니스 생태계에서는 경쟁이 심화되지만 종전과 같은 개념의 경쟁과는 다른 양상을 보이게 됩니다. 과거의 경쟁이 제품이나 서비스만 중시할 뿐 환경이라는 맥락을 무시한 반면, 비즈니스 생태계에서는 기업들이 주어진 환경에서 다른 기업들과 갈등하고 협력하면서 공진화해야 한다는 것입니다.

④ 규제방식 차원

규제방식에 있어 과거와 같은 법적·사후적·positive 방식(가능조건 열거, 나머지는 모두 불가능)에서 자율적·사전적·negative(불가능 조건 열거, 나머지는 모두 가능) 방식으로 전환가능한지 재검토함으로써 혁신적인 신사업이 출현하도록 유도할 필요가 있습니다. 플랫폼 기업의 사회경제적 여파와 외부효과는 다음과 같이 긍정적인 측면과 부정적이 측면이 모두 나타날 수 있으므로 이에 대한 재검토가 필요하다는 의미로 이해할 수 있습니다.

▌플랫폼 기업의 외부효과 예시

	긍정적 효과	부정적 효과
에어비앤비	• 기존 호텔가격 하락 • 관광산업 매출 증가 • 지역 레스토랑 활성화	• 난장판 파티, 음주, 소음으로 이웃주민 피해
우버	• 음주운전 감소 • 대중교통 부족 해소	• 교통사고 피해보상 미흡 • 부적격 운전자 불법행위

이념형으로서의 플랫폼 생태계가 원활하게 작동하려면 다음과 같은 세 가지 요소[59]가 중요합니다. 연결(connection, 얼마나 쉽게 플랫폼에 접속해서 거래하고 공유할 수 있는가), 중력(gravity, 플랫폼이 얼마나 생산자와 소비자의 참여를 유도하기에 매력적인가), 그리고 흐름(flow, 플랫폼이 얼마나 가치의 공동생산과 교환을 촉진하는가)이 그것입니다. 그러나 모든 정부 업무를 단시일 내에 민간과 같은 이념형 플랫폼 형식으로 설계한다는 것은 가능하지도 바람직하지도 않을 수 있는 것이 현실입니다. 따라서 기존의 수직적 관료제에 기반한 파이프라인 모형이 이념형(ideal type)으로서의 플랫폼 모형으로 대체되는 중간단계로서 혼합형 플랫폼(hybrid－platform)을 구상할 필요가 있습니다. 중간기제에서는 플랫폼화가 가능한 분야는 과감한 플랫폼 기반 전략을 추진하되, 지원확대와 선별적 규제를 위해 관문심사(gate－keeping)가 필요한 분야인 경우 기존 파이프라인 모형을 유지하는 two－track 전략을 구사한다는 것입니다.

▌Digital Transformation을 위한 하이브리드 플랫폼[60]

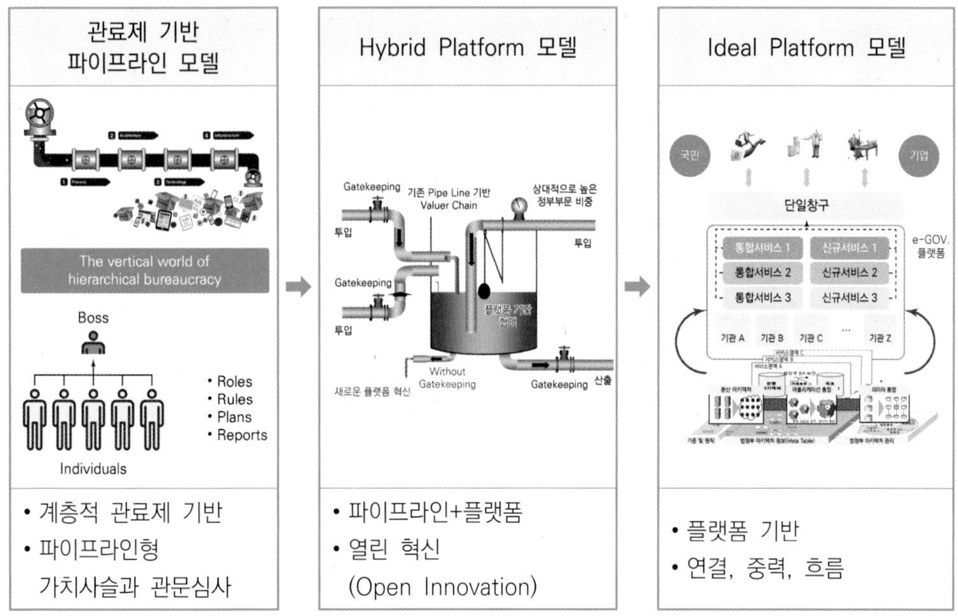

다만 파이프라인 모델의 대표적인 단점인 관문심사(gate-keeping)가 부정적으로 작용하지 않기 위해 '열린 혁신(Open Innovation)'을 적극적으로 고려할 것이 요구됩니다. 열린 혁신은 기존 조직이 혁신적 비즈니스 모델을 만들기 위해서는 조직 내부의 R&D를 중심으로 하는 '닫힌 혁신(Closed Innovation System)'에서 탈피하여, 새로운 접근 방법, 즉 외부 혁신요소와의 연결을 활용하는 '열린 혁신(Open Innovation System)'으로 전환되어야 한다는 것을 의미[61]합니다. 과거처럼 닫힌 혁신(Closed Innovation System)을 따를 경우 시장규모는 정해져 있는 데 반해 내부 R&D 비용이 증가함에 따라 성장의 한계에 봉착하게 됩니다. 반면 Open Innovation System은 R&D의 과정에서 'Outside-In'과 'Inside-Out'의 행위를 통해 끊임없이 새로운 기술과 인력이 투입되어 새로운 시장이 개척되고 내부 R&D 비용이 감소하게 됩니다. Outside-In은 내부의 역량으로 확보 불가능한 인재-기술-제품/서비스를 조직 내부로 끌고 들어오는 크라우드 소싱(crowd sourcing)이 대표적이고, Inside-Out은 내부 조직이 가진 핵심 기술을 외부 조직에 거의 무상으로 Lisence-Out하거나 해당 부분을 별도의 조직으로 Spin-Out시켜 새로운 시장을 개척하는 것을 의미하는데 이러한 과정은 다음 그림에 요약[62]되어 있습니다.

▌열린 혁신의 기본 개념

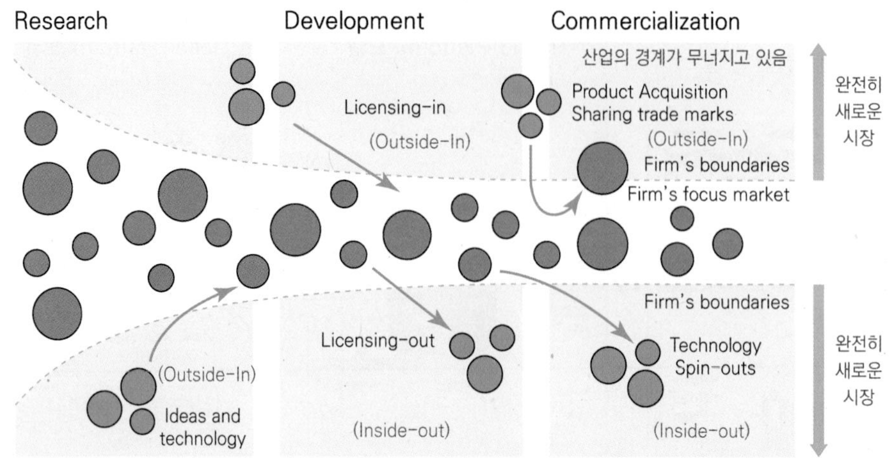

닫힌 혁신과 열린 혁신의 차이는 다음과 같이 정리될 수 있는데 전자는 '우리끼리 몰래 뭔가를 해서 잘살아보자'라는 주의인 반면, 후자는 '힘을 합쳐 새로운 것을 만들어 서로 잘살아보자'라는 주의라고 요약할 수 있겠습니다.

▌닫힌 혁신과 열린 혁신 비교[63]

닫힌 혁신	열린 혁신
• 우리 분야의 영리한 사람이 우리를 위해 일하고 있다.	• 모든 영리한 사람이 우리를 위해 일하는 것은 아니다. 우리는 조직 내부뿐 아니라 외부의 영리한 사람과도 함께 일해야 한다.
• R&D로부터 수익을 얻으려면 우리 스스로 새로운 기술을 발견하고 발전시켜 출시해야 한다.	• 외부 R&D를 통해 중요한 가치를 창출할 수 있다.
• 우리가 스스로 무엇인가를 발견한다면 시장에 먼저 출시해야 한다.	• 수익을 얻기 위해 연구를 선도할 필요는 없다.
• 혁신을 시장에 먼저 내놓은 조직이 성공한다.	• 시장에 처음 진출하는 것보다 더 나은 사업모델을 마련하는 것이 중요하다.
• 우리가 기존 산업 분야에서 최고의 아이디어를 생산한다면 승리할 것이다.	• 우리가 내부뿐 아니라 외부의 아이디어를 최고로 활용한다면 승리할 것이다.
• 경쟁자가 이익을 취하지 못하도록 우리의 IP를 통제해야 한다.	• 다른 조직이 우리의 IP를 이용하도록 하는 과정에서 이윤을 창출해야 하고 외부의 IP가 우리보다 나은 모델이면 구매해야 한다.

04

한 걸음 더 들어가고 싶다면: 참여정부의 정부혁신[64)]

앞서 잠깐 살펴본 대로 우리나라에서 제대로 된 절차와 방법론을 바탕으로 정부혁신이 체계적으로 추진된 것은 노무현 대통령이 이끌었던 참여정부로부터 시작되었습니다. 범부처적으로 정부혁신이 추진되다 보니 혁신피로증도 생기고 공공기관 지방이전 도시를 혁신도시라고 이름 짓는 아이러니와 같은 부작용도 있었지만 정책의 성공과 실패 논의는 차치하고 그 후의 정부혁신 논의가 참여정부 때 정립된 방법론과 절차 등을 계승했다는 점에서 의미가 있습니다.

4.1. 참여정부 정부혁신의 배경과 주요 내용

참여정부가 당시 가지고 있던 문제의식 중 하나는 1963년 일인당 GDP 100불에 불과하던 우리나라가 1995년 일인당 GDP 1만 불을 달성하고 선진국 대열인 OECD에 가입한 후에도 10년이 넘도록 2만 불의 벽을 넘지 못하는 이유가 무엇인가 하는 점이었습니다. 1만 불을 달성할 때까지 국가발전을 주도한 정부의 역할이 매우 컸음을 부인하기는 어렵지만 2만 불의 벽을 넘지 못하는 것은 아이러니하게도 새로운 변화에 적응하지 못하는 정부 때문이라는 비판적 견해가 대두되었기 때문입니다. 민간과 시민사회의 성장, 세계화와 지식정보화, 디지털화, 수평적 네트워크화하는 과정에서 사회문제는 다양화하고 복잡하게 변화하는데 정부는 변화하지 않고 있다는 자기반성이 나타나면서 정부부터 변해야 한다는 신공공관리적 혁신의 필요성이 커지게 된 것이지요. 참여정부에서는 이러한 문제의식하에 국가운영의 관리기법와 방식을 바꾸고자 정부개혁, 지방분권, 인사개혁, 재정개혁, 전자정부, 기록관리 개혁을 중심으로 정부혁신을 추진[65)]하게 되었다고 합니다.

행정개혁 분야에서는 국민과 함께 하는 일 잘하는 정부를 구현하기 노력으로 성과관리와 고객만족 행정 등을 추진하였고, 지방분권은 지방활력을 통한 분권형 국가 건설을 위해 지방정부 자치역량을 강화하고 각종 권한의 지방이양 등을 추진합니다. 인사혁신은 폐쇄적인 공직 사회를 개혁하기 위해 국가인사기능의 통합과 자율분권화, 공직경쟁력 강화 등을 시도하였으며, 재정혁신은 재정적 의사결정의 구조를 바꾸고자 재정분권, 지출효율성과 재정투명성의 제고 등을 추진하게 됩니다. 전자정부 분야에서는 행정의 전자적 효율성과 민주성을 높이기 위해 전자적 업무처리의 정착, 서비스 중심의 업무재설계 등을 추진한 바 있습니다다. 참여정부에서 새로이 시도된 기록물 관리혁신은 전자기록 시대에 걸맞은 효율적인 프로세스를 설계하여 공공업무의 효율성과 책임성을 구현하고자 시스템 혁신, 법 제도 혁신, 혁신동력 확보 등을 추진하였습니다. 이러한 정부혁신 분야와 어젠다는 다음에 요약되어 있습니다.

▌정부혁신 6대 분야 및 로드맵[66)]

로드맵	어젠다
행정개혁 2003.7.22.	• 성과중심의 행정시스템 구축 • 정부기능과 조직의 재설계 • 행정서비스 전달체계 개선 등 10개
인사개혁 2003.4.9.	• 국가 인사기능 통합과 자율 분권화 • 탄력적인 인력관리 체제 구축 • 투명 공정한 선발시스템 구축 등 10개
지방분권 2003.7.4.	• 지방분권 추진기반 강화 • 중앙권한의 획기적 지방이양 • 지방교육자치제도 개선 등 10개
재정세제개혁 2003.7.29.	• 중앙지방 간 기능 및 재원 이양 • 국세 지방세 조정 • 지방재정운영의 자율성 확대 등 10개
전자정부 2003.8.14.	• 전자적 업무처리의 정착 • 행정정보 공동이용 확대 • 서비스 중심의 업무 재설계 등 10개
기록관리 2005.10.4.	• 공공업무 수행의 철저한 기록화 • 기록관리 프로세스와 시스템의 정비 • 정보공개 확대 등 9개

참여정부 정부혁신은 단계별 접근전략[67]에 따라 추진되었는데 시행초기인 2003년은 혁신의 점화기에 해당합니다. 이 시기의 혁신추진전략은 혁신의 철학과 비전을 국정책임자인 대통령이 직접 전파하여 혁신여건을 점화하고 향후 혁신방향의 마스터플랜을 정부혁신 5대 로드맵을 통해 제시하는 것이라고 할 수 있습니다. 2004년은 혁신의 도입기로서 혁신변화관리 개념을 도입하고 대통령 비서실을 중심으로 보다 체계적인 추진을 시도한 시기이고, 2005년은 실행·확산기로 이제까지 축적된 혁신역량을 바탕으로 일과 혁신의 융합 및 정책품질의 제고를 위한 노력을 현장에서 가속화하기 위해 혁신과제별로 매뉴얼을 제작하고 중앙부처의 경험을 소속기관, 산하기관, 지방자치단체 등으로 확산시키는 전략을 추진합니다. 2006년 이후는 내재화 시기에 해당하며 그간의 혁신성과를 기초로 정부혁신을 제도화하기 위한 시스템 내실화에 중점을 두고 체질화된 혁신문화를 정착시키는 것을 추진하였습니다. 이를 위해 고위공무원단 출범, 업무관리 통합시스템 구축, 혁신지수(GII) 고도화 및 맞춤형 컨설팅 등을 실시한 바 있습니다. 주요한 내용들은 아래 표에 요약되어 있습니다.

▍참여정부 정부혁신의 주요 내용

구성요소	주요 내용
비전	• 투명하고 일 잘하는 정부
목표	• 효율적인 정부, 봉사하는 정부, 투명한 정부, 분권화된 정부, 함께 하는 정부
분야	• 행정개혁, 인사개혁, 지방분권, 재정세제, 전자정부
추진전략	• 하향식 점화와 상향식 확산 • 단계적 추진과 점진적 제도화 • 자발적 혁신유도
추진방법	• 로드맵과 매뉴얼 제시 • 학습과 토론 • 성과평가와 인센티브 부여
추진동력	• 최고책임자의 강력한 리더십 • 다양한 인센티브
추진체계	• 별도의 전담기구 설치 및 기획조정 • 추진주체별 전담조직 확보 • 참여적 거버넌스

4.2. 차원별 현황과 특징

참여정부의 정부혁신을 다차원적 분석틀에 따라 개략적으로 그 현황과 특징을 살펴보면 다음과 같습니다. 우선 행위주체적 측면에서 최고책임자의 리더십은 정부혁신의 불씨를 지핀 가장 중요한 구성요소 중 하나라고 할 수 있는데 당시 노무현 대통령은 정부혁신의 참여정부의 최우선 국정과제로 선정하고 정부혁신 추진회의를 직접 주재하면서 혁신의 필요성과 당위성을 지속적으로 강조한 것으로 평가받고 있습니다. 혁신은 과거와의 단절을 의미하므로 필연적으로 고통과 저항을 수반하기 마련인데 기존의 역대정부들이 나름대로의 정부혁신을 모두 추구하였지만 결국 가시적인 성과를 내지 못한 것으로 평가받는 이유 중의 하나는 지속적인 리더십의 부재였다고 할 수 있습니다. 이런 점에서 일관된 리더십이 지속적으로 유지되었다는 특징을 갖고 있습니다. 아울러 공무원을 혁신의 주체로 내세웠다는 점도 지적할 수 있습니다. 과거 정부에서는 공무원을 혁신대상으로만 생각했던 반면 참여정부에서는 적어도 표면적으로는 일방적인 하향적 혁신이 아니라 토론과 상호학습을 통해 공무원 개인 스스로가 변화하는 역량을 강화함으로써 아래로부터의 자발적 혁신동력이 창출되도록 촉구한 특징이 있습니다. 물론 실제 혁신역량이 강화되었는지는 별도의 평가가 필요한 부분이지만 적어도 변해야 산다는 인식이 공무원 사회에서도 확산된 것은 어느 정도 사실인 것으로 인정받고 있습니다.

두 번째 구성요소로 조직구조·기능적 측면에서 특징은 전담기구의 상설화와 로드맵·매뉴얼의 작성을 들 수 있습니다. 과거 정부와 달리 참여정부에서는 정부혁신 과제를 체계적이고 지속적으로 추진하기 위해 2003년 4월 정부혁신지방분권위원회를 출범시켰고 행정개혁전문위원회, 인사개혁전문위원회, 전자정부전문위원회, 혁신관리전문위원회 등을 설치하여 자문기능이 가능하도록 하였습니다. 아울러 정부 부처 간 기능을 통합적으로 조정·관리하기 위해 대통령비서실에 동년 12월 혁신관리비서실을 신설하였고 이후 조정기능을 더욱 강화한 혁신관리수석실을 2005년 4월 설치하게 됩니다. 2004년 3월에는 기획예산처에 두었던 정부혁신 기능을 집행력을 갖춘 행정자치부로 이관하여 행정개혁본부를 발족하였고 동년 11월에는 행정개혁본부를 정부혁신본부로 확대개편[68]하였습니다. 이러한 통합조정기구의 지휘 아래 실제 집행을 담당하기 위해 각 부처별로 혁신기획관을 두어 수직적·수평적 네트워크를 구축하고자 하였습니다. 아울러 정부혁신의 길잡이가 될 로드맵을 분야별로 작성하여 마스터플랜으로 제시하였는데 과거의 행정개혁이 부조리 방지나 조직·인력축소 등 단순한 하드웨어적 개혁 추진에 그친 것에 비해 혁신의 구체적인 방향과 세부내용을 체계적으로 정리한 로드맵을 마련함으로써 개혁의 일관성과 지속성 확보를 추구하였습니다. 물론 로드맵과 매뉴얼 공화국이라는 비난을 받기도 한 것이 사실입니다만 각 정부기관을 혁신수준별로 구분하여 각각의 수준에 맞는 진단을 실시하는 한편, 단계별 매뉴얼을 제작·보급함으로써 효과적인 변화관리를 체계적으로 유도하고자 하였습니다. 이러한 노력들을 성과평가 및 인센티브와 연계시켜 조직문화 자체가 변화하도록 한 점도 중요한 특징이라고 할 수 있겠습니다.

세 번째 구성요소로서 환경적 측면에서 정부혁신에 대한 요구가 있었다는 점입니다. 한국은 그동안 정부주도의 압축성장을 추진하면서 국민소득 1만 불 달성에 성공하였으나, 비대해진 공공부문이 과잉관료제적 역기능을 초래함에 따라 민간의 자율성과 창의성을 저해하는 규제집단으로 인식되는 상황이었습니다. 이러한 상황에서 정치권과 일반 국민, NGO, 시민단체 등 다양한 민간부문으로부터 정부가 변화해야 한다는 요구가 꾸준히 제기되었고, 과거 정부주도로 추진되었던 행정개혁과 달리 외부로부터의 혁신의 필요성을 환경적 압력으로 인식함으로써 신공공관리적 고객만족을 중시했던 특징을 보입니다.

05

더 생각해 볼 문제

- 우리나라의 정부혁신은 과거 노무현 정부 시절에 신공공관리적 입장에서 주요한 국정과제의 하나로 광범위하게 추진된 바 있습니다. 이어 박근혜 정부에서는 디지털 시대에 걸맞은 '정부 3.0'과 '비정상의 정상화'를 혁신 어젠다로 추진하였습니다. 문재인 정부는 적폐 청산 외에 별다른 정부혁신 어젠다를 제시하지는 않고 있습니다. 주변 환경이 급변하고 있으므로 민간이 끊임없이 혁신을 추구하는 것처럼 정부도 지속적으로 또는 정권별 특성에 따라 정부혁신을 지속적으로 추진할 필요가 있습니다. 하지만 공무원들은 정권이 후반기에 접어들수록 혁신피로감을 호소하면서 복지부동(伏地不動)할 가능성이 큽니다. 왜 그런 일이 발생하는 것일까요? 공무원들이 진심으로 혁신에 동참하도록 하려면 어떻게 해야 할까요?
- 아버지 없이 태어나 14세에 어머니마저 잃어 고아가 되었던 앤드류 잭슨(Andrew Jackson)은 뉴올리언스에서 불과 21명의 전사자로 영국군 2,037명을 전사시킨 대승을 거둔 후 인디언 토벌에서도 대승을 거둬 일약 영웅으로 떠오릅니다. 이에 힘입어 미국의 7대 대통령에 당선된 그는 귀족 출신이 아니면서 최초의 미국 대통령이 된 사람으로 유명합니다. 그는 또 다른 이유로 행정학계에서도 유명한 사람이 되는데 바로 Jacksonian democracy로 불리는 엽관제(獵官制, spoils system)를 적극적으로 도입했기 때문입니다. 엽관제는 관직을 전쟁(선거)에서 거둔 전리품처럼 챙겨서 자기를 전쟁(선거)에서 이기게 해 준 조력자와 지지자들에게 나누어주는 것을 말합니다. 이 제도는 누구나 공직을 맡을 수 있고 당선자의 정책을 적극적으로 추진할 수 있다는 점에서 바람직한 면도 있었지만, 비전문가들이 관직을 부정부패의 수단으로 악용할 수 있고 일관성도 확보할 수 없었기 때문에 현대 행정에서는 전문적인 공무원 집단(technocrat)을 중심으로 한 관료제(bureaucracy)에 밀려 역사의 뒤안길로 사라진 바 있습니다. 그러나 책 속에만 남아 있는 엽관제가 버젓이 적용되는 분야가

아직도 존재하고 있으니 우리나라의 경우 중앙부처 장관이나 공공기관장 인사가 바로 그에 해당합니다. 중요 부처 장관이나 많게는 조 단위 사업비를 운용하는 공공기관장에 대통령 측근이 임명되는 것은 공공연한 관행처럼 여겨지는데 조직 입장에서도 업무를 속속들이 알고 있는 전문가보다 차라리 힘 있는(?) 비전문가가 장관이나 기관장으로 오는 것을 더 선호할 수 있습니다. 임기 동안 비위만 잘 맞추면 조직이 원하는 방향으로 기관장을 움직일 수 있고 '살아 있는 권력'의 힘을 얻어 조직을 키우는 기회로 활용할 수도 있기 때문입니다. 장관이나 공공기관장 인선이 전문성 대신 정치권력과 네트워크에 따라 이루어지는 것이 정부나 공공기관을 혁신시키는 데 바람직한 것일까요, 아니면 정부혁신에 반하는 일일까요? 만일 자리(post)에 따른 책임성(responsibility)이 아닌 업(job)에 따른 책무성(accountability)을 중시하는 관리주의적(managerialism) 입장이라면 출신성분(?)보다 관리역량이 더 중요하지 않을까요? 이들이 권력의 감투를 누리는 대신 조직을 혁신시키는 전도사가 되도록 하려면 어떤 관리혁신 방안을 도입해야 할까요?

- 지금까지 배운 혁신이론과 혁신방안을 고려할 때 영화에서 본 견인업체의 횡포(?)를 막고 불법주정차 단속이 혁신적으로 이루어지려면 어떤 변화가 필요할까요?
- 견인업체가 불법주정차 차량을 시청 대신 견인하는 것은 단속이라는 공공서비스의 공급(provision)과 생산(production)을 분리하여 효율성을 높이려는 목적에서 시행된 아웃소싱 때문일 텐데 견인업체를 없애고 시청이 직접 단속한다면 상황이 나아질까요?
- 견인을 당한 입장에서야 분하고 억울하겠지만 견인업체는 더 많은 수익을 올리기 위한 목적에서 열심히 단속을 하는 것이므로 아웃소싱은 오히려 불법주정차를 근절시킬 수 있는 정부혁신 아이디어가 아니었을까요? 공무원이라면 그렇게 열심히 단속할 이유가 없을 테니까요.
- 행정안전부 홈페이지에 가면 '2020 정부혁신 종합추진계획'을 다운받을 수 있는데 추진과제로 ① 획기적인 국민참여 확대를 통한 사회문제 해결, ② 민관협력을 위한 시민사회 자율성 확대 및 교류강화, ③ 국민이 체감할 수 있는 공공서비스 혁신, ④ 디지털 혁신역량을 바탕으로 적극적이고 신뢰받는 행정구현을 제시하고 있습니다. 세부적인 내용을 살펴본 후 이러한 방향성이 옳은 것인지, 중복과 사각은 없는지, 추진계획이 구체적인지, 본인이 정책담당자라면 어떤 것을 추가로 제시하고 싶은지, 단순한 개선이 아닌 혁신적 사항을 담

고 있다고 보는지 등에 대해 논의해 보도록 합시다.

- 혁신이 개선이나 변화와 다른 범위와 깊이를 갖는다고 할 때 단순한 절차개선이나 변화와 정부혁신을 구분할 수 있는 기준은 무엇이 되어야 할까요?
- 인터넷에서 떠돌았던 유머동영상으로 어르신이 공무원에게 "내가 설치류냐?"고 항의하는 장면이 있습니다. 액티브 엑스를 비롯하여 깔라고 하는 게 너무 많다고 하소연 하는 내용인데 일부러 만든 영상임이 분명하지만 누구나 공감할 수 있는 내용이었습니다. 액티브 엑스 문제는 2014년 박근혜 정부 때 당시 이승철 전경련 부회장이 규제개혁 관련 청와대 끝장토론에서 "액티브X, 액티브하게 X해서 끝장 내달라"고 건의[69]했을 정도로 여러 사람을 불편하게 했던 보안시스템으로 우리나라에서만 유독 많이 사용되었다고 합니다. 이후 금융권에서 다른 인증방안을 강구하기 시작했고 서서히 폐지수순을 밟게 되었습니다. 이런 문제는 대통령에게 보고하기 이전에도 수차례 지적되었을 것이고 어쩌면 사소한 문제라고 할 수도 있겠습니다만 대통령에게까지 보고가 되면서 갑자기 '위상'이 높아지게 되었고 사용을 중지해야 한다는 논의가 급속도로 전개되었습니다. 그렇다면 실무단계에서는 혁신으로 보기 어려웠을 사항이 아이러니하게 정책결정권자 수준으로 올라가게 되면 위상이 올라가면서 혁신적인 개선인 것처럼 포장되는 것은 아닐까요? 얼마나 많은 혁신적인 정책들이 실무단계에서 묻히고 있는 것일까요? 원인은 무엇이고 혁신적인 문제해결이 적절히 이루어지려면 어떻게 해야 할까요?

출처[70]

미주

1) 이 부분은 저자가 공동으로 참여했던 이윤식 · 윤성식 · 이원희 · 우윤석 · 박재신. (2006). 한국 정부혁신의 남미전파 및 확산연구: 아르헨티나, 브라질, 칠레를 중심으로. 한국행정연구원의 내용을 주로 인용하였음.

2) 사실 많은 학자들이 행정개혁 개념에 포함된 '개혁'에 해당하거나 그와 유사한 뜻으로 변동(change), 발전(development), 개선(improvement), 성장(growth), 쇄신(innovation), 개편(reorganization), 재개발(renewal) 등의 용어를 혼용하여 사용하기도 함.

3) 행정자치부. (2006a). 2006년도 정부혁신관리 기본계획 중 pp. 3-4.

4) Berry, F. S. & Berry, W. D. (1990). State Lottery Adoptions as Policy Innovation: An Event History Analysis. American Political Science Review 84, 395-415 중 p. 395.

5) 김성제. (2003). 지능형교통체계의 도입 및 확산에 관한 연구: 신제도론적 정책네트워크 분석. 서울대학교 박사학위 논문 중 p. 22.

6) Pollitt, C. & Bouchaert, G. (2004). Public Management Reform: A Comparative Analysis. Oxford: Oxford Univ. Press.

7) 이종수. (2005). 정부혁신의 메커니즘과 전략. 대영문화사.

8) Hamel, G. (2007). The Future of Management. NY: Harvard Business Review Press의 내용을 저자가 요약.

9) 이 부분은 우윤석. (2019). 이상적인 공공기관장의 리더십. 김용진 저. 공공기관에 날개를 달자. kmac. pp. 58-69.

10) 임선하. (1998). DESK 모형을 통한 창의성 교육자료 개발법, 영재교육연구(한국영재학회) 8(1): 105-133.; 임선하. (1993). 창의성에의 초대. 교보문고.

11) 최병권. (2008). 창의성 발현의 10가지 비결. LG Business Insight, 2008.8.20. 중 p. 26.

12) Shergold, P. (2008). Governing through Collaboration. In O'Flynn, J. and Wanna, J. Collaborative Governance: A New Era of Public Policy in Australia? Canberra: ANU Press.

13) Goldsmith, S., & Kettl, D.F. (2009). Unlocking the Power of Networks: Keys to High-Performance Government. Washington: Brookings Institution Press.

14) Srivastava, A., Bartol, K. and Locke, E. (2006). Empowering Leadership in Management Teams: Effects on Knowledge Sharing, Efficacy, and Performance. Academy of Management Journal, 49(6): 1239-1251.

15) Pearch, C. and Sims Jr., H. (2002). Vertical vs. Shared Leadership as Predictors of the Effectiveness of Change Management Teams: An Examination of Aversive, Directive, Transactional, Transformational, and Empowering Leader Behavior. Group Dynamics: Theory, Research, and Practice, 6(2): 172-197.

16) Woolcock, M. and Sweetser, A. (2002). Social Capital: The Bonds That Connect. ADB Review, 34(2): 26-27.

17) Surry, D. W. (1997). Diffusion Theory and Instructional Technology. Annual Conference of AECT, New Mexico, p. 1.

18) Rogers, E. M. (1983). Diffusion of Innovations, 3rd ed.. N.Y.: Free Press, p. 5.

19) 박용치. (1984). 혁신확산의 결정요인 분석. 한국행정학보, 18(1), 189-206, p. 22.

20) 강현수. (2003). 최근 유럽연합 지역정책의 흐름. 유럽지역연구회 편. 유럽의 지역발전 정책. 한울아카데미.

21) Freeman, C. (1987). Technology Policy and Economic Performance. London: Edward

Arnold.
22) Lundvall, B. A. (1988). Innovation a an Interactive Process: from User-Producer Interaction to the National System of innovation. In G. Dosi, et al. (eds.). Technical Change and Economic Theory. London: Pinter.
23) Cooke, P. (1992). Regional Innovation Systems: Comparative Regulation in the New Europe. Geoforum 23.
24) Porter, M.E. (1998). The Competitive Advantage of Nations. N.Y.: The Free Press.
25) Cooke, P. (1992). Regional Innovation Systems: Comparative Regulation in the New Europe. Geoforum 23.
26) 우윤석. (2013). 정부 3.0의 이론적 배경과 해외사례에 관한 연구. 숭실대학교 사회과학논총 제16집: 21-47을 주로 인용하였음.
27) 지은희. (2007). Government 2.0: 웹 2.0 시대의 공공서비스. KALI 지역정보화 44호, 2007 May.
28) The National Information Society Agency. (2008). Concepts and Features of Government 2.0 and 3.0. http://eng.nia.or.kr/english/bbs/download.asp? fullpathname=%5CData%5Cattach%5C20111222161123197 5%5CConcepts+and+Features+of+Government+2.0+and+3.0.pdf&filename=Concepts+and+Features+of+Government+2.0+and+3.0.pdf; 류광택·이용건·조성배. (2012). 미래 전자정부 모델에 대한 탐색적 연구: 지속가능한 발전을 위한 전자정부 3.0의 가치와 개념을 중심으로. 한국정책학회 하계학술대회 발표논문집. 319-340.
29) Anderson, P. (2007). What is Web 2.0? Ideas, Technologies and Implications for Education. JISC Technology & Standards Watch. Feb. 2007.
30) 류광택·이용건·조성배. 앞의 논문.
31) 한국정보화진흥원. (2012). 빅 데이터 시대의 데이터 자원확보와 품질관리 방안. IT & Future Strategy. 제5호.
32) Friedman, T. (2005). The World Is Flat. 김상철·이윤섭 역. 세계는 평평하다. 창해.
33) Tapscott, J., Williams, D. and Herman, D. (2008). Government 2.0: Transforming Government and Governance for the 21st Century. Big Idea White Paper, New Paradigm.
34) Kaletsky, A. (2010). Capitalism 4.0: The Birth of a New Economy. 위선주 역. (2011). 자본주의 4.0: 신자유주의를 대체할 새로운 경제 패러다임. 컬쳐앤스토리.
35) Terry, L. D. (1998). Administrative Leadership, Neo-Managerialism, and the Public Management Movement. Public Administration Review. 58(3): 194-200.; 조성한. (2000). 경영혁신의 허와 실: 이론적 모순과 비합리적 과정. 한국정책학회보. 9(1): 5-27.
36) 우윤석·오수현. (2009). 주·토공 통합의 효율성 평가: 자료포락분석을 통한 지방공기업과의 재무제표상 비교를 중심으로. 도시행정학보. 22(2): 73-98.
37) Jun, Jong S. (2009). The Limits of Post-New Public Management and Beyond. Public Administration Review. 69(1): 161-165.; Mulgan, G. (2005). Joined-up Government: Past, Present and Future. In Bogdanor, V. (Ed.) Joined-Up Government. Oxford: Oxford Univ. Press, pp. 175-187.
38) 성지은. (2010). 새로운 행정개혁 기조로서 통합형 정부의 등장과 과제. 정부와 정책. 2(2): 1-19.
39) Cabinet Office. (1999). Modernising Government. London: Stationery Office.

40) Christensen, T. and Lægreid, P. (2012). Beyond NPM? Some Development Features. In Christensen, T. and Lægreid, P. (Eds.) The Ashgate Research Companion to New Public Management. Aldershot: Ashgate.

41) Cortright, J. (2001). New Growth Theory, Technology and Learning: A Practitioners Guide. Reviews of Economic Development Literature and Practice. No. 4, U.S. Economic Development Administration.

42) Dawnay, E. and Shah, H. (2005). Behavioural Economics: Seven Principles for Policy－Makers. London: NEF.

43) Klijn, E－H. (2008). Complexity Theory and Public Administration: What's New? Public Management Review. 10(3): 299－317.

44) 이 부분은 저자가 공동연구원으로 참여한 다음 연구를 주로 인용하였음. 오철호 외. (2017). 제4차 산업혁명에 따른 중소기업 정책현안 발굴. 한국정책학회.

45) Goodwin, T. (2015). The Battle is for the Customer Interface. https://www.linkedin.com/pulse/battle－customer－interface－tom－goodwin－5985813315086008320

46) Parker, G, Van Alstyne, M. and Choudary, S. (2016). Platform Revolution. 이현경 역. (2017). 플랫폼 레볼루션. 부키. pp. 35－36.

47) Van Alstyne, M., Parker, G. and Choudary, S. (2016). Pipelines, Platforms, and the New Rules of Strategy. HBR, Apr., 2016, pp. 54－60.

48) Van Alstyne, M., Parker, G. and Choudary, S. (2016: 4).

49) Kettl, D. (2008). The Next Government of the United States: Why Our Institutions Fail Us and How to Fix Them. NY: W.W.Norton & Company, Inc.

50) 오철호. (2012). 미래 전자정부: 플랫폼의 적용가능성. 숭실대 사회과학대학 융합연구 발제문.

51) O'Reilly, T. (2010). Government as a Platform, Innovations 6(1): 13－40.

52) O'Reilly, T. (2010: 20).

53) https://www.innovationpolicyplatform.org/

54) 홍성주. (2014). 개방형 정책플랫폼의 신모델: 혁신정책 플랫폼 동향과 시사점. 과학기술정책연구원, 동향과 이슈 제7호.

55) Mitleton－Kelly, E. (2003). Ten Principles of Complexity and Enabling Infrastructure. In. Mitleton－Kelly, E. (ed.) Complex Systems and Evolutionary Perspectives of Organizations: The Application of Complexity Theory to Organization. Amsterdam: Elsevier.

56) 정대연 · 장신옥. (2007). 생태계 파괴에 대한 사회학적 접근. 환경영향평가, 16(3), 207－227.

57) 류준호 · 윤승금. (2009). Creative 2.0 시대 창출을 위한 문화콘텐츠 생태계 구축 방안에 관한 연구. 제4회 복잡계 컨퍼런스 발표논문집, 315－327.

58) Moore, James F. (1996). The Death of Competition: Leadership and Strategy in The Age of Business Ecosystems. NY: HarperBusiness.

59) Bonchek, M. and Choudary, S. (2013). Three Elements of a Successful Platform Strategy. HBR, Jan. 31, 2013.

60) 오철호 외, op. cit. (2017: 176).

61) Chesbrough, H. (2006). Open Innovation: The New Imperative for Creating and Profiting from Technology. Boston: Harvard Business School Press.

62) 김진영. (2016). 파이프라인 비즈니스 모델의 Digital Transformation 전략 세우기.

http://johnkapeleris.com/blog/?p=296.

63) Chesbrough, H. op. cit. (2006: xxvi).

64) 이 부분은 우윤석·이윤식.(2008). 개도국 간 정부혁신의 협력방안 모색: 한국과 칠레를 중심으로. 한국공공관리학보, 22(1), 101-128을 주로 인용함.

65) 정부혁신지방분권위원회. (2006). 참여정부의 혁신과 분권.

66) 행정자치부. (2006b). 국민과 함께 한 정부혁신 3년.

67) 행정자치부. (2006a). 2006년도 정부혁신관리 기본계획.

68) 행정자치부. (2006b). 국민과 함께 한 정부혁신 3년.

69) 2014.3.20., 한국경제신문, https://www.hankyung.com/news/amp/2014032015045

70) https://www.youtube.com/watch?v=W8rhQ5Ap5ow

PART 09

모든 것이 연결되다: 네트워크(Network) 시대, 거버먼트(Government)에서 거버넌스(Governance)로

영화로 보는 행정관람

컨테이젼(Contagion, 2011)

감독: Steven Soderbergh

출연: Matt Damon(토마스 역), Gwyneth Paltrow (아내 베스 역), Jude Law(블로거 앨런 역), Kate Winslet(박사 에린 역), Laurence Fishburne(센터장 엘리스 역) 외

수상: 제68회 베니스 국제영화제 비경쟁부문 초청 등

2020년은 코로나 바이러스(COVID-19)가 전 세계적으로 창궐하면서 일상생활의 모든 것이 뒤바뀐 해였습니다. 해외여행은 꿈도 꿀 수 없는 것이 되어 버렸고 대학 새내기들은 꿈에 그리던 대학에 입학했지만 모든 대학이 사이버대학이 되어 버렸기에 캠퍼스의 낭만이 뭔지도 모르게 되었습니다. 유모차에 탄 아기들은 태어나면서부터 마스크를 쓰는 것이 일상이 되었기에 마스크를 벗은 사람을 보면 깜짝 놀란다고 합니다. 사람끼리 얼굴을 보면서 대화하고 서로 어울리며 소통하는 것은 옛일이 되어 버렸고 공공기관 구내식당 이용자는 '식사 중 대화금지'라는 경고문이 써진 유리칸막이와 마주 보고 식사해야 하는 형국이 되어 버렸습니다.

2011년에 개봉한 영화 '컨테이젼'은 마치 코로나 사태를 예견한 듯한 스토리로 개봉 당시보다 최근 들어 더 주목받게 된 역주행 영화입니다. 주연급 할리우드 톱스타들을 아낌없이 투입(?)한 영화치고는 사실상 썩 잘 만든 영화로 보이지 않지만 일종의 예지력 차원에서는 나름 인정받을 만한 영화라고 생각됩니다. 영화에서도 나오지만 전염병은 사람 간에 무서운 속도로 퍼져 나갑니다. 모든 사람, 모든 것이 연결된 네트워크 사회이기 때문에 발생한 일입니다. 과거 흑사병이 유럽에 퍼진 것은 네트워크의 힘이라기보다 잘못된 위생시스템 때문이었지만 코로나와 같은 세계적 유행병(pandemic)은 인간과 네트워크가 만든 결과물로 보아야 합니다. 따라서 앞으로 이런 일이 더 자주 발생할 수 있다는 점에서 무서운 것입니다. 네트워크가 무엇이길래 이런 결과를 초래하는 것일까요? 사회과학에서 네트워크 이론은 SNA(Social Network Analysis, 사회연결망 분석)를 중심으로 한 사회학의 계량적 기법으로 발전하였고 행정학에서는 거버넌스(governance) 논의로 발전하였습니다. 네트워크가 거버넌스와 동의어가 아닙니다만, 후술하다시피 계층제나 시장과 대비되는 제3의 사회적 문제해결 기제가 네트워크이고, 이것이 바로 정부(government) 또는 시장(market)과 구별되는 '협의의 거버넌스'이기 때문입니다. 이 장에서는 네트워크에 대한 이해를 바탕으로 거버넌스의 의미에 대해 알아보고자 합니다. 우선 영화부터 감상하시죠.

01

영화 들여다보기:
팬데믹의 주범은 네트워크?

기네스 펠트로가 연기한 베스는 여성 사업가인데 홍콩 출장을 다녀와서 감기몸살을 앓다가 이틀 만에 숨집니다. 사실은 감기몸살이 아니라 MEV-1이라는 치명적인 바이러스에 걸렸던 것이죠. 다음 날 어린 아들도 똑같은 증상으로 사망합니다만 맷 데이먼이 연기한 남편 토마스는 아내와 아들이 그저 독감으로 사망한 것으로 생각합니다. 남편은 면역력을 갖고 있어서 가족들이 사망하는 와중에도 바이러스에 감염되지 않습니다. 하지만 베스와 접촉을 했던 사람들이 하나하나 같은 증상으로 사망하는 상황이 이어지게 됩니다. 영화에서는 베스가 홍콩의 한 요리사로부터 전염된 것으로 나오는데 그가 요리한 재료는 박쥐로부터 바이러스에 감염된 돼지고기였습니다. 코로나 바이러스가 중국 우한의 박쥐 때문이었다는 점에서 마치 이 영화는 미래를 미리 내다본 것 같은 느낌을 줄 정도입니다. 결국 미국 전역으로 전염병이 퍼져나가자 정부는 비상사태를 선포하게 되고 WHO는 진원지 파악을 위한 역할조사에 착수하게 됩니다.

이 와중에 미국 질병통제예방센터장 엘리스(로렌스 피시번 분)는 기밀정보를 듣고 약혼녀에게 도시를 떠나라고 알려주는데 약혼녀가 SNS에 이를 퍼뜨리는 바람에 온 도시 사람들이 동요하게 됩니다. 주드 로가 연기한 의학 관련 프리랜서 블로거 앨런은 질병통제센터와 제약회사, 언론이 전염병 감염경로와 치료제 개발

에 대한 정보를 은폐하고 있다는 의혹을 제기하면서 자신이 개발한 백신을 자신의 블로그를 통해 광고하는 행태를 보입니다. 한편, WHO 소속 과학자인 엘레노어(마리옹 코티야르 분)는 발병경로를 알아내기 위해 홍콩에 왔다가 같은 조사팀 일원인 홍콩인에게 백신과 교환할 인질로 납치당하는 다소 황당한 전개에 휘말립니다. 이 과학자는 납치된 상태이면서도 억류된 마을에서 아이들을 가르치며 그들에게 정이 드는 다소 뜬금포 행태를 보이지요. 개인적으로 영화를 보면서 가장 공감하기 어려웠던 부분이기도 합니다. 케이트 윈슬렛이 연기한 에린은 엘리스 센터장이 현장으로 파견한 역학조사관인데 영화 속에서 가장 헌신적이고 전문적인 인물로 그려집니다. 본인이 중간에 감염되자 스스로를 격리시키고 죽어가는 와중에도 춥다고 하는 옆 환자에게 자신의 외투를 덮어줄 정도입니다.

다행히 영화에서는 백신이 개발되고 사람들이 자기 생일에 맞추어 추첨 순서에 따라 백신을 맞는 해피엔딩으로 마무리됩니다만 우리가 지금 겪고 있는 코로나 바이러스는 어떻게 잡을 수 있을지 아직도 요원한 실정입니다. 개인적으로 영화 자체에 대해서는 그닥 좋은 평가를 내리기 어려울 만큼 줄거리도 단순하고 상황전개도 읽히는 수준이라고 생각합니다만 탁월한 혜안만큼은 좋은 평가를 받기에 충분합니다.

02

네트워크란 무엇이고 어떻게 분석할 것인가?

2.1. 연결의 힘

네트워크 시대에는 연결, 즉 네트워크 자체가 권력입니다. 조금 오래되긴 했습니다만 2006년 방송위원회가 선정한 좋은 프로그램으로 상을 받은 KBS 스페셜 제헌절 기획 '법은 평등한가?(2006. 7.16., KBS 1TV 밤 8시 방영)'에 보면 우리나라 법조계 인맥을 네트워크로 분석한 장면이 나옵니다. 개인의 특성이 아니라 어느 지역에서 태어나 어떤 대학을 나와 누구와 관계를 맺고 있는가에 따라 뚜렷한 차이를 보이는 그룹을 형성하고 있다는 것이었습니다. 디지털화로 인해 공간적·시간적 분산이 가속화되자 분산된 것들을 연결하기 위한 연결망이 중요해졌고, 이러한 수평적 경계 넘기(cross-border network)가 수직적 위계(vertical hierarchy)를 대체하는 권력이동(power shift)을 가져왔기 때문입니다. 연결망 사회가 도래했다는 것입니다.

인간관도 경제학에서 말하는 합리적·이기적(rational & under-socialized) 인간이나 윤리학에서 말하는 이타적·사회적(altruistic & over-socialized) 인간이 아니라 관계적(relational) 인간관으로 바뀌

▶ 네트워크 자체가 권력

라모(Ramo)는 네트워크의 힘에 대해 다음과 같이 설명[1)]하고 있습니다.

"간단히 말해 '제7의 감각'은 어떤 사물이 연결에 의해 바뀌는 방식을 알아채는 능력이다. 오늘날 연결되어 있지 않은 것은 죽은 것과 마찬가지다. 이제 무엇이든지 연결되어 있을 때만 완전하거나 유용하다. '연결이 사물의 본질을 바꾼다'는 말은 '연결이 곧 권력'이라는 뜻이다. 아랍 세계와 월스트리트에서 벌어진 격렬한 저항과 신속한 응집의 공통점은 어디에도 지도자가 없다는 것이다. 이 자가증식하는 사회운동의 저변에 있는 것이 '연결', 즉 네트워크다. 스페인 출신의 유명한 사회철학자, 마누엘 카스텔에 따르면 '네트워크 사회는 인류에게 질적으로 다른 경험이다.' 만난 적도 없고 전혀 다른 역사와 욕구를 가진 사람들이 광속의 비트 혹은 분노에 의해 뭉친다. 이들은 촛불집회, 월가의 시위대, 아랍의 민주화 세력, 홍콩 시위대, 해커, 테러리스트의 모습

으로 나타나 느려 터진 기존 권력자들을 위협한다. 저항 세력들과 테러리스트들은 연결을 통해서만 존재할 수 있는 힘을 이해하고 있다. 대통령 궁에 안락하게 앉아 있는 사람들이 알지 못하는 본능을 가졌다. 권력을 가진 사람들은 '용의자를 색출하라' 식의 전통적 방식으로 대응했으나 실패했다. 왜냐하면 '용의자는 네트워크'였기 때문이다. 네트워크를 체포할 수는 없는 노릇 아닌가?"

고 있습니다. 실험경제학에서 말하는 최후통첩 게임(ultimatum game)을 한번 볼까요. 최후통첩 게임은 '갖거나 말거나 협상(take–it or leave–it bargaining)'에 기반한 두 사람 간의 게임 상황인데, 한 명(proposer)에게 일정한 금액의 돈을 준 후 상대방(responder)과 이 돈을 나누어 가지라고 하는 것입니다. 이때 중요한 것은 제안된 금액을 받을지 말지는 상대방인 정한다는 것입니다. 만약 상대방인 제안을 받아들이면 둘은 그 돈을 나누어 갖고 게임이 종료되지만 만일 거부한다면 둘 다 아무런 돈도 받지 못하게 됩니다. 상대방이 합리적·이기적인 인간이라면 금액이 작을지언정 얼마라도 받는 것이 유리할 것이니 수용전략을 택하는 것이 이득이고, 제안자가 합리적·이기적인 인간이라면 상대방이 이런 전략을 사용할 데니 자신이 최대한 많이 갖는 쪽으로 배분비율을 제안할 것입니다. 만일 제안자가 이타적·사회적 인간이라면 당연히 절반을 나누어준다고 할 것이고 상대방은 이를 수용하게 되겠지요. 하지만 일반적인 결론[2]에 따르면 제안 비율이 30%(즉 제안자가 70%를 갖고 상대방이 30%를 갖는)로 떨어지면 절반 이상이 수용을 거부당하고 비율이 더 내려갈수록 수용비율도 떨어지게 된다고 합니다. 반면, 둘이 서로 아는 사이거나 관계망이 밀접한 사회에서 실시한 실험일수록 절반으로 나누는 비율이 훨씬 높아진다고 합니다.

집단지성이 개인의 지식보다 우월하지 않을 수 있다는 실험결과도 있습니다. 얀 로렌츠(Jan Lorenz)가 주도한 실험[3]에서 학생 144명을 대상으로 스위스의 인구밀도, 취리히의 유입인구, 특정 연도에 스위스에서 일어난 살인·강간사건 수 등을 물어보자 개인적으로는 정답에 근접한 답을 내놓았지만 서로 다른 사람의 답변을 참고하고 토론하게 했더니 정답에서 점점 멀어지게 되었다는 것입니다. 별거 아닌 것처럼 보이지만 서로 영향을 주고받게 되자 집단지성이 나타나기는커녕 오히려 개인의 판단보다 못한 잘못된 결론이 판을 치게 되고 오답이 맞다고 우겨대는 사람에게 동조하는 경향이 나타난다는 무서운 실험결과입니다. 두 가지 사례 모두 인간은 합리성이나 규범성만으로 설명할 수 없고 상대방과

▶ 얀 로렌츠(Jan Lorenz) 실험

How social influence can undermine the wisdom of crowd effect

저자들은 이러한 결과가 나타나게 된 이유를 세 가지 효과로 설명합니다. 다른 사람의 판단을 듣는 것만으로도 예측의 다양성이 감소하게 되는 사회적 영향 효과(social influence effect), 예측값이 특정 구간에 집중될수록 틀린 예측일지라도 맞는 것으로 인식하게 되는 구간 축소효과(range reduction effect), 잘못된 답일지라도 남들이 동조하게 되면 자기의 오답을 정답으로 점점 더 믿게 된다는 확신효과(confidence effect)입니다.

의 관계성에 좌우된다는 것으로 이해할 수 있습니다.

2.2. 네트워크의 개념

네트워크의 개념은 흔히 계층제(hierachy)와 반대개념인 것으로 이해[4]됩니다. 계층제는 사제 간의 서열을 의미하는 그리스어 ἱεραρχία(hierarkhía, 'rule of a high priest')에서 유래했다고 하는데, 베니스에 있는 산타마리아 아순타 성당(Cathedrale of Santa Maria Assunta, Venise)의 벽화(우측 그림)에서 우주를 5개의 층으로 구분하고 맨 위에 예수, 맨 아래 지옥불, 그리고 중간에 천사들을 배치한 그림을 전형적인 계층제의 예로 볼 만큼 오래된 개념이라고 할 수 있습니다. 반면 네트워크는 18세기 전까지 단순한 그물망(net, web) 정도의 의미로만 사용되다가 18세기 들어 과학자들이 순환계의 의미로 사용하면서 점차 활용도가 높아졌고 20세기 들어 교통, 전력, 전화, 그리고 온라인망의 의미로 확산되었다가 1980년대 이후 '관계 맺기'의 의미로 정착되었다고 합니다. 계층제에 대한 관심은 점차 사라지는 반면 네트워크는 계속적으로 진화하는 개념이라고 할 수 있습니다.

사실 연결망 분석에서 주로 사용하는 네트워크의 의미는 단순합니다. 즉, 링크로 연결된 노드(①-⑥)인 것입니다.

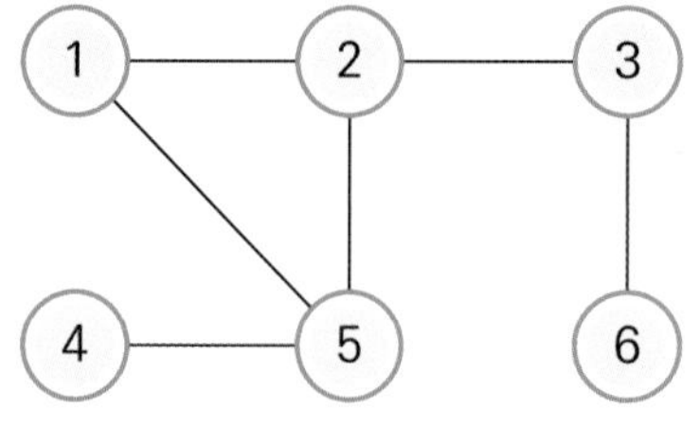

▶ 네트워크는 진화하는 개념
구글의 Ngram Viewer 기능[5]을 활용하면 계층제와 네트워크의 출현빈도를 비교할 수 있는데 1980년대 이후부터 압도적인 차이를 보이는 것을 알 수 있습니다.

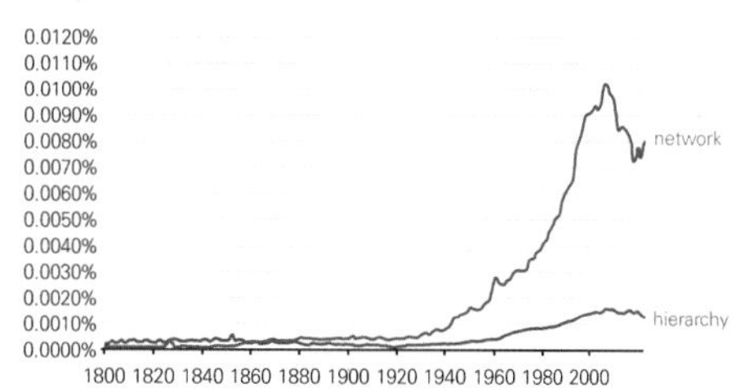

네트워크에 대한 초기 연구는 30대에 오른쪽 눈을, 60대에 양쪽 눈의 시력을 완전히 잃고도 계속 수학연구를 했다고 해서 수학의 베토벤으로도 불리는 오일러(Leonhard P. Eule)가 제시한 '한 붓 그리기'에서 유래합니다. 현재는 러시아에 속하지만(칼리닌그라드, Kaliningrad), 과거 프로이센 왕국에 속해 있던 쾨니히스베르크스(Koenigsberg)란 도시에는 프레겔 강이 흐르고 있고 크나이프호프와 롬세라는 두 개의 섬(아래 그림[6]의 B와 D)을 연결하는 7개의 다리가 있었다고 합니다. 그리고 누가 처음 시작했는지는 모르지만 예로부터 '임의의 지점에서 출발하여 7개의 다리를 한 번씩만 건너서 원래 위치로 돌아오는 방법'을 찾아보려는 시도가 계속되었다고 하는데 아무도 해답을 찾지 못했다고 합니다. 이 문제를 접한 오일러는 단박에 '그런 방법은 없다'라는 것을 알아내고 이를 논문으로 발표(1735)하게 됩니다.

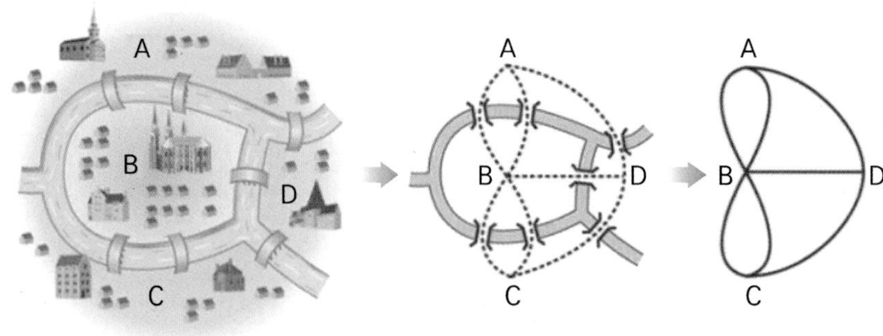

오일러가 발견한 것은 '꼭짓점에 연결된 선, 즉 링크가 홀수인 노드가 0개(=노드의 링크가 모두 짝수)이거나 링크가 홀수인 노드가 2개인 경우에만 한 붓 그리기가 가능하다'는 것이었는데 위 우측 다리 연결을 링크와 노드로 보게 되면 홀수인 링크를 갖는 노드가 4개가 되기 때문에 원천적으로 불가능하다고 본 것이었죠. 이는 도형의 모양과 상관없이 연결상태만 같으면 같은 도형으로 간주하는 위상기하학의 초석을 이루게 되고, 후에 그래프 이론과 네트워크 이론으로 발전하게 됩니다.

2.3. 네트워크 이론의 발전

우리에게도 잘 알려진 '6단계 분리의 법칙'이라는 고전적 이론에 대해 먼저 알아봅시다. Travers와 Milgram(1969)[8]은 무작위로 선택된 두 개인 사이를 연결하기 위해 몇 단계가 필요한지 파악해 볼 목적으로 연결하고자 하는 최종인물(보스턴의 증권브로커)에게 네브래스카에 사는 사람(증권업계 사람과 일반 사람)과 보스턴에 사는 사람(증권업과 무관한 사람) 중 임의의 296명으로 하여금 친구(미국은 성이 아니라 이름을 부르면 친한 사이이므로 서로 이름으로 부르는 사람을 친구로 정의했다고 합니다)를 통해 우편물을 전달해 주도록 요청합니다. 즉, 우체국이 아니라 아는 사람을 건너 인편으로만 우편물이 전달되도록 한 것이지요. 지금 생각하면 별일도 아닌 것 같지만 때는 바야흐로 지금보다 50년도 넘는 옛날(1969년)이라 교통과 통신이 발달하지도 않았고 우리나라처럼 두 지역이 가까운 곳도 아니라는 점을 감안한다면 결코 쉬운 일이 아닙니다. 결과는 어떻게 되었을까요?

▶ **6단계 분리의 법칙(Six degrees of separation)**

우리나라의 경우 싸이월드를 통한 연결경로를 분석[7]한 결과 평균 4.3단계를 거치는 것으로 나타난 바 있습니다. 인터넷을 통한 연결이긴 하지만 4명(본인 포함 5명)만 거치면 목표인물에게 도달할 수 있다는 점에서 미국의 1969년보다 작은 세상이라고 할 수 있겠네요. 한편, 좁은 세상을 실감할 수 있는 간단한 사이트도 있습니다. 미국 영화배우인 케빈 베이컨의 팬이 만들었다는 이 사이트(http://oracleofbacon.org)에서 아무 영화배우 이름을 치면 베이컨 넘버라는 점수를 보여주는데 케빈 베이컨과 같은 영화에 출연했으면 0점, 베이컨과 함께 출연한 다른 배우와 같이 영화를 찍었으면 1점을 부여하는 방식으로 계산한 값입니다. 같은 시대 사람이 아닌 찰리 채플린도 3점을 받을 정도로 대부분의 배우들이 4점 이내에 있다고 하는데 정말로 좁은 세상인 셈입니다. 재미 삼아 우리나라 배우 이름도 한번 넣어보기 바랍니다. 참고로 이병헌(Byung-hun Lee)씨의 베이컨 넘버는 2입니다.

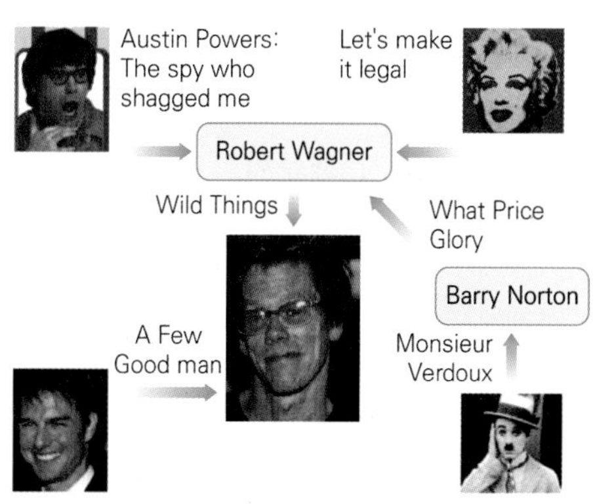

실제 실험에 참여한 217명 중 64명이 우편물 전달에 성공합니다. 자세히 살펴보면 네브래스카에 있는 사람 중 일반 사람은 24%가 성공하였고 원거리이긴 하지만 같은 업종에 종사하는 사람은 31%가 성공합니다. 증권업계가 아니지만 근거리에 있는 보스턴 지역 사람은 35%가 성공한 것으로 나타났습니다. 재미있는 것은 전달과정에 거쳐간 사람 수와 성공빈도를 양 축으로 하는 다음 그림입니다. 여기 보이는 두 개의 봉우리 중 왼쪽이 네브래스카의 증권업자 경로였고 오른쪽이 보스턴 지역 주민 경로였다고 하는데 이에 따르면 근거리에 있는 사람보다 원거리에 있더라도 직업적으로 유사한 경우 경로단계가 더 줄어든다는 것을 알 수 있습니다. 그리고 전달된 경로의 평균이 5.2인 것으로 나타났는데 처음 발송한 사람을 포함하면 6명이 되고 6명을 거치면 전달된다는 의미이므로 6단계 법칙으로 불리게 된 것입니다.

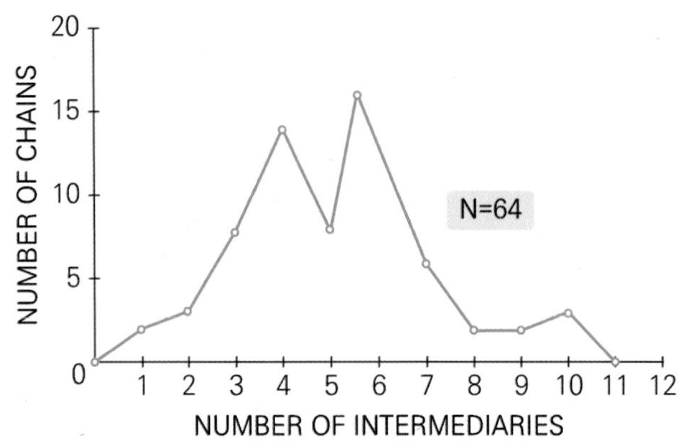

하지만 이러한 논리를 적용할 경우 한 사람이 최소한 100명씩만 안다고 해도 나를 빼고 5단계를 거치게 되면 무려 10,000,000,000명을 알 수 있기 때문에 온 지구인과 모두 연결되고도 남게 됩니다. 그런데 과연 그런가요? 사실은 그렇지 않죠. 특히나 친한 친구 사이라면 같은 학교나 같은 지역 출신이기 쉬우므로 아는 사람 간에 중복이 있을 수밖에 없고, 지인의 범위도 사는 지역이나 국가의 경계 안에 한정되는 경우가 많을 것이기 때문입니다. 그럼에도 불구하고 저는 개인적으로 아프리카의 보츠와나에 있는 대학 교수나 캄보디아에 있는 공무원과 연결될 수 있습니다(갑툭자랑?). 유학 시절을 함께 보냈거나 외국 공무원 초청연수 과정에 참여했기 때문이지요. 그렇게 되면 지금 이 책을 보고 있는 여러분은 직접 아는 사람이 없다고 해도 저를 통해서 아프리카나 캄보디아에 연결이 가능할 수 있습니다. 바로 와츠와 스트로가츠(Duncan Watts & Steven Strogatz)가 발견한 '작은 세상 네트워크 효과(small world network effect)'[9] 때문입니다.

네트워크는 연결방식에 따라 아래 그림에서 보듯이 세 가지로 구분가능합니다. 일정한 규칙에 따라 인접한 곳과 일정한 간격으로만 연결되는 '정규 네트워크(regular network)', 아무 원칙 없이 무작위로 서로 연결된 '무작위 네트워크(random network)', 그리고 이 두 개 유형의 중간과 같은 것으로 일부 노드만 엉뚱한 곳으로 연결된 '작은 세상 네트워크(small–world network)'입니다. 작은 세상 네트워크에서는 저처럼 엉뚱한 곳으로 연결이 가능한 소수의 노드 때문에 네트워크 전체가 마치 밀접한 관계에 놓은 것처럼 가까워질 수 있게 됩니다. 정규 네트워크에서는 전염병이나 소문이 퍼지려면 서로 연결하려는 노드 중간에 있는 모든 노드를 거쳐야 하지만 작은 세상 네트워크에서는 두 단계만에 퍼질 수도 있게 됩니다. 중국의 우한에서 발병했다는 코로나 바이러스가 세계로 퍼진 것도 우한과 다른 나라를 넘나들었던 소수의 엉뚱한 노드가 존재한 관계로 전 세계가 작은 세상이 되어 버렸기 때문이라고 할 수 있습니다. 무작위 네트워크에서는 확산가능성도 무작위로 퍼질 것이기 때문에 별도의 예측이나 설명이 불가능하겠지요.[10)]

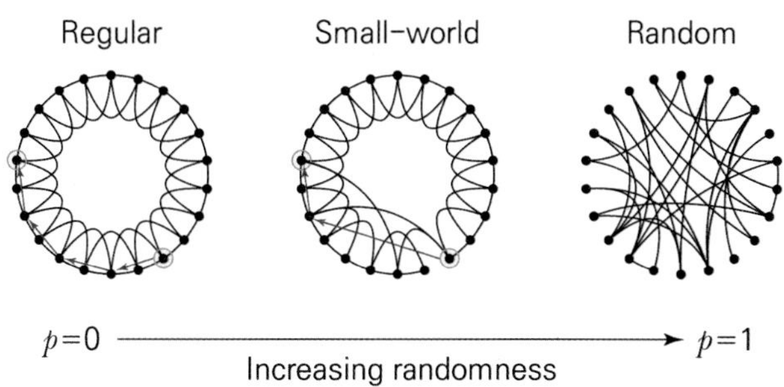

이처럼 무작위 네트워크(random network)와 정규 네트워크(regular network)의 속성을 모두 가지고 있는 관계로 가까운 노드 간의 군집화(clustering)와 다른 노드들과 짧은 단계만으로 연결될 수 있는 효율성을 모두 갖추고 있는 작은 세상 네트워크로 연결관계를 설명하는 이론과 달리 허브(hub)의 존재를 통해 설명하는 이론이 있습니다. 바라바시(A. Barabasi)가 제시한 '척도 없는 네트워크(scale−free network)'[11)] 이론인데, 실제 네트워크는 좁은 세상 네트워크 효과처럼 정규 네트워크(regular network)에 첨가되는 몇몇 무작위 연결에 의해 급속히 좁아지는 것이 아니라 극소수의 노드(hub)들이 많은 연결을 독식하기 때문에 좁아진다고 하는 것입니다. 여기서 '척도 없는'의 의미는 극단치가 나타날 확률은 작지만 통계분포에 큰 영향을 미치기 때문에 평균값(mean)이 무의미하다는 것을 말합니다. 예를 들어 100명이 있는데 99명의 소득이 0원이고 단 1명의 소득만 5,000만 원이라면 평균값이 500만 원이 되지만 이때 평균값은 아무런 의미가 없는 척도입니다. 이럴 경우 차라리 평균이 아닌 중위수(median)가 더 유의미한 대표값입니다. 중위수 값은 0원이기 때문입니다. 인사혁신처 통계에 공무원 평균 월급이 500만 원이라고 나와 있는 것을 보고 '와, 공무원들 많이 받네?'라

▶ '척도 없는(scale-free)'의 의미

척도 없음의 수학적 의미는 척도변환에 불변[12)]이라는 것입니다. 예를 들어 100m를 1m 자(척도)로 재면 100번, 10m 자(척도)로 재면 10번으로 표현되지만 여전히 100m인 점은 불변인 것과 마찬가지입니다. 만일 $y=x^2$에 대해 척도변환을 한다면 x를 a배, y를 b배 하는 것을 말하는데 X=ax, Y=by로 변수를 바꾸는 것과 같습니다. 여기서 y=Y/b, x=X/a이므로 기존의 $y=x^2$은

$Y/b=X^2/a^2$이 되고

$Y=bX^2/a^2=(b/a2)X^2$이 됩니다.

여기서 $b=a^2$이라면 $Y=X^2$이. 되는데 $y=x^2$과 같은 형태라는 것을 알 수 있습니다. 이처럼 $y=ax^c$ 형태인 함수를 멱함수라고 하는데 다항함수, 삼각함수, 지수함수, 로그함수 등 다른 함수와 달리 척도변환에 불변입니다.

고 하는 것 역시 의미가 없습니다. 국립대병원 의사나 판검사, 장차관까지 포함된 통계[13)]이기 때문입니다. 따라서 척도 없는 네트워크는 링크 수가 엄청 많은 소수의 허브(hub)가 존재하고, 링크 수가 1−2개뿐인 노드가 나머지 대부분을 차지하는 빈익빈 부익부(貧益貧 富益富) 네트워크라고 할 수 있습니다.

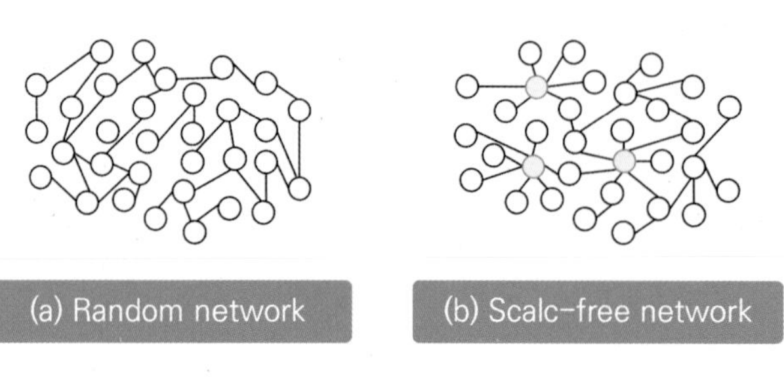

(a) Random network (b) Scalc-free network

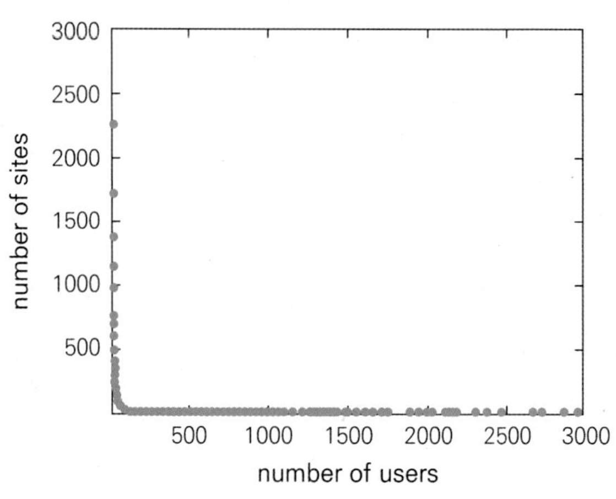

이러한 특성은 인터넷에서 사이트에서 확인해 볼 수 있습니다. 여러분들은 가장 많이 찾는 사이트가 어디인가요? 대부분 포털사이트나 SNS 사이트일 텐데 굳이 말하지 않아도 알 수 있을 만큼 소수에 불과하지만 방문자 수는 하루에도 수천만 건 이상일 것입니다. 반면 여러분의 개인 블로그나 홈페이지에는 하루에 몇 명이나 찾아올까요? 파워 블로거나 인플루언서가 아닌 이상 본인 말고는 가까운 지인이나 우연히 들른 사람밖에 없을 것입니다. 거의 찾지 않는 수천만 개 이상의 사이트가 있다는 것이지요. 따라서 웹사이트 수를 Y축으로, 방문자 수를 X축으로 하는 그래프로 그리면 방문자가 몇 명 없는(0에 가까운 X축) 수많은 사이트(0에서 먼 Y축)와 방문자가 수없이 많은(0에서 먼 X축) 극소수의 사이트(0에 가까운 Y축)로 나타나게 됩니다. 하지만 이 그래프는 X축과 Y축에 모든 값이 거의 붙어 있는 형태이기 때문에 구체적인 분포를 확인하기 어렵습니다. 너무 차이가 커서 척도가 무의미하기 때문입니다.

이럴 때 적용할 수 있는 것이 척도변환인데요, X축인 방문자 수를 10의 승수로 표시하고 Y축인 사이트 수를 전체 사이트 중의 빈도로 바꾸어 10의 마이너스 승수로 표시(네○○ 같은 포털은 수억 개의 사이트 중 단 하나이므로 1/10,000,000,000로 표현될 수 있고 이는 $1/10^{11} = 10^{-11}$)하는 것입니다. 그렇게 하면 위 그래프는 다음과 같이 바뀌게 됩니다. 만일 양 축의 값에 로그(log)를 씌우면 승수로 표시된 값만 남아 있게 될 것입니다. 처음과 달리 양자 간의 역관계를 분명하게 알 수 있는데 이런 함수를 멱함수(冪函數=power law, Y=aXn)라고 부릅니다.

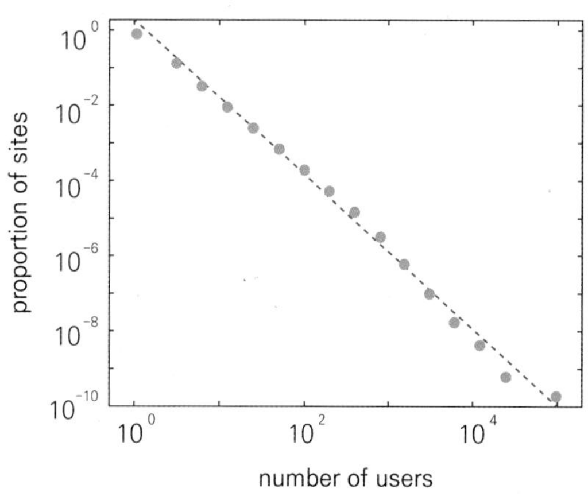

이러한 설명에 따르면 아주 많은 트래픽이 몰려 있는 센터에 해당하는 소수의 사이트가 있기 때문에 웹의 규모가 방대하고 모두가 연결되어 있지 않아도 사실상 '좁은 세계(small world)'처럼 작동하게 되고 몇 다리 건너지 않고 원하는 사이트나 정보로 접근가능하게 되는 것입니다. 이를 사람들의 위상으로 표현하면 평균치인 사람이 많은 정규분포와 달리 소수의 강력한 사람과 대다수의 그저 그런 사람들로 나뉜다는 무서운 의미이기도 합니다.

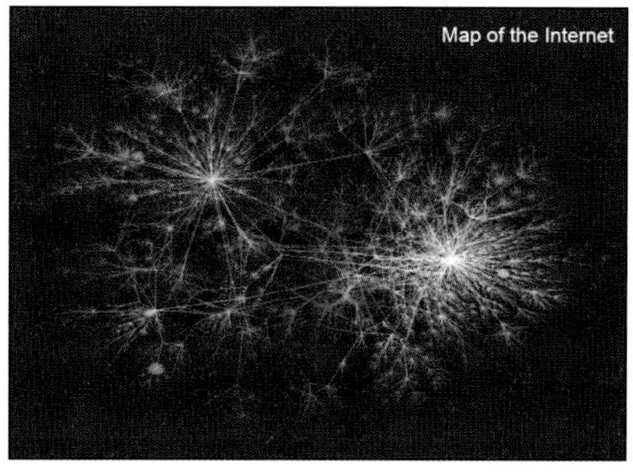

2.4. 네트워크의 분석

사회과학에서 네트워크를 분석하는 데 사용하는 계량적 기법을 사회연결망분석(SNA)이라고 합니다. 사회연결망분석의 핵심은 감추어져 있는 사람들의 상호작용 패턴을 드러내는 것[15]이라고 할 수 있습니다. 개인들에게는 사회적 연결이라는 커다란 웹에 어떻게 이어져 있는지가 삶에 중요한 영향을 미치는 요인이고 사회나 조직의 성패는 이를 구성하는 사람들 간의 구조패턴에 따라 달라진다고 보는 것입니다. 과거에는 어떤 사람을 알기 위해 필요한 것이 개인적 속성(attribute)이었습니다. 어느 학교를 나왔고 나이가 몇 살이고 직업이 무엇인지 등등입니다. 하지만 사회연결망분석에서는 관계성(relational property)에 더 무게를 둡니다. 원자화된 인간의 속성을 중심으로 한 환원주의적 접근을 지양하고 '그 사람의 관계망을 알려 달라. 그러면 그 사람에 대해 알려주마!'라는 관계적 접근을 지향하기 때문입니다. 이 책을 보는 여러분이 어떤 사람인지 속성에 대한 정보가 없더라도 여러분이 만나는 사람들이 누구인지만 알 수 있으면 여러분의 직업도 맞출 수 있습니다. 환원주의적 관점의 문제점은 사람을 원심분리기를 통해 원자나 분자 단위로 쪼개어본들 물, 단백질, 칼슘 등으로만 구분될 뿐이고 이를 다시 합쳐본들 우리가 아는 그 사람이 되지 않는다는 것입니다. 인체를 구성하는 원자나 분자가 서로 어떻게 구조화되는가가 중요하고 물리적 실체로서의 인체뿐 아니라 관계적 실체로서 타인과의 관계와 축적된 지식이 그 사람을 완성하기 때문입니다. 유럽의 대성당은 벽돌 하나하나가 아름다워서가 아니라 벽돌들이 쌓아 올려진 구조와 다른 벽돌들과의 관계가 아름답기 때문에 우리에게 감동을 주는 것과 마찬가지입니다. 즉, 요소(element)에서 구조(structure)로 관점을 이동한 결과 미시와 거시가 연결되는 것이 사회연결망분석의 또 다른 특징입니다.

▶ 사람들의 상호작용 패턴을 드러내는 것
일찍이 인간들의 상호작용을 사회심리학적으로 분석한 Brown(1965)[14]의 다음과 같은 언급이 이를 잘 말해 주고 있습니다.
"Social structure becomes actually visible in an anthill; the movements and contacts one sees are not random but patterned. We should also be able to see structure in the life of an American community if we had a sufficiently remote vantage point, a point from which persons would appear to be small moving dots. (중략) We should see that these dots do not randomly approach one another, that some are usually together, some meet often, some never. (중략) If one could get far enough away from it human life would become pure pattern."

과거에는 장군이나 문인, 재상들을 많이 배출한 고장은 땅의 기운이 좋았기 때문에 훌륭한 인물이 많이 나왔다고 보았지만 사회연결망분석 관점에서 보자면 누군가 한 명이 앞서 나간 후 동향 출신 후배들을 끌어주었기 때문이라고 설명하는 것이 더 합리적입니다. 카카오톡을 쓰는 사람 간의 교류 특히 단톡방에 있는 사람끼리 나누는 정보 때문에 네트워크의 가치가 상승한다는 확산효과 내지 멧커프의 법칙(Metcalfe's law, 통신네트워크의 가치는 접속자 수의 제곱에 비례한다)이 적용된 결과이기도 합니다. 가치 있는 네트워크에 내가 들어가 있는지가 나의 성공을 좌우할 수 있기 때문입니다. 후술하겠지만 거버넌스 시대에는 더 이상 통제와 명령이 작동하지 않기 때문에 사회연결망분석을 통해 정책결정 내지 집행과정 참여자의 네트워크적 속성과 정책대상자의 네트워크적 속성을 알아볼 필요가 있습니다.

사회연결망분석은 시카고 대학을 중심으로 발전했는데 초기에는 주로 전염병 전파경로나 마약과 같은 범죄연구에 많이 적용되었다고 합니다. 질병이나 마약, 약물 중독 패턴은 사람들 간의 접촉을 통해 확산되지만 그 패턴이 드러나지 않고 숨어 있는 대표적인 사례였기 때문입니다. 간단한 예를 한번 들어봅시다. 다음 그림이 코로나가 확산되는 경로라고 할 때 A와 B 중 누가 더 확산방지에 중요한(영향력이 큰) 인물일까요?[18]

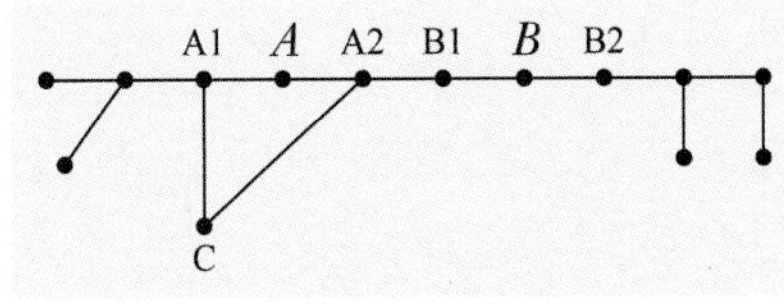

A와 B 모두 좌우로 한 사람씩하고만 연결되어 있으므로 네트워크에서의 위상은 동일합니다. 나이와 성별과 같은 속성도 동일하다고 가정합시다. 여기서 B는 왼쪽에서 출발한 감염이 있을 경우 B1을 통한 유입을 차단하면 감염이 되지 않고 우측에서 출발한 감염이 있을 경우 B2를 통한 유입을 차단하면 감염이 되지 않습니다. 더 이상의 전파도 막을 수 있지요. 하지만 A는 C가 감염자인 경우 A1을 통한 유입을 차단해도 A2를 통해 감염이 될 수 있고 A1과 A2로부터의 유입을 동시에 차단하더라도 A를 거치지 않고 C를 거쳐 계속적인 전파가 이루어질 수 있습니다.

▶ 질병이나 마약, 약물 중독 패턴

마약이나 약물중독과 같은 범죄연구에서 관계망 파악을 위해 사용되는 기법 중 하나가 snowball sampling[16]입니다. 검거된 중독자에게 다른 중독자 한 명을 알려주면 죄를 감형해 주거나 대가를 지급하겠다는 등의 방식으로 땅속의 고구마 줄기를 하나씩 캐내듯이 전체 관계망을 확인하는 것이지요. 모집단이 얼마나 되는지, 어떤 방식으로 표본을 추출해야 할지도 모른 상태에서 작은 눈덩이를 굴리면 점차 큰 눈덩어리가 되는 것 같은 방식으로 표본을 구한다고 해서 snowball sampling이라고 합니다. 전체 구조를 알게 되면 앞서 살펴본 허브가 누구인지도 알 수 있을 것이고 그 사람을 검거해야 더 이상 확산이 되지 않을 것입니다.
한편, 이러한 패턴을 굳이 알지 않고도 허브를 통해 질병 전파를 막을 수 있는 방법이 있습니다. 한 연구[17]에 따르면 전염병 방지용 백신을 나누어준다고 할 때 누가 허브(즉, 슈퍼 전파자)인지를 모르더라도 백신을 두 개씩 주면서 하나는 너와 친한 파트너에게 주라고 부탁할 경우 허브에게 전달될 확률이 크기 때문에 효과적인 방역이 가능하다고 합니다.

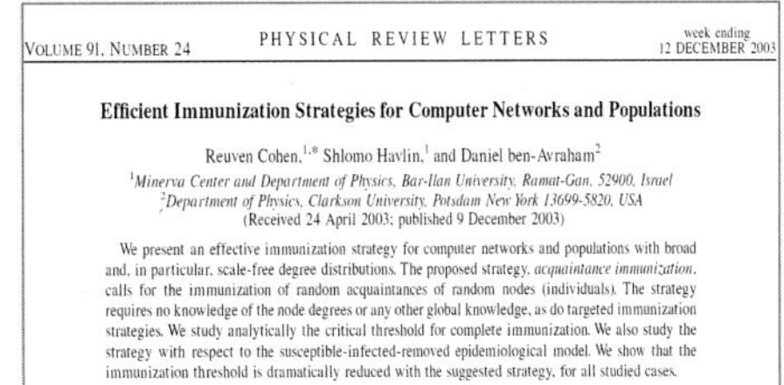
VOLUME 91, NUMBER 24 — PHYSICAL REVIEW LETTERS — week ending 12 DECEMBER 2003

Efficient Immunization Strategies for Computer Networks and Populations

Reuven Cohen,[1,*] Shlomo Havlin,[1] and Daniel ben-Avraham[2]
[1]*Minerva Center and Department of Physics, Bar-Ilan University, Ramat-Gan, 52900, Israel*
[2]*Department of Physics, Clarkson University, Potsdam New York 13699-5820, USA*
(Received 24 April 2003; published 9 December 2003)

We present an effective immunization strategy for computer networks and populations with broad and, in particular, scale-free degree distributions. The proposed strategy, *acquaintance immunization*, calls for the immunization of random acquaintances of random nodes (individuals). The strategy requires no knowledge of the node degrees or any other global knowledge, as do targeted immunization strategies. We study analytically the critical threshold for complete immunization. We also study the strategy with respect to the susceptible-infected-removed epidemiological model. We show that the immunization threshold is dramatically reduced with the suggested strategy, for all studied cases.

신제품 마케팅 차원에서 제품을 무료로 두 개씩 나눠주면서 하나는 친한 친구에게 주라고 할 경우 소위 인플루언서에게 전달될 가능성도 높아질 것입니다. 일종의 viral marketing인 셈이죠.

즉, A가 B보다 감염되기 쉬워 취약하고 차단효과가 작아 예방에 있어 영향력이 낮은 비중요 인물이라는 뜻입니다. 동일한 위상을 갖고 있지만 네트워크에서의 위치 차이에 따라 영향력이 달라졌기 때문입니다.

아래 그림은 미국의 한 고등학교 학생을 대상으로 한 남녀 간 데이트 관계망입니다. 진한 색이 남학생, 옅은 색이 여학생인데 한 사람과 데이트하는 경우도 있지만 상당히 다양한 상대방과 데이트를 하는 경우도 있다는 것을 알 수 있습니다. 만일 이 학교에서 질병이 발생했다면 표시된 두 개 원에 포함된 학생 중 누구를 적극적으로 막아야 할까요? 즉 누가 더 확산과 방지에 영향력이 큰 인물일까요?[19]

Sexual Relation in Jefferson High School

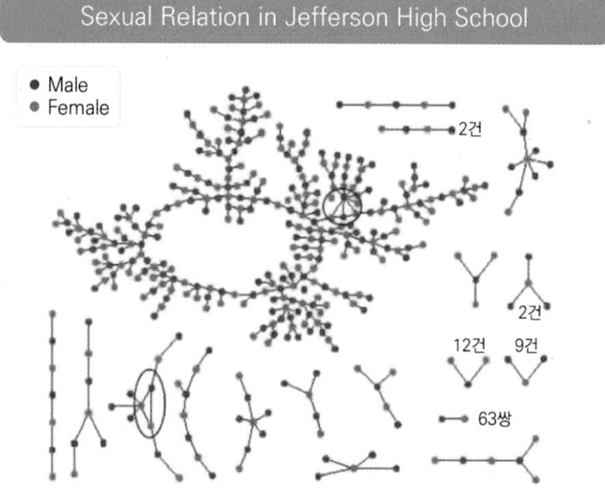

사회연결망분석은 상당히 계량적이고 전문적인 기법이기 때문에 관심 있는 분들은 전문서적을 참고해 보기 바랍니다. 과거에는 성능이 떨어지는 무료 분석툴(UciNet 등)과 성능은 좋으나 고가인 유료 분석툴(싸이람 등)이 있었으나 최근에는 무료 통계 패키지인 R을 통해 상당 부분 커버가 가능하므로 분석방법론을 배워보는 것도 좋겠습니다. 여기서는 기본 개념 중 하나인 중심성(centrality)에 대해 간략히 소개하는 것으로만 하겠습니다. 중심성은 누가 마당발, 즉 허브인지를 알려주는 degree centrality, 누가 중심인지 알려주는 closeness centrality, 그리고 누가 매개자인지 알려주는 betweenness centrality로 구분됩니다. 다음과 같은 네트워크가 있다고 가정해 봅시다.

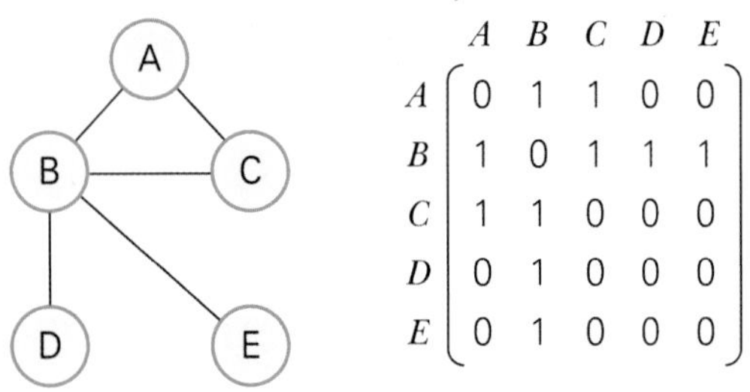

여기서 degree centrality는 연결된 노드의 수를 확인하는 것입니다. 네트워크는 왼쪽과 같은 그림으로 표시하는 것이 일반적이지만 오른쪽과 같이 1과 0(연결이 있고 없음을 표시)으로 구성된 행렬로 표시하기도 합니다. 각각의 degree centrality를 살펴보면 A는 3, B는 4, C는 2, D는 1, E는 1입니다. degree centrality는 일종의 연결중심, 즉 sociability라고 할 수 있는데 여기서는 B가 가장 높은 것으로 나타났기 때문에 B가 마당발 내지 허브라고 할 수 있습니다.

Closeness centrality는 한 노드(i)에서 다른 노드(j)로 이어지는 가장 짧은 경로의 합을 분모로, 전체 노드의 수에서 1, 즉 자신을 뺀 값을 분자로 하는 식으로 표현됩니다. 이 값이 1에 가까울 경우 다른 노드들과 최단 거리로 연결될 수 있다는 것을 의미합니다. 분자의 의미가 내가 다른 노드들과 모두 한 번에 연결되는 최단거리의 합이기 때문입니다. 앞서의 네트워크를 기준으로 하면 각 노드의 closeness centrality는 다음과 같은 방식으로 구해집니다.

$$CC(i) = \frac{N-1}{\sum_j d(i,j)}$$

d(i, j) =i에서 j까지 최단경로

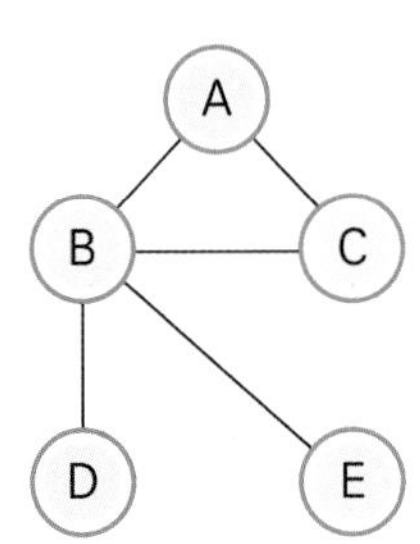

	A	B	C	D	E	$\sum_{j=1}^{n} d(i,j)$	Closeness
A	0	1	1	2	2	6	A 0.67
B	1	0	1	1	1	4	B 1.00
C	1	1	0	2	2	6	C 0.67
D	2	1	2	0	2	7	D 0.57
E	2	1	2	2	0	7	E 0.57

$$CC(i) = \frac{N-1}{\sum_j d(i,j)}$$

A의 경우 B와 C는 한 번에 연결되지만 D나 E와는 두 번에 연결됩니다. 이를 더한 값이 6이 되는데 바로 분모에 해당합니다. 분자는 노드의 수가 5개이므로 나를 빼고 모두 한 번에 연결될 때 합에 해당하는 4(=N−1)가 됩니다. 따라서 A의 closeness centrality는 4/6=0.67입니다. B는 다른 노드들과 모두 한 번에 연결되기 때문에 closeness centrality=1이 되고 가장 높습니다. B는 중간에 다른 노드를 거치지 않고 한 번에 모든 노드와 연결된다는 것이니 모든 멤버와 가까운(close) 사람이라고 할 수 있겠습니다.

Betweenness centrality는 한 노드(i)에서 다른 노드(j)로 가는 최단 경로 중 특정 노드(k)를 거쳐가는 것의 비중을 구함으로써 확인할 수 있습니다. 이를 위해 앞서와 다른 네트워크를 예로 들어봅시다. i에서 j로 가는 최단경로는 점선으로 표시된 3개 경로입니다. 따라서 분모는 3이 됩니다. 그 외의 경로는 중복이 있거나 돌아가는 경로이므로 최단경로가 아닌 점에 유의해야 합니다. j 앞에 있는 3개의 노드는 3개의 경로 중 각각의 노드를 거쳐 가는 경우의 수가 2개, 3개, 1개이므로 betweenness centrality는 차례대로 2/3, 1, 1/3임을 알 수 있습니다. 1에 가까울수록 이 노드를 거치지 않고는 전달이 되지 않는다는 것이므로 앞의 질병 전파사례라면 영향력이 가장 큰 사람이라고도 할 수 있습니다. Degree centrality가 단순히 양적인 관계망이라면 betweenness centrality는 어쩌면 양보다 질에 해당하는 매개인물일 수 있고 정책학적 관점에서 보자면 일종의 gatekeeper라고도 할 수 있습니다.

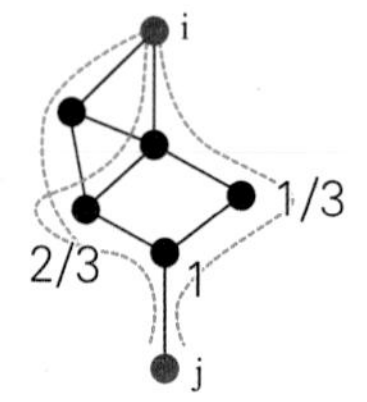

$$BC(k) = \sum_i \sum_j \frac{\rho(i,k,j)}{\rho(i,j)},\ i \neq j \neq k$$

2.5. 네트워크 이론의 사회과학적 의미[20]

네트워크 세상에서는 누구도 섬이 아닙니다. 다른 노드들과의 관계가 중요하기 때문이지요. 물론 노드들은 서로 평등하지 않습니다. 앞의 네트워크 이론에서 보듯이 허브인 경우도 있고 질병 전파 사례에서 보듯이 위치의 차이가 있기도 하고 사회연결망분석에서 보듯이 중심성의 차이가 있기도 하기 때문입니다. 이 과정에서 공식적인 지도자가 아니라 비공식적인 연결자들이 더 중요한 역할을 할 가능성이 존재합니다. 공식적인 지도자와는 아무도 중요한 정보를 나누지 않지만 비공식적 허브 내지 중심성이 큰 사람은 중요한 정보를 귀동냥으로 다 알 수도 있으니까요. 이런 점에서 네트워크는 거버먼트가 거버넌스로 바뀌는 중요한 포인트를 제공합니다.

끼리끼리 모이는 유유상종의 행태를 보이기도 합니다. 친화성에 따라 비슷한 취향이나 공통점을 갖는 노드들이 집결하기 때문입니다. 그러나 링크의 방향(일방적 또는 양방적), 형태(지인 또는 절친), 비중(가끔 또는 매일), 교환(지식 또는 화폐) 등의 방식은 네트워크마다 모두 상이할 것입니다. 이런 점에서 네트워크 자체가 불평등할 수 있습니다. 서로 다른 네트워크 간의 협력적 공진화를 이루어나가는 것도 거버넌스가 필요한 이유일 수 있습니다. 이제 네트워크에 대한 이해를 바탕으로 거버넌스에 대해 알아보기로 합시다.

03

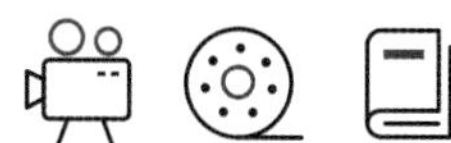

거버먼트에서 거버넌스로

3.1. 거버넌스의 대두배경

다음 그림들은 네덜란드의 유명화가인 M.C.Escher의 그림 중 '그리는 손'과 '폭포'라는 작품입니다. 이 그림을 보고 어떤 느낌이 드나요? 위아래 구분도 없고 주체와 객체도 없어서 혼란스러워 보이지 않나요? 이상하게 들릴지 모르지만 위아래나 주체와 객체 구분이 없어 혼란스러워 보이는 것이 바로 거버넌스입니다. 명령과 통제(command & control)가 통하지 않고 공공과 민간의 경계가 흐려졌기(blurred) 때문입니다.

▌Drawing hands

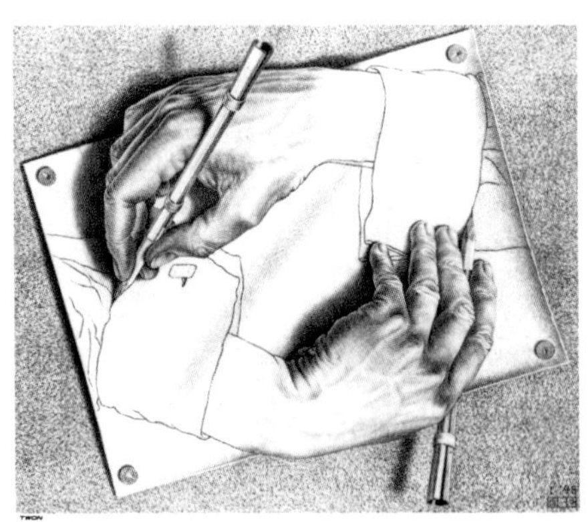

▌Waterfall

그렇다면 이 혼란스러운 개념이 행정학 분야에 등장하게 된 배경이 무엇인지부터 이해해 보도록 합시다. 행정이 주도하는 복지국가 체제를 유지하려면 조세수입을 통한 막대한 정부재정이 필요합니다. 제2차 세계대전 이후 서구 각국과 동아시아 국가들은 안정적인 경제성장을 토대로 그러한 재정수요를 충당하는 것이 가능했지만 1970－1980년대 발생한 오일쇼크로 인해 급격한 경기침체와 재정위기에 봉착하게 되면서 정부 역할에 한계를 느끼게 됩니다. 국가의 각종 서비스는 경기변동에 따라 신축적으로 조정되어야 하나, 공공지출의 비가역성 때문에 정부지출을 줄일 수 없었고 경기침체로 조세수입에 의존할 수 없게 되자 정부차입이 늘어나면서 누적적자가 발생하고 결국 재정위기에 이르게 된 것이죠. 실제로 영국은 복지비 지출을 감당하지 못하고 우리나라가 외환위기 당시 그랬듯이 1976년 IMF에 구제금융을 신청한 바도 있습니다. 이러한 재정위기 시대를 맞이하여 이전의 공공서비스 수준을 유지하기 위해 정부가 주도하는 독자적인 방식을 고수하기보다 민영화, 민간위탁 등 민간과의 연계강화를 통한 문제해결 방식을 추구하게 된 것을 첫 번째 요인으로 들 수 있습니다.

두 번째 요인은 시장을 향한 이념적 수렴 현상을 들 수 있습니다. 과거 공산주의를 대표하던 소련연방이 해체되고 동유럽이 붕괴하면서 과잉관료제화(over－bureaucratization)를 통한 국가 주도의 계획경제 체제에 대해 시장경제 체제가 완승을 거두었기 때문입니다. 특히 1980년대 이후 영국의 대처 수상과 미국의 레이건 대통령을 중심으로 시장제일주의 사고가 확산되면서 정부를 사회적 문제의 해결책이 아닌 문제 그 자체로 인식하게 되었고, 이전까지 공익의 척도이자 사회변화의 목표를 제시하는 역할을 담당하던 규범적 국가관을 재규정해야 한다는 요구가 대두하게 됩니다. 사회변화를 유도하는 세 가지 요소를 시장(수요 측면), 기술(공급 측면), 제도(정책 측면)이라고 할 때 시장과 기술이 선행하고 제도가 이를 뒷받침하는 방식이 선호되면서 정부의 역할도 수직적 통제자(vertical controller)에서 수평적 조정자(horizontal coordinator)로 변화하였기 때문입니다.

세 번째 요인으로 들 수 있는 것은 세계화와 지방화, 즉 세방화(glocalization)의 심화라고 할 수 있습니다. 세계화는 어찌 보자면 서구에서 시작된 근대화 과정의

▶ 오일쇼크[21]

오일쇼크는 유류파동으로 불리기도 하는데 두 차례에 걸쳐 발생하면서 세계 경제를 충격에 몰아넣었던 사건입니다. 제1차 오일쇼크(1973년)는 제4차 중동전쟁에서 미국을 등에 업고 있던 이스라엘이 아랍권의 지원을 받던 이집트와 시리아를 격퇴시키자 아랍 국가들은 미국을 비롯한 서방국가들에 대한 석유수출 금지, 석유생산량 감축, 석유가격 인상조치로 보복하면서 발생합니다. 이 보복조치로 1973년 10월 3달러 수준이었던 국제원유가격이 불과 3개월 만에 4배로 상승하게 되자 전 세계가 경기침체와 인플레이션에 빠지게 된 것입니다. 1980년에 발생한 제2차 오일쇼크는 1979년 당시 세계 석유공급의 15% 수준을 차지하던 이란에서 '이슬람 혁명'이라는 내전이 터짐에 따라 석유생산량을 크게 줄이고 석유수출을 전면금지하면서 발생하게 됩니다. 이로 인해 1978년 12달러 수준이었던 원유가격은 1980년 39달러까지 치솟게 됩니다. 한국경제에 미친 여파도 엄청났는데 경제성장률 하락치로 비교하자면 2차 오일쇼크는 2008년 미국발 금융위기의 2배, 그리고 국가를 부도위기에 몰아넣었던 1997년 외환위기 당시와 비슷한 수준의 충격이었다고 합니다.

▶ 공공지출의 비가역성

경기침체에 직면하더라도 유권자와 이익집단의 강력한 저항 때문에 공공서비스나 복지혜택을 감축할 수 없다는 것입니다. 받을 때 느끼는 편익보다 한번 준 것을 도로 뺏어갈 때 느끼는 상실감이 더 크다는 일종의 선물효과, 즉 endowment effect에 기인하는 것으로 볼 수 있습니다.

범지구적 확산을 의미하는데 국제사회의 상호의존성이 증대하면서 국가의 통제력과 주권에 대한 손상을 필연적으로 초래하게 됩니다. 특히 국가정책의 결정에 UN이나 WTO, EU 같은 초국가적 기구들의 영향력이 점점 커짐에 따라 법이나 규제와 같은 전통적인 통제수단보다 정치적 이해관계 등이 더 중요한 요인으로 작용하게 됩니다. 한편, 지방화는 중앙정부 중심의 질서에서 탈피한 자율과 분권을 강조하는 과정에서 정치권력의 분권화, 사회조직의 자율화 및 지방문화의 창달을 촉진하게 되고, 중앙정부의 간섭과 통제가 완화되면서 로컬 거버넌스로 지칭되는 다양한 민관 연계망의 출현을 촉진하는 계기가 됩니다. 이런 상황에서 국가, 즉 중앙정부의 위상은 범세계적인 문제에 대처하기에는 너무 작은 존재인 반면 지방의 문제에 대처하기에는 너무 큰 존재라는 이중적 한계를 가질 수밖에 없습니다. 결과적으로 세방화는 공공(국제기구, 중앙 및 지방정부, 공기업)과 민간(다국적 기업, 향토기업, 시민단체, 대학, 연구소) 간의 네트워크적 협력이 새로운 경쟁력의 원천으로 부상하는 촉매기제로 작용하게 됩니다.

마지막으로 정책과정의 참여자 증대를 한 요인으로 들 수 있습니다. 현대 사회는 복합/복잡적 요소가 증가함에 따라 정책과정에 조직화된 행위자나 비공식적인 참여자의 수가 늘어나고 이들 간의 상호의존관계가 비약적으로 증대하게 됩니다. 규제완화와 민영화로 정부부문의 독점성이 파괴되고, 정부도 하나의 경쟁주체로서 공공서비스 공급을 위해 민간이나 기타 사회부문과 경쟁해야 하는 상황에 처하게 되었습니다. 과거 정부 부처 중 하나였던 철도청이 철도공사가 되면서 민간 항공사와 경쟁하는 것이나 과거 우체국이 우정사업본부가 되면서 민간 택배회사와 경쟁하는 것을 보면 이해할 수 있습니다. 아울러 민간부문의 전문성과 역량이 커지면서 정부주도의 일방적 공공서비스 전달방식을 넘어선 대안마련이 필요하게 되었습니다. 민간이 보유한 장비나 기술력, 전문성, 정보력, 자원동원 능력 등

▶ 로컬 거버넌스

로컬 거버넌스는 지방정부 중심의 로컬 거버먼트 대신 지역수준에서 발생하는 다양한 문제를 해결하고 사회경제적 목적을 달성하기 위해 정부와 기업, 지역주민, 시민단체가 함께 지역발전의 주체로서 교류하고 협력하는 체계를 의미합니다. 양자의 차이를 간단히 비교하면 다음[22]과 같습니다.

Local Government	Local Governance
관료제적	탄력적
집권적	분권적
집합적	개별적
지방자치적	기업가적
사회적 목표	시장적 목표

▶ 복합/복잡적(complicated/complex)[23]

복합적이라는 것은 고려해야 할 요소가 많다는 것을, 복잡적이라는 것은 불확실성이 많다는 것을 의미합니다. 단순(simple)한 것을 조리법(recipe), 즉 비전문가라도 정해진 식재료를 구해 정해진 조리법을 따르면 동일한 음식을 만들 수 있는 것에 비유하자면 복합적인 것은 우주에 로켓을 쏘아 올리는 것으로, 복잡적인 것은 아이를 키우는 것과 비교할 수 있습니다. 로켓을 쏘아 올리는 것이 불가능한 것은 아니지만 성공하려면 고도의 전문성을 바탕으로 수많은 경우의 수를 고려해야 하기 때문이고, 아이를 키울 때 아무리 교육환경이 좋다고 해도 그 아이가 올바른 어른으로 성장할 것인지가 불확실하기 때문입니다. 더 자세한 내용은 11장을 참고하기 바랍니다.

이 정부가 가진 능력보다 클 경우 민간부문과의 협조나 합의 없이는 정책결정과 집행이 불가능하게 되므로 정부가 민간부문이 보유하고 있는 자원에 의존하게 되고 민간부문의 참여를 촉발하게 됩니다. 이 과정에서 정부가 독점적으로 수행하던 역할은 민간위탁이나 민영화(privatization)의 형태로 바뀌고 민간이 수행하는 업무라도 정부역할 못지않게 공공성이 커짐(governmentalization)에 따라 공공부문과 민간부문 간의 경계가 불분명(blurred boundary by privatization and governmentalization)하게 변화합니다. 따라서 어느 한 행위자가 다른 행위자들에게 우월권을 갖지 못하는 상호의존적(reciprocal interdependency) 관계가 대두하고, 명령과 통제가 아니라 행위자들이 공유된 목표(shared goal)의 달성을 위해 반복적으로 상호작용(repetitive interaction)하면서 신뢰(mutual trust)를 형성해야 할 필요성이 증가하게 된 것입니다. 이러한 다양한 요인들이 거버넌스의 출현을 촉발하게 되었고 국제기구의 권고에 따라 개도국에게도 전파되면서 거버넌스는 전 세계적으로 확산하게 됩니다.

3.2. 거버넌스의 개념

거버넌스의 개념에 대해서는 실로 다양한 견해가 존재하고 있습니다. 심지어 거버넌스라는 용어에 대한 합의된 정의는 존재하지 않을 뿐 아니라 거의 모든 것에 적용할 수 있는 불분명한 용어(fuzzy term)가 되어 버렸고, 따라서 아무것도 기술하거나 설명할 수 없게 되어 버렸다는 견해[32]까지 있을 정도입니다. 그럼에도 불구하고 거버넌스 이론이 정부 주도로 일하는 전통적인 방식의 대안으로 제시된 새로운 방식이라는 점에 대해서는 어느 정도 의견이 일치[33]하고 있습니다. 즉, 공공서비스의 전달 또는 공공문제를 해결하는 과정에서 정부라는 제도적 장치에 의존하기보다 정부와 민간·비영리 부문과의 협력적 네트워크를 적극 활용하고, 이 과정에서 종래 단순한 수혜자(beneficiary) 또는 수동적 소비자(passive consumer)로 간주되어 왔던 시민(citizen)이 공공서비스의 수요와 공급을 창출하는 능동적인 공동생산자(active co-producer or prosumer)로 참여하도록 한다는 것입니다. 거버넌스는 기본적으로

▶ 다양한 견해

거버넌스를 우리말로 무엇으로 부를 것인가에 대한 합의도 이루어지지 않았습니다. 한때 통치(統治)에 대비되는 개념으로서의 협치(協治), 정부 주도 행정과 대비되는 개념으로서 국정관리(國政管理), 공치(共治) 등이 유행처럼 사용[24]되기도 했지만 이제는 거버넌스라는 용어를 그대로 사용하는 것이 오히려 일반적인 것으로 보입니다. 한편, 다양한 학자들의 거버넌스 개념 정의 중 참고로 몇 가지 소개하면 아래와 같습니다.

학자명	개념 정의
Kooiman (1993)[25]	공식적 권위 없이도 다양한 행위자들이 자율적으로 호혜적인 상호의존성에 기반을 두어 협력하도록 하는 제도, 복합조직(heterarchy) 또는 네트워크(network)
Stoker (1998)[26]	정부중심의 공적 조직과 사적 조직의 경계가 무너지면서 나타나는 상호협력적인 조정양식
Jessop (1997)[27]	국가 및 시장기제와 대별되는 시민사회 영역 내에 존재하는 자발적이고, 자율적이며, 자기조직적인 조정양식(self-organiaztion)
Pierre	정책결정에 있어 정부주도의 통제와 관

(2000)[28]	리에서 벗어나 다양한 이해관계자가 주체적인 참여자로 협의와 합의과정을 통하여 정책을 결정하고 집행해 나가는 사회적 통치시스템
Rosenau (1992)[29]	수요를 창출하고, 목표를 설정하며, 정책을 추진하기 위해 공식 · 비공식 조정기제(steering mechanism)를 활용하는 공공과 민간 집합체(collectivities)
WB (1992)[30]	지속가능한 경제 · 사회개발을 위한 민주적 가치와 절차, 책임성 있는 정부의 구축을 위한 포괄적 참여 또는 권한부여
UNDP (1997)[31]	한 국가 내의 모든 수준에서 국정을 관리하기 위해 경제적 · 정치적 · 행정적 권한(authority)을 행사하는 것으로, 사회 내 시민과 집단들이 자신들의 이해관계를 밝히고 법적 권리행사와 의무를 다하고 그들 간의 견해차이를 조정할 수 있는 기구, 과정, 제도로 구성

사회경제적 문제해결의 담당과 책임의 경계가 모호하기 때문에 정부와 민간의 행위자와 조직이 모두 참여하는 것이 필요하고, 이 과정에서 정부의 공식적인 권위에 의존하지 않고도 행위자들 간의 자율적인 연결, 즉 네트워크를 통해 사회경제적 문제를 해결할 수 있다는 가정에 기초[34]하고 있습니다. 이러한 믿음이 '정부(government)에서 거버넌스로'라는 변화를 가능하게 했고 이는 곧 '계층제적 국가에서 네트워크 형태의 또는 네트워크에 의한 거버넌스로의 변화(a shift from a hierarchical state to governance in and by networks)'[35]를 의미하기 때문에 앞서 설명한 네트워크 개념이 거버넌스에서 중요하게 다루어지게 되는 것입니다.

하지만 여기서 다음과 같은 의문들이 제기됩니다. 네트워크가 거버넌스와 동의어란 소리인가요? 계층제형 거버넌스라는 것도 있던데 거버넌스는 계층제의 대안이라고 하지 않았나요? 정부에서 거버넌스로 변화했다면 거버넌스 개념에 정부는 필요 없는 것 아닌가요? 거버넌스 개념이 가뜩이나 모든 것을 설명하려다 보니 아무것도 설명하지 못한다는 비판을 받고 있는데 이런 의문까지 드는 것은 왜일까요? 앞서 설명한 거버넌스 개념은 사실 서로 다른 차원에서 살펴볼 필요가 있습니다. 즉, 새로운 사회적 문제해결 양식인 네트워크에 주목하는 거버넌스, 정부와 민간과의 협치관계에 주목하는 거버넌스, 그리고 다양한 조정기제(mechanism) 형태를 포괄하는 일반명사로서의 거버넌스로 달리 보아야 한다는 것입니다. 이는 각각 협의, 광의, 최광의의 거버넌스[36]라고도 말할 수 있습니다. 협의 개념은 계층제적 정부가 아닌 네트워크 형태를 거버넌스로 인정하고, 광의 개념은 계층제적 정부를 포함한 민간과의 관계를 의미하는 반면, 최광의 개념은 계층제적 정부도 거버넌스의 한 유형으로 보기 때문입니다. 거버넌스가 이러한 세 가지 차원을 모두 포괄하기 때문에 개념상 혼란이 초래되기 쉬울 수밖에 없습니다. 하나씩 살펴봅시다.

3.2.1. 새로운 문제해결 양식으로서의 네트워크(협의의 거버넌스)

이 개념은 새로운 문제해결 양식으로서 네트워크에 주목하는 거버넌스입니다. 정부, 즉 government와 구별되는 의미의 governance를 말할 때 쓰는 것으로 협의의 거버넌스 개념이라고 할 수 있겠습니다. 다양한 구성원 간의 상호작용을 조정하는 경제적 교환방식의 유형[38]으로 기존 양식에 해당하는 계층제(hierarchy)와 시장(market), 그리고 새로운 양식이라고 할 수 있는 네트워크(network)를 들 수 있습니다. 계층제는 공식적인 권위와 강제력에 의해 운영되는 시스템으로 정부를 의미하고, 시장은 각자가 자기이익을 추구하는 자율경쟁 시스템으로 가격 메커니즘이 지배하는 사적인 거래관계를 의미합니다. 반면, 네트워크는 공유된 목표를 향해 신뢰를 바탕으로 상호작용하는 제3의 대안적 양식이라고 할 수 있습니다. 공식적인 권위에 의한 강제력이 아닌 자발적인 상호작용에 의존하는 점에서 권위적 계층제와 구별되고, 정치적 권위, 법과 제도, 그리고 상호협력 등이 작용하는 점에서 무정부적 시장과 구별되는 것이지요.

이런 점에서 거버넌스는 '보이는 손(visible hand)'이 작용하는 계층제나 '보이지 않는 손(invisible hand)'이 작용하는 시장과 달리 '보이는 협력하는 손(visible handshake)'이 작용하는 양식[39]이라고 할 수 있습니다. 아래 표는 세 가지 양식에 대한 비교[40]인데 네트워크 유형에서는 공식적 명령이나 규칙, 또는 이기적·독립적 자기이익 추구가 아니라, 공유된 목표달성을 위해 신뢰에 기반한 수평적인 상호작용을 지속적으로 유지한다는 데 핵심적인 차이가 있음을 이해하기 바랍니다.

▶ 세 가지 양식에 대한 비교

다음 그림[37]은 세 가지 양식을 도식적으로 이해하기 좋은 점에서 참고하기 바랍니다.

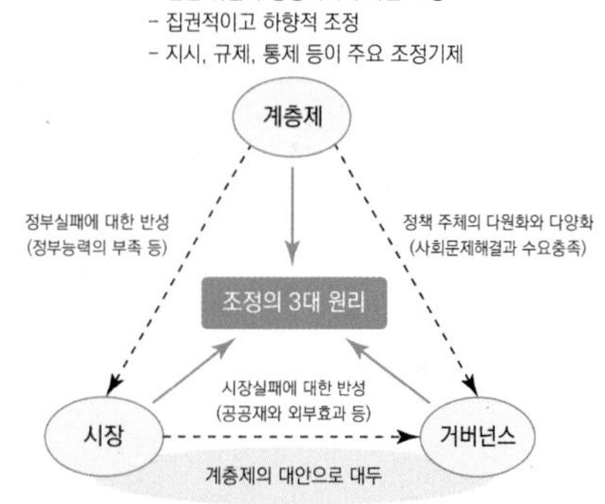

주요 특성	유형		
	시장	계층제	네트워크
규범적 기초	계약, 재산권	고용적 상하관계	상호보완
커뮤니케이션의 수단	가격	규칙과 절차	관계
갈등해결의 수단	실랑이(자체해결) → 법원에 호소	행정적 인가, 관리감독	신뢰에 기반한 호혜적 관계
유연성의 정도	높음	낮음	중간

당사자 간의 몰입	낮음	높음	중간
문화(climate)	정확성, 의심(precision and/or suspicision)	공식적, 관료제적	개방적, 상호 편익
행위자 관계	독립적	일방적	상호의존적

3.2.2. 민관 관계에 주목하는 협치/공치 또는 국정관리 양식(광의의 거버넌스)

네트워크를 의미하는 협의의 거버넌스가 '정부와 다른 거버넌스(governance without government)'를 의미한다면 협치 내지 국정관리로서의 거버넌스는 정부와 민간과의 바람직한 협력관계에 주목하는 점에서 '정부와 함께 하는 거버넌스(governance with government)'라고 할 수 있습니다. 쉽게 이해하기 위해서 다음 그림[41]을 보도록 합시다.

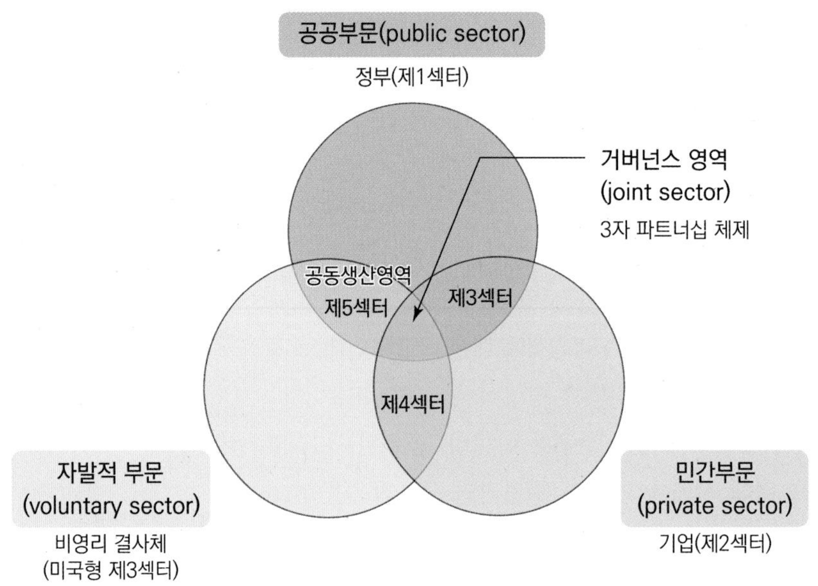

공공부문은 전통적으로 제1섹터로 불리웁니다. 기업이 중심이 되는 민간부문을 제2섹터라 하고 시민단체나 비영리기관이 중심이 된 자발적 부문을 (미국형) 제3섹터라고 할 때 각 부문이 중첩하는 교집합 영역은 서로 간의 협력관계가 이루어지는 영역이라고 할 수 있습니다. 자발적 부문을 (미국형) 제3섹터로 부르는 것과 달리 공공부문과 민간부문과의 민관협력(교집합 영역)을 제3섹터(방식)라고 부르기도 합니다. 민간부문과 자발적 부문과의 교집합 영역을 제4섹터, 공공부문과 자발적 부문과의 교집합 영역은 제5섹터라고 할 수 있는데 최근에는 민간부문과 자발적

부문과의 중간 단계를 사회적 경제 섹터라고 부르기도 합니다. 마지막으로 가운데에는 공공, 민간, 자발적 부문이 모두 중첩되는 교집합 영역이 있는데 광의적 차원에서는 이 부분을 거버넌스로 보는 것으로 이해하면 되겠습니다.

다음 그림[42]은 정부와 시장(시민사회)의 협력을 강조하는 광의적 거버넌스 개념을 보여주고 있습니다. 협의의 거버넌스에서는 거버넌스를 네트워크로 보았기 때문에 정부나 시장(시민사회)과 구별되는 별개의 것으로 보았지만, 광의의 거버넌스에서는 정부와 시장(시민사회)과의 협력관계를 거버넌스로 보기 때문에 정부가 포함되는 양식임을 이해할 수 있을 것입니다.

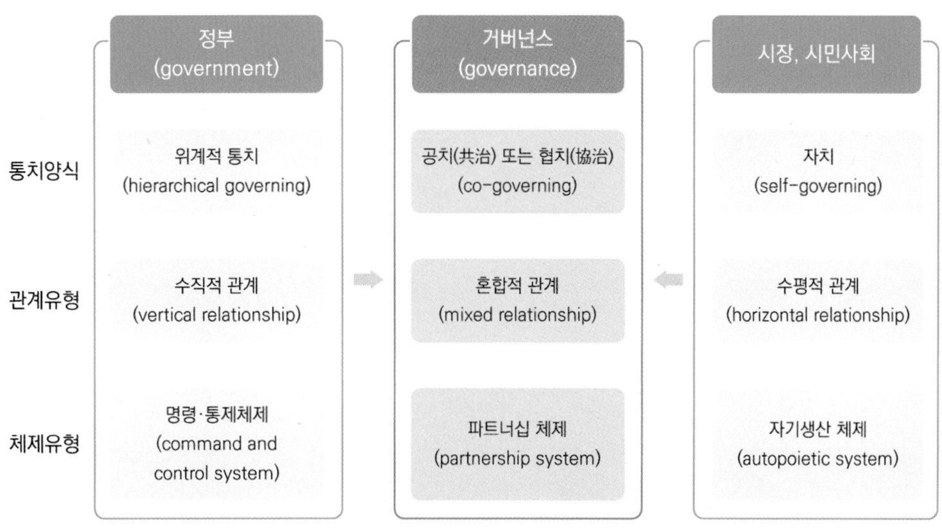

3.2.3. 다양한 조정기제를 포괄하는 일반명사(최광의의 거버넌스)

최광의의 거버넌스는 네트워크는 물론 계층제, 시장 등 다양한 형태를 포괄하는 보통명사 개념으로 조정기제의 유형을 구별하는 방식으로 이해하면 좋습니다. 즉, 계층제는 계층제적 거버넌스, 시장은 시장형 거버넌스라고 보는 것이지요. 네트워크도 네트워크형 거버넌스로 이해하면 됩니다. 아래 표는 협의의 개념에서 보았던 계층제, 시장, 네트워크의 구분과 유사한 내용인데 협의에서 볼 때와 달리 모두 거버넌스 유형의 하나로 보고 있다는 데 차이가 있습니다. 협의 개념에서는 계층제와 시장은 거버넌스로 보지 않았던 반면, 최광의에서는 서로 다른 거버넌스 유형으로 보고 있다는 데 주목해 주기 바랍니다.

> ▶ 보통명사 개념
> 거버넌스를 모든 조정기제 유형을 말하는 고유명사로 보는 점에서 사실상 앞에 수식어가 붙는 모든 것이 거버넌스로 이해될 수도 있습니다. 아파트 부녀회나 지역주민 모임도 '동네 거버넌스'[43]의 하나로 볼 수 있기 때문입니다.

▶ 법인형 거버넌스

법인형 거버넌스는 corporate governance를 우리말로 옮긴 것으로 기업형 거버넌스라고도 합니다만, 사실 '지배구조' 내지 '관리체계'로 보는 것이 더 적절합니다. 조직 내 의사결정 구조와 조직을 이끌어가는 사람들의 책임성이나 관리감독에 관한 체제를 의미하기 때문입니다. 민간의 경우라면 주로 주주의 권리, 이사회의 운영, 투명한 정보공시 등이 주요 관심사항이 되는데 공공부문의 경우 공기업이라면 거의 동일한 방식으로 적용될 수 있고 정부부문이라면 유권자의 권리보호, 내각의 구성, 정보공개 등에 관한 것으로 해석할 수 있습니다.

거버넌스 유형		합리성 근원	통제형태	추구하는 가치	서비스 전달 초점
절차/계층형		법률	명령과 통제 (규칙)	안정성, 신뢰	보편성, 공평
중간형	법인형	관리	계획	목표지향	성과, 우선고객
	네트워크형	공유 가치	공동생산	유연성과 관계성	참여자
시장형		경쟁	계약	효율성	고객만족

최광의 거버넌스의 범위에는 Rhodes(1996)와 Peters(1997)의 거버넌스 모델이나 다층적 거버넌스[44]의 Type I, II모형과 같은 유형도 포함된다고 볼 수 있습니다. Rhodes(1996)[45]는 거버넌스 유형을 최소국가(minimal state), 법인 거버넌스(corporate governance), 신공공관리(new public management), 좋은 거버넌스(good governance), 사회적 사이버네틱스 시스템(socio-cybernetic system), 그리고 자기조직적 네트워크(self-organizing networks)로 구별하여 제시한 바 있습니다. Peters(1997)[46]는 전통적 정부모형의 대안으로 시장적 정부, 참여적 정부, 신축적 정부, 탈규제적 정부를 제시하고 있는데 각각을 거버넌스 모형으로 보고 있습니다. 전통적 정부, 즉 계층제적 정부모형의 문제점을 해소하기 위한 대안적 모형을 뉴 거버넌스 모형으로 제시하고 있음에도 일부 모형에서는 계층제를 인정한다는 점에서 거버넌스를 협의나 광의의 개념으로만 이해했다면 이런 모형들이 왜 거버넌스 모형인지 이해하지 못할 수도 있습니다. 아래 표는 전통적 정부의 특징에 대비되는 Peters가 유형화한 각 거버넌스 모형별 처방에 대해 요약한 내용입니다.

구분		전통적 정부	대안적 거버넌스 모형			
			시장적 정부	참여적 정부	신축적 정부	탈규제적 정부
문제의 진단기준		전근대적 권위	독점	계층제	영속성	내부적 규제
개혁 방안	구조	계층제	분권화, 독점완화	평면조직, 하의상달	가상조직, 조직개혁	- (∵계층제 인정)
	관리	직업공무원제, 절차적 통제	경쟁도입, 민간기법	TQM, 팀제, 계층제 축소	임시고용직 활용	내부규제 철폐
	정책 결정	정치-행정의 구분	내부시장화	협의, 협상	실험	관리적 재량확대
공익의 기준 (성공요인)		안정성, 형평성, 합법성	대응성, 효율성, 책임성	참여	저비용, 적응	창의성, 자율성

04

더 생각해 볼 문제

"2% 입으로, 불만의 98% 입 막을 수 있다"

'입소문 大家' 녹스 보스턴컨설팅그룹 고문… 소문 내고 싶은 '악의적 소문 차단법'

언제나 회사편 들어 줄 핵심 고객 2% 찾아내 친구처럼 만들어 둬야 잘못된 건 빨리 시정하고 고친 것 이들 통해 알려라

- 핵심 고객 2%의 마음만 잡을 수 있다면 이들을 통해 나머지 98%의 불만을 미리 막을 수도 있고 적극적인 홍보에 이용할 수도 있다[47]는 마케팅 전문가의 이야기가 있습니다. 정부 정책도 이런 식의 핵심 인플루언서를 찾아내서 이들의 입을 통해 순응(compliance)을 확보하는 것이 가능할까요? 혹은 민간 마케팅 기법을 국가정책 홍보에 사용하는 것이 바람직하지 않을 수도 있을까요?
- 거버넌스 관련 논의에 있어서 거버넌스가 모든 것을 설명하려다 보니 아무것도 설명하지 못한다는 지적이 있습니다. 앞서 살펴본 개념 정의 중 최광의에 해당하는 경우일 텐데 최광의와 광의, 협의의 차이를 이해했다면 이러한 지적이 별 문제가 안 된다는 것은 알 수 있을 겁니다. 다만 거버넌스의 개념 범위가 넓은 것은 사실이기 때문에 '아무하고나 친구인 사람은 정작 누구하고도 친구가 아니다'라는 명제와 유사한 결론에 도달할 수 있습니다. 이러한 혼란에도 불구하고 거버넌스 논의가 공통적으로 지향하고 있는 바는 무엇일까요? 기존 정부모형과는 어떻게 다른 것인가요?
- 거버넌스 시대에는 정부의 독단적인 정책결정이 아닌 민관협력 협치에 의한 의사결정이 이루어지면서 결과에 대해 아무도 책임을 지지 않을 우려가 있습니다. 특히 정책결정을 외부 민간인이 위원장으로 되어 있는 민관합동 위원회에서 최종 의결할 경우 최종적인 책임을 누구에게 물어야 할 것인가 하는 문제가 대두할 수 있습니다. 이렇듯 거버넌스적 의사결정이 오히려 정부의 책임성을 훼손시키는 것은 아닐까요?

• 거버넌스 수준을 측정하는 것이 가능할까요? 우리나라의 거버넌스 역량은 세계적으로 보았을 때 어느 정도 수준일까요? 세계은행에서 발표하는 World Governance Index를 참고하여 논의해 봅시다.

미주

1) 조슈아 쿠퍼 라모 저/정주연 역. (2017). 제7의 감각, 초연결지능 네트워크 시대의 권력, 부, 생존. 미래의 창.

2) Houser, D. & McCabe, K. (2014). Experimental Economics and Experimental Game Theory. In Glimcher, P. & Fehr, E. (Eds.) Neuroeconomics: Decision Making and the Brain. chap. 2. pp. 19-34. N.Y.: Academic Press.

3) Lorenz, J., Rauhut, H., Schweitzer, F. and Helbing, D. (2011). How Social Influence Can Undermine the Wisdom of Crowd Effect. PNAS, 108(22): 9020-9025. https://www.pnas.org/content/108/22/9020?tab%99=%99ds

4) 니얼 퍼거슨 저/홍기빈 역. (2019). 광장과 타워: 프리메이슨에서 페이스북까지, 네트워크와 권력의 역사. 21세기북스.

5) https://books.google.com/ngrams/graph?content=network%2Chierarchy&year_start=1800&corpus=26&smoothing=3&year_end=2019&direct_url=t1%3B%2Cnetwork%3B%2Cc0%3B.t1%3B%2Chierarchy%3B%2Cc0

6) http://www.cs.kent.edu/~dragan/ST-Spring2016/The%20Seven%20Bridges%20of%20Konigsberg-Euler%27s%20solution.pdf

7) 김용학·박세웅·전소영. (2006). 온라인 사회 연결망의 구조분석: 싸이월드 일촌 연결망을 중심으로. 정보화정책 13(4): 167-185.

8) Travers, J. & Milgram, S. (1969). An Experimental Study of the Small World Problem. Sociometry, 32(4): 425-443.

9) Watts, D. & Strogatz, S. (1998). Collective Dynamics of Small-World Networks. Nature, 393(1): 440-442.

10) http://www.emh.co.kr/xhtml/small_world_effect.html

11) Barabasi, A. & Bonabeau, E. (2003). Scae-Free Networks. Scientific American, May 2003. https://barabasi.com/f/124.pdf

12) 김범준. (2017). 척도 없는 인터넷의 아킬레스 건. Skeptic Korea, vol. 12, pp. 142-155.

13) 2017.4.27., 머니투데이, https://news.mt.co.kr/mtview.php?no=2017042615543477997

14) Brown, R. (1965). Social Psychology. NY: Free Press. Freeman, L., White, D., and Romney, A. (Eds.) (1992). Research Methods in Social Network Analysis. New Brunswick: Transaction Press. p. 14에서 재인용.

15) https://www.insna.org/what-is-sna##

16) https://www.tandfonline.com/doi/abs/10.1080/1743727X.2016.1192117

17) Cohen, R., Havlin, S. and ben-Avraham, D. (2003). Efficient Immunization Strategy for Computer Networks and Populations. Physical Review Letters, 91(24): 247901.

18) 염유식. (2012). KOSSDA 강의자료.

19) Bearman, P., Moody, J. and Stovel, K. (2004). Chains Affection: The Structure of Adolescent Romantic and Sexual Networks. American Journal of Sociology. 110(1): 44-91. p. 58.

20) Ferguson, N. (2017). The Square and the Tower. 홍기빈 역. (2019). 광장과 타워. 21세기북스 중 9장, 일곱 가지 교훈 중 일부.

21) 강태화. (2011). 오일쇼크가 대한민국 경제에 미치는 영향, GS칼텍스 소셜 미디어 채널, https://gscaltexmediahub.com/energy/the-impact-of-oil-shock-on-the-korean-economy

22) Deas, I. & Headlam, N. (2014). Boosterism, Brokerage and Uneasy Bedfellows: Networked Urban Governance and the Emergence of Post-Political Orthodoxy. In Paddison, R. & Hutton, T. (Eds.) Cities and Economic Change: Restructuring and Dislocation in the Global Metropolis. London: Sage. Chapt. 8, p. 16. https://www.researchgate.net/publication/263398661_Boosterism_Brokerage_and_Uneasy_Bedfellows_Networked_Urban_Governance_and_the_Emergence_of_Post-Political_Orthodoxy#fullTextFileContent

23) Glouberman, S. and Zimmerman, B. (2002). Complicated and Complex Systems: What Would Successful Reform of Medicare Look Like? Discussion Paper 8, Commission on the Future of Health Care in Canada.

24) 최창현. (2003). 국가 간 협치의 실증적 비교분석. 행정논총, 41(3), 51-78.

25) Kooiman, J. (1993). Societal-Political Governance: Introduction. In Koiman, J. (Ed.) Modern Governance: New Government-Society Interaction. London: Sage.

26) Stoker, G. (1998). Governance as Theory: Five Propositions. International Social Science Journal, 50(1): 17-28.

27) Jessop, B. (1997). The Governance of Complexity and the Complexity of Governance: Preliminary Remarks on Some Problems and Limits of Economic Guidance. In A. Amin & J. Hausner (Eds.), Beyond Market and Hierarchy: Interactive Governance and Social Complexity (pp. 95-128). Lyme, U.S.: Edward Elgar.

28) Pierre, J. (2000). Debating Governance. Oxford: Oxford University Press.

29) Rosenau, J. (1992). Governance, Order and Change in World Politics. In J. Rosenau & E. Czempiel (Eds.), Governance without Government: Order and Change in World Politics (pp. 1-29). London: Cambridge University Press.

30) World Bank. (2000). Governance and Development. Washington: World Bank.

31) UNDP. (1997). Reconceptualising Governance (Discussion paper 2). New York.

32) Jessop, B. (2002). Governance and Metagovernance: On Reflexivity, Requisite Variety, and Requisite Irony. In H. Heinelt et al. (eds.), Participatory Governance in Multi-level Context. Opladen: Springer Fachmedien Wiesbaden.

33) 정수용 · 이명석. (2015). 대안적 사회조정양식으로서의 네트워크 거버넌스: 홍도 유람선 좌초사고 민간자율구조 사례를 중심으로. 한국행정학보, 49(3): 25-49.

34) Jessop, B. (1997). The Governance of Complexity and the Complexity of Governance: Preliminary Remarks on Some Problems and Limits of Economic Guidance. In A. Amin & J. Hausner (Eds.), Beyond Market and Hierarchy: Interactive Governance and Social Complexity (pp. 95-128). Lyme, U.S.: Edward Elgar.

35) Richardson, J. (2012). New Governance or Old Governance? A Policy Style Perspective. In D. Levi-Faur (Ed.). The Oxford Handbook of Governance (pp. 311-324). Oxford: Oxford University Press.

36) 이명석. (2002). 거버넌스의 개념화: '사회적 조정'으로서의 거버넌스. 한국행정학보, 36(4): 321-338.

37) 성지은. (2010). 새로운 행정개혁기조로서 통합형 정부의 등장과 과제. 정부와 정책, 2(2), 1-19. p. 75.

38) Powell, W. (1990). Neither Market Nor Hierarchy: Network Forms of Organization. Research in Organizational Behavior, 12, 295-336.

39) Jessop, B. (1997). The Governance of Complexity and the Complexity of

Governance: Preliminary Remarks on Some Problems and Limits of Economic Guidance. In A. Amin & J. Hausner (Eds.), Beyond Market and Hierarchy: Interactive Governance and Social Complexity (pp. 95-128). Lyme, U.S.: Edward Elgar.

40) Powell, W. (1990). Neither Market Nor Hierarchy: Network Forms of Organization. Research in Organizational Behavior, 12: 295–336. p. 300.

41) 정규호. (2002). 녹색거버넌스란 무엇인가? 특성과 활성화 과제를 중심으로. 계간 환경과 생명, 통권 제31호: 24–28.

42) 박용남. (2006: 450). 살기 좋은 지역 만들기를 위한 자발적 노력. 균발위(편). 살기 좋은 지역 만들기. 제이 플러스 애드

43) 곽현근. (2010). 사회적 배제 극복을 위한 동네거버넌스 사례 연구: 대전광역시 무지개프로젝트를 중심으로. 한국행정연구, 18(4): 227–257.

44) 우윤석. (2009). 지방정부 간 협력을 위한 거버넌스 모형의 구상: 미국의 MPO 사례를 중심으로. 국토연구, 60: 189–214.

45) Rhodes, R. A. W. (1996). The New Governance: Governing without Government. Political Studies, 44(4), 652–667.

46) Peters, B. G. (2001). The Future of Governing (2nd ed.). Lawrence, KS: University Press of Kansas.

47) 2013.6.18., 조선일보, https://biz.chosun.com/site/data/html_dir/2013/06/17/2013061702809.html

PART 10

디지털 시대, 리터러시는 높이고 거래비용은 낮추고!

영 화 로 보 는 행 정 관 람

아메리칸 셰프(Chef, 2014)

감독: Jon Favreau

출연: Jon Favreau(셰프 칼 캐스퍼 역), Emjay Anthony(아들 퍼시 역), John Leguizamo(동업자 마틴 역), Oliver Platt(독설가 램지 미첼 역) 외

수상: 2014 칸 영화제 황금종려상 및 아카데미 시상식 외국어 영화상 노미네이트, 세계 영화제 및 시상식 23개 부문 수상, 36개 부문 노미네이트

'아메리칸 쉐프'는 John Favreau가 각본, 제작, 감독 그리고 주연까지 맡았던 영화입니다. 겉보기엔 그저 뚱뚱한 중년 아저씨로 보이지만 사실 영화 '아이언맨' 시리즈의 제작과 감독으로 더 유명한 사람입니다. 초심으로 돌아가고자 저예산으로 만들었다는 이 영화에 로다주(Robert Downey Jr.)가 살짝 맛이 간 단역으로 출연하고 더스틴 호프만과 스칼렛 요한슨이 조연으로 출연하게 된 배경이기도 합니다. 이 영화에는 또 하나 숨어 있는 비밀이 있는데요, 바로 음식 조언을 위해 영화에 참여했다가 나중에 제작에도 참여하는 로이 최(Roy Choi)[1]가 한국식 타코를 파는 바비큐 푸드트럭 'Kogi BBQ'를 운영하면서 SNS로 위치를 알리는 마케팅 방식을 써서 단속을 피하고 엄청난 매출[2]도 올리면서 유명해진 한국계 이민자란 사실입니다. 영화 초반에 캐스퍼가 고추장을 이용한 요리를 만들기도 하고 그의 푸드트럭이 아들의 SNS로 입소문이 나면서 대박을 치는 설정과도 무관하지 않으니 한국인으로서 자부심을 갖고 봐도 되는 영화라고 할 수 있겠습니다.

하지만 우리가 주목하려는 것은 맛있는 요리 레시피가 아니라 칼이 뛰어난 요리 실력에도 불구하고 파워 블로거의 혹평 두 줄에 인생이 나락으로 떨어졌던 이유, 그리고 그가 다시 성공적으로 재기할 수 있었던 이유가 무엇이었을까 하는 점입니다. 디지털 이주민(digital immigrant)인 칼이 몰랐던 것, 반면 디지털 원주민(digital native)인 칼의 아들이 알았던 것은 바로 SNS의 위력입니다. 디지털 시대에 SNS의 위력을 아는 것이 바로 디지털 리터러시(digital literacy, 문해력)라고 할 수 있는데 이를 갖추고 말고가 디지털 시대의 생존력을 좌우한다는 것입니다. 정부도 마찬가지입니다. 디지털 리터러시를 갖추지 못한 정부는 디지털 시대를 함께 살아갈 자격이 없다고 할 수 있겠습니다. 디지털 리터러시를 바탕으로 앞서 나가는 민간부문의 뒷다리만 잡고 있을 테니까요. 그렇다면 디지털 시대에 SNS가 파괴력을 갖게 되는 이유는 무엇일까요? 디지털 덕분에 '거래비용(transaction cost)'이 낮아지고 '약한 연대의 강한 힘(strength of weak ties)'이 나타나면서 원자화된 개인들이 '스마트 집단(smart mob)'으로 변모했기 때문입니다. 그리고 그들은 더 이상 나약한 개인이 아니라 공기업이나 국가와도 맞짱(?) 뜰 수 있는 힘을 가진 새로운 세력으로 등장하게 됩니다. 이런 변화를 이해하는 것도 디지털 리터러시라고 할 수 있습니다. 하나씩 살펴보도록 합시다.

01

영화 들여다보기: 요리실력은 거들기만 할 뿐?

주인공 칼은 비록 오너셰프는 아니지만 요리개발에 대한 열정만은 차고 넘치는 요리사입니다. 요리에 미쳐(?) 아내와도 이혼하고 혼자 사는 칼의 식당에 유명한 음식 블로거 램지가 온다는 소식에 야심차게 새 요리를 준비합니다. 기존 메뉴대로 하라는 레스토랑 주인 때문에 성공은 못하지만요. 하지만 램지가 내린 평가는 가혹합니다. 달랑 별 두 개와 함께 지루하고 진부해서 실망했다는 트윗. 이걸 본 칼은 참지 못하고 램지의 트위터에 가서 욕을 퍼붓는데 SNS 초짜인 칼은 다른 사람이 그 내용을 본다는 것조차 모릅니다.

램지와의 설전으로 칼의 계정은 하룻밤 새에 팔로워가 2만 명까지 늘어났고 램지가 재평가를 하겠다고 레스토랑을 다시 찾은 날 신메뉴를 개발하려던 칼은 역시나 기존 메뉴를 고집하는 레스토랑 주인에게 밀려 주방에서 쫓겨납니다. 독이 오른 칼은 식당에 있던 램지에게 난동을 부리게 되고 이 장면이 SNS로 생중계되면서 온라인상에서 무섭게 퍼져 나갑니다. 결국 레스토랑에서도 해고를 당하는 칼.

하지만 요리를 포기할 수 없던 칼은 빈털터리 신세로 푸드트럭에 도전합니다. 이혼한 부인의 전 남편(로다주가 연기)에게 찾아가는 굴욕을 무릅쓰고 빌린 낡은 트

럭으로 주방에서 함께 일하던 동료 마틴, 그리고 방학을 맞은 아들 퍼시와 함께 쿠바 샌드위치를 팔기 시작합니다. SNS에 익숙한 아들 퍼시는 푸드트럭 영업 장소를 위치 태그를 걸어 매일 알리고 샌드위치 만드는 과정과 재료사진도 실시간으로 공유합니다. 결과는 대박!!! 안티팬으로 얻은 팔로워들이 입소문을 내주기 시작한 덕분입니다.

부인 이네즈도 푸드트럭에 합류한 날, 쿠바 샌드위치를 사려 줄을 선 사람 중에 램지가 보입니다. 이네즈가 당신에게는 안 팔겠다고 박대하지만 램지는 칼을 찾아가 지난 일을 사과합니다. 원래 램지의 팬이라 기대가 컸기에 실망감도 컸다면서 놀라운 제안을 합니다. 블로그를 팔아 번 돈으로 투자할 테니 칼의 이름으로 레스토랑을 차려서 마음 놓고 메뉴를 개발해 보라는 것이었죠. 그 둘의 사연도 사람들의 흥미를 끌 것이 분명하니 손님은 차고 넘칠 거라면서요. 결국 칼은 SNS 때문에 인생이 나락으로 추락했지만 다시 SNS 덕분에 인플루언서가 되고 그토록 원하던 자신의 식당도 갖게 됩니다. 이혼한 후 소원했던 아들과의 관계가 회복된 것은 물론입니다.

02 

디지털과 디지털 리터러시

2.1. 디지털에 대한 이해

아래 두 사진을 비교해 보시죠. 무슨 사진인가요? 왼쪽 사진을 보고 '디지털 카메라', 오른쪽 사진을 보고 '카메라'라고 하는 사람은 디지털 이민자(digital immigrants)입니다. 디지털이 아닌 아날로그 카메라를 경험한 사람이기 때문입니다. 하지만 태어나서부터 디지털 카메라만 보고 살아온 디지털 원주민(digital natives)[3]이라면 왼쪽이나 오른쪽이나 그저 카메라로 보일 뿐입니다. 그들에게 디지털은 더 이상 새로운 것이 아니라 주어진 것, 즉 일상적인 것(normal)이기 때문입니다.

디지털 시대의 도래를 처음 알린 것은 1995년에 출판된 "이것이 디지털이다(being digital)"라는 책[4]입니다. 저자인 Negroponte 교수는 디지털화하지 않으면 21세기에 살아남을 수 없다고 주장한 점에서 '디지털 전도사'로 불린 사람인데 과거의 세상은 원자(atom)가 최소단위였던 반면 앞으로(이미 우리에게는 과거가 되었지만)의 세상은 비트(bit)가 중심이 될 것이라고 선언합니다. 그는 이 책에서 도서관의 모든 책을 비트로 바꾸면 컴퓨터 파일로 디스크에 저장되므로 여러 사람이 동시에 열람해도 저장된 형태로 계속 남아 있지만 원자로 된 책은 동시에 열람할 수도 영속적

▶ 이것이 디지털이다(being digital)

being digital, Nicholas Negroponte

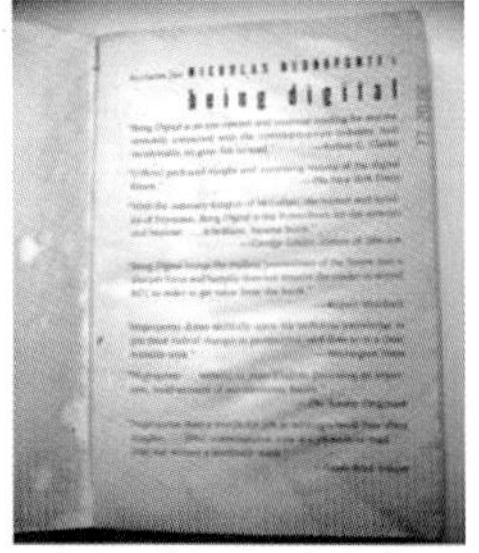

being digital inside looks

이제는 고서(?)가 되어 버린 책입니다.

으로 저장할 수도 없다는 예를 들고 있습니다. 물리적 이동만 가능할 뿐 전자화된 파일처럼 빛의 속도로 전달할 수도 없구요. 몇 푼 되지 않는 가격의 에비앙 생수 한 통이 내 앞에 놓이기 위해서는 많은 시간과 사람을 거쳐 알프스에서 녹은 빙하수를 물통에 담고 태평양과 대서양을 건너와야 하지만, 비트로 바뀐 세계에서는 마우스 클릭 몇 번만으로 수십억 달러의 가치가 이전될 수 있다는 예도 들고 있습니다. 이 책이 처음 세상에 나온 때와 달리 지금은 이런 현상이 새삼스럽지도 않은 점에서 디지털은 앞서 말한 new normal이 되었다고 할 수 있습니다.

사전적인 의미의 디지털은 연속형(連續型, continuous)인 아날로그(analog)와 달리 이산형(離散型, discrete)이라는 의미입니다. 이산형은 중간값이 없어서 유한하고 따라서 셀 수 있는 값(finite, countable)이라고 이해하면 쉬울 것 같습니다. 디지털의 어원인 digit의 뜻 자체가 라틴어로 손가락이라고 하는데 손가락은 10개뿐이어서 8.2나 6.6 같은 중간값을 셀 수 없는 것과 같습니다. 반면 줄자는 이론적으로 중간값을 무한대로 잘게 쪼갤 수 있기 때문에 5.67987....cm를 측정할 수도 있겠지요. 아날로그 카메라의 사진은 필름을 어떻게 현상하느냐에 따라 나올 수 있는 색감(그래서 이름 붙일 수도 없는)이 무궁무진할 수 있지만 디지털 카메라로 찍은 사진은 아무리 색감이 다양하다고 해도 정해진 화소 범위를 벗어날 수가 없습니다. 모든 색감을 화소와 색깔 단위로 숫자표현이 가능하다는 것입니다. 마찬가지로 높은 교량위로 올라가는 진입램프는 아날로그지만 정해진 숫자가 있는 계단은 디지털입니다.

정해진 숫자인 디지털이 의미가 있는 것은 이진법(물론 다른 진법으로 정했을 수도 있지만 이진법은 0과 1만으로 표현이 가능하다는 점에서 가장 효율적입니다)으로 모든 것을 표현할 수 있기 때문입니다. 그리고 이를 전자적 형태로 표현함으로써 빛의 속도로 정보를 이동시킬 수 있고 무한복제가 가능하며 형태 간 변화가 자유롭다는 점에서 원자의 세계와 혁명적으로 다른 것입니다. 최근에는 디지털과 아날로그, 즉 온라인과 오프라인을 결합하는 형태까지 나타나고 있는데 이것이 바로 **제4차 산업혁명** 또는 인더스트리 4.0으로 불리는 변화입니다.

▶ **제4차 산업혁명**[5)]

제4차 산업혁명은 세계경제포럼(다보스 포럼)의 창시자인 제네바대학 Klaus Schwab 교수가 2016년 1월 다보스 포럼의 주요 의제로 제시한 것으로, 디지털 혁명(제3차 산업혁명)을 바탕으로 가상시스템

2.2. 디지털 리터러시(Digital Literacy, 디지털 문해력)

디지털 리터러시는 디지털 역량(digital competency)에 필요한 기본요소라고 할 수 있습니다. 우리가 공부를 하고 문화를 꽃피우려면 문맹(illiteracy)부터 떨쳐내고 글을 읽고 쓸 줄 아는 것부터 시작해야 하는 것과 마찬가지입니다. 문해력을 의미하는 리터러시는 기초 리터러시(읽고 쓰기가 가능한가), 기능 리터러시(기초 리터러시를 일상업무에 적용하며 매일 사용하는가), 작업 리터러시(비즈니스 환경의 전문적인 분야에 활용할 수 있는가), 기술 리터러시(기기들을 적절히 활용할 줄 아는가), 정보 리터러시(콘텐츠의 질적인 차이를 구별할 수 있는가), 적응 리터러시(새로운 기술변화에 따라갈 수 있는가)를 포함[6]하는 개념입니다. 따라서 디지털 리터러시는 이와 같은 리터러시들을 디지털에 적용한 것이라고 할 수 있겠습니다.

디지털 리터러시의 개념은 디지털 정보를 탐색 · 관리 · 편집하고 온라인 네트워크에 참여하여 소통하며 디지털 기술과 자원, 도구, 서비스를 적절하게 사용 · 평가할 수 있는 능력[7]을 의미합니다. 디지털은 양방향성과 네트워크적 속성을 지니고 있기 때문에 디지털 리터러시는 단순히 특정 디지털 기기나 앱, 소프트웨어를 사용할 줄 아는 것을 넘어 다양한 디지털 환경에 자유롭게 접근(access)하고 비판적으로 이해하며(understand), 새로운 것을 창조(create)하는 것까지 요구합니다. 디지털 리터러시의 구성요소는 네트워크 및 컴퓨터에 대한 접근능력, 검색능력과 노하우가 결합된 콘텐츠 활용능력, 그리고 상호작용을 통한 공동체 형성과 지식정보의 나눔이라고

과 물리적 시스템을 연결하고 디지털, 물리학, 생물학의 경계를 허무는 융합기술 내지 사이버-물리 시스템(cyber-physical system)을 의미합니다. 참고로 제1차 산업혁명은 증기기관을 바탕으로 한 기계화, 제2차 산업혁명은 전기를 이용한 대량생산, 제3차 산업혁명은 IT와 전자공학을 이용한 자동화를 의미합니다.

제4차 산업혁명은 디지털, 물리학, 생물학 등의 융합(fusion)을 특징으로 합니다. 사물인터넷과 소셜미디어 등으로 인간의 모든 행위와 생각이 온라인의 클라우드 컴퓨터에 빅 데이터 형태로 저장되고 분석되어 맞춤형 서비스가 제공되는 온라인과 오프라인의 일치(O2O, Online to Offline)를 의미하기도 합니다. 주요 기술로는 3D 프린팅, 사물인터넷(IoT), 유전 공학, 무인 운송, 빅 데이터, 로봇 공학 등의 기술과 이들의 융합이 포함됩니다.

이에 따라 산업구조의 변화도 촉발되고 있습니다. 수요와 공급을 연결하는 온라인 기반의 플랫폼 발전으로 재화나 공간, 경험과 재능을 다수의 개인이 협업을 통해 빌려주고 나눠 쓰는 공유 경제(sharing economy)가 확대되고 모바일 기술 및 IT 인프라를 통해 소비자의 수요에 즉각적으로 반응하여 제품과 서비스를 제공하는 주문형 경제(on-demand economy)가 부상하는 것이지요. 전자의 예는 에어비앤비이고 후자의 예는 우리나라에서도 많이 사용하는 카카오택시가 되겠습니다.

제4차 산업혁명이 드리운 명과 암에 대해서도 이견이 많습니다. 긍정론은 주로 기술융합으로 생산성을 높이고 비용을 낮추어 소득 증가와 삶의 질 향상에 기여할 것이라는 기대에 기반하고 있고, 부정론은 인공지능과 로봇이 인간을 대체하면서 노동시장이 붕괴되고 '고기술=고임금'과 '저기술=저임금'으로 인한 사회적 불평등과 빈부격차가 심화될 것이라는 가정에 기초하고 있습니다.

정부 역할의 변화도 예상됩니다. 변화된 정책문제의 특성을 반영하여 기민성, 신속성, 협업 및 연계성, 창조성, 맞춤형 서비스 능력 등이 필요하기 때문입니다.

볼 수 있습니다. 이런 점에서 디지털 리터러시를 다음과 같이 다양한 리터러시의 하나로 보는 견해[8]도 있지만 이런 다양한 리터러시들을 포괄하는 상위적 개념[9]으로 보기도 합니다.

리터러시	개념
컴퓨터	컴퓨터에 대한 이해와 지식, 컴퓨터를 활용하는 능력, 컴퓨터에 대한 태도
정보	개인이 언제 정보가 필요한지를 알고, 필요한 정보를 식별 및 평가하고, 효율적으로 사용하는 능력
	정보가 필요한 때를 알고, 주어진 문제나 이슈를 다루기 위해 필요한 정보를 확인 · 조직 · 평가 · 활용하는 능력
미디어	미디어에 접근하여 미시의 성격과 그 내용을 이해하고 비판적으로 평가하여 다양한 맥락에서 의사소통하는 능력
ICT	지식사회에서 기능을 수행하기 위하여 정보 접근, 관리, 통합, 평가, 창조를 위하여 디지털 테크놀로지, 커뮤니케이션 툴, 그리고 네트워크를 사용하는 능력
디지털	건설적인 사회행위를 실행하도록 구체적인 생활 상황과 맥락에서 디지털 자료를 확인, 접근, 관리, 통합, 평가, 분석과 종합하여 새로운 지식을 구성하고 미디어 표현을 창조하고 다른 사람과 소통하기 위한 디지털 도구를 적절히 활용하고 그 과정을 성찰하는 개인의 인식, 태도와 능력
사회감성	토론 그룹이나 채팅방과 같은 온라인 통신 플랫폼에 효과적으로 커뮤니케이션 하는 능력

디지털 네이티브들은 디지털 리터러시도 남다릅니다. 휴대전화 예를 들어볼까요. 몇 년 전까지만 해도 휴대전화를 사면 책처럼 두꺼운 매뉴얼이 따라 나왔죠. 그럼 그걸 여기저기 뒤져보면서 기기 사용법을 익히곤 했습니다. 하지만 언제부터인지 휴대전화를 새로 구입해도 사용법이 담긴 매뉴얼이 더 이상 따라 나오지 않게 되었습니다. 두 가지 이유가 있지 않을까 싶은데요, 이미 휴대폰 사용에 익숙해진 세대들은 새로운 기능도 직접 사용해 보면서 스스로 터득할 수 있다는 것, 그리고 종이책 형태의 매뉴얼이 아니라 유튜브나 개인블로그 또는 SNS에 소위 언박싱을 포함하여 잔뜩 올라와 있는 사용후기들을 본다는 것입니다. 여기서 디지털 리터러시를 갖춘 사람과 그렇지 않은 사람 간에 생기는 정보격차, 즉 디지털 디바이드에 대한 문제가 대두합니다. 디지털 디바이드는 새로운 유형의 사회적 불평등을 초래할 수 있기 때문에 이를 해소하는 것이 디지털 시대에 정부가 해야 할 중요한 정책과제이기도 합니다.

▶ 디지털 디바이드(digital divide)
디지털 디바이드의 간단한 예로 젊은 사람들은 모바일 뱅킹을 쓰기 때문에 이체수수료를 지불하지 않는 반면 어르신들은 은행 창구에 직접 가서 처리하는 관계로 송금수수료를 지불하는 것이라든가, 디지털 리터러시를 갖춘 사람들은 보이스 피싱에 당하지 않지만 그렇지 않은 경우 교묘한 속임수에 속아 많은 돈을 사기당하는 경우 등을 들 수 있겠습니다. 아이

과거에는 디지털 디바이드를 단순히 물리적 접

근성 차원에서 바라보는 경향이 많았지만, 최근에는 디지털 기술이나 기기에 대한 접근이 가능하다고 해서 이를 이용할 수 있는 것이 아니고 이용을 한다고 해도 반드시 의미 있는 활용이 아닐 수 있다는 점에서 '이중적 디지털 디바이드(double digital divide)'에 주목하는 다층적 차원의 접근으로 변화[11]하고 있습니다. 예를 들어 와이파이가 터지지 않는 지역에 산다거나 컴퓨터를 살 돈이 없어 인터넷에 접근할 수 없는 것도 문제지만, 접근한다고 해도 다양한 정보를 찾을 수 없다거나 그것을 찾는 데 시간이 오래 걸리는 것은 다른 차원의 문제라는 것입니다. 전자가 구매력이나 지리적 위치 등에 관한 접근(access)의 문제라면 후자는 시민참여나 사회적 연대와 관련된 이용(use)의 문제[12]이기 때문입니다. 과기정통부가 매년 시행하는 '디지털 정보격차 실태조사' 결과[13]에 따르면 4대 취약계층의 정보화 수준(접근수준+역량수준+활용수준)은 일반국민을 100으로 볼 때 69.9%에 그치는 것으로 나타났습니다. 장애, 소득, 지역, 연령에 따라 디지털 격차가 발생하고 있음을 잘 보여주는 사례라고 할 수 있겠지만 그나마 연도별로 격차가 줄어들고 있음은 다행스러운 일입니다.

폰이 우리나라에 처음 출시된 것이 2009년 11월 28일인데, 50만여 명의 아이폰 가입자 중 서울 거주자가 거의 절반(44.6%)[10]에 달했고 이 중 강남 3구 거주자의 비율이 29.5%에 달한 것으로 보도된 바 있습니다. 그 당시 서울시내 아이폰 가입자 3명 가운데 1명은 강남 3구에 살고 있었다는 것입니다. 남성비율도 64%에 달했구요. 부동산 가격만 격차가 나는 것이 아니라 디지털 접근성에서도 지역별로 차이가 나는 사례인 동시에 디지털 디바이드의 예로 볼 수 있습니다.

구 분	2016년	2017년	2018년	2019년
장애인	65.4	70.0	74.6	75.2
저소득층	77.3	81.4	86.8	87.8
농어민	61.1	64.8	69.8	70.6
고령층	54.0	58.3	63.1	64.3
취약계층 평균	58.6	65.1	68.9	69.9

03

더 이상 약한 개인이 아니다

3.1. 약한 연대의 강한 힘(Strength of Weak Ties)

▶ 검은 백조(black swan)

'검은 백조'는 나탈리 포트만이 차이코프스키의 발레 '백조의 호수'에 나오는 흑조를 연기해서 2011년 제83회 아카데미 여우주연상을 수상했던 영화제목도 있습니다만, 여기서는 Taleb이 쓴 동명의 책[14]에서 제시한 'black swan theory'를 의미합니다. 그는 이 책에서 월가의 금융위기를 일컬어 예측이 불가능하고 엄청난 충격을 동반하지만, 일단 현실화된 후에는 사람들이 마치 예견 가능했던 것처럼 여기는 블랙 스완이라고 이름 지으면서 블랙 스완의 출현가능성을 애써 외면했던 소위 금융전문가들에게 경종을 울린 바 있습니다. 실제 검은 백조는 1697년 네덜란드 탐험가 윌리엄 드 블라밍(Willem de Vlamingh)이 서부 오스트레일리아에서 처음 발견했다고 합니다. 우리말로는 흰색이어야 하는 白鳥지만 영어 swan에는 흰색을 가진 특정 새를 묘사한 것일 뿐이지 용어 자체에 흰색이라는 의미는 들어있지 않습니다.

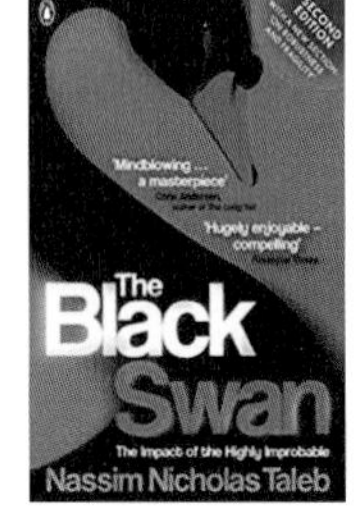

'둥근 사각형(round square)'이라는 말이 있습니다. '짧고 상세한 보고서'라는 말도 있지요. 그러고 보니 '검은 백조'라는 말도 있군요. 용어 자체가 모순적인 예라고 할 수 있겠습니다. '약한 연대의 강한 힘(strength of weak ties)'도 그렇습니다. 약한 연대가 강한 힘을 갖고 있다니 의아하지 않습니까? 이 이론은 Mark Granovetter의 1973년도 논문[15] 제목인데 디지털 시대에 SNS를 통해 이루어지는 요즘 사람들의 사이버 교류 활동을 마치 50년 전에 예측한 것 같은 통찰력을 보여주고 있습니다. 그는 보스턴 근교에 사는 사람 중 아는 사람, 즉 인맥을 통해 직업을 구한 54명을 인터뷰한 결과 직업을 소개해 준 사람 중 별로 친하지 않은 사람의 비율이 높다는 사실을 발견합니다. 그는 아는 사람의 유형을 일주일에 최소한 두 번 이상 (즉, 자주) 보는 사람, 일 년에 한 번 이상 만나지만 일주일에 두 번까지는 아닌 (즉, 가끔 보는) 사람, 그리고 일 년에 한 번 이하로 만나는 (즉, 그냥 아는) 사람으로 나누었는데, 직업을 소개한 사람이 자주 보는 사이인 경우는 16.7%에 불과한 반면, 가끔 보는 사이인 경우는 55.6%, 그리고 그냥 아는 사이인 경우는 27.8%에 달하는 것으로 나타난 것입니다. 일반적인 상식에 반하는 결과 아닌가요? 내 직업을 소개해 준 중요한 사람이 나와 친한 사람이 아니라니 말입니다.

생뚱맞지만, 물을 예로 들어봅시다. 알다시피 물은 상온에서는 액체, 고온에서는 기체, 그리고 저온에서는 고체의 형태로 존재합니다. 하지만 형태의 차이에도 불구하고 세 가지는 모두 동일한 분자, 즉 아래 그림에서 보듯이 두 개의 수소 원자와 한 개의 산소 원자로 구성된 H_2O입니다.

세 가지 상태에 관계 없이 분자식을 구성하는 H와 O의 결합은 모두 동일하므로 액체(물), 기체(증기), 고체(얼음)라는 형태를 결정하는 것은 물 분자 간의 결합 상태입니다. 즉, 느슨하면 기체, 단단하면 고체, 중간이면 액체가 되는 것입니다. 여기서 H와 O의 결합은 화학적으로만 분리가 가능할 만큼 매우 단단(strong tie)하지만 H_2O와 H_2O의 결합은 일상생활에서 단순히 온도 차에 따라서도 변화를 경험할 수 있을 만큼 매우 느슨(weak tie)합니다. 하지만 물의 상태를 결정하는 것은 H와 O의 결합이 아니라 H_2O 간의 결합입니다. 약한 연대가 중요하다는 것이죠.

비슷한 예로 다음 그림[16]을 보면 무엇이 떠오르나요? 실선을 친한 사이(strong tie), 점선을 안 친한 사이(weak tie)로 보면 왼편에 서로 친한 3명의 친구, 중간에 역시 서로 친한 2명 친구, 오른쪽에 두 명은 안 친한 4명의 친구가 있고 중간과 오른쪽을 연결하는 외톨이가 한 명 있네요. 외톨이인 사람은 아는 사람은 양쪽에 있지만 친한 친구가 한 명도 없습니다. 왼쪽 친구집단을 여대 여학생, 오른쪽 친구집단을 공대 남학생이라고 합시다. 집단 내 친구들끼리는 매우 친하지만 이성친구를 만나기 위해서는 자기들끼리 아무리 열심히 발버둥(?)을 쳐봐도 상대 집단에 접근이 불가능합니다. 살짝 은따(?)처럼 보이는 중간 친구를 거치지 않고서는 말입니다. 역시 강한 연대가 아닌 약한 연대가 중요한 역할을 수행하고 있음을 알 수 있습니다.

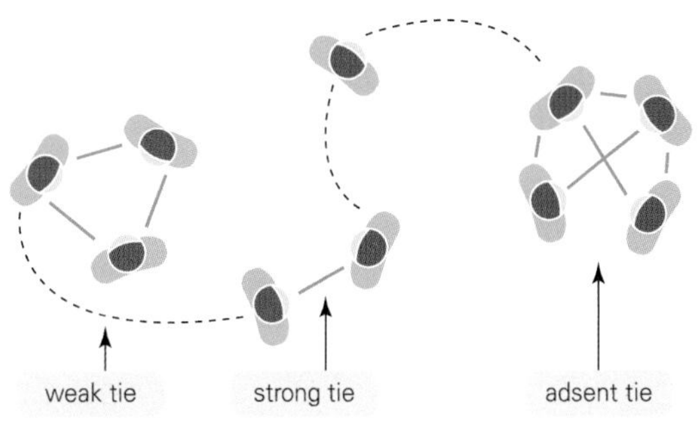

이제 눈치를 채셨는지요? 정작 나와 친한 친구들이 직업 소개에는 별로 도움이 되지 않는 이유를 말입니다. 여러분과 친한 친구일수록 여러분과 학연, 지연, 취미, 경험 등을 대부분 공유하고 있습니다. 사회 친구가 아닌 이상 같은 지역에서 같은 학교를 나와 같은 성향을 갖고 있기 때문에 친한 친구가 되었을 가능성이 크기 때문입니다. 따라서 알고 있는 정보나 지인의 범위가 사실상 나와 겹칠 수밖에 없습니다. 친구가 아는 것은 나도 알고, 내가 모르는 것은 친구도 모르기 십상이라는 것입니다. 이런 이유로 내가 직업을 구하거나 전직하려고 할 때 나랑 친한 친구들은 그다지 도움이 되지 않습니다. 오히려 별로 친하지 않더라도 나를 내가 모르는 곳과 연결해 줄 수 있는 사람이 중요한 연결고리가 될 수 있습니다. 안 친한 그 사람이 친한 내 친구보다 나를 더 걱정해 준다거나 내 구직을 위해 열심히 일해 주어서가 아니라 내가 모르는 정보를 알고 있기 때문입니다. 이것이 바로 Granovetter가 말한 '약한 연대의 가정(weak tie hypothesis)'입니다. 자, 약한 연대의 강한 힘을 알게 된 이상 여러분들은 아무나 와서 좋아요를 누를 수 있는 SNS 활동에 유의할 필요가 있습니다. 별로 친하지 않은 다른 사람과 강하게 연결돼서 새로운 일자리를 구할 수도 있고 내가 잘 모르는 그 사람이 내 취업을 방해[17]할 수도 있으니까요.

3.2. Smart mob(똑똑한 군중)

▶ **smart mob(똑똑한 군중)**
Smart mob은 Howard Rheingold가 동명의 책[18]에서 처음 사용한 용어로, '서로 알지 못하는 사이임에도 소통과 컴퓨팅이 가능한 디바이스를 통해 함께 행동할 수 있는 사람들'로 정의된 바 있습니다. 영어 mob은 crowd나 throng과 달리 무질서하고 폭력적일 수도 있는 떼거리라는 뉘앙스를 갖습니다. 어떤 목적을 향해 어떤 식으로 변화할지 모르기 때문에 스마트함과는 거리가 있다는 의미입니다. 하지만 디지털 리터러시를 갖춘 경우 스마트해질 수 있다는 점에서 black swan이나 둥근 사각형처럼 서로 모순되는 개념을 합친 흥미로운 작명으로 보입니다.

약한 연대의 강한 힘은 Smart mob의 출현을 가져왔습니다. 스마트 몹은 '휴대전화, 메신저, 인터넷 등 첨단 정보통신 기술을 바탕으로 네트워크를 형성하여 정치, 경제, 사회 전반의 문제에 참여하는 사람들의 집단'[19]을 의미합니다. 1990년대 후반 이후 본격 등장한 이들은 의사소통 능력과 컴퓨팅 능력을 모두 갖추고 있기 때문에 서로 모르는 사이임에도 공동 목표를 위해 단체행동이 가능한 사람들입니다. 디지털을 통해 온라인으로 소통하면서 공동 이슈가 생기면 신속하게 대규모 동원이 가능하기 때문에 정치, 경제, 생활, 사회적인 면에서 상당한 영향력을 행사할 수 있습니다.

우리나라에서 스마트 몹의 형태가 처음 사회적으로 이슈화된 것은 2004년에 있었던 폭설로 피해를 입은 사람들이 온라인에서 모여 함께 행동한 결과 도로공사를 상대로 한 소송에서 승리했던 사례[20]를 들 수 있습니다. 2004년 3월 5일 폭설이 내렸을 당시 고속도로에 갇혀 있던 이들은 이를 통해 1인당 35만–50만 원의 배상금을 받을 수 있게 되었는데 이들을 소송승리로 이끈 것은 '3.5고속도로대책본부(cafe.daum.net/countermove)'라는 온라인 모임이었습니다. 폭설이 내린 상태에서 고속도로 진입을 막지 않아 꼼짝없이 갇혀버린 사람 중에는 싣고 가던 활어가 모두 죽어버린 피해자, 2,000여만 원 상당의 떡을 모두 폐기처분해야 했던 사람, 생후 2개월된 아이와 고립돼 정신적으로 피해를 입은 엄마 등이 있었는데, 그날 밤 고속도로에 고립돼 연락조차 되지 않는 남편을 기다리다 도로공사 관련 카페에 들렀던 김○○씨는 자신과 비슷한 처지에 있는 사람들이 많다는 것을 알게 되자 아예 피해자 카페를 만들게 됩니다. 개설과 동시에 많은 피해자들이 속속 모여들게 되었고 댓글을 통해 분노를 표시하면서 567명의 회원들이 자연스레 소송으로 대응하기로 뜻을 모으게 된 것입니다.

생각해 봅시다. 폭설로 피해를 입은 사람들은 사건 발생 공간이 고속도로인 관계로 목적지가 모두 다를 수밖에 없고 통제가 풀리자 전국으로 뿔뿔이 흩어져 버렸을 것입니다. 서로 알기는커녕 인사도 하지 못한 전국 각지의 사람들이 함께 모일 수 있었던 것은 인터넷이 아니었다면 상상도 못 할 일이었을 것입니다. 처음에 모였다 해도 소송을 진행하려면 지루한 법정공방과 대응을 2년 가까이 지속해야 했는데 이 또한 인터넷이라는 디지털 공간이 아니었더라면 회원들의 시간적 비용과 금전적 비용 지출이 너무 커서 결국 중단되고 말았을 것입니다. 개인적인 피해가 아무리 컸더라도 한국도로공사를 상대로 혼자 소송을 벌인다는 것은 시도조차 못 할 일이었겠지만 서로 일면식도 없던 사람들이 약한 연대를 통해 강한 힘을 발휘함으로써 스마트 몹으로 변신했기 때문에 결국 거대 공기업을 무릎 꿇게 만드는 기적을 이루게 된 것입니다. 2011년 5월 최대 5일간의 단수사태를 겪은 구미지역 단수 피해자 19만 명이 한국수자원공사 및 국가를 상대로 집단소송을 제기하여 1인당 2만 원씩의 피해를 보상[21]받게 된 일도 있었는데 금액의 과소가 문제가 아니라 국가와 공기업을 상대로 경종을 울린 데 더 큰 의의가 있는 것입니다. 이들이 모였던 공간도 온라인 카페와 홈페이지였습니다. 뭐니뭐니해도 최순실 국정농단 사건으로 박근혜 대통령을 물러가게 했던 촛불혁명은 온 국민이 스마트 몹이 되었던 일대 사건이라고 할 수 있겠습니다.

이들은 기업을 대상으로 해서도 거대한 힘을 발휘하곤 했는데 우리나라에 '갑질논란'을 몰고 온 것도 네티즌이 주도한 스마트 몹이었습니다. 2013년에 대한항공

승무원에게 라면이 익지 않았다고 행패를 부리던 포스코 상무의 악행이 인터넷을 통해 드러나면서 네티즌들의 분노를 불러오자 결국 포스코가 대국민 사과[22]를 하게 되었고, 남양 유업 대리점주를 대상으로 한 본사 직원의 막말 녹음이 인터넷을 통해 퍼지면서 불매운동으로 이어지자 결국 회사대표가 사과[23]하게 되었죠. 원래 갑과 을(甲과 乙)은 계약서 등에서 양방을 일컫는 일종의 대명사처럼 쓰이던 용어(보통 발주자나 대기업을 갑, 수주자나 협력업체를 을로 표기하는 경우가 많습니다)였으나 이때부터 '갑질'은 우월한 위치에 있는 자의 횡포를 일컫는 말이 되었고 '을'은 불합리한 피해를 당하는 자를 통칭하는 말처럼 쓰이게 됩니다. 갑질 논란은 이후 대한항공에서 기내서비스로 제공되는 마카다미아 서빙이 마음에 들지 않는다며 재벌 딸이었던 전무가 사무장을 내리게 했던 대한항공의 땅콩 회항 사건[24]에서 대미를 장식하게 되는데 세간에 이 소식이 알려지게 된 것도 사내망을 통해 공유한 정보가 외부 인터넷 사이트에 공개되었기 때문이라고 합니다.

스마트 몹은 집단지성으로 발현되기도 합니다. 임신한 아내를 위해 화물차 운전기사로 일하며 빵을 사오다 뺑소니 차에 치어 숨진 '크림빵 아빠' 사건이 터지자 네티즌들이 경찰보다 치밀하게 정보를 추적해서 결국 범인을 잡게 된 경우[25]도 있었고, 메르스 발병 시 정부가 제대로 된 정보를 공개하지 않자 시민들이 자발적으로 메르스 확산 지도를 자체적으로 제작해서 공개[26]하기도 했습니다. 이때의 교훈들이 최근 코로나 사태와 관련하여 정부가 투명하게 정보를 공개하는 계기가 되었다고도 볼 수 있습니다.

3.3. 문제는 거래비용(Transaction cost)

약한 연대의 강한 힘을 통한 스마트 몹이 가능해진 것은 디지털 기술과 온라인 덕분이라고 할 수 있습니다. 그리고 디지털과 온라인이 아날로그나 오프라인과 다른 점은 사람들을 연결하는 데 필요한 거래비용(transaction cost)을 획기적으로 줄여주었다는 것입니다. 거래비용이 중요한 것은 정부개입의 근거 중 하나였던 외부성이 존재하는 상황에서도 거래비용이 없고 재산권(property right)이 보장되는 경우 사적 자치에 따라 사회적으로 최적인 결과가 도출될 수 있기 때문입니다. 소위 코즈 정리로 불리는 획기적인 가설이 디지털 시대에 현실화가 된 것입니다.

▶ 코즈 정리(Coase theorem)
코즈 정리는 Ronald Coase가 1937년에 발표한 논문(The Nature of the Firm)에서 던진 심오한 질문, 즉 '가격 메커니즘이 자원배분을 위한 가장 효율적인 장치라면 기업이 왜 존재하는가?'에서 출발

한 가지 가정[28]을 해 봅시다. 때는 바야흐로

미국의 서부 개척시대, 광대한 서부지역을 가로질러 철로가 뚫리고 이 철길을 증기기관차가 검은 연기를 내뿜으며 달리고 있습니다. 그런데 석탄을 때서 달리다 보니 의도치 않게 여기저기 불똥이 튀는 일이 생깁니다. 그중 일부는 농부들이 애써 가꾼 목화밭이나 옥수수 농장 또는 목장으로 번져 큰불로 이어지기도 합니다. 철도 운행이 농장주들에게 피해를 발생시키는 상황이지만 일일이 감시할 수도 없어서(서부 개척시대라는 점을 상기하세요) 철도회사는 발뺌하기 일쑤입니다. 농장이나 목장의 규모가 크고 멀리 떨어져 있어 농장주와 목장주들이 서로 만나기도 쉽지 않습니다. 의도치 않은 피해를 주고 있지만 보상하지 않는 전형적인 외부 불경제(negative externality)가 발생하고 있는 것입니다. 하루에 최대 6회까지 열차가 운행할 수 있다고 할 때 운행횟수별 비용이 아래와 같이 증가한다고 하고(운행을 늘리려면 열차도 늘려야 하고 승무원도 늘려야 하고 석탄도 더 사야 하니까요) 운행당 수입을 350(달러, 이하 단위 생략)이라고 한다면 철도회사 입장에서는 하루에 몇 회를 운행하려고 할까요? 만일 농작물 피해를 보상할 필요가 없다면 아래 표에서 보듯이 순이익을 극대화할 수 있는 4회를 운행하려고 할 것입니다.

합니다. 그는 기존의 신고전파 경제학이 무시했던 거래비용을 줄이기 위해 기업이 존재한다고 하였는데 거래비용을 경제학의 전면에 등장시킨 공로로 1991년 노벨 경제학상을 수상합니다. 코즈 정리는 '재산권의 충돌이 있더라도 거래비용이 (무시할 만큼) 작다면 재산권이 누구에게 귀속되는가에 상관없이 당사자 간 협상을 통해 효율적인 결론에 다다를 수 있다'[27]는 것으로, 요즘 같은 디지털 시대에 이르러서야 온라인을 통해 실현된 명제라고 할 수 있습니다.

일 운행횟수	운행수입	운행비용	순이익
1	350	100	250
2	700	200	500
3	1050	400	650
4	**1400**	**700**	**700**
5	1750	1100	650
6	2100	1600	500

하지만 운행 1회당 가능한 곡물피해액이 평균 200이고 이를 철도회사가 보상해야 한다면 몇 회를 운행해야 할까요? 운행비용뿐 아니라 곡물피해를 더한 비용, 즉 사회적 비용까지 고려하게 되면 운행횟수는 2회로 줄어들어야 합니다. 즉, 4회는 철도회사 입장에서 사적 이익을 극대화하는 조건이고 2회는 사회적으로 봤을 때 최적인 조건이 됩니다.

일 운행횟수	운행수입	운행비용	곡물피해	운행비용 + 곡물피해	순이익
1	350	100	200	300	50
2	700	200	400	600	100
3	1050	400	600	1000	50
4	1400	700	800	1500	-100
5	1750	1100	1000	2100	-350
6	2100	1600	1200	2800	-700

문제는 어떻게 철도회사로 하여금 4회가 아닌 2회만 운행하라고 할 수 있냐는 것입니다. 가장 전형적인 방법은 정부개입을 통해 철도회사에게 곡물피해를 보상하라고 하는 것이겠죠. 하지만 다른 방법이 있습니다. 철도회사와 농장주들이 서로 협상을 하도록 하는 것입니다.

두 가지 경우를 생각해 볼 수 있는데요, 하나는 철도회사가 엄연히 사업면허를 받아 운행을 하고 있고 고의적으로 불을 낸 것도 아니며 농장주들도 철도를 이용하고 있다는 점에서 몇 회를 운행하건 철도회사가 정할 수 있도록 배타적 영업권을 주는 경우입니다. 적법하게 건축허가를 받으면 주변 건물의 조망권에 관계없이 (민사소송은 예외로 하고) 내 땅에 내가 고층빌딩을 올려도 되는 것과 마찬가지입니다. 이 경우 농장주들이 곡물피해를 줄이려면 철도회사가 운행횟수를 줄이도록 적절한 보상을 해 줘야 합니다. 운행 1회당 가능한 곡물피해 규모가 200이므로 6회를 모두 운행할 때 피해액 1,200을 가정하여 0회 운행 시 1,200을 보상하고 1회씩 운행을 늘릴 때마다 200을 공제한 금액을 보상하는 방법을 생각해 볼 수 있겠네요. 그렇다면 철도회사 입장에서는 몇 회를 운행하려고 할까요? 아래에서 보듯이 순이익을 극대화할 수 있는 2회를 선택할 것입니다.

일 운행횟수	운행수입	운행비용	농장주의 보상금	순이익
0	0	0	1200	1200
1	350	100	1000	1250
2	700	200	800	1300
3	1050	400	600	1250
4	1400	700	400	1100
5	1750	1100	200	850
6	2100	1600	0	500

이번엔 반대로 철도회사가 곡물피해를 보상하는 것을 가정해 봅시다. 농장주들은 평온하게 농작물을 키우고 안전하게 유지할 권리가 있고 농장주들이 열차운행을 반대하면 지역여론도 안 좋고 하니 말입니다. 아래 표에서 보듯이 이 경우에도 철도회사가 선택해야 하는 합리적인 운행횟수는 2회입니다.

일 운행횟수	운행수입	운행비용	피해 보상금	순이익
1	350	100	200	50
2	700	200	400	100
3	1050	400	600	50
4	1400	700	800	-100
5	1750	1100	1000	-350
6	2100	1600	1200	-700

두 가지 방법 모두 정부의 개입이 없이도 자발적 협상을 통해 사회적으로 최적인 2회 운행이 달성됩니다. 물론 대안별로 철도회사의 순이익 규모가 달라지므로 실제 협상에서는 철도회사와 농장주 입장의 중간 정도에서 타협이 이루어지기 쉽겠죠.

그런데 이런 협상이 이루어지려면 두 가지 전제가 필요합니다. 하나는 재산권(property right)의 보장이고 다른 하나는 거래비용(transaction cost)이 0에 가까울 만큼 작아야 한다는 것입니다. 재산권은 재화나 서비스를 어떻게 이용하고 누가 소유할 것인지를 정할 수 있는 배타적 권리[31]를 의미하며, 사용권, 수익권, 처분권, 소유권을 포함하는 개념입니다. 앞서의 예에서 철도회사에게 농장주들이 보상하는 경우 철도사업권이라는 재산권을 철도회사에게 인정한 것이고 철도회사가 농장주들에게 보상하는 경우 농작물을 안전하게 기를 수 있는 농업권이라는 재산권을 농장주들에게 인정한 것이라고 할 수 있습니다. 우리 아파트 앞에 고층 건물이 지어질 경우 한강을 바라볼 수 있는 시야를 가린다는 이유로 주민들이 연대하여 손해배상을 청구한다면 조망권이라는 재산권을 인정한 것입니다. 이런 점에서 단순한 소유권과 구별되는데, 공유의 비극이 발생하는 것도 재산권을 적절히

▶ 공유의 비극(tragedy of commons)
공유재나 공유자원은 배제성과 경합성이 없는 공공재와 달리 배제성은 없고 경합성은 존재하는 재화나 자원을 의미합니다. 내가 아닌 다른 주체가 이용하는 것을 막을 수 없지만(나한테 재산권이 없으므로) 그로 인해 나의 이용이 제약을 받는 경우로 바다의 수산자원이나 공동으로 방목하는 목초지 등을 예로 들 수 있겠습니다. Hardin이 1968년 발표한 논문[29]에서 처음 사용한 이후 특정 자원이 다수에 의해 공유될 때 바람직한 수준 이상으로 과도하게 사용되는 현상을 설명하는 데 주로 활용[30]되고 있습니다.

인정하지 않았기 때문이라고 할 수 있습니다.

거래비용[32]은 Coase에 의해 아이디어가 개발되고 Williamson[33]에 의해 이론으로 정교화된 개념으로 경제적 거래와 교환과정에서 발생하는 비용을 의미합니다. 직접적인 생산비용 외에 조직과 시장을 포함한 제도(institution)에 의해 발생하는 모든 비용과 가격 메커니즘을 통한 시장거래 수수료 등이라고 할 수 있습니다. 만일 외부로부터 무엇인가를 구매한다면, 구매하려는 대상물의 종류와 품질, 가격 등을 알기 위해 들어가는 조사와 정보비용(search and information costs), 상대방과 적정 가격 결정에 필요한 흥정이나 협상 비용(bargaining and decision costs), 계약을 체결한 경우라도 상대가 계약대로 지키는지 감시해야 하고, 위반 시 강제 이행하도록 하는 데 들어가는 단속 및 이행비용(policing and enforcement costs) 등이 거래비용에 해당합니다. 내부생산의 경우라면 기술과 사람에 대한 정보를 수집하고 이들을 생산 분야로 동원하여 협력적으로 일하도록 명령, 지시하는 데 드는 조정비용(coordination cost), 적정한 성과를 내도록 유인하는 동기부여비용(motivation cost) 등을 의미합니다. 결혼 상대방을 고르기 위해 전 세계의 사람을 모두 만나볼 수 없는 것도 거래비용이 크기 때문이고 비용이 싼 무면허 치공사가 아니라 비싼 돈 주고 치과의사에게 가는 것도 무면허 시술 후에 발생할지 모를 거래비용을 줄이기 위한 것입니다. 코즈는 이러한 거래비용, 즉 제품과 서비스를 생산하고 판매하고 유통하는 데 들어가는 반복적인 비용을 최소화하기 위해 기업이 존재한다고 보았습니다.

앞의 예에서 농장주들이 서로 모이기 어렵고 불똥이 튀는 것을 감시하기 어렵고 철도회사와 담판을 짓기 어려운 이유도 농작물 피해 비용보다 거래비용이 더 크기 때문이라고 할 수 있습니다. 하지만 요즘 같은 인터넷 시대라면 그런 거래비용이 사실상 0에 가까울 만큼 작습니다. 농장주들이 스마트 몹으로 변신할 수 있다는 것입니다. 이렇듯 재산권이 정의되어 있고 거래비용이 작을 경우 정부개입이 필요한 분야인 외부성이 발생하더라도 개인 간의 협상에 의해 사회적으로 바람직한 결론에 이를 수 있다는 것이 코즈 정리의 핵심이므로, 디지털 시대의 정부역할은 직접적인 개입에서 재산권의 보장을 강화하고 거래비용을 줄이는 방향으로 변화해야 한다는 시사점을 제공한다고 볼 수 있습니다.

04

더 생각해 볼 문제

- 디지털 시대에는 아날로그 시대와 달리 많은 것이 변화했습니다. 변화된 시대 상황에서 앞으로 정부의 역할은 어떻게 바뀌어야 할까요? 코즈 정리가 주는 시사점을 이용해서 고민해 봅시다.
- 1997년 교토 의정서에 따라 온실가스 배출권을 사고파는 탄소거래 시장이 탄생했습니다. 각국이 배출할 수 있는 탄소배출량을 정하고 그 이하로 배출했으면 남은 배출권을 다른 나라에 판매할 수 있는 반면, 초과하여 배출하려면 다른 나라의 배출권을 사와야 하는 구조입니다. 이러한 탄소거래 시장을 재산권과 거래비용 개념을 이용해서 설명해 보면 어떨까요?
- 요즘은 온라인에 기반한 플랫폼 기업이 대세입니다. 플랫폼이란 통제나 규제가 아니라 참여자 간의 자유로운 교환과 평판(reputation)에 따라 거래가 이루어지는 사이버 공간으로 중간중간에 수문장(gatekeeper)이 존재하는 과거의 파이프라인(pipe line) 기업유형을 대체하고 있습니다. 자유로운 교환과 평판시스템이 거래비용을 획기적으로 줄인 결과라고도 할 수 있습니다. 플랫폼 기업의 대표적인 예가 우버(Uber)나 에어비앤비(airbnb)인데 우리나라에서는 우버가 불법이고 내국인을 대상으로 한 에어비앤비 영업도 금지되어 있습니다. 다른 나라에서는 합법인데 우리나라에서는 왜 그렇지 못할까요? 디지털 시대에 플랫폼 기업을 대하는 정부의 자세는 어떻게 달라져야 할까요?
- SNS나 유튜브 같은 개인 미디어가 기존의 공식적인 미디어를 대체하는 수준에 이르고 있습니다. 공중파 뉴스는 보지 않고 하루 종일 유튜브 세상에서만 사는 사람도 심심치 않게 볼 수 있습니다. 문제는 내가 보고 싶은 것만 보고 듣고 싶은 것만 듣기 때문에 균형 잡힌 시각을 잃을지 모른다는 것입니다. 세대 간 갈등이 발생할 수도 있구요. SNS에 끊임없이 족적을 남기면서 다른 사람에게 보여주기 식으로 온라인 삶을 살다 보면 실제 사람을 대하는 현실세계가 피폐

해질 수도 있습니다. 디지털 리터러시와 함께 미디어 리터러시도 필요한 시점인데요, 바람직한 SNS 활용은 어떤 방식이 되어야 할까요?

- 디지털 시대에는 정부도 디지털 리터러시를 갖추어야 합니다. 정책홍보나 국민소통도 이전과는 다른 방식으로 변화해야 할 텐데 정부기관이 운영하는 SNS 채널에 접근해서 직접 활용과 소통을 해 본 후 민간과 비교해서 평가해 보면 어떨까요? 바람직한 변화방향을 생각해서 정부기관의 SNS에 제안해 보는 것도 방법일 것 같습니다. 적절한 피드백이 올 것인지도 궁금하네요.

미주

1) https://m.blog.naver.com/PostView.nhn?blogId=hsmskim&logNo=220641626917&categoryNo=0&proxyReferer=&proxyReferer=https:%2F%2Fwww.google.com%2F
2) 거액을 투자하지 않고 요리사로 성공할 수 있다는 모델을 제시한 점을 인정받아 타임지가 선정한 2016년 '세계에서 가장 영향력 있는 인물 100인'에 포함되기도 했음. https://www.donga.com/news/Inter/article/all/20160422/77732342/1
3) 이러한 구분은 Hinssen, Peter. (2011). The New Normal: Explore the Limits of the Digital World. Lannoo Publishers.
4) Negroponte, Nicholas. (1995). Being Digital. NY: Alfred A. Knopf.
5) 오철호·우윤석 외. (2017). 제4차 산업혁명에 따른 중소기업 정책현안 발굴. 한국정책학회 연구용역보고서.
6) Carvin, A. (2000). Mind the Gap: The Digital Divide as the Civil Rights Issue of the New Millennium. Multimedia Schools. 7(1): 56-59.; 장승권 외. (2007: 54). 디지털 권력: 디지털 기술, 조직 그리고 권력. 삼성경제연구소.
7) Gilster, P. (1997). Digital Literacy. New York: Wiley.
8) 이애화. (2015). 디지털 리터러시 교육을 위한 디지털 역량의 개념적 특성과 한계. 교육문화연구, 21(3): 179-200, p. 182.
9) 안정임. (2002). 디지털 커뮤니케이션과 미디어 리터러시: 의미와 연구방향의 모색. 교육정보방송연구, 8(3): 5-24.
10) 커지는 '스마트 갭' 또 다른 양극화가 싹튼다. 한국경제신문, 2010.4.3. https://www.hankyung.com/it/article/2010040267701
11) 안정임. (2002). 디지털 커뮤니케이션과 미디어 리터러시: 의미와 연구방향의 모색. 교육정보방송연구, 8(3): 5-24.
12) 유지연. (2003). 디지털 정보격차의 재정의와 주요국 현황. 정보통신정책 vol.12, p. 61.
13) 과기정통부. (2019). 2019년 디지털 정보격차 실태조사 보고. p. 38.
14) Taleb, N. (2008). The Black Swan: The Impact of the Highly Improbable. London: Penguin Books.
15) Granovetter, M. (1973). Strength of Weak Ties. American Journal of Sociology, 78(6), 1360-1380
16) https://en.wikipedia.org/wiki/Interpersonal_ties#:~:text=In%20this%20direction%2C%20the%20%22weak,knit%20clumps%20of%20close%20friends.
17) 클럽 좋아하나봐요…취준생, SNS에 발목 잡힐라. 2017.3.19., 머니투데이, https://news.mt.co.kr/mtview.php?no=2017031715563469099
18) Rheingold, H. (2002). Smart Mobs: The Next Social Revolution. Cambridge: Basic Books. p. 12.
19) 과학백과사전, https://www.scienceall.com/%EC%8A%A4%EB%A7%88%ED%8A%B8-%EB%AA%B9smart-mob/
20) 2004년 '폭설에 갇힌 고속도로' 배상받는다. 2006.6.9., 중앙일보, https://news.joins.com/article/2269532
21) 구미 단수 피해시민 19만 명에게 2만원씩 배상. 2013.4.29., 조선일보, https://www.chosun.com/site/data/html_dir/2013/04/29/2013042900207.html
22) 갑질 문화 제대로 보여준 포스코 '라면상무.' 2013.12.27., 아시아경제, https://www.asia

e.co.kr/article/2013122711122055646

23) 또 분노한 을의 반격. 2013.5.6., 조선일보, https://www.chosun.com/site/data/html_dir/2013/05/06/2013050600074.html

24) 재벌 딸 갑질로 시작된 땅콩회항 사건 전말 169일. 2015.5.22., 연합뉴스, https://www.yna.co.kr/view/AKR20150522123700004

25) 네티즌 추적에 크림빵 아빠 뺑소니범 자수. 2015.1.30., 조선일보, https://www.chosun.com/site/data/html_dir/2015/01/30/2015013000252.html

26) '메르스 비밀주의' 화난 시민들, 집단지성 발휘. 2015.6.6., 오마이뉴스, http://www.ohmynews.com/nws_web/view/at_pg.aspx?cntn_cd=a0002115188

'that when there are conflicting property right, bargaining between the parties involved will lead to an efficient outcome regardless of which party is ultimately awarded the property rights, as long as the transaction costs associated with bargaining are negligible.', Intelligent Economists, https://www.intelligenteconomist.com/the-coase-theorem/

28) http://www.sjsu.edu/faculty/watkins/coasetheorem.htm

29) Hardin, G. (1969). The Tragedy of the Commons, Science, vol.162, no.3859, December, pp.1243-1248.

30) 온라인 행정학 전자사전, http://www.kapa21.or.kr/epadic/epadic_view.php?num=653&page=7&term_cate=&term_word

31) Alchian, A. Property Rights, The Library of Economics and Liberty, https://www.econlib.org/library/Enc/PropertyRights.html.

32) 온라인 행정학 전자사전, http://www.kapa21.or.kr/epadic/epadic_view.php?num=731

33) Williamson, O. (1981). The Economics of Organization: The Transaction Cost Approach. American Journal of Sociology, 87(3): 548-577.

PART

11

하고 싶은 일, 할 수 있는 일, 그리고 해야 할 일: 행정가치와 공공성과

영 화 로 보 는 행 정 관 람

청년경찰(Midnight Runners, 2017)

감독: 김주환

출연: 박서진(기준 역), 강하늘(희열 역), 성동일(양 교수 역), 박하선(주희 교관 역) 외

수상: 54회 대종상 영화제 신인 남자배우상, 38회 황금촬영상 최우수 여우조연상, 37회 한국영화 평론가 협회상 신인남우상 등

'청년경찰'이란 영화는 청춘스타인 박서준과 강하늘이 불의를 참지 못하는 경찰대생 역을 맡아 570만 이상의 관객을 끌어모았던 작품입니다. 이들은 우연한 기회에 젊은 여성들을 납치해서 난자를 적출해 팔아넘기는 일당이 있다는 것을 알게 되고 학교에서 배운 대로 납치 피해자의 생존기간(critical hour)을 지키고자 범죄현장을 덮치게 됩니다. 하지만 악당들을 일망타진하기는커녕 본인들이 일망타진되어 장기가 적출될 위기에 처했던 그들은 죽을 힘을 다해 탈출에 성공하고 경찰서에 가서 이 사실을 알립니다. 하지만 신분증부터 내놓으라는 경찰과 실랑이하다가 경찰이 쏜 테이저건에 맞아 쓰러지게 되고 다음 날 이들을 데리러 온 경찰대 양성일 교수에게도 이 사실을 알리지만 정식으로 사건이 접수되더라도 최소 2주일은 걸려야 수사가 시작될 것이라는 양 교수의 설명에 분통을 터뜨리게 됩니다. 결국 이들은 스스로 문제를 해결하고자 나서게 되는데....

이 상황은 '하고 싶은 일이 할 수 있는 일이 되려면 해야 할 일이 있다'라고 하는 명제를 떠올리게 합니다. 두 청년경찰이 하고 싶은 일은 범죄조직을 때려잡는 것이지만 아직 경찰도 아닌 그들 둘이 할 수 있는 일이 아닙니다. 이 일을 할 수 있으려면 경찰이 정식 절차를 거쳐 사건을 접수하고 담당 조직을 배정하여 사전수사한 결과를 바탕으로 물리적인 검거에 착수해야 하기 때문이죠. 위 명제는 성과관리에도 그대로 적용됩니다. '하고 싶은 일'이 중장기적인 목표나 비전이라면 '할 수 있는 일'은 추진역량을 의미하고, '해야 할 일'은 현실(as-is)과 이상(to-be), 즉 '하고 싶은 일'과 '할 수 있는 일' 간의 격차(gap)을 메우는 활동을 의미하기 때문입니다. 그렇다면 '하고 싶은 일'과 '할 수 있는 일'을 구별하고, '해야 할 일'을 제대로 하고 있는지를 확인할 필요가 있습니다. 이를 위해 필요한 논의가 바로 행정가치 내지 행정이념과 공공부문 성과관리에 관한 사항입니다.

우선 경찰이 바로 수사에 착수하지 못하고 적법한 절차를 거치려는 것은 합법성 측면에서는 당연하고 바람직한 것이라고 볼 수 있습니다. 경찰이 개인적인 판단에 따라 자의적으로 특정 수사를 먼저 진행했을 때 생길 수 있는 문제가 크기 때문이지요. 반대로 범죄조직을 생존기간 내에 검거해야 한다는 것은 경찰에게 주어진 미션일 수 있습니다. 둘 중 어떤 가치를 우선해야 할까요? 보다 구체적으로는 바람

직한 행정이념 차원에서 합법성과 재량, 그리고 적극행정 면책이 논의될 필요가 있다는 것입니다. 두 번째로 공공부문이 과연 일을 잘했는지 어떻게 확인할 것인가에 관련된 성과관리 차원의 논의도 필요합니다. 공공부문은 민간부문과 달리 경제적 이윤창출이라는 단일 목표를 갖고 있는 것이 아니기 때문에 성과를 확인하기가 매우 어렵습니다. 국방부가 우리나라를 잘 지키고 있는지 제대로 알려면 실제로 전쟁이 나봐야 한다는 것을 생각하면 이해가 쉬울 것입니다.

01

영화 들여다보기: 범죄현장을 목격하고도 기다려야 한다뇨?

기준과 희열은 경찰대 신입생입니다. 기준은 주로 몸으로 승부하는 스타일이고 희열은 한눈에 봐도 살짝 범생이 과입니다. 어느 날 식당에서 배식을 받다가 소시지를 두 개밖에 안 준다며 더 달라고 항의하다 실패한 기준의 앞에 소시지를 식판에 그대로 둔 채로 식사를 마치고 일어나려는 희열이 눈에 띕니다. 발암물질이 들어 있다고 소시지를 안 먹겠다는 희열의 소시지를 기준이 냉큼 집어 먹으면서 둘의 접촉(?)이 시작됩니다.

학교 훈련 중 1시간 내에 구보로 산을 등정하고 내려와야 하는 과정이 있었는데 희열이 발목을 심하게 삐는 상황에 처합니다. 동기들이 아무도 도와주지 않고 지나쳐 가는데 기준이 지나가자 희열이 전에 소시지를 줬으니 이번엔 나를 도와줘야 한다며 필사적으로 매달립니다. 기준도 거절하지만 도와주면 한치살을 사준다는 희열의 말에 넘어가 희열을 부축해 함께 달립니다. 당연히 다른 동기생들은 모두 제한 시간 내 등정을 완료했지만 이 둘만 시간을 넘겨 도착하게 되지요. 성질 더럽기로 소문난 여자 교관 주희가 이유를 묻자 희열은 기준이가 자기를 돕느라 늦었으니 기준 학생은 통과시켜 달라고 비장하게 보고합니다. 다음 이야기가 어떻게 진행될지 감이 오는 장면.... 주희는 다른 동기들도 모두 희열이 넘어진 것을 보았다는 것을 확인하고 이 둘만 남긴 채 다른 동기들은 재등정을 하고 오라고 시킵니다. 넘어진 동료도 돌보지 않으면서 무슨 시민을 돕는 경찰이 되겠냐고

하면서요. 그렇게 이 둘은 친구가 됩니다.

그렇게 2년이 지나고 청춘사업에 실패한 그들은 술집에서 신세한탄을 하고 나오다가 눈에 띄는 미모의 여성(윤정)을 보게 됩니다. 서로 전화번호를 따오라며 실랑이 하는 사이 윤정이 괴한들의 차에 납치되는 장면을 목격합니다. 이상한 낌새를 채고 뒤를 쫓지만 놓치게 되고 근처 경찰서로 달려가 목격사실을 신고해도 대기업 총수 손자의 실종사건 대응으로 일손이 부족한 경찰은 출동하지 않습니다. 학교에서 납치자는 생존시간 내에 구조해야 한다고 배웠던 걸 떠올린 이들은 둘이서 직접 수사를 해 보기로 작정을 합니다.

둘은 윤정이 떨어뜨리고 간 떡볶이를 근거로 포장마차를 뒤지기 시작하고 우여곡절 끝에 윤정이 감금된 장소에 찾아간 그들은 납치된 사람이 윤정뿐 아니라 여럿임을 알게 됩니다. 하지만 감금되어 있던 한 여성을 병원으로 데려가려는 순간 들이닥친 납치범들에게 제압당해 정신을 잃고 맙니다. 옷도 벗겨지고 쇠고리에 묶인 채 장기가 적출될 뻔한 위기에서 깨어난 이들은 가까스로 탈출에 성공하여 인근 파출소 지구대에 달려가 이 사실을 신고합니다. 하지만 신분 확인을 먼저 해야 한다며 경찰이 믿어주지 않자 사람 목숨보다 절차가 중요하나며 격하게 대들다가 경찰이 쏜 테이저건에 맞고 장렬히 기절합니다. 다음 날 아침 지도교수인 경찰대 양 교수가 찾아오자 기준과 희열은 양 교수와 함께 자신들이 발견한 납치장소로 가서 자신들이 본 사실을 보고합니다. 현장을 본 양 교수는 젊은 여성의 난자를 적출해서 팔아넘기는 범죄임을 직감하고 광역수사대 후배에게 수사를 부탁하지만 예상한 대로 수사 착수에 시간이 걸릴 것이란 것만 확인했을 뿐입니다. 양 교수는 이들의 분노에 공감하면서도 이 사건은 어른들에게 맡기고 학교로 돌아가라고 타이릅니다.

학교로 돌아온 두 사람은 스스로 이 문제를 해결해 보겠다고 결심하고 각종 호신술을 연마하며 몸짱이자 로보캅으로 거듭납니다. 결정적인 증거를 찾아낸 이들은 각종 수사장비를 빌려 현장을 덮치게 되고... 육탄전을 벌여 범죄조직을 일망타

진합니다. 그러나 그들을 기다리는 것은 교칙을 어겼다는 이유로 퇴학을 논의하는 징계위원회였고, 다행히 양 교수의 변론에 힘입어 퇴학 대신 1년 유급과 사회봉사 500시간이라는 선처를 받는 것으로 영화는 훈훈히 마무리됩니다.

02

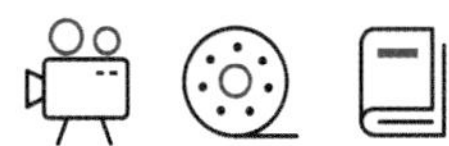

행정이념 차원: 합법성과 재량

2.1. 행정이념 또는 행정가치 개관

성경을 읽기 위해 촛대를 훔치는 것은 죄악인가요, 아닌가요? 결과론자 입장에서는 훔친 성경을 읽고 좋은 사람이 되었다면 선의로 해석하여 죄가 아니라고 볼 수 있지만 과정론자 입장에서는 훔쳤다는 과정 자체에 문제가 있으므로 죄라고 해석할 수 있을 것입니다. 낙태를 허용하는 것은 죄인가요, 아닌가요? 만일 본인이 원하지 않았는데 범죄의 피해자로 임신했거나 임신한 아이가 기형아인 것을 알았을 경우라면 어떠할까요? 가톨릭의 입장과 범죄사회학적 입장은 다를 수 있을 것입니다. 이렇듯 어떤 행위가 선의인지 악의인지 판단하려면 일정한 기준과 잣대가 필요하듯이 행정에서도 바람직한 통제와 평가를 하려면 무엇을 위한 행정인가에 대한 기준이 필요한데 이를 행정이념, 행정가치 또는 행정의 지도원리[1]라고 할 수 있습니다. 그리고 이를 기준으로 여러 정책이나 대안 중 어느 것을 더 중시하고 우선해야 할 것인가, 동일한 대안을 수행할 때는 어떤 방식으로 추진해야 할 것인가에 대한 문제를 판단할 수 있습니다. 가장 많이 인용되는 가치라고 할 수 있는 민주성과 효율성을 예로 들자면 행정을 함에 있어 민주적이고 효율적으로 행해야 한다는 의미가 되겠지요. 행정이념 내지 가치는 본질적 이념·가치(intrinsic value)와 수단적 이념·가치(instrumental value)로 구분되는데 전자가 공익, 정의, 복지, 자유, 평등처럼 행정을 통해 이룩하고자 하는 궁극적 가치라고 한다면 후자는 본질적 가치를 실현할 수 있도록 실제 집행과정에서 사회적 또는 경제적 가치를 배분하거나 조정하는 기준이라고 할 수 있습니다. 아래에서 몇 가지 예를 들어보겠습니다. 합법성의 경우 수단적 행정가치에 해당하는데 중요한 내용이므로 별도의 절에서 설명하도록 하겠습니다.

2.1.1. 본질적 행정가치

① 공익(公益, Public interest)

공익은 글자 그대로 특정 개인이나 집단의 사익과 반대되는 공공의 이익을 말하는데 후생경제학에서 말하는 사회후생(social welfare)나 공공복지(public welfare)와 유사한 개념이라고 이해할 수 있습니다. 행정학적으로 보자면 행정관료가 공익의 해석자(interpreter)이자 집행자(implementor)의 역할을 수행해야 하며, 사회적 가치를 공익적 관점에서 배분할 수 있도록 공정한 양심, 정치과정을 통한 의견수렴 등이 필요하다는 의미입니다.

공익이론 중 개인주의적 과정론에 따르면 공익은 사익의 합계에 불과하며, 사익 간의 타협 또는 집단 간 상호작용의 산물입니다. 사익을 떠난 공익은 있을 수 없다는 근대 민주주의적 공익론의 핵심으로 공익은 한정된 이익을 배분하는 제로섬게임의 결과이자 정치적 타협의 산물이라는 것입니다. 이 이론은 서로 다른 경제적 또는 정치적 파워를 가진 개인 간의 사익을 어떻게 동등한 사익으로 볼 수 있을 것인지, 시장에 맡겨두면 과소생산되는 공공재의 문제는 어떻게 해결할 것인지 등에 대해 답하지 못한다는 한계가 있습니다. 한편 공동체적 실체론에 따르면 공익은 사익을 초월한 실체적·규범적·적극적 개념이라고 합니다. 단순히 사익이라는 부분을 합한 것 외에 다른 것이 녹아 있는 전체(gestalt)라는 것이지요. 하지만 이도 역시 무엇이 공익이냐에 대한 명확한 답변을 제공해 주지 못합니다. 공익의 이름으로 미국의 백인들이 단결하여 흑인들을 추방할 수도 있고 90% 하류층이 10% 상류층의 재산을 환수할 수도 있기 때문입니다. 실제 나치의 사례에서 보듯이 군국주의나 독재·특수집단의 이익이념으로 악용될 소지도 있습니다.

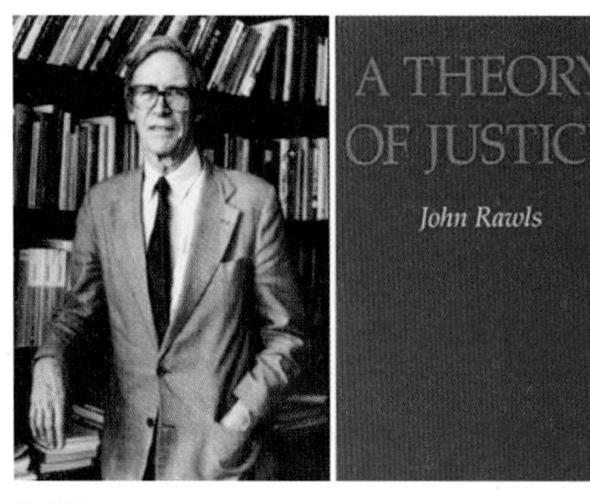

출처[2]

② 正義(Justice)[3]

정의는 올바름이나 공정함(just, fair, right)을 의미합니다. 여기에서 무엇이 옳고 공정하냐에 대한 논의가 대두하는데 일반적으로 롤즈(J. Rawls)의 정의론(theory of justice)[4]이 가장 많이 인용되고 있습니다.

그가 말하는 사회정의의 원칙은 소위 말하는 무지의 베일(veil of ignorance)이 가리워져 무엇이 자신에게 유리할지 알 수 없는 원초적 상태(original position)에서 합의된 법칙이라고 합니다. 군대에서 모두 같은 군복을 입고 있을 때는 상대방이 가진 백그라운드가 무엇인지 알기 어렵기 때문에 진정한 전우애가 싹트게 됩니다. 약한 전우는 강한 전우가 도와주는 것이 당연시될 것이구요. 여기서 군복이 바로 무지의 베일이고 서로가 동등하고 존엄한 인간으로 대우받는 전우애가 싹트는 원초적 상태가 가능해지는 것입니다.

원초적 상태에서 합의하게 될 정의의 제1원리는 기본적 자유의 평등원리(The Greatest Equal Liberty Principle 1)입니다. 자유와 기회, 소득과 부, 인간의 존엄성 등은 다른 사람의 유사한 자유 등과 상충되지 않는 한도 내에서 최대한 평등하게 인정되어야 한다는 원리입니다. 이어 정의의 제2원리는 차등의 원리(The Difference Principle 2a)와 기회균등의 원리(The Equal Opportunity Principle 2b)로 구성됩니다. 차등의 원리에 따르면 차등을 해야 할 때는 가장 불우한 사람들의 편익이 최대가 되도록(the greatest benefit of the least advantaged members) 해야 하고, 기회균등의 원리에 따르면 사회적 불평등은 기회의 평등이 보장된 조건하에서만 존재(offices and positions open to all under conditions of fair equality of opportunity)해야 한다는 것입니다. 여기서 롤즈는 원리 간의 우선순위를 명시하는데 '차등원리(P.2a) < 기회균등의 원리(P.2b) < 기본적 자유의 평등원리(P.1)'가 그것입니다. 즉, P.2b보다 P.1이 먼저 만족되어야 하고, P.2a보다 P.2b가 먼저 만족되어야 한다는 것인데요. 이를 해석해 보자면 각자의 기본적 권리를 인정하는 것이 가장 중요한 정의이지만 기회의 균등을 주었음에도 편차가 발생한다면 그 역시 정의이고, 편차가 발생했다면 가급적 가장 열악한 위치에 있는 사람에게 가장 나은 처우를 해 주는 것이 정의라는 것입니다. 여러분도 동의하시나요? 물론 무지의 베일이 과연 무엇인가, 원초적 입장이 가능한가 등에 대한 지적도 있습니다만 롤즈의 정의론은 기념비적인 것으로 인정받고 있습니다.

③ 형평성(Equity)

출처[5]

형평성은 '동일한 것은 동일하게, 다른 것을 다르게 취급하는 것'을 말합니다. '다른 것도 동일하게 취급하는' 평등(equality)과는 다르다는 점에서 정당한 불평등 또는 실질적 평등으로 불리기도 합니다. 달리기 시합을 할 때 달리는 사람의 특성에 관계없이 모두 동일한 출발선에서 뛰기 시작한다면 평등의 원리에는 부합하지만 형평성에 어긋나게 됩니다. 앞의 그림을 보면 키가 작거나 크거나 똑같은 받침대를 딛고 있는 첫 번째 그림이 평등(equally)하지만 형평적(not equitably)이지 않은 상황입니다. 두 번째 그림은 가장 작은 사람에게 가장 높은 받침대를 딛게 한 경우로 형평성(equitably) 있게 대우한 것을 의미합니다. 앞서 롤즈의 정의론에서 말했던 차등의 원칙과도 부합하는 것을 알 수 있습니다. 가장 열악한 사람에게 가장 큰 편익을 주는 것이 정의라는 차등의 원칙 말입니다. 가장 중요한 것은 세 번째 그림입니다. 여기서는 받침대가 아예 사라졌습니다. 왜 그럴까요? 키에 따라 달리 보이는 가림막, 즉 장애(barrier)를 치워버렸기 때문입니다. 진정한 형평성 내지 평등은 차별을 불러오는 장애 내지 장벽을 없앨 때 가능하다는 것을 의미합니다. 롤즈가 말한 기회의 균등 개념과도 일부 부합합니다. 이러한 형평성 관련 논의는 행정학에서는 1970년대 신행정학의 등장과 더불어 행정가가 적극적으로 사회적 형평을 실현해야 한다는 취지로 강조된 바 있습니다.

2.1.2. 수단적 행정가치

① 합리성(Rationality)

행정학적 관점에서의 합리성은 어떤 행위가 궁극적 목표달성의 최적 수단이 되는지 여부를 의미합니다. 이는 실질적 합리성(substantive)과 절차적 합리성(procedural)으로 구별되는데, 전자는 목표에 비추어 판단해 볼 때 적절한 수단선택이었는가를 판단하는 결과적 합리성을 의미하고 후자는 최종 산출물을 도출하기 위한 과정이 적절하고 합당했는가에 대한 과정적 합리성을 의미합니다. 실질적 합리성은 목적에 부합하는가를 의미하는 점에서 합목적성으로 볼 수도 있는데, 주어진 목표를 달성하기 위해 다양한 대안을 탐색하고 각각의 결과를 예측하여 선택된 대안이 과연 최적 대안이었는지를 중요시합니다. 절차적 합리성은 이와 같은 최적 수단 내지 대안을 선택하는 의사결정 과정의 정당성을 중시합니다. 행정에서는 실질적 합리성도 중요하지만 절차적 합리성도 매우 중요한 요소라고 볼 수 있습니다. 절차적 정당성을 만족하지 못한 행정행위는 위법 또는 부당한 것으로 간주될 수 있기 때문입니다. 국정의 최고의결기구인 국무회의에서는 사실 장관 간에 난상토론이 벌어지는 일은 극히 드뭅니다. 이미 그 이전 단계에서 부처합의와 의사결정이 대부분 이루어졌기 때문인데요. 그럼에도 불구하고 '굳이' 국무회의를 열어서 의결하는 것은 최종 의사결정의 절차적 합리성을 확보하기 위한 것입니다. 그럼에도 불구하고 결정된 대안이 최적대안이 아니었더라면 실질적 합리성을 결여한 것이 됩니다.

② 효과성과 효율성

효과성(effectiveness)은 목표달성의 정도를 의미하는 것으로 1960년대 이후 사전적·계획적·의도적 목표달성이 최대관심사였던 발전행정적 사고에서 중시되었습니다. 목표 달성이 주요 관심사인만큼 비용이나 투입에 대한 개념이 상대적으로 미약합니다. 반면 효율성(efficiency)은 투입대비 산출의 비율을 의미하는데 단순 비용/수익 개념인 기계적 효율성(mechanical efficiency)과 조직 내부 구성원의 인간적 가치 실현이나 이해관계의 통합·사회목적의 실현 등을 중시하는 사회적 효율성(social efficiency)으로 구분됩니다. 양 개념에 대해서는 3장에서 자세히 설명한 바 있으니 여기에서는 따로 설명하지 않겠습니다.

③ 민주성(Democracy)

국민이 주인이라는 정치학적 차원의 이념인 민주성과 달리 행정학적 차원의 민주성은 행정이 국민의사를 존중하여 국민의 요구를 수렴하고 이를 행정에 반영하여 대응성(responsiveness)을 높임으로써 국민에 대해 책임을 진다는 대외적 민주성과 조직 내 의사전달 원활화, 행정의 분권화 등을 통해 능력발전과 자아실현이 되도록 조직을 운영하는 대내적 민주성으로 구별할 수 있습니다. 흔히 개그맨들이 시청자 요구와 시대변화에 발 빠르게 부응하면서도 개그맨끼리는 서열문화와 군기가 세다고 하는데 대외적 민주성은 갖추고 있지만 대내적 민주성은 미약한 것으로 평가할 수 있겠습니다. 행정학적 차원에서 대외적 민주성은 국민의 요구에 얼마나 민감하게 반응하는가를 의미하는 대응성(responsiveness), 행정행위의 결과에 대해 얼마나 책임을 지는가를 의미하는 책임성(responsibility, 責任性, position 기반)과 책무성(accountability, 責務性, duty 기반)을 통해 담보될 수 있겠습니다만 2장에서 설명한 정부실패 요인 중 관료제의 역기

▶ 책임성(責任性)과 책무성(責務性)

책임성(responsibility)은 직업윤리에 기초해서 적극적·자발적으로 재량을 발휘해서 합리적 대안을 제시하고 국민요구에 능동적으로 책임진다는 것으로 대응성에 기초한 자율적 개념에 해당합니다. 반면 책무성은 국민과의 관계에 있어 타율적·수동적 입장에서 본인이 행한 업무에 대한 책임을 지는 것으로 제도적 개념에 해당합니다. 과거 태풍이 불어왔을 때 누가 시키지도 않았는데 어촌계 직원이 밤새 선주들을 깨워 선박을 피신하도록 한 것은 책임성을 발휘한 것에 해당하겠지요. 반면 공공기관장이 주말에 골프를 치러 갔더라도 주중 본인의 맡은 바 업무에 소홀함이 없었다면 책무성을 완수한 것에 해당합니다. 물론 공무원이 책임성을 갖도록 하는 것이 중요합니다만 특별한 인센티브 없이 어떻게 자율적 책임성만을 강조할 수 있는가, 재량권 인정의 범위와 규칙준수와의 갈등은 어떻게 해결할 것인가 등은 논의가 필요합니다. 특히 일이 잘못되면 책임질 수밖에 없는 상황이라면 더 하겠지요.

능 때문에 사실상 유명무실해질 가능성이 있습니다. 이러한 문제를 부분적으로나마 해소하려는 노력 중 하나가 **책임운영기관** 지정 등을 통해 사전에 업무범위와 목표를 설정하고 관리적 자율권(free to manage)을 부여한 후 사후적인 책무성만을 평가하는 방법입니다. 대내적 민주성은 계급제를 기반으로 하는 관료제 구조하에서 권한위임이나 의사소통 확대를 통해 수직적 계층 간 장벽을 제거하는 것을 말하는데 인사행정이나 조직관리의 주요 관심사이기도 합니다.

▶ 책임운영기관(executive agency)

책임운영기관은 '책임운영기관의 설치 · 운영에 관한 법률' 제2조제1항에 의하면 '정부가 수행하는 사무 중 공공성(公共性)을 유지하면서도 경쟁 원리에 따라 운영하는 것이 바람직하거나 전문성이 있어 성과관리를 강화할 필요가 있는 사무에 대하여 책임운영기관의 장에게 행정 및 재정상의 자율성을 부여하고 그 운영 성과에 대하여 책임을 지도록 하는 행정기관'을 말합니다. 책임행정기관은 'Billy Elliott' 편에서 살펴본 대처리즘하에서 추진되었던 개혁정책이기도 했습니다. 책임운영기관은 그 기관이 소속된 중앙행정기관 또는 국무총리가 부여한 사업목표를 달성하는 데에 필요한 기관 운영의 독립성과 자율성이 보장되고, 목표달성을 위해 공개모집을 통해 민간인을 기관장으로 영입할 수도 있습니다. 따라서 책임운영기관의 기관장에게는 책임성이 아닌 책무성만을 주로 문제 삼게 됩니다. 책임운영기관은 중앙부처 산하의 소속책임운영기관과 국무총리 산하에 청단위로 설치된 중앙책임운영기관으로 나뉘는데 2020년 현재 소속 52개, 중앙 1개(특허청) 등 총 53개 기관으로 구성되어 있습니다. 이들은 매년 자체평가위원회와 종합평가단의 평가를 받게 되어 있는데 중앙책임운영기관 종합평가는 정부업무평가로 갈음하고 있습니다. 세부 유형 및 기관은 다음과 같습니다.

구분		소속책임운영기관	중앙책임운영기관
조사 연구형 기관	조사 및 품질관리형 기관	국립종자원, 화학물질안전원, 국토지리정보원, 항공교통본부, 국립해양측위정보원, 경인지방통계청, 동북지방통계청, 호남지방통계청, 동남지방통계청, 충청지방통계청, 항공기상청	
	연구형 기관	국립재난안전연구원, 국립과학수사연구원, 국립소방연구원, 국립생물자원관, 국립수산과학원, 통계개발원, 국립문화재연구소, 국립해양문화재연구소, 국립원예특작과학원, 국립축산과학원, 국립산림과학원, 국립수목원, 국립기상과학원	
교육훈련형 기관		국립국제교육원, 통일교육원, 한국농수산대학, 해양수산인재개발원, 관세국경관리연수원	
문화형 기관		국립중앙과학관, 국립과천과학관, 국방홍보원, 국립중앙극장, 국립현대미술관, 한국정책방송원, 국립아시아문화전당, 궁능유적본부	
의료형 기관		국립정신건강센터, 국립나주병원, 국립부곡병원, 국립춘천병원, 국립공주병원, 국립마산병원, 국립목포병원, 국립재활원, 경찰병원	
시설관리형 기관		해양경찰정비창, 국방전산정보원, 국가정보자원관리원, 국립자연휴양림관리소	
기타 유형의 기관		고용노동부고객상담센터, 국세상담센터	특허청

자료 : 책임운영기관의 설치 · 운영에 관한 법률 시행령 [별표 1]

④ 투명성(Transparency)

투명성은 정부의 의사결정과 집행과정 등 다양한 공적활동이 외부로 명확히 드러나도록 해야 한다는 것으로 정보에 접근할 수 있는 권한을 보장하기 위한 정보공개의 소극적 개념에 해당합니다. 투명성에는 정책결정과정에 시민참여를 보장하고 민원처리과정을 공개하는 의미의 과정 투명성, 법령·정책·제도·조직원 공개와 같은 내용을 포함하는 조직 투명성, 옴부즈맨(Ombudsman, 민원 호민관) 제도나 평가참여와 같은 결과 투명성으로 나눌 수 있습니다. 주인-대리인이론에서 보듯이 주권자인 국민보다 대리인에 해당하는 공무원들이 더 많은 정보를 갖고 있는 현대 행정에서 투명성은 국민의 알권리를 보장할 수 있는 기본적인 공적 가치라고 볼 수 있습니다.

2.2. 합법성(Legality)

2.2.1. 합법성과 법치행정의 원리

합법성은 입법국가 시대에 대두한 것으로 법률의 정신을 최대한 살리는 법치행정의 원리라고 할 수 있습니다. 왕권이나 종교 같은 전통적 권위, 개인적 카리스마, 특정인의 자의적 선택이 아닌 법률에 따라 통치한다는 것은 개인의 권리를 보호하기 위한 목적은 물론 입법과 행정, 사법이라는 삼권분립을 확립하기 위한 목적에도 필요합니다. 이것이 바로 법치행정의 원리(rule of law)[6]라고 불리는 것인데 대표적으로 다음과 같은 하위원리를 바탕으로 합니다. 우선 법률의 법규창조력입니다. 이는 국민의 권리의무에 관한 구속력을 가지는 새로운 법규를 정하는 것은 국민의 대표기관인 의회의 전속적 권한이기 때문에 원칙적으로 의회가 제정한 법률만이 법규로서 구속력을 가진다는 원칙으로 행정권은 입법권에 의한 수권이 없는 한 스스로 법규를 창조할 수 없다는 것을 의미합니다. 두 번째로 법률우위의 원칙은 다른 모든 국가의사, 즉 행정의사나 사법의사는 법률의 형식으로 표시된 국가의사에 저촉될 수 없다는 것으로 행정은 헌법과 법률에 위반해서는 안 된다는 것을 의미합니다. 세 번째로 법률유보(留保)의 원칙은 행정권의 발동은 반드시 개별적 법률의 근거(즉, 법률의 수권)를 요한다는 원칙으로 법을 어기지 말아야 한다는 소극적 법치행정 개념을 넘는 적극적인 개념입니다. 네 번째로 행정구제제도의 정비는 이러한 원리에도 불구하고 현실적으로 행정이 법에 위반하여 또는 적법하게(토지수용이 그러한 예에 해당) 국민에게 불이익을 주는 경우가 있기 때문에 국민이 권리를 구제받을 수 있는 제도적 장치가 마련되어 있어야 한다는 것입니다. 법치주의의 실질적인 구현원리라고도 할 수 있습니다.

이러한 논의들은 법령체계에 대해 잘 알고 있는 경우가 아니라면 무슨 소리인지 납득이 어려울 수도 있으므로 다음 설명을 잘 보기 바랍니다. 법령체계는 크게 법과 시행령, 시행규칙으로 이루어집니다. 지방자치단체와 지방의회는 이 법령의 범위 안에서 자치법규(조례나 예규)를 만들게 되죠. 법은 입법부, 즉 국회에서 제정 또는 개정합니다. 시행령은 법에서 위임한 사항을 구체적으로 정하기 위해 행정부가 제정 또는 개정하는 것으로 국무회의 의결을 거치게 되므로 행정부 수반인 대통령의 명령이라는 의미에서 대통령령으로 불립니다. 시행규칙은 시행령에서 위임한 세부적인 사항들을 정하기 위한 것으로 총리실이나 각 부의 장관이 정할 수 있기 때문에 총리령 또는 부령으로 불리게 됩니다. 예를 들어 건축법은 국회에서 제·개정하고 건축법시행령은 국무회의에서 제·개정하고 건축법시행규칙은 국토부장관이 제·개정하게 된다는 것입니다.

여기에서 발생하는 문제가 무엇일까요? 법에서는 모든 세부적인 사항들을 정할 수 없기 때문에 구체적인 사항을 시행령이나 시행규칙에서 정하도록 별도의 규정을 두어 위임 근거를 마련합니다. 시행령과 시행규칙은 이 위임규정에 따라 위임된 범위 안에서 세부적인 사항을 추가적으로 규정하게 됩니다. 그렇다면 국민에게 구속력을 행사하는 더 세부적인 내용은 법에서 정하게 될까요, 시행령이나 시행규칙에서 정하게 될까요? 그렇습니다, 후자입니다. 그런데 시행령이나 시행규칙은 정부입법 절차상 국회를 거칠 필요가 없고 시행규칙은 국무회의 의결도 필요 없이 '손쉽게' 제개정이 이루어진다는 것입니다. 위에서 말한 원리들의 핵심은 결국 국민의 권리의무에 관해 구속력을 행사하는 법규는 국회에서 법률의 형태로 제정되어야 하고 하위 법령은 법률에서 위임된 경우에 한해 위임된 범위 내에서만 세부적인 사항을 정할 수 있다는 것인데, 정작 중요한 내용들은 하위 법령에서 정해지고 때로는 외부 통제가 없는 관계로 위임된 범위를 넘는 사항도 규정할 수 있다면 법치행정의 원리가 훼손될 가능성이 농후합니다.

▶ 정부입법 절차[7]

▶ **법률**

법률은 법과 동의어로, 법령은 법률과 하위 시행령·시행규칙을 포함하는 의미로, 법규는 법령과 다양한 규칙을 포괄하는 광범위한 의미로 이해하면 됩니다.

2.2.2. 합법성 중시의 한계

합법성이 준수되어야 하는 것은 당연한 행정이념이자 가치라고 할 수 있지만 현대 행정국가에서는 이를 지나치게 강조할 경우 행정본래의 목표가 왜곡될 우려가 있습니다. 법령이 정한 목표를 도외시한 채 법령의 규정준수에만 몰입하게 되기 때문입니다. 다음 기사를 한번 읽어볼까요.

> "위치추적 위법" 법타령에 아버지 잃어, 딸 "예고된 자살 못 막아" 분통[8)]
>
> (한겨레신문, 2006.1.3.)
>
> 자살하겠다는 아버지의 전화를 받은 딸이 검찰과 소방본부에 휴대폰 위치추적을 요청했으나 규정에 맞지 않는다는 이유로 거절당해 결국 아버지는 스스로 목숨을 끊은 채 발견됐다.
>
> 지난 1일 오후 6시께 정아무개(50)씨의 딸(21)은 아버지로부터 자살할 것이라는 전화를 받았다. 정씨의 딸은 아버지가 친구와 삼촌에게도 같은 내용의 전화를 건 사실을 확인하고, 이날 저녁 8시께 부산 사하경찰서에 아버지를 찾아달라고 도움을 요청했다. 경찰은 이동통신사의 위치정보 시스템을 통해 정씨의 위치를 찾기 위해 부산지검 당직검사에게 긴급 통신수사를 의뢰했으나, 검찰은 "범죄 수사와 관련 없는 것은 긴급통신 조회를 할 수 없다"며 거절했다. 딸은 119 상황실에도 도움을 요청했으나 "법 규정상 불가능하다"는 답을 들었다.
>
> 딸은 결국 다음 날 새벽 2시 30분께 경남 남해경찰서로부터 아버지가 숨진 채 발견됐다는 연락을 받았다.
>
> 정씨의 딸은 "'사람의 목숨이 걸린 문제인데 법규 타령만 할 것이냐'고 눈물로 호소했지만 아무 소용이 없었다"고 말했다. 이에 대해 부산지검 관계자는 "법원으로부터 영장을 발부받아야만 통신사에 통신사실 자료 제공을 요청할 수 있으며, 그나마도 범죄 수사와 직접 관련되지 않은 사안에 대해서는 영장 청구가 불가능하도록 엄격하게 제한돼 있어 어쩔 수 없었다"고 해명했다. 부산시소방본부 관계자도 "자살은 긴급구조 요건에 해당하지 않을 뿐만 아니라 가출한 가족을 찾기 위해 허위신고를 하는 사람들이 워낙 많아 자살을 시도한다는 것이 명확하게 확인되기 전까지는 위치정보 추적을 하지 않는다"고 밝혔다.

딸의 입장에서야 아버지의 자살을 못 막았다는 억울함이 크겠지만 보편타당한 합법성의 원칙을 지켜야 하는 공무원 입장에서는 개인의 권리를 침해할 수 있는 위치정보를 법령에 따라 제공하지 않은 것이므로 적법한 법집행을 한 것으로 볼 수 있습니다. 그런데 문제는 이들이 '타인의 목숨을 버려가며 준수하려' 했던 관계법령이 이미 개정되어 위와 같은 특수한 경우에는 위치정보 제공이 허용되어 있었다는 것입니다. 다음 기사를 읽어보지요.

정통부 "자살자 위치추적 거부는 법규해석 잘못"[9)]

(오마이뉴스, 2006.1.4.)

아버지가 자살하려 한다는 사실을 안 딸이 경찰과 119 상황실에 휴대전화 위치추적을 요청했지만 검찰 · 경찰 · 소방본부가 규정을 내세워 위치추적을 거부해 결국 숨지는 사건이 벌어졌는데, 정보통신부는 법규를 잘못 해석했다고 해 관심을 끈다. A(50)씨는 지난 1일 오후 6시경 딸(21)한테 휴대전화를 걸어 "지금 남해 바닷가인데 먼저 떠난다. 미안하다"는 말을 남겼다. 금전문제로 괴로워하던 A씨는 삼촌과 친구에게도 전화를 걸어 같은 말을 한 것으로 알려졌다. A씨의 딸은 이날 8시경 부산 사하경찰서와 119 상황실에 신고해 아버지의 휴대전화 위치추적을 요구했다. 그러나 A씨의 딸은 다음 날인 2일 새벽 2시 30분경 아버지가 사체로 발견되었다는 소식을 남해경찰서로부터 들었다. 당시 경찰과 검찰, 소방본부는 A씨에 대한 휴대전화 위치추적을 거부했던 것이다. 이들 기관은 관련 규정을 들어 범죄 수사와 관련 없는 자살기도 건에 대해서는 긴급통신 조회를 할 수 없다고 밝혔던 것.

이번 사건이 알려지면서 파문이 일자 정보통신부는 4일 발표한 '보도자료'를 통해 관련 기관들이 법규를 잘못 해석했다고 밝혔다. 정통부는 "올해 1월부터 시행된 '위치정보의보호및이용등에관한법률'에서는 긴급구조기관에게 긴급구조 목적의 개인위치정보 조회를 허용하고 있다"면서 "법률은 급박한 위험으로부터 생명이나 신체를 보호하기 위하여 본인 · 배우자 · 직계존비속의 요청이 있는 경우 긴급구조기관은 이동통신사에 위치조회를 요청할 수 있도록 규정하고 있다"고 밝혔다. 정통부는 위치정보법 제정 이후 2005년 5월까지 가족의 신고로 자살시도자의 위치정보를 파악하여 구조하는 등 월 17만 건의 긴급구조 목적의 위치조회를 하고 있다고 덧붙였다. 정통부는 이번 사건의 경우, 직계비속인 딸이 자살을 시도한 아버지의 위치정보 조회를 요청한 것이므로 긴급구조기관이 법률에 근거해 해당 이동통신사에 위치정보 조회를 요청했어야 했다고 밝혔다.

합법성의 원리가 잘못 준수되어 목표의 전치, 즉 개인의 권리보호가 아니라 위치정보 제공 불허라는 수단만 강조되었는데 그나마 준수된 규정(수단)을 잘못 인지한 결과였다는 황당한 이야기입니다. 관계 공무원들이 규정을 제대로 인지하지 못한 것도 문제긴 합니다만, 만일 개정된 내용을 모르는 상황에서 또는 개정되기 이전 상황에서 공무원들이 재량적 판단에 따라 (법규 위반가능성을 무릅쓰고) 아버지의 위치정보를 제공했더라면 어떤 일이 발생했을까요? 다행히 이 사건은 아버지의 실제 자살 사건이었지만 만일 전화를 걸어온 여성이 딸이 아니라 조직폭력배의 하수인이었고 아버지라는 사람은 불가피한 이유로 쫓기고 있는 선의의 피해자였더라면 어땠을까요? 그 정보 때문에 아버지라는 사람이 죄 없이 조직폭력배의 손에 죽임을 당했더라면 정보를 제공한 공무원은 부적절한 정보유출로 처벌받고 유가족들은 관계 공무원에게 법규 미준수를 이유로 손해배상을 청구하지 않았을까요? 여기에서 재량행위(裁量行爲) 내지 재량권(裁量權)의 문제가 대두합니다.

2.3. 재량(裁量, Discretion)의 문제

앞서 살펴본 사례는 합법성의 원칙이 무조건적으로 준수될 경우 발생할 수 있는 일종의 법규 만능주의(legal panacea)에 해당하는 문제입니다. 하지만 환경의 변화가 극심한 현대 사회에서는 모든 상황을 고려한 법적 장치나 규정을 사전에 완비하는 것이 사실상 불가능합니다. 결국 경직적인 법령을 상황에 맞게 탄력적으로 재해석하여 구체적인 사례별로 적용하는 것이 불가피합니다. 재량이 필요한 것이지요. 하지만 공무원이 적극적으로 재량을 행사할 여지는 많지 않습니다. 법령을 탄력적으로 재해석하여 적용한들 나중에 일이 잘못되면 문책을 당할 것이고 일이 잘되더라도 이해관계자로부터 로비를 받은 것이 아니냐는 오해를 받을 것이 분명하기 때문입니다. 따라서 '정상적'인 공무원이라면 개인적인 판단을 유보하고 기존 규정을 곧이곧대로 준수하는 것이 훨씬 더 안전하고 신분보장에 유리할 것입니다. 소위 복지부동(伏地不動)의 자세가 본인이 전략적으로 선택할 수 있는 최선의 내쉬균형인 셈입니다.

▶ **내쉬균형(Nash equilibrium)**
내쉬균형은 게임이론에 기여한 공로로 노벨경제학상을 수상한 John Nash가 명명한 것으로, '죄수의 딜레마 게임'에서 상대방이 자백하든 자백하지 않든 나는 자백을 하는 것이 유리(우월전략, dominant strategy)하므로 이를 선택하게 되면 서로가 자신의 선택을 바꿀 유인이 없기 때문에 균형상태에 도달한다는 것입니다. 관심 있는 분들은 EBS 지식채널에서 소개한 영상[10]과 KDI 정보센터에서 제공한 영상[11]을 참고하기 바랍니다.

복지부동(伏地不動)이라는 개념은 우리나라 공무원들이 적극적인 행정행위를 하는 대신 땅에 바짝 엎드려 눈치만 본다는 의미로 사용된 일종의 은유(metaphore)입니다. 김영삼 문민정부가 개혁과 사정을 외치면서 몸 사리고 일하지 않는 공무원을 질책하는 의미로 사용[12]되기 시작했는데, 그 후 IMF 외환위기 당시 적극적으로 구조조정 정책을 총괄하던 재정경제부의 변양호 국장이 미국계 사모펀드 론스타에 외환은행을 헐값에 팔아넘겼다는 혐의로 2006년 구속되자 열심히 일해 봐야 소용없다는 소위 '변양호 신드롬'이 공무원 사회에 퍼지면서 합리적인 처신 방법으로 변질[13]되기도 했습니다. 이런 보신주의가 퍼지자 감사원은 2009년 1월 당시 국가적 경제위기 상황을 극복하기 위해서는 공직자의 적극적인 업무 자세가 필요하다는 인식하에 「적극행정면책제도 운영규정」을 제정·시행함으로써 적극행정면책 제도를 처음 도입하였고, 2014년 당시 박근혜 대통령이 규제개혁 끝장토론에서 법제화를 지시하자 2015년 2월 적극 행정면책에 관한 근거 규정을 「감사원법」에 마련하였습니다. 그 후 구체적인 면책 기준, 운영절차 등은 「적극행정면책 등 감사소명제도의 운영에 관한 규칙」으로 정하여 운영하고 있습니다. 위 규정 등에 따르면, '적극행정'이란 공직자 등이 불합리한 규제를 개선하거나 공익사업을 추진하는 등 공공의 이익을 증진하기 위하여 성실하고 적극적으로 업무를 처리하는 행위를 말합니다. '면책'이란 고의나 중대한 과실 없이 적극적으로 업무를 처리한 결과에 대하여 징계·문책·주의요구 등 「감사원법」 등에 따른 불이익한 처분요구를 하지 않거나 감경하는 등 그 책임을 면제하는 것[14]입니다. 이에 따르면 적극행정 면책에 해당하는 경우 공무원의 적극적인 재량에 대해 면죄부를 줄 수 있기 때문에 합법성을 준수하면서 재량을 활용할 수 있는 기준점을 제공할 수 있을 것으로 보입니다. 인사혁신처의 자화자찬일 수도 있겠지만 우리나라가 2020년 코로나 위기를 극복하는 데 적극행정이 큰 기여를 했다는 견해[15]도 있습니다. 인사혁신처가 소개하는 적극행정 사례도 홈페이지[16]에서 확인해 보기 바랍니다.

03

성과관리 차원: 사업평가를 중심으로[17)]

'청년경찰'에서 본 것처럼 경찰이 과연 치안유지 역할을 잘하고 있는가를 알아보려면 그들이 거둔 성과에 대해 평가해 볼 필요가 있습니다. 정부업무에 대한 성과평가는 정부업무평가법[18)]에 따라 중앙행정기관을 대상으로 하는 특정평가(국무총리가 국정을 통합적으로 관리하기 위하여 주요정책 및 기관역량 등을 평가)와 자체평가(중앙행정기관이 주요정책, 재정사업, R&D사업, 조직·인사 등 행정관리역량에 대하여 자체적으로 평가), 지방자치단체를 대상으로 하는 국가위임사무 등에 대한 평가 및 지방자치단체 자체평가, 그리고 공공기관을 대상으로 중앙행정기관의 장 등 평가실시기관이 공공기관의 경영실적, 연구실적 등에 대하여 평가하는 것으로 구분됩니다. 국무총리실 정부업무평가위원회 홈페이지[20)]에서 자세한 내용을 확인해 볼 수 있습니다. 우리는 사업평가를 기반으로 하는 성과평가가 관심사항인데 중앙부처 평가의 경우 정치적 의사결정이나 대통령 지지율 등의 영향을 받을 수 있다는 문제가 있기 때문에 기관 간 점수비교가 가능하고 사업범위와 계량성과가 상대적으로 명확한 공공기관을 대상으로 한 경영평가를 중심으로 살펴보도록 하겠습니다.

▶ 특정평가

참고로 2020년에 발표된 2019년 정부업무평가 결과[19)]는 아래와 같습니다. 주요사업을 대상으로 한 자체평가결과가 아니라 일자리·국정과제, 규제혁신, 정부혁신, 정책소통, 대통령 지시이행을 대상으로 한 평가결과라 국민체감과 다소 괴리가 있어 보입니다. 구체적인 사업성과는 기관별로 실시하는 자체평가결과를 확인해 보아야 합니다만 부처 전체를 대상으로 등급을 부여하지는 않습니다.

구분	장관급 기관	차관급 기관
S	농식품부	-
A	과기정통부, 산업부, 복지부, 중기부, 금융위	법제처, 관세청, 조달청, 소방청, 농진청, 특허청
B	기재부, 교육부, 국방부, 행안부, 문체부, 환경부, 고용부, 여가부, 국토부, 해수부, 보훈처, 공정위, 권익위	인사처, 식약처, 국세청, 병무청, 경찰청, 문화재청, 산림청, 행복청, 새만금청, 해경청
C	외교부, 통일부, 법무부, 방통위	통계청, 방사청, 기상청, 원안위
D	-	-

3.1. 공공부문 성과평가의 한계와 사업평가의 기본논리

3.1.1. 공공부문 성과평가의 한계와 문제점

민간부문과 달리 공공부문의 성과평가가 어려운 이유(problematics)는 분석단위, 개념, 기술, 정치와 가치의 네 가지 차원[21]에서 검토해 볼 수 있습니다. 우선 분석단위의 문제(unit of analysis problem)는 공공부문(public domain)의 범위를 어디까지로 정하는지 자체가 어렵다는 것입니다. 모든 조직은 국가에 의해 일정한 제재(sanction)를 받는다는 점에서 어느 정도 공공적(to some extent public)일 수밖에 없기 때문[22]입니다. 거버넌스 시대를 맞아 다양한 행위주체들이 정책과 프로그램에 관여하기 때문에 어떤 대상을 측정하고 분석할지 그 경계가 애매(fuzzy boundaries)해지는 것도 어려움을 더하는 요인이 됩니다. 공공기관 경영평가의 경우 인천공항공사의 여객수송량 증가가 기관의 성과가 아니라 한류 관련 기관(관광공사나 엔터테인먼트 기업 등)의 노력에 더 큰 영향을 받았을 수 있으나 이들을 포함하는 것은 불가능합니다. 이를 감안한다면 기관의 성과는 늘어난 승객을 제대로 처리했는지에 한정되어야 하나 실제로는 (다수 주체의 성과라고 할 수 있는) 승객 수의 증가 자체가 중요한 성과지표로 간주되고 있습니다.

개념의 문제(conceptual problem)는 성과에 포함되어야 할 것이 무엇이고 제외되어야 할 것이 무엇인가에 관한 문제와 투입(input), 산출(output) 그리고 결과(outcome)의 정의에 대한 합의가 어렵다는 문제를 의미합니다. 특히 투입과 산출, 결과는 각각 양과 질, 만족(quantity, quality and satisfaction)이라는 요소로 분리될 수 있기 때문에 평가대상이 아홉 가지 차원으로 구성되는 어려움이 생기게 됩니다. 도로공사가 수행하는 고속도로 건설이나 포장률 개선은 결과지표가 아니라 대표적인 산출지표에 해당함에도 불구하고 이를 통해 발생한 지역발전 효과나 교통안전 향상과 같은 중장기적인 결과를 파악하기 어렵기 때문에 산출 실적을 성과로 간주할 수밖에 없는 것이 그러한 예에 해당합니다.

기술적 문제(technical problem)는 모든 성과를 완전히 평가하는 것이 많은 비용을 유발(practical problem)하고 피할 수 없는 오차로 인해 측정의 정확성도 담보할 수 없기 때문(theoretical problem)에 사실상 불가능하다는 것을 의미합니다. 성과라는 것은 실제 성과라기보다 측정 당시의 성과만을 의미하고 성과를 측정하기 위해서는 비용이 소요된다는 측정효과(measurement effect)의 문제도 존재합니다. 전자의 경우 차량의 속도계를 예로 들 수 있는데 속도계가 측정한 것은 실제 속도가 아니라 측정과정에서 발생하는 미세한 마찰에 따라 저하된 속도를 측정한 것이기 때문입니다. 일종의 시차효과가 발생한다는 것을 의미하는데 공공기관의 성과 발생 시점과 측정 시점 간에 간격이 클 경우 이러한 문제가 더 커질 것입니다. 후자처럼 측정과정에서 많은 자원(자료확보 및 증빙비용 등)을 소비하는 경우 성과가 좋은 기관이더라도 나쁜 평가를 받는 역설적 상황이 발생(paradoxical possibility)할 수 있다는 것인데 공공기관 중에도 수치적 성과제시가 유리한 기관은 다른 기관에 비해 더 나은 평가를 받을 가능성이 있다는 시사점을 제공합니다. 측정의 주관성과 객관성도 기술적 문제에 포함되는데 객관적(objective)이라고 간주되는 설문조사를 실시할 경우에도 그 결과를 주관적(subjective)인 인식(perception)이 좌우할 수 있다는 것입니다. 예컨대 범죄 발생에 대한 주관적 두려움의 정도가 클 경우 실제 범죄발생률이 낮더라도 답변자가 범죄발생률이 높은 것으로 인식할 가능성이 있습니다. 공공기관 경영평가의 경우 평가자들이 언론에 의해 형성된 틀(frame)에 갇히거나 개인적 편견(bias)에 따라 주관적인 평가점수를 부여할 경우 같은 결과가 초래됩니다. 만일 경영평가 실시 시점에서 언론에 부정적인 보도가 많았을 경우 평가대상 기간에 해당하지 않더라도 기관에 대한 평가자의 인식이 부정적으로 형성되는 단초를 제공할 우려가 있습니다. 歸因문제(attribution problem)는 결과(output)의 원인이 되는 투입(input)을 정확히 측정할 수 없기 때문에 정책대상에게 나타난 변화(changes)만 측정하고 그 변화가 평가대상 기관의 활동에 의한 것으로 간주하는 경우가 많다는 것을 의미하는데 다른 외부변수들이 영향을 미친 경우 그 신뢰성이 크게 저하될 수밖에 없습니다.

마지막으로 정치와 가치의 문제(political and values problem)는 다원화된 가치와 정치가 성과평가의 목적을 모호(fuzzy objectives)하게 한다는 것입니다. 공기업인 경우 공공성과 기업성을 동시에 추구하는 이중적인 지위를 갖는 관계로 상반되는 가치충돌 문제가 더욱 커지기 쉽습니다. 공공기관 경영평가가 기재부와 경영평가단에 의해 주도되고 있어서 기관이 속한 소관부처와의 이중적 관계도 문제가 될 수 있습니다. 이는 다음 그림에서 보듯이 주인과 대리인 간에 이해관계가 일치하지 않는 기존의 주인-대리인이론을 발전시켜 양자 간 이해관계가 일치하는 경우로 그 범위를 확대한 확장모형에 따라 설명할 수 있습니다.[23)]

▎주인-대리인 확장모형(이해관계와 정보비대칭의 통합)

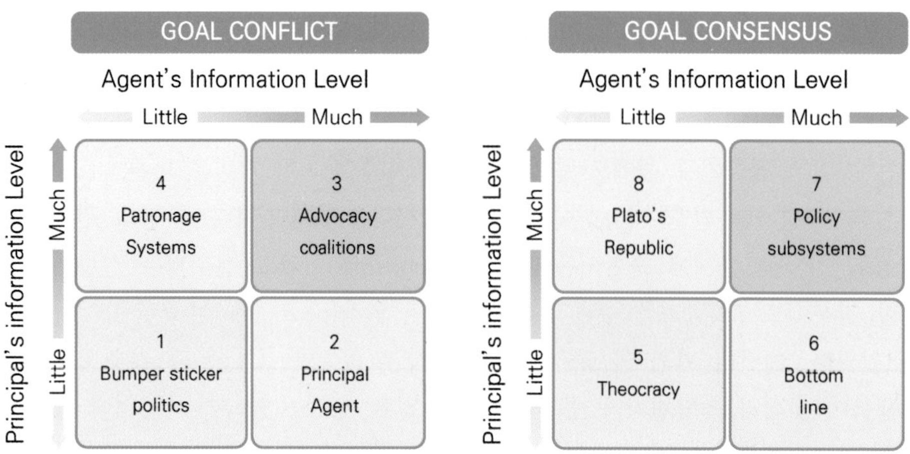

이에 따르면 2분면에 속하는 전통적인 주인-대리인이론 상황 외에 양자의 목표가 일치하는 6-8의 상황이 가능하게 됩니다. 경영평가의 경우 기재부와 경영평가단이 평가를 진행함에 따라 각 기관이 속한 주무부처가 소외되는 현상이 발생합니다. 아울러 기재부/경영평가단과 공공기관의 관계에 있어서도 평가시스템에 대해서는 전자가 일방적인 정보를 갖고 있는 반면, 실제 성과나 지표를 제시하는 단계에서는 각 기관이 더 많은 정보를 갖는 상황이 전개됩니다. 따라서 평가단계에서는 기재부/경영평가단과 각 기관이 4분면에 속하는 후원자 시스템에 해당하여 전자가 후자에 대해 상대적으로 우월적인 지위를 갖게 되는 반면, 성과와 지표제시 단계에서는 2분면에 해당하는 전통적인 주인-대리인 관계에 속하게 될 것입니다. 한편 각 기관이 속한 주무부처의 경우 서로 이해관계가 일치하는 입장에 처하고 있지만 업무 추진 과정에서는 주무부처의 정보가 상대적으로 부족한 6분면의 일선관료 모형에 해당되고, 평가에 임하는 단계에서는 서로 간에 많은 정보를 공유하는 7분면의 정책하위시스템 모형에 해당하게 될 것입니다. 이러한 상황에 처할 때마다 개별주체가 추구하는 가치와 정치동학이 모두 상이하게 진행될 것이므로 성과평가의 목표가 모호해지고 다양한 갈등상황이 전개되는 결과가 초래된다는 것입니다.

3.1.2. 성과평가를 위한 사업평가의 기본논리

공공부문의 성과를 넓게 보면 구체적인 평가가 어렵지만 기관이 담당하는 주요 사업을 대상으로 할 경우 범위가 제한되고 과학적 평가방법을 동원할 수 있기 때문에 나름대로의 구체성과 객관성을 확보할 수 있습니다. 사업평가는 '특정 사업의 중요한 제반 측면과 그 가치를 체계적이고 분석적으로 평가하고 평가결과의 신뢰성과 유용성을 추구하는 일'로 정의[24]됩니다. 사업평가의 개념은 평가의 대상을 달리할 뿐 일반적인 정책평가[25]의 개념과 유사합니다. 평가의 단일개념을 한마디로 정의하기 어렵지만 평가가 갖추어야 할 주요 요소[26]는 다음과 같습니다. 우선, 평가는 인식된 연구방법론에 따라 분석적(analytic)으로 이루어져야 하고 사전에 수립된 계획과 분석적 연구방법론에 따라 일관성을 갖도록 체계적(systematic)이어야 합니다. 평가결과는 다른 평가자가 동일한 자료와 동일한 분석방법을 이용하여 재적용할 수 있도록 신뢰성을 갖추어야 하며(reliable), 사업의 적실성, 효율성, 효과성과 관련된 주요 이슈를 다루는 이슈지향적(issue-oriented)이어야 합니다. 마지막으로 주어진 정치적 환경과 사업의 제약요인, 가용자원의 범위 안에서 정책결정자에게 유용한 정보를 제공하는 이용자 중심적(user-driven)이어야 합니다.

사업평가의 대상은 관련된 정책 또는 사업의 산출과 결과가 되는데 이러한 결과물은 정책이나 사업의 목표(objective)와 함께 고려되어야 하며, 사업평가자의 핵심적인 역할은 정책이나 사업을 통해 그 목표를 달성하였는가에 대한 개입논리(intervention logic)의 정당성(validity)을 검증[27]하는 데 있습니다. 산출(outputs)은 가장 계량화가 용이하고 단기간에 나타나는 효과, 즉 정책집행의 일차적 결과를 말하는 것으로 징수된 세금, 건설된 고속도로, 배분된 복지연금, 복지 프로그램의 수혜자 수, 검거된 범법자 수 등을 들 수 있습니다. 산출이 정책이나 사업이 직접 생산한 재화와 영향을 의미하는 반면, 영향(impacts)은 정책이나 사업이 초래한 사회경제적 변화를 의미하는 것으로 1차적 결과(results)와 2차적 성과(outcomes)[28]로 나누어집니다. 1차적 결과(results)는 정부 정책의 영향으로 인해 사회에 나타난 효과를 말하며 긍정적 효과뿐만 아니라, 부수적 효과(side effect), 부작용, 정책실현을 위한 사회적 희생(정책비용)까지를 포함합니다. 2차적 성과(outcomes)는 사업시행을 통해 보다 궁극적으로 나타나게 되는 최종적 영향을 의미합니다(3장에서 이미 설명한 바 있습니다). 공공 정책의 경우에는 직접적인 산출보다 결과와 같은 영향의 평가가 더욱 중요한 경우가 많은데, 일반적으로 정책의 집행과 효과의 발생 간의 시차가 클수록 그 인과관계의 규명이 어렵고 평가가 어려워집니다. 그러므로 사업평가가 측정과 인과관계의 규명이 용이한 직접적 산출에 치중하기 쉬운데, 올바른 평가를 위해서는 장기적이고 간접적인 영향에 대한 평가도 반드시 이루어져야 합니다.

3.2. 사업평가모델의 진화 필요성: 프로그램 이론과 변화이론, 단순 논리모델과 복합/복잡 논리모델

현행 공공기관 경영평가는 프로그램 이론과 논리모델에 기반한 PDCA 관점의 사업평가(program evaluation)를 기본적인 접근방법으로 채택하고 있습니다. 사업의 계획(Plan), 집행(Do), 평가와 환류(Check & Action) 단계별로 사전에 요구되는 적절성을 갖추었는지를 평가하는 것인데 기재부 평가에서 채택한 이 방법론은 사실상 다른 부처의 기타 공공기관 평가에도 그대로 적용되고 있기 때문에 우리나라 공공부문 사업평가의 모델처럼 사용되고 있는 셈입니다. 문제는 주요사업 평가 결과가 평가대상 기관의 등급을 매기거나 서열을 정하기 위한 수단에 활용됨으로써 객관적이고 계량화된 측정 자체에만 관심을 두기 쉽다는 것입니다. 물론 평가(assessment)를 측정(measurement)과 동일시하여 사업평가를 사업목표가 달성된 정도에 대한 측정으로 규정[29]하는 경우도 있지만, 사업평가는 어떤 사업의 가치(value)를 결정하는 정치적 행위에 해당하므로 단순한 기계적 적용방법이 아니라 평가가 지향해야 할 근본적인 가치가 무엇인지를 고민할 필요[30]가 있습니다. 국민에게 필요한 공공서비스는 중단 없는 제공이 중요하므로 공기업에 대한 사업평가도 그러한 공공서비스가 적절하게 제공될 수 있도록 서비스 공급주체의 역량을 강화하고 변화시킬 수 있는 수단적 가치를 지향하는 것으로 바뀔 필요가 있다는 것입니다. 이런 점에서 변화관리 이론에 대한 고려와 복합적이고 복잡한(complicated & complex) 상황에 대한 재인식이 요구됩니다. 이하에서는 사업평가의 기본논리와 프로그램 이론적 논리모델, 변화이론적 논리모델 그리고 복합/복잡 논리모델에 대해 차례로 설명하도록 하겠습니다. 미리 말씀드리면 기존의 프로그램적/단순 논리모델에서 변화이론적/복합·복잡 논리모델로 변화해야 한다는 취지입니다.

3.2.1. 프로그램 이론적 논리모델과 변화이론적[31] 논리모델

프로그램 이론(program theory)은 '사회적 문제를 해결하기 위해 무슨 활동들이 요구되는지에 대한 규범적 가정과 그러한 활동에 의해 문제가 해결될지에 관한 서술적 가정의 체계적 배열'을 의미하며, 논리모델(logic model)은 이러한 프로그램 이론을 시각적으로 제시해 주는 모형으로 사업활동을 특정 목표를 달성하기 위한 투입, 전환, 산출 및 결과의 단계로 파악하고 이들 간의 논리적 인과관계를 설명하려는 관점[32]이라고 할 수 있습니다. 이런 점에서 논리모델이 프로그램 이론으로 불리기도 하고 프로그램 활동이론(program's theory of action)으로 불리기도 합니다.[33]

논리모델은 투입자원과 사업활동, 산출물, 사업의 개별목적, 장기목표 간에 수직적 논리체계를 갖고 있다고 가정하는데 개발사업을 예로 들 경우 각 단계별로 다음과 같은 일련이 가정들이 차례로 충족된다고 하며, 이러한 수직적인 논리체계가 서로 인과관계를 갖는다고 합니다.

❙ 논리모델의 수직적 논리관계[34)]

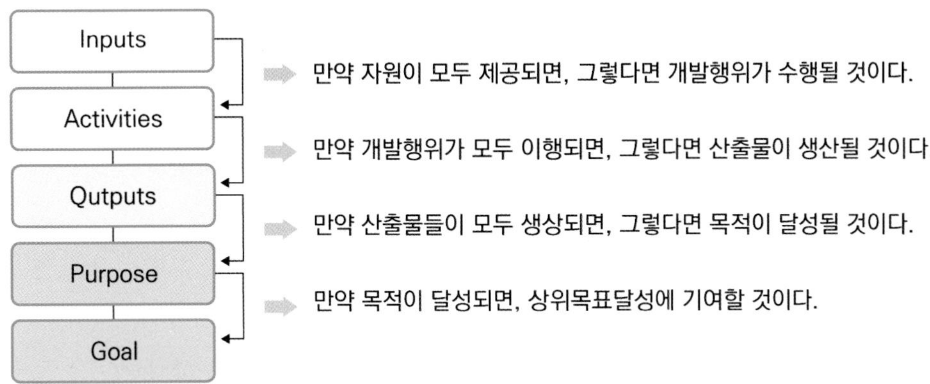

논리모델은 평가와 관련된 쟁점들을 파악하고 목표 달성에 중요한 프로그램을 설계하고 개선하는 데 도움을 줄 뿐 아니라 프로그램 기획, 관리 및 평가기능을 체계화하고 여러 활동과 그에 따른 예상결과를 연결시킴으로써 이해관계인들이 가치를 공유[35)]할 수 있게 도와줍니다. 반면 논리모델은 환경변화와 그에 따른 복잡한 인과관계, 이해관계자들의 다양한 상호작용을 단순한 문구와 일방향적 인과관계로 표현함으로써 현실을 지나치게 단순화하여 해석한다는 한계가 있습니다. 아울러 실제 활동과정에서 변화하는 환경에 적응하기보다는 계획단계에서 설정된 성과지표를 측정하고 달성하는 데만 집중하는 경우가 많아 사업추진이 경직되고 적응성을 잃게 될 가능성도 존재합니다. 정성분석보다는 정량분석에 치중하기 때문에 계량화된 성과지표 달성을 사업목적 달성과 동일시하는 우[36)]를 범하기도 쉽지요.

한편, 변화이론(theory of change)은 1970년대부터 시작된 논리모델과 달리 1990년대 미국에서 지역공동체 프로그램에 대한 평가에 적용되면서 시작되었고 이후 국제개발 원조 프로그램에 널리 적용되었는데 논리모델에 의한 사업평가의 한계를 개선하려는 노력의 일환에 해당[37)]하는 것으로 볼 수 있습니다. 변화이론은 지역사회 개발이나 개도국 원조 프로그램이 엄청난 비용을 투자하여 추진되었지만 그 효과가 지속되지 못한 데 주목합니다. 예를 들어 아프리카 지역의 물 부족 문제를 해소하고자 물 펌프를 보급하였지만 물 부족 문제가 나아지지 않은 것은 주민들의 위생관념이 바뀌지 않았고 펌프가 고장 나도 고칠 수 있는 기술을 가진 주민이 없었던 관계로 몇 년 만에 대부분의 펌프가 제 기능을 하지 못하는 상황에서 비롯되었다는 것이죠. 단기적인 물 펌프 공급으로 물 부족 문제는 우선적으로 해소되었더라도 지역사회가 그 변화를 지속시킬 수 있는 능력을 갖추도록 하는 데는 실패했기 때문[38]입니다. 따라서 목표지향적 사업을 위한 재정투자에 집중하는 기존의 프로그램 사업모델을 벗어나 정책대상 집단의 역량강화와 지속가능한 변화를 추구하는 보다 광범위한 시각(holistic perspective)을 강조합니다. 변화이론은 큰 범주의 프로그램 이론이나 논리모델에 속한다는 의견[39]도 있고 프로그램 이론, 개입논리, 영향평가, 이론기반 평가, 변화이론 등이 사실상 동일한 이론이라는 의견[40]도 존재하는 등 아직까지 통일된 개념정리는 이루어져 있지 않지만 기존의 논리모델과는 다음과 같은 점에서 차이점[41]을 보이고 있습니다.

▌논리모델과 변화이론의 비교[42]

	논리모델(logic model)	변화이론(theory of change)
역사	30년의 역사	1990년대부터 사용되기 시작
용도	• 프로그램의 구성요소를 파악하고 이를 한 눈에 표현하기 위해 사용되기 시작 • 복잡한 이론을 단순화시킴	• 인과모형(causal model) 사용을 통한 복합적인 이니셔티브(initiative) 기획/평가 • 프로그램에 대한 비판적 통찰(엄격한 평가, 개입 실패 원인 파악)
구성 방식	프로그램 구성요소의 나열 (list of components)	변화의 과정 표현(pathway of change)
성격	프로그램의 구성요소를 시각적으로 정리하는 것(descriptive)	활동과 결과의 연결, 어떻게, 왜 변화가 나타날 것인지 설명(explanatory)
출발점	해당 프로그램(What you are doing)	변화 목표(What you want to achieve)
고려사항	• 프로그램 구성요소의 파악 • 지표(항상 사용되는 것은 아님)	• 매 단계 개입의 정당화 과정 필수적(인과모형) • 지표(항상 필요함)-개입의 의미 파악
한계점	결과가 나타난 이유에 대한 설명이 부재	사용 시 많은 노력과 시간이 필요함

논리모델은 프로그램 요소를 도식화함으로써 투입과 활동, 산출과 결과를 분명히 하는 반면, 변화이론은 의도된 변화가 왜 그리고 어떻게 발생하는지를 설명하기 위해 결과와 활동을 연계시키고자 합니다.[43] 따라서 전자가 프로그램 활동들이 왜 결과로 이어지는지 설명하지 않는 데 반해, 변화이론은 변화목표가 무엇인지를 분명히 하는 것에서 출발하여 각 단계별로 어떤 원인이 어떤 결과로 이어지는지

그 이유를 검증하게 되므로 인과모델(causal model)을 구성하는 것입니다. 방과 후 학습프로그램을 예로 들면 논리모델은 활동(activity)이 방과 후 프로그램이, 중간결과(intermediate outcome)가 프로그램 출석률, 결과(outcome)는 읽기 점수 향상이라는 것을 알려줄 수 있지만 실제 읽기 점수가 올라가는 결과를 얻기 위해서는 일주일에 3일 이상, 최소 60일 이상 참여해야 한다는 사실을 알려주지는 않습니다. 논리모델은 어떤 프로그램을 투입, 활동, 산출, 결과로 나누어 제시함으로써 한눈에 알아보게 하는 데는 유리하지만 어떤 활동이 어떤 결과를 왜 초래했는지는 설명하지 않기 때문이죠.

프로그램을 투입–활동–산출–결과에 이르는 구성요소로 나누어 해당 항목별로 정리한 것이 논리모델이라면, 달성하고자 하는 변화 목표로부터 출발하여 그 목표를 이루기 위해 충족되어야 할 조건들이 무엇인지 순차적으로 나타낸 것이 변화이론이라고 할 수 있습니다. 따라서 논리모델은 요소목록(list of components)을 기술하는 묘사(descriptive representation)인 반면 변화이론은 창의적 사고(critical thinking)를 바탕으로 변화의 경로(pathway of change)를 설명(explanatory)하는 방법이라고 할 수 있습니다.

▌논리모델과 변화이론의 구조 비교[44)]

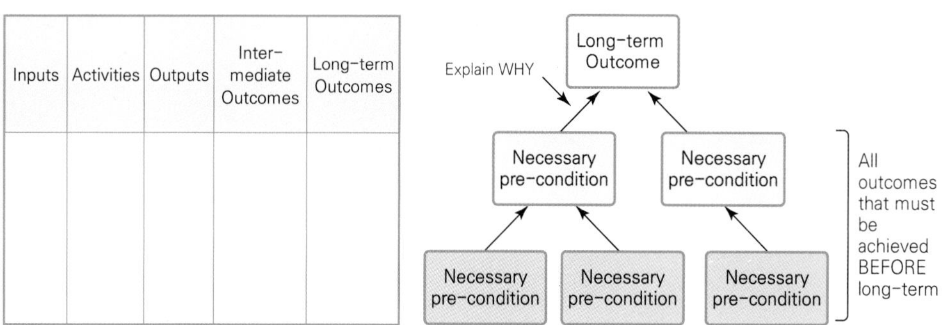

3.2.2. 단순 논리모델과 복합/복잡 논리모델

논리모델은 그 유용성에도 불구하고 복합적이고 혼돈스러운 상황에서 진행되는 사업의 복잡한 변수와 상호작용들이 문제없이 작동한다는 가정에 기초하고 있다는 점이 한계로 지적[45)]되어 왔습니다. 기존의 논리모델은 아래 그림에서 보듯이 단일한 선형적인 인과경로만을 보여주기 때문입니다.

▌단순 논리모델의 구조[46)]

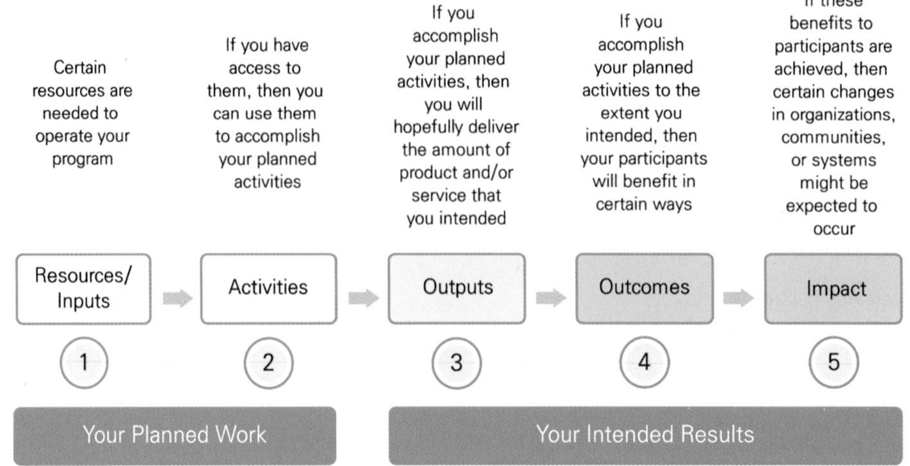

자료: W.K.Kellogg Foundation(2004: 3)

이러한 구조가 정책의 전반적인 과정과 의도를 보여주기에는 좋지만 집행이 이루어지는 환경, 이해관계자의 특성, 동시에 이루어지는 다른 사업 등을 고려하지 않기 때문에 정책의 인과적 기여를 과대평가하기 쉽고, 통제불가능한 상황이 벌어지는 복잡한 환경이 아니라 안정적인 환경(stable environment)을 가정한다는 문제[47)]가 있습니다. 그러나 사업이 이루어지는 실제 환경은 다양한 주체가 참여하고 불확실성이 크므로 복합적(complicated)이고 복잡(complex)한 특징을 갖고 있는데 단순한 문제와 달리 복합적 문제는 고려할 요소가 많고(lots of parts) 복잡한 문제는 불확실하고 창발적(uncertain and emergent)이라는 특징을 갖게 됩니다.

▌단순/복합/복잡한 문제[48)]

단순(simple)	복합(complicated)	복잡(complex)
• 예: 조리법(recipe)을 따르는 작업	• 예: 달에 로켓을 보내는 작업	• 예: 아이를 키우는 작업
• 조리법이 필수적	• 공식들이 중요	• 공식을 적용하기에 한계
• 조리법은 손쉽게 반복이 가능	• 한번 성공하면 다음 번 성공확률을 높일 수 있음	• 육아경험이 다음번 육아의 성공을 보장하지 못함
• 전문성이 요구되지는 않지만 요리실력이 성공확률을 높여줌	• 높은 수준의 전문성이 필수적으로 요구됨	• 전문성이 도움은 되나 필수적인 것은 아니고 성공보장에 충분하지도 않음
• 조리법은 표준화 가능	• 로켓들은 중요한 부분에서 유사	• 모든 아이는 유일한 존재
• 좋은 조리법은 매번 좋은 결과를 도출	• 성과도출의 확실성이 높은 수준	• 성과도출의 불확실성

단순한 문제는 조리법을 따라 요리하는 것과 마찬가지로 비록 아마추어라 할지라도 식재료를 사다가 정해진 순서대로 조리하기만 하면 일정한 맛을 낼 수 있는 것을 의미합니다. 재료를 넣어서(투입) 순서대로 조리하면(활동) 음식 맛(결과)이 난다는 전형적인 논리모델 구조입니다. 복합한 문제는 달에 로켓을 쏘아올리는 것과 유사한데 고려해야 할 요소가 조리법과는 비교가 안 될 만큼 다양하고 어렵지만 아주 불가능한 것은 아니라는 특징이 있습니다. 마지막으로 복잡한 문제는 위험과 불확실성(risk and uncertainty)이 존재한다는 것인데 자녀에게 아무리 좋은 교육환경을 마련해 주더라도 비행 청소년으로 자랄 수 있는 것처럼 모든 사례가 개별적인 다름을 갖고 있다는 것입니다. 이러한 분류에 따르면 기존의 논리모델은 단순논리모델(simple logic model)에 불과하므로 복합적이고 복잡한 개입을 위한 별도의 논리모델이 필요하게 됩니다. 복합적인 상황과 복잡한 상황 사례를 단순한 상황과 비교할 때 고려해야 할 평가 위협요소는 다음과 같이 식별가능합니다.

▍복합적이고 복잡한 개입상황의 유형49)

유형	양상	단순 형태	비단순 형태	평가 위협요소
복합	복수의 공간과 조직	단일조직	다수의 기관, 학제적, 혼합적 관할	평가지표 선정과 효과적인 자료 수집/분석을 위한 협상노력 필요
	동시적 인과흐름	단일한 인과흐름	다수의 동시적 인과흐름	다양한 인과흐름의 최적화 필요
	대안적 인과흐름	범용적 구조	상이한 상황별로 상이한 인과구조	상황에 대한 이해 필요
복잡	비선형적 · 불균형적 결과	선형적 · 균형적 영향	순환고리의 영향과 티핑 포인트	커다란 영향을 미칠 수 있는 초기 영향의 식별 필요
	창발적 결과	사전파악된 결과	창발성	평가수단의 사전 개발 불가로 전후 비교가 곤란

위협요소를 감안할 때 복수의 공간에서 복수의 조직에 의해 사업이 추진될 경우 하나의 논리모델이 아니라 개별 사업별로 구성된 논리모델을 통합하여 전반적인 개입효과를 평가하는 보완이 필요합니다. 원인변화에 따른 결과변화가 동시에 여러 가지 발생하는 경우 각 인과흐름을 논리모델에 빠짐없이 반영하려는 노력이 요구됩니다. 대안적 인과흐름의 경우 원인변화가 유발하는 결과변화의 양상이 동시에 나타나는 것이 아니라 여건에 따라 선별적으로 나타나는 상황의존성(context dependency)을 갖게 되므로 환경적 요인을 고려한 시계열적 분석이나 다양한 사례

에 대한 비교검토가 필요하구요. 순환고리(feedback loop)에 의한 인과관계가 있는 경우 특정 결과가 나타나는 임계점(tipping point)을 정확히 파악하는 것이 중요하고 마지막으로 창발적 결과가 나타나는 경우 파악하기 어렵고 해결하기도 어려운 사악한 문제(wicked problems)[50]는 순한 문제(tame problems)와 달리 문제가 해결되기 전까지는 정확하게 문제를 정의하고 이해하는 것 자체가 불가능하거나 곤란하고 전례와 대안이 없어 문제의 완전 해결도 불가능하며 해결책은 맞고-틀림의 문제가 아니라 좋고-나쁨의 문제로 귀결되는 문제가 대두할 수 있으므로 초기 논리모델을 지속적으로 보완하고 진화시키는 탄력적 변화이론을 적용할 필요가 있게 됩니다.

공공기관들이 추진하는 주요사업들은 거의 대부분 복합적이고 복잡한 성격을 띠고 있습니다. 한국공항공사의 경우 14개 공항을 관리하고 있으므로 복수의 공간과 조직이라는 문제를 다루고 있고, LH는 사업승인과 착공, 준공이 동시에 인과적으로 이루어지는 사업을 추진하고 있으며, 한전은 유가 인하에 따른 비용감소분을 요금인하에 활용할 수도 있고 신재생 에너지 사업에 투자할 수도 있는 대안적 인과흐름을 갖고 있습니다. 석유공사가 추진했던 해외 자원개발 사업은 초기 설정의 잘못에 의해 비선형적인 순환루프가 형성되었고 수자원공사가 추진했던 태국 치수사업은 정권변화라는 예측하지 못한 창발적 상황에 직면했던 사례라고 할 수 있을 것입니다. 따라서 기존의 단순 논리모델에 기초한 사업평가를 벗어나 복합적이고 복잡한 상황변화를 포괄할 수 있는 사업평가 체계가 요구됩니다.

3.3. 바람직한 성과지표의 요소

주요사업 평가는 계량 및 비계량 성과지표를 대상으로 이루어지기 때문에 바람직한 성과지표를 구성하는 것이 매우 중요합니다. 지표(indicator)란 '성과를 측정하거나 정책적 개입과 관련된 변화를 반영하거나 행위자들의 성과를 평가하는 데 도움을 주는 간단하고 신뢰할 만한 수단으로서의 양적 또는 질적 요인이나 변수'를 의미[51]하죠. 한편 성과지표(performance indicator)는 개발정책(development intervention)의 변화를 정당화하거나 계획된 의도대로 달성된 결과를 보여주는 변수로 정의[52]됩니다. 성과평가는 관련 증거를 수집하여 이루고자 했던 표준(기준)과 부합하는 산출이나 결과를 얻었는지를 확인하고 판단하는 것[53]이라고 볼 수도 있습니다. 여기에는 두 가지 핵심적 개념요소가 포함되어 있는데, 하나는 표준(standards) 혹은 기준으로 실제 목표에 견주어 측정할 수 있는 바람직한 조건 혹은 질적 상태를 지칭하고, 다른 한 요소는 일정하게 요구되는 표준 혹은 기준이 특정한 사업(프로그램)에 의해 충족되었는지를 판단할 수 있도록 제공되는 필요한 정보, 다시 말해, 증거(evidence)를 의미합니다. 이렇게 본다면 성과지표는 대표성을 갖고 있는 증거들이라고 할 수 있을 것입니다.

성과지표가 성과평가에 널리 쓰이는 이유는 앞서 살펴본 기술적 문제(technical problem)에 기인[54]합니다. 절대적인 성과(absolute performance)를 직접 측정(direct measure)할 수 없기 때문에 표본과 선별을 통한 대리변수(proxy)로 성과를 표시(indicate)하는 데 그치는 것이죠. 성과지표를 사용할 경우 복잡한 현실을 간단히 표현할 수 있고 시계열적 변화를 해석하기 쉬워 비교에 용이하다는 장점이 있지만 잘못된 해석에 따라 단순한 결론 도출과 조작이 가능해지고 주어진 목표에 도달하면 더 이상의 성과창출을 위해 노력하지 않는 한계효과(threshold effects)가 발생한다는 단점도 있습니다.

사업평가에 있어서 성과지표 적용의 문제점은 첫째, 설명하기 어려운 사회경제적 정책목표 대신 손쉽게 계량화할 수 있는 정책목표가 더 과장되는 강화(reinforce), 둘째, 성과지표 뒤에 숨겨진 사회문화적 수요나 기대와 같은 문제를 개선하기보다는 수치로 나타나는 성과만을 제고하도록 하는 압력(pressure), 그리고 마지막으로 변화 양상만을 보여줄 수 있을 뿐 인과관계를 설명하지 못하는 문제(reveal but not explain) 등[55]으로 볼 수 있습니다.

바람직한 성과지표의 요소[56]는 다음과 같습니다. 우선 성과지표는 해당 조직이 달성하고자 하는 목표와 관련성(relevance)을 맺고 있어야 하고 바람직하지 않거나 낭비적인 행위를 촉발하는 왜곡된 유인(perverse incentives)을 제공하면 안 됩니다. 또한 해당 조직이 영향력을 미칠 수 있어야 하고 성과의 책임이 누구에게 귀속되는지를 보여줄 수 있도록 명확한 정의(well-defined)와 영향파악 가능성(attributable)이 필요합니다. 조직이 통제할 수 없는 외부요인인 경우 성과 창출 내지 미창출이 기관의 책임이 아니기 때문입니다. 사업진행 상황을 파악하는 데 도움이 되도록 측정의 適時性(timely)이 확보되어야 하고 원하는 정보를 정확히 제공하면서 성과의 변화를 민감히 파악할 수 있는 신뢰성(reliable)도 요구됩니다. 아울러 현재의 성과를 과거의 성과나 다른 사업 성과와 비교할 수 있는 비교가능성(comparable)과 적절한 과정을 거쳐 성과지표가 측정되었는지를 확인할 수 있는 검증가능성(verifiable)을 확보해야 합니다.

하지만 평가의 초점, 지표의 사용목적, 또는 특정한 정책적 맥락 등에 따라 지표들의 계층적 중요도가 달라지기 때문에 적절한 성과지표의 선정이 용이하지 않은 것이 사실입니다. 성과지표 간에는 분류체계(typological hierarchy), 공간(spatial hierarchy), 그리고 개념(conceptual hierarchy) 차원의 위계적 계층이 존재한다는 지적[57]을 예로 들어봅시다. 분류체계 차원의 위계에 해당하는 예는 PSR모형이 대표적인데 환경에 영향을 미치는 인간행동이라는 압력(pressure)이 외부에 변화를 미쳐 특정 상태(state)를 형성하게 되고 그에 따라 정책적 대응(response)이 나타난다는 것입니다. 환경정책의 경우 압력에 관한 지표는 살충제 사용이나 물과 토지의 이용변화 등으로 구성될 수 있고 상태지표는 토질, 수질, 온실가스, 생물다양성 등으로 이루어질 수 있으며 대응의 경우 재원관리, 도농이주 등으로 판단될 수 있다고 하는데 어떤 측면에 더 중점을 두는가에 따라 성과평가의 결과가 달라지게 됩니다. 공간적 위계는 지역, 국가, 세계 등으로 나뉘는 데 다른 위계적 차원별로 서로 다른 성과지표가 사용될 수 있겠죠. 개념적 위계는 산출, 결과, 행위자, 절차라는 네 가지 요소별로 구성되는데 단계별로 성공요인을 판단할 수 있는 지표가 달라질 수 있습니다. 결과적으로 평가지표 적용의 복잡성(complexity)이 증가할 수밖에 없고 어떤 평가지표에 더 높은 가중치를 부여할 것인가의 문제가 대두합니다. 가중치를 달리하더라도 평가지표가 지나치게 세분화될 경우 지엽적인 성과만 측정하게 된다는 한계도 발생합니다.

참고로 성과지표의 설정이 어려운 경우와 사례별 대처방안[58]을 예로 들어보면 다음과 같습니다. 첫째, 사업의 결과를 측정하는 일이 어려운 경우에는 사업에 대한 근본적인 질문을 던짐으로써 사업의 효과를 측정할 수 있는 방법을 발견할 수 있다고 하는데 왜 그 사업에 예산을 배정하는 일이 중요한가, 그 사업이 성공적이었다면 무슨 문제를 해결할 수 있었는가, 왜 그 사업을 운영하는 것이 필요한가 등이 그러한 질문에 해당할 것입니다. 둘째 사업이 원하는 결과에 영향을 미치는 많은 요인들 가운데 하나에 불과한 경우 여러 사업을 하나로 묶고 전체 사업군에 대한 광범위한 지표와 개별 사업에 대한 세부지표를 함께 개발함으로써 보완이 가능합니다. 셋째, 사업 성과가 여러 해가 지난 후에 나타나는 경우에는 장기적인 목표를 달성하기 위해 필요한 산출 중심의 단기 및 중기 이정표를 설정하고 그 측정방법을 구상해야 할 것입니다. 넷째, 사업목적이 다양하고 자금이 여러 활동에 투입되는 경우에는 이해관계자 간 합의를 통해 핵심적인 전략목표를 도출하고 성과에 대한 연대책임에 따라 각 주체가 담당할 역할에 따른 평가기준을 마련해야 합니다. 다섯째, 행정적 또는 절차적 성격의 사업인 경우에는 행정활동을 별개의 활동이 아닌 전체 사업의 일부로 보아 투입비용으로 반영하거나 공통지표를 개발할 것을 고려할 수 있습니다.

04

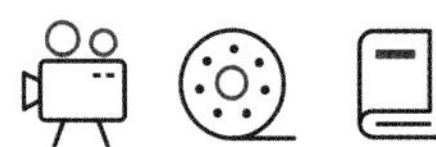

더 생각해 볼 문제

- 공공부문의 성과는 목표 모호성(goal ambiguity) 문제가 있기 때문에 제대로 평가하기가 어렵다고 합니다. 공공부문의 목표는 왜 모호하게 정의되는 것일까요? 모호하게 정의된 목표는 왜 달성여부를 평가하기 어려울까요?
- 법치행정의 원리에도 불구하고 하위법령에서 법률유보 원칙을 위반하는 사례가 발생할 수 있다는 것이 문제입니다. 다음 2019.10.15., 한국경제신문 기사인 "정부 '국회 견제' 피하려 시행령 고쳐 기업 규제",[59] "국회법 개정해 정부 입법 남용 막겠다"[60]를 읽어보고 이런 일이 왜 발생하는지, 그리고 이러한 정부 입법 남용을 방지하려면 어떻게 해야 좋을지 논의해 보도록 합시다.
- 법치주의의 원리가 훼손된 형태인 형식적 법치주의(변질된 법치주의)가 나타나게 되면 의회가 제정한 형식적 법률의 지배를 강조하면서 법의 내용적 정당성을 무시하고 국가 공권력발동의 형식이나 절차의 합법성만을 중시하게 됩니다. 나치즘, 일본 군국주의 등에서 보듯이 법률우위를 절대시하여 법률을 빙자한 국가권력에 무조건 복종을 강요함으로써 오히려 국민의 기본권을 억압하고 권력을 정당화하는 도구로 변질될 가능성도 존재합니다. 이러한 형식적 법치주의를 방지하고자 실질적 법치주의를 확립해야 한다는 논의가 있는데 어떻게 해야 실질적 법치주의를 확립할 수 있을까요?
- 2019.3.10., 한국경제신문 "공무원 복지부동에… 무용지물 된 블루투스 저울·IT 재난시스템, 소극행정에 발목 잡힌 혁신기술" 기사[61]를 읽어보고 적극행정 면책제도를 통해 이러한 소극행정 문제가 해소될 수 있을지 논의해 봅시다.

▶ 생일

- 전도연, 설경구 주연 영화 '생일'에 보면 설경구가 출입국관리사무소를 찾아가 죽은 아

들의 여권에 출국 도장을 찍어달라고 부탁합니다. 아무리 통사정을 해도 담당 공무원은 원칙적으로 안 되는데 무슨 일 나면 누가 책임질 거냐고 물으며 '당연히' 거절합니다. 아버지는 종이에 도장 하나 찍어주는 것이 뭐가 그리 어렵냐며 눈물을 쏟지요. 다행히 영화에서는 담당 공무원이 도장을 찍어준 것으로 처리됩니다만 만일 여러분이 담당 공무원이라면 어떻게 했을까요? 단순히 도장을 찍어주는 것으로 끝나는 것이 아니라 담당 공무원이 사후에 소명을 해야 하는 일이었다면 어땠을까요?

- 2017.12. 발생한 충북 제천 스포츠센터 화재사고로 29명의 생명이 사라진 후 소방차 진입을 막는 불법주차 차량 처리 문제가 국민적 공분을 산 적[62]이 있습니다. 소방 공무원이 해당 차량에 손해를 가한 경우 소방관 개인이 이를 보상해 주는 일이 비일비재하다는 현실 때문이었죠. 반면 미국이나 영국은 불법주차 차량이 소방차 진행을 막는 경우 차량을 부수면서 진입하고 사후보상도 하지 않는다[63]고 합니다. 다행히 2017년 국회 본회의를 통과한 개정 소방기본법은 소방 활동에 방해되는 주정차 차량과 물건을 없애거나 이동할 수 있게 했고 소방 활동 중 발생한 인명·재산 피해에 대해 소방관의 형사 책임을 묻는 대신 시·도지사가 손실을 보상하되, 불법 주정차의 경우엔 물어주지 않아도 되도록 했습니다.[64] 늦은 감이 없지 않지만 적절한 재량권을 보장해 준 처사라고 보이는데 여러분이 만일 피해 차량의 차주라면 소방 공무원의 재량권 행사에 대해 어떤 반응을 보이게 될까요? 차량 피해자에 대한 추가적인 구제 절차를 마련할 필요는 없을까요?
- 공공기관의 주요사업에 대한 경영평가는 공공기관이 거둔 성과를 주기적으로 확인함으로써 도덕적 해이를 방지하고 공공서비스 제공이 원활히 작동하도록 하는 데 큰 기여를 해 왔다는 평가를 받고 있습니다. 그럼에도 불구하고 앞서 살펴본 것처럼 기존 평가체계가 갖는 관점의 한계와 평가지표의 한계가 평가결과의 수용성을 저해하고 자칫 공기업들에게 성과급을 지급하는 근거로 활용되는 데 그친다는 비판을 받기도 합니다. 탈원전 정책으로 대규모 적자로 돌아선 한전 관련 공기업들이 사회적 가치 점수를 잘 받아 전반적인 경영평가 실적이 좋게 나오는 경우도 문제라고 지적된 바 있습니다. (☞ 2019.6.20., 한국경제신문,[65] "'적자쇼크' 한전 B등급… 공기업 경영평가 논란", 2020.6.19., 한국경제신문,[66] "고객만족도 조작 철도公 D등급… 탈원전 잘따른 한수원엔 A") 참고로 아래 표는 공기업의 (2018년 실적에 대한) 2019년 경영평가 결과와 (2019년 실적에 대한) 2020년 경영평가 결과인데요. 여러분이 인지하는 공공기관의 경영성과 이

미지와 비교해 보기 바랍니다.

2019년 결과	
S(매우 우수)	없음
A(우수)	인천국제공항공사, 인천항만공사, 한국남부발전, 한국수자원공사, 한국중부발전, 한국토지주택공사
B(양호)	부산항만공사, 여수광양항만공사, 주택도시보증공사, 한국가스공사, 한국감정원, 한국공항공사, 한국남동발전, 한국도로공사, 한국수력원자력, 한국전력, 한국조폐공사, 한국철도공사, 한전KDN, 한국방송광고진흥공사, 한국동서발전
C(보통)	강원랜드, 한국광물자원공사, 제주국제자유도시개발센터, 한국가스기술공사, 울산항만공사, 한국석유공사, 한국지역난방공사, 한국서부발전, 해양환경관리공단
D(미흡)	그랜드코리아레저, 한국마사회, 한국전력기술, 한전KPS
E(아주 미흡)	대한석탄공사

2020년 결과	
S(매우 우수)	없음
A(우수)	한국감정원, 한국남동발전, 한국도로공사, 한국수력원자력, 한국조폐공사, 한국토지주택공사
B(양호)	여수광양항만공사, 인천국제공항공사, 인천항만공사, 한국가스기술공사, 한국공항공사, 한국남부발전, 한국동서발전, 한국서부발전, 한국수자원공사, 한국전력공사, 한국지역난방공사, 한전KDN, 한전KPS, 해양환경관리공단
C(보통)	강원랜드, 그랜드코리아레저, 부산항만공사, 울산항만공사, 제주국제자유도시개발센터, 주택도시보증공사, 한국가스공사, 한국마사회, 한국광물자원공사, 한국방송광고진흥공사, 한국석유공사, 한국전력기술, 한국중부발전
D(미흡)	대한석탄공사, 주식회사 에스알, 한국철도공사
E(아주 미흡)	없음

미주

1) 우윤석. (2006). 행정학 강의. 보명사.
2) https://1000wordphilosophy.com/2018/07/27/john-rawls-a-theory-of-justice/
3) https://1000wordphilosophy.com/2018/07/27/john-rawls-a-theory-of-justice/; https://en.wikipedia.org/wiki/A_Theory_of_Justice
4) Rawls, J. (1971). A Theory of Justice. Cambridge, MA: Harvard University Pres.
5) https://www.businessdisabilityinternational.org/when-is-equality-not-equality/
6) 행정학 전자사전 참조, http://www.kapa21.or.kr/epadic/epadic_view.php?num=578
7) 법제처, 정부입법지원센터, https://www.lawmaking.go.kr/lmGde/govLm
8) http://www.hani.co.kr/arti/society/society_general/92671.html#csidxe34f871cd794373865f98a1632e936f
9) http://www.ohmynews.com/NWS_Web/View/at_pg.aspx?CNTN_CD=A0000302838
10) https://www.youtube.com/watch?v=BcRu1V5-o2c
11) https://www.youtube.com/watch?v=GR8A8khYQaA
12) 1994.4.29., 한국경제신문, https://www.hankyung.com/news/article/1994042900881
13) 2019.12.10., 한국일보, https://www.hankookilbo.com/News/Read/201912061627086055
14) 감사원. (2019). 국민을 웃게 하는 힘, 적극행정 면책제도: 사전컨설팅 및 적극행정면책 사례집.
15) 2020.5.6., 한국경제신문, https://www.hankyung.com/opinion/article/2020050564301
16) http://www.mpm.go.kr/proactivePublicService/
17) 다음을 주로 인용하였음. 우윤석. (2017). 공공기관 주요사업 평가의 관점과 수단에 대한 재음미: 진화적 논리모형과 평가성 검토를 중심으로. 박순애 편. 공공부문의 성과측정과 관리. pp. 135-184. 문우사.
18) 국가법령정보센터에서 법령 검색 가능, http://www.law.go.kr
19) 정부업무평가위원회·국무조정실. (2020). 2019년도 정부업무평가 결과. https://www.evaluation.go.kr/user/board/list/userBoardDetail.do?boardCode=psec_eva
20) https://www.evaluation.go.kr
21) Talbot, C. (2010). Theories of Performance: Organizational and Service Improvement in the Public Domain. NY: Oxford Univ. Press.
22) Bozeman, B. (1987). All Organizations Are Public: Bridging Public and Private Organizational Theories. San Francisco: Jossey-Bass.
23) Waterman, R. & Meier, K. (1998). Principal-Agent Models: An Expansion? Journal of Public Administration Research and Theory, 8(2): 173-202. p. 188.
24) Organization of Economic Cooperation and Development. (1998). Towards Sustainable Development Environmental Indicators. Paris: OECD.
25) 사업은 집행을 위해 구체화된 수단인 경우가 대부분으로 하위수준의 정책과 거의 동일하게 사용되고 정책평가와 사업평가가 사실상 혼용되고 있으므로(정정길 외, 2004) 특별한 구분은 하지 않기로 함.
26) European Commission. (1997). Evaluating EU Expenditure Programmes: A Guide.
27) European Commission. (1997). Evaluating EU Expenditure Programmes: A Guide.
28) Result와 outcome을 번역함에 있어서 통일된 방식은 없고 산출인 output과 구별하여

outcome을 결과로 번역하기도 하나 result를 함께 사용하는 경우 일종의 intermediate outcome으로 볼 수 있음. Performance를 성과로 번역하므로 outcome을 성과로 해석하는 것이 혼란을 가져올 수 있으나 performance는 전체적인 차원의 성과로, result를 일차적 결과로, outcome을 이차적 결과로 설명하고자 함.

29) Suvedi, M. & Morford, S. (2003). Conducting Program and Project Evaluations: A Primer for Natural Resource Program Managers in British Columbia. Forest Research and Extension Partnership.

30) Worthen, B. & Sanders, J. (1987). Educational Evaluation: Alternative Approaches and Practical Guidelines. NY: Longman.

31) Theory of Change를 변화이론으로 번역할 경우 별도 학설이나 이론체계로 오해할 소지가 있어서 '변화분석'으로 번역하는 사례(박수영 · 김수진, 2015)도 있음. 그러나 Rogers(2014: 3)에 따르면 변화이론에서 중요한 단계가 어떻게 그런 변화가 발생하는지와 정책개입이 어떻게 변화를 유발하는가에 대한 이론(theory)을 개발하는 것이고, 아직 학계에 일관된 입장이 없는 만큼 원어에 충실하게 변화이론으로 번역하여 사용하고자 함.

32) 김흥률. (2005). 프로그램이론 기반의 평가지표 개발과 활용에 관한 연구. 감사원 연구논문집 2005, pp. 99－135.

33) Rogers(2008: 30)는 논리모델과 프로그램 이론이 프로그램의 투입과 활동이 의도된 결과로 이어지는 연쇄적 과정을 연결하는 인과모델의 다른 이름이라고 전제하면서, 논리모델을 주로 도식적 방법에 의해 어떻게 개입(intervention)이 작동하는지를 설명하는 요약된 이론(summarized theory)이라고 하고, 프로그램 이론은 논리모델을 개발하는 절차 내지 이를 평가에 적용하는 것이라고 구별함.

34) 박수영. (2009). 프로젝트 관리와 평가: 프로젝트 기획 · 모니터링 및 평가방법론. 한국국제협력단. p. 28.

35) 국회예산정책처. (2016). 재정사업평가와 사례.

36) 박수영 · 김수진. (2015). 변화분석과 개발협력사업 성과관리 고찰. 한국국제협력단 국제개발협력 2005(2), pp. 91－110.

37) Stein, D. & Valters, C. (2012). Understanding Theory of Change in International Development. JSRP, The Asia Foundation.

38) Impact Business Review. (2014). 변화를 꿈꾼다면 펜을 들어라: 변화이론 알아보기. http://ibr.kr/2976

39) Stein, D. & Valters, C. (2012). Understanding Theory of Change in International Development. JSRP, The Asia Foundation.

40) Rogers, P. (2008). Using Programme Theory to Evaluate Complicated and Complex Aspects of Interventions. Evaluation 14(1): 29－48.

41) 여기서는 변화이론도 넓은 의미의 논리모델에 속한다고 보되, 기존의 논리모델은 전통적인 프로그램 이론에 기반한 것으로, 변화이론은 프로그램 이론을 넘어서려는 새로운 시도로서의 논리모델인 것으로 파악하고자 함. 박수영 · 김수진(2015)도 변화이론이 실제 활용될 때 논리모델의 변종으로 사용된다고 한 바 있음.

42) Impact Business Review. (2014). 변화를 꿈꾼다면 펜을 들어라: 변화이론 알아보기. http://ibr.kr/2976

43) Clark, H. & Anderson, A. (2004). Theories of change and Logic Models: Telling Them Apart. PPT presented at American Evaluation Association, Atlanta, Nov. 2004.

44) Clark, H. & Anderson, A. (2004). Theories of change and Logic Models: Telling Them Apart. PPT presented at American Evaluation Association, Atlanta, Nov. 2004.,

p. 8 & 10.

45) Pinnegar, S. (2006). Are Complex Programs the Best Response to Complex Policy Issues? City Future Research Centre Issues Paper. Kensington: UNSW.; Stufflebeam, D. L. (2004). The 21st Century CIPP Model. In A. C. Alkin (ed.) Evaluation Roots, pp. 245–266, CA: SAGE.

46) W.K.Kellogg Foundation. (2004). Using Logic Models to Bring Together Planning, Evaluation, and Action: Logic Model Development Guide. www.wkkf.org, p. 3.

47) Eoyang, G., Yellowthunder, L. and Ward, V. (1998). A Complex Adaptive Systems Approach to Public Policy Decision Making. Paper presented to the Society for Chaos Theory in Psychology in the Life Sciences, Aug., 1998.

48) Glouberman, S. & Zimmerman, B. (2002). Complicated and Complex Systems: What Would Successful Reform of Medicare Look Like? Discussion Paper 8, Commission on the Future of Health Care in Canada., p. 2.

49) Rogers, P. (2008). Using Programme Theory to Evaluate Complicated and Complex Aspects of Interventions. Evaluation 14(1): 29–48., p. 32.

50) Rittel, H. & Weber, M. (1973). Dilemmas in a General Theory of Planning. Policy sciences, 4(2): 155–169.

51) Organization of Economic Cooperation and Development. (2010). Glossary of Key Terms in Evaluation and Results–based Management. Paris: OECD. p. 25.

52) Organization of Economic Cooperation and Development. (2010). Glossary of Key Terms in Evaluation and Results–based Management. Paris: OECD. p. 29.

53) Case, R., Andrews, M., & Werner, W. (1988). How Can We Do It?: An Evaluation Training Package for Development Educators. Interaction.

54) Talbot, C. (2010). Theories of Performance: Organizational and Service Improvement in the Public Domain. NY: Oxford Univ. Press.

55) Wilson, G. & Buller, H. (2001). The Use of Socio–economic and Environmental Indicators in Assessing the Effectiveness of EU Agri–environmental Policy. European Environment 11: 297–313.

56) HM Treasury, Cabinet Office, National Audit Office, Audit Commission, Office for National Statistics. (2001). Choosing the Right Fabric: A Framework for Performance Information.

57) Wilson, G. & Buller, H. (2001). The Use of Socio–economic and Environmental Indicators in Assessing the Effectiveness of EU Agri–environmental Policy. European Environment 11: 297–313.

58) Office of Management and Budget. (2003). Performance Measurement Challenges and Strategies.

59) https://www.hankyung.com/politics/article/2019101566171

60) https://www.hankyung.com/politics/article/2019101565681

61) https://www.hankyung.com/politics/article/2019031091701

62) 2018.1.3., 동아일보, http://www.donga.com/news/article/all/20180103/88001239/1

63) 2017.12.28., 조선일보, https://news.chosun.com/site/data/html_dir/2017/12/28/2017122800339.html

64) 2018.1.8., 조선일보, http://news.chosun.com/site/data/html_dir/2018/01/08/20180108001

14.html

65) 2018.1.8., 조선일보, http://news.chosun.com/site/data/html_dir/2018/01/08/2018010800114.html

66) https://www.hankyung.com/economy/article/2020061980411

저자소개

우윤석(숭실대 행정학부 교수)

서울대학교에서 문학사(미학 전공, 공법학 부전공), 동 행정대학원에서 석사(정책학 전공), 영국 웨일스의 Cardiff University에서 디플로마(사회과학 방법론 전공)와 박사(도시 및 지역정책 전공) 학위를 취득하였다. 제36회 행정고등고시를 거쳐 국토교통부 서기관, 대통령 자문 국가균형발전위원회 과장을 역임하였다. 대통령 비서실 정책자문위원, 국무조정실 정부업무 평가위원, 기재부 공공기관 경영평가단 공기업/준정부기관 팀장, 행안부 지방공기업 경영평가위원 및 책임운영기관 성과평가위원, 기재부/국토부/복지부/교육부/국세청/국방부/행정중심복합도시건설청/원자력안전위원회 자체평가위원, 기재부 재정성과평가관리단/복권기금사업 평가위원, 행안부/교육부/복지부/국토부/산업부/문화부 산하 기타 공공기관 경영평가위원, 국토부 규제개혁심의위원 및 항공정책심의위원, 인사혁신처 고위공무원단 역량평가위원, 국민권익위 고충민원처리실태 평가위원, 중앙선거관리위원회 고등징계위원, 한국공정거래조정원 비상임 감사, 한국산업기술평가관리원 비상임 사외이사 등을 통해 다양한 공공부문 자문 및 평가를 경험하였고 한국행정학회 연구부회장과 대외협력위원장, 한국정책학회 총무위원장, 한국정책분석평가학회 연구부회장 등의 학회 활동과 행정고등고시 출제위원, 국가/지방공무원 공채면접위원 등의 역할을 수행하였다. 공공관리론, 디지털 시대의 거버넌스, 정부혁신론, 주택정책론 등을 강의하고 있고 성과관리를 중심으로 국토교통 분야 정책을 연구하는 데 학문적 관심을 두고 다수의 논문과 저서를 발표하였다.

영화로 보는 행정관람

초판발행 2021년 2월 25일
중판발행 2023년 9월 25일

지은이 우윤석
펴낸이 안종만·안상준

편 집 황정원
기획/마케팅 정성혁
표지디자인 조아라
제 작 고철민·조영환

펴낸곳 (주) 박영사
서울특별시 금천구 가산디지털2로 53, 210호(가산동, 한라시그마밸리)
등록 1959. 3. 11. 제300-1959-1호(倫)
전 화 02)733-6771
f a x 02)736-4818
e-mail pys@pybook.co.kr
homepage www.pybook.co.kr
ISBN 979-11-303-1200-2 93350

정 가 23,000원